Bildung und Gesellschaft

Reihe herausgegeben von

Ullrich Bauer, Fakultät für Erziehungswissenschaft, Universität Bielefeld, Bielefeld, Nordrhein-Westfalen, Deutschland

Uwe H. Bittlingmayer, Institut für Soziologie, KG 3, Rm 203, Pädagogische Hochschule Freiburg, Freiburg, Deutschland

Albert Scherr, Soziologie, PH Freiburg, Freiburg, Deutschland

Die Reihe Bildung und Gesellschaft bietet einen Publikationsort für Veröffentlichungen, die zur Weiterentwicklung sozialwissenschaftlicher Bildungsforschung beitragen. Im Zentrum steht die Untersuchung der gesellschaftlichen Voraussetzungen, Bedingungen, Formen und Folgen von Bildungsprozessen sowie der gesellschaftlichen Hintergründe und Rahmenbedingungen institutioneller und außerinstitutioneller Bildung. Dabei wird von einem Bildungsverständnis ausgegangen, das Bildung nicht mit den Organisationen und Effekten des sog. „Bildungssystems" gleichsetzt. Vielmehr verstehen wir Bildung als Oberbegriff für Lern- und Entwicklungsprozesse, in denen Individuen ihre Fähigkeiten und ihre Autonomiepotenziale entfalten. Die Reihe ist sowohl für empirisch ausgerichtete Arbeiten als auch für theoretische Studien offen. Überschneidungen mit dem Gegenstandsbereich der Sozialisations-, Kindheits-, Jugend-, Erziehungs- und Familienforschung sind damit im Sinne einer produktiven Überschreitung gängiger Grenzziehungen durchaus beabsichtigt. Die Reihe will damit nicht zuletzt zur interdisziplinären Kommunikation zwischen der sozial- und erziehungswissenschaftlichen Bildungsforschung beitragen.

Weitere Bände in der Reihe http://www.springer.com/series/12722

Sabrina Rutter

Sozioanalyse in der pädagogischen Arbeit

Ansätze und Möglichkeiten zur Bearbeitung von Bildungsungleichheit

Sabrina Rutter
Fakultät für Bildungswissenschaften
Universität Duisburg-Essen
Essen, Deutschland

Bei der vorliegenden Arbeit handelt es sich um eine überarbeitete Fassung der Dissertation, die am 18.12.2018 an der Universität Bielefeld eingereicht und online publiziert worden ist: https://pub.uni-bielefeld.de/record/2935528 Gutachter: Prof. Dr. Ullrich Bauer und Prof. Dr. Helmut Bremer Datum der Disputation: 29.04.2019

ISSN 2625-8560   ISSN 2625-8587 (electronic)
Bildung und Gesellschaft
ISBN 978-3-658-32064-5   ISBN 978-3-658-32065-2 (eBook)
https://doi.org/10.1007/978-3-658-32065-2

Die Deutsche Nationalbibliothek verzeichnet diese Publikation in der Deutschen Nationalbibliografie; detaillierte bibliografische Daten sind im Internet über http://dnb.d-nb.de abrufbar.

Planung/Lektorat: Stefanie Eggert
Springer VS ist ein Imprint der eingetragenen Gesellschaft Springer Fachmedien Wiesbaden GmbH und ist ein Teil von Springer Nature.
Die Anschrift der Gesellschaft ist: Abraham-Lincoln-Str. 46, 65189 Wiesbaden, Germany

Einleitung

Die pädagogische Arbeit mit Schüler*innen, die hinsichtlich ihres Alters und Geschlechts, ihrer nationalen, ethnischen, kulturellen und sozialen Herkunft sowie ihrer körperlichen und geistigen Konstitution u. v. a. m. unterschiedliche Lernvoraussetzungen und Bedürfnisse mitbringen, ist überaus komplex und anspruchsvoll. Einerseits sollen die Lehrkräfte den Schüler*innen Wissen, Kompetenzen, Werte und Normen vermitteln, die sie sowohl auf ihr zukünftiges Erwerbsleben als auch auf ihr privates und öffentliches Leben in der Gesellschaft vorbereiten. Hierbei sollen die Lehrkräfte die Schüler*innen unterstützen und herausfordern und auf die Individualität jedes Schülers bzw. jeder Schülerin in der Planung, Gestaltung und Reflexion von Lehr-Lernprozessen eingehen. Andererseits sind die Lehrkräfte angehalten, die schulische Leistungsfähigkeit zu bewerten, Schüler*innen auf die verschiedenen Schulformen zu verteilen und Abschlüsse zu vergeben (Vock & Gronostaj, 2017). Übergeordnetes Ziel der pädagogischen Arbeit muss sein, die Kinder und Jugendlichen aufgrund bestimmter Merkmale weder zu benachteiligen noch zu bevorteilen, sondern vielmehr für alle Schüler*innen optimale Lern- und Entwicklungsbedingungen zu schaffen und konstruktiv mit der Vielfalt der Schüler*innen umzugehen. Dieser in Deutschland rechtlich auf mehreren Ebenen verankerte Anspruch an einen diskriminierungsfreien und wertschätzenden Umgang[1] mit ganz unterschiedlichen Schüler*innen steht rezenten

---

[1] Auf internationaler Ebene ist das Diskriminierungsverbot in verschiedenen Konventionen festgehalten. Artikel 26 der Allgemeinen Erklärung der Menschenrechte sichert das Recht auf diskriminierungsfreie Bildung für alle. Artikel 19 der UN-Kinderrechtskonvention fordert, dass Kinder vor ‚schlechter Behandlung' geschützt werden müssen – auch im schulischen Kontext. Artikel 29 der Kinderrechtskonvention postuliert darüber hinaus das Leben in einer toleranten, gleichberechtigten und diskriminierungsfreien Gesellschaft als Bildungsziel. Auf nationaler Ebene schützt Artikel 3 des Grundgesetzes für die Bundesrepublik Deutschland

empirischen Befunden gegenüber: Internationale wie nationale Schulleistungsuntersuchungen belegen eindrucksvoll den starken Einfluss der sozialen Herkunft, des Migrationshintergrundes und Geschlechts sowie einer Behinderung auf die Bildungsbeteiligung, den schulischen Kompetenzerwerb und die erzielten Schulabschlüsse. Derweil ist in keinem anderen Land der OECD der Zusammenhang von sozialer Herkunft und Schul(miss)erfolg so stark ausgeprägt wie in Deutschland (u. a. Hußmann, et al., 2017; Wendt, et al., 2016; Vieluf, Ivanov, & Nikolova, 2014; Lehmann, Peek, Gänsfuß, & Husfeldt, 2011; Klieme, et al., 2010).

Die Kategorie soziale Herkunft ist unterdies nicht als eindeutig abgrenzbare Dimension zu verstehen, sondern umfasst vielfältige Unterscheidungsmerkmale und gesellschaftliche Zuschreibungen, die sich mitunter überlagern. Einige von ihnen sind im Regelfall nicht veränderbar, wie z. B. das Geschlecht und das Alter. Andere sind mehr oder minder frei wählbar und können sich im Laufe der Biografie ändern, bspw. der Familienstand und der Beruf (Hradil, 2012). In der Bildungsforschung werden verschiedene Indikatoren herangezogen, um die soziale Herkunft der Schüler*innen zu erfassen. Dazu gehören ökonomische Ressourcen, wie etwa die berufliche Tätigkeit, finanzielle Mittel und Besitztümer der Eltern, soziale Ressourcen, die sich aus dem Verbund sozialer und familialer Beziehungen ergeben, und kulturelle Ressourcen, wie z. B. der Besitz von Büchern und die Schulabschlüsse der Eltern (Klein & vam Ackeren, 2014)[2]. Die Ressourcenausstattung bildet zusammengenommen den sozioökonomischen bzw. soziokulturellen Status eines Menschen, der aus der Perspektive der Sozialstrukturanalyse regel- und dauerhaft zu Vor- und Nachteilen – sprich: zu sozialer Ungleichheit – führt. So haben Personen mit geringer Ressourcenausstattung resp. aus sozial benachteiligten Lebensverhältnissen weniger Chancen, in soziale Positionen zu gelangen, die mit günstigen Handlungs- und Lebensbedingungen verbunden sind (Solga, Powell, & Berger, 2009). Soziale Ungleichheit korrespondiert mit Bildungsungleichheit, da Schüler*innen, die in unterschiedlichen gesellschaftlichen und familialen Kontexten aufwachsen, ungleiche Chancen

---

Schüler*innen vor schulischer Diskriminierung. Der Umgang mit dem Thema Diskriminierung in den Verfassungen und Schulgesetzen der jeweiligen Bundesländer divergiert stark, und nur wenige Landesschulgesetze enthalten ein explizites Diskriminierungsverbot bzw. antidiskriminierungsrechtliche Fördergebote. Die praktische Umsetzung der Vorschriften an den Schulen bleibt ebenfalls vage (Lüders & Schlenzka, 2016).

[2]In jüngeren Schulleistungsstudien werden unterschiedliche Berufsklassifikationen herangezogen, mit denen der soziale Status gemessen wird. Die verschieden definierten und eingesetzten Konstrukte haben zur Folge, dass die Ergebnisse nicht vorbehaltlos mit einander verglichen werden können (van Ackeren, Klemm, & Kühn, 2015).

hinsichtlich der Beteiligung an Bildung im Zusammenhang von Schule und Unterricht haben. Vor dem Hintergrund von Selbstverwirklichung, zukünftiger Berufs- und Einkommenschancen sowie sozialer, politischer und kultureller Teilhabe und Partizipation ist die systematische Benachteiligung und Schlechterstellung von Kindern und Jugendlichen mit geringen Ressourcen besonders brisant.

Die Erforschung sozialer Ungleichheit im deutschen Bildungssystem in Bezug auf die individuelle Lern-, Leistung- und Persönlichkeitsentwicklung, institutionelle Rahmenbedingungen und soziale Voraussetzungen des Lernens und Lehrens beschäftigt seit Jahrzehnten unterschiedliche wissenschaftliche Disziplinen wie die Psychologie, Linguistik, Soziologie und die Pädagogik (Becker & Lauterbach, 2010) und erhielt spätestens seit der Ergebnispräsentation der ersten PISA-Studie im Jahr 2001 neuen Auftrieb (Baumert, et al., 2001). Seit nun fast zwanzig Jahren können weitere, mitunter groß angelegte Large-Scale- und Metastudien für das deutsche Bildungssystem dezidiert nachzeichnen, dass die soziale Herkunft über die schulische Zukunft der Kinder und Jugendlichen entscheidet und dafür auch gewisse Erklärungen, z. B. bezüglich Merkmale des Standorts der Schule und damit korrespondierend die soziale Zusammensetzung der Schüler*innenschaft, liefern (u. a. Ehmke & Jude, 2010; Ditton & Krüsken, 2009; Baumert, Stanat, & Watermann, 2006). Auffällig ist, dass in dem gleichen Maße, in dem die Empirie über Bildungsungleichheit eine deutliche Sprache spricht, allein der Forschungsstrang über die Ungleichheitsgenese im Elternhaus bzw. über die ungleichheitsgenerierende Verfasstheit des deutschen Bildungssystems, insbesondere dessen Segregationsstufen, zugenommen hat. Kaum im Blick ist, welche Rolle den Lehrkräften als zentrale Akteure von Schule im Umgang mit sozialer Ungleichheit zukommt. Angesichts der anhaltend hohen Aktualität der Thematik muss nach wie vor den Fragen nachgegangen werden, wie Bildungsungleichheit entsteht, wie diese abgebaut werden kann und welchen Beitrag die Lehrkräfte hierbei leisten (können).

Erklärungen und Befunde zu den Ursachen von Bildungsungleichheit
Zwei mittlerweile langjährige Forschungstraditionen, die die Bedeutung der Lehrkräfte im Ungleichheitszusammenhang betrachten, sind zum einen der Rational-Choice-Ansatz nach Raymond Boudon und zum anderen die praxistheoretischen Überlegungen von Pierre Bourdieu. In der Bildungssoziologie gilt die Rational-Choice-Theorie als dominanter Erklärungsansatz für soziale Ungleichheit im Bildungssystem (Stocké, 2012). Im Analysefokus der quantitativ ausgerichteten Forschung stehen die Gelenkstellen des Bildungssystems, insbesondere der Übergang von der Grundschule in die Sekundarstufe I (Becker & Lauterbach, 2010).

Nach Boudon (1974) basiert die sozial ungleiche Bildungsbeteiligung auf individuell rationalem Abwägen von Kosten, Nutzen und Erfolgswahrscheinlichkeiten der zur Wahl stehenden Bildungswege. Bei der Untersuchung der Bildungsentscheidungen differenziert Boudon primäre und sekundäre Effekte der sozialen Herkunft, wobei das Hauptaugenmerk auf der Erklärung der sekundären Effekte liegt. Primäre Herkunftseffekte beziehen sich auf die Schulleistungsunterschiede in Abhängigkeit der unterschiedlichen familialen Ausstattung mit ökonomischem, kulturellem und sozialem Kapital. Sekundäre Herkunftseffekte fassen hingegen die Disparitäten in den familialen Bildungsentscheidungen bei gleichen schulischen Fähigkeiten und Kompetenzen (ebd.). Eine Vielzahl an Untersuchungen belegt für Deutschland, dass Schüler*innen aus sozial privilegierten Familien am Ende der Grundschulzeit im Durchschnitt leistungsstärker sind als Schüler*innen aus sozial benachteiligten Familien, die Wahrscheinlichkeit des Gymnasialbesuchs unter Kontrolle der Schulleistungen bei Schüler*innen aus sozial privilegierten Familien deutlich höher ist als bei Schüler*innen aus sozial benachteiligten Familien und Eltern höherer Sozialschichten ihre Kinder eher am Gymnasium anmelden als Eltern niedrigerer Sozialschichten (u. a. Stubbe, Bos, & Schurig, 2017; Wendt, Stubbe, & Schwippert, 2012; Ditton, Krüsken, & Schauenberg, 2005). Im Allgemeinen kommen die Studien zu der Einschätzung, dass die Übergangsempfehlungen der Lehrkräfte weniger an die soziale Herkunft gekoppelt sind als die Bildungsentscheidungen der Eltern, weswegen die Zuordnungspraxis der Lehrkräfte zwar sozial selektiv, aber in Relation zu den Eltern auch sozial korrigierend sei (Maaz, Baumert, & Trautwein, 2010). Wenngleich also ein schichtspezifisches Ausleseverhalten der Lehrkräfte nachgewiesen wird und weitere Studien zur Beurteilungspraxis schulleistungsfremde Kriterien wie z. B. je nach Herkunft variierende Einschätzungen von Begabung und Lernmotivation (Anders, McElvany, & Baumert, 2010), antizipierte elterliche Unterstützungsmöglichkeiten (Nölle, Hörstermann, Krolak-Schwerdt, & Gräsel, 2009) und ökonomische Ressourcen der Familie (Bos & Pietsch, 2007) präzisieren, werden Lehrkräfte aus dieser theoretischen Perspektive kaum für die Entstehung und Verstärkung sozialer Ungleichheit verantwortlich gemacht (Kramer, 2015). Hinzu kommt, dass soziale Hintergrundmerkmale und damit in Verbindung stehende Einstellungen nur aufseiten der Schüler*innen und Eltern untersucht und als relevant ermessen werden. Kaum eine Arbeit schenkt den sozialen Herkunftsverhältnissen der Lehrkräfte eine vergleichbare Beachtung (Betz, 2015). Damit bleibt zum einen offen, wie Entscheidungsprozesse von Lehrkräften ablaufen, und zum anderen, ob, und wenn ja, wie der soziale Hintergrund der Lehrkräfte die pädagogische Arbeit beeinflusst.

Eine vielversprechende Perspektive, die diese konzeptionelle Leerstelle schließen kann, bieten Zugänge der qualitativen Bildungsforschung, die sich auf Pierre

Bourdieu berufen. In diesem theoretischen Ansatz wird der Schule und den Lehrkräften ein zentraler Stellenwert bei der Herstellung und Aufrechterhaltung von
Bildungsungleichheit zugesprochen (Kramer, 2015). Gemeinsam mit Jean-Claude
Passeron macht Bourdieu (1971) kenntlich, dass das meritokratische Versprechen,
durch individuelle Einsatzbereitschaft und Leistung einen bestmöglichen schulischen Platz bzw. Abschluss und somit bessere Berufs- und Lebenschancen zu
erlangen, sich bei näherem Hinsehen als Illusion erweist (ebd.). Die beiden Soziologen illustrieren, dass die familial geprägten Denk- und Handlungsweisen wie bspw.
der Erziehungsstil, die Kommunikationspraxis und vor allem die Bildungsstrate-
gie zu unterschiedlichen Nähe- und Distanzverhältnissen zu den Anforderungs-
und Anerkennungsstrukturen des Bildungssystems führen. Da die pädagogische
Arbeit als Durchsetzungs- und Einprägungsarbeit den Wissens- und Normbestän-
den sozial privilegierter Gruppen entspricht und diese Ausrichtung den Lehrkräften
in der Regel selbst nicht bewusst ist, schaffen sie die Voraussetzungen für die ungleichen Passungen zwischen Familie und Schule und tragen somit zur Sicherung der
sozialen Ungleichheitsverhältnisse bei (ebd., 1973). Nach Bourdieu und Passeron
(1971) ist die pädagogische Arbeit der Lehrkräfte deshalb so wirksam, weil Lehrkräfte aufgrund ihrer privilegierten sozialen Position selbst „das perfekteste Produkt
des Produktionssystems [bilden,] das zu reproduzieren unter anderem ihre Aufgabe
ist" (ebd., S. 212). Demzufolge ist es der Habitus der Lehrkräfte, der durch die
Nähe zur schulisch repräsentierten kulturellen Willkür selbst wiederum diejenigen Schüler*innen bestätigt und anerkennt, die die institutionellen Ansprüche von
Haus aus erfüllen (ebd.). Gleichwohl der Ansatz von Bourdieu im deutschsprachigen Raum zu den derzeit einflussreichsten Theorien in der Soziologie zählt, begann
seine Rezeption hierzulande relativ spät. In weiten Kreisen setzte eine systematische
Auseinandersetzung mit seinen Schriften in den 1980er Jahren ein, insbeson-
dere in der Lebensstilforschung und der Sozialstrukturanalyse (Rehbein, 2016).
Einschlägige empirische Arbeiten, die explizit den Zusammenhang von sozialen
Hintergrundmerkmalen von Lehrkräften und ihren berufsbezogenen Einstellungen
und Entscheidungsverhalten und damit auch ihren Beitrag zur Reproduktion von
Bildungsungleichheit in den Analysefokus stellen, entstehen im deutschsprachigen
Raum daher erst in jüngster Zeit (Betz, 2015). Hervorzuheben ist der Arbeitszusam-
menhang von Bremer, Lange-Vester und Teiwes-Kügler, der unter Rückgriff auf das
Konzept der sozialen Milieus von Vester, von Oertzen, Geiling, Hermann und Müller
(2001) darlegt, dass die pädagogische Arbeit stark mit den habituellen Dispositionen
und den biografischen Erfahrungen der Lehrkräfte in Verbindung steht. So sind die
Lebensprinzipien und Handlungsmuster der Lehrkräfte an den jeweiligen sozialen
Ort gebunden und werden an die Schüler*innen herangetragen. Dabei machen sich
zum Teil Unverständnis und fehlender Respekt im Passungsverhältnis aufseiten der

Lehrkräfte bemerkbar und spezifische Gruppen von Schüler*innen werden hauptsächlich in defizitärer Hinsicht wahrgenommen (u. a. Lange-Vester, 2015; Bremer & Lange-Vester, 2014; Lange-Vester & Teiwes-Kügler, 2013).

Zusammengenommen zeigt der Blick in den nationalen Forschungsstand, dass Fragen der Entwicklung und Verstetigung sowie der Überwindung sozialer Ungleichheit durch Lehrkräfte sowohl auf empirischer als auch auf theoretischer Ebene bislang nicht genügend berücksichtigt wurden. Zum einen bleiben die Aussagen über die Rolle von Lehrkräften im Ungleichheitszusammenhang modellhaft: Der Rational-Choice-Ansatz gewichtet die Transformationsleistung tendenziell zu hoch, die Bourdieusche Ungleichheitsforschung hingegen schätzt die Reproduktionsleistung als zu stark ein. In Anbetracht der (zunehmend) heterogenen Habitus- und Milieuformen der Lehrkräfte (Bremer & Lange-Vester, 2014; Georgi, Ackermann, & Karakaş, 2011) sowie unterschiedlicher Bereiche pädagogischer Arbeit und schulischer Settings, ist davon auszugehen, dass Lehrkräfte auf verschiedene Art und Weise für die ungleichen Lern- und Entwicklungsvoraussetzungen sowie Bedürfnisse der Schüler*innen sensibel sind und diverse Anknüpfungsmöglichkeiten und Bezüge für Schüler*innen eröffnen. Plausibler scheint daher zu sein, von einem Spannungsfeld zwischen Reproduktion und Transformation von Bildungsungleichheit zu sprechen. Diese Überlegungen standen bisher jedoch nicht im Zentrum einer ungleichheitsbezogenen Bildungsforschung. Zum anderen legt eine an Bourdieu orientierte Forschung zwar erste Erkenntnisse zur Verwobenheit von Lehrkräften im sozialen Raum und zum Einfluss biografischer Erfahrungen auf das berufliche Selbstverständnis und pädagogische Handeln offen und kann somit Licht in Ursachen, Prozesse und Mechanismen von Bildungsungleichheit bringen, die sich entlang spezifischer (Nicht-)Passungen zwischen dem Habitus der Lehrkräfte und Schüler*innen beschreiben lassen – eine systematische Untersuchung steht aber weitgehend noch aus. Darüber hinaus wiegt bei beiden Erklärungsansätzen das Desiderat einer auf die Lehrkräfte bezogenen Untersuchung ihrer Fähigkeit, soziale Ungleichheit zu erkennen und entgegenzuwirken, in der Debatte über die regelhafte Benachteiligung und Schlechterstellung bestimmter Schüler*innengruppen schwer.

Ziel und Konzeption der Arbeit

Diese Forschungslücken und Annahmen greift die vorliegende Arbeit auf und beleuchtet die Erfahrungen von Lehrkräften im Themenfeld Bildungsungleichheit und deren reflexive Bearbeitung. Unter Bezugnahme auf das Habituskonzept von Bourdieu (u. a. 2005; 1987; 1982) geht es zunächst darum, Wahrnehmungs-, Denk- und Handlungsschemata – kurz: habituelle Dispositionen – von Lehrkräften zur Unterstützung sozial benachteiligter und bisher im Bildungssystem ausgegrenzter Schüler*innen abzubilden. Das heißt, im Mittelpunkt der Analyse stehen neben Formen der Differenzherstellung und Benachteiligung spezieller Schüler*innengruppen gleichermaßen kompensatorische Bearbeitungsformen von Bildungsungleichheit. Damit erfolgt erstmalig eine Hinwendung zu den bereits vorhandenen Ressourcen der pädagogischen Arbeit. In einem weiteren Schritt soll anhand des auf Bourdieu aufbauenden Ansatzes sozialer Milieus nach Vester, von Oertzen, Geiling, Hermann und Müller (2001) ermittelt werden, auf welche milieuspezifischen Erfahrungsräume die habituellen Dispositionen der Lehrkräfte zurückgeführt werden können. Ziel der vorliegenden Arbeit ist es, einerseits ein tiefergehendes Verständnis von unterschiedlichen Passungskonstellationen zwischen Lehrkräften und Schüler*innen ungleicher sozialer Herkunft zu erhalten, und andererseits bereits vorhandene Ansätze und Entwicklungsmöglichkeiten zur Bearbeitung von Bildungsungleichheit zu bestimmen, die unmittelbar in den Wirkungsbereich der Lehrkräfte fallen. Die zentralen Fragestellungen lauten demnach: Welche Orientierungen und Wissensbestände, die im beruflichen Alltag handlungsleitend sind, lassen sich im Hinblick auf die Unterstützung sozial benachteiligter Schüler*innen rekonstruieren? Inwiefern stehen die habituellen Dispositionen der Lehrkräfte in Beziehung zu ihren milieugeprägten biografischen Erfahrungen? Und: Wo liegt im Rahmen der pädagogischen Arbeit auf Ebene der Lehrkräfte Potenzial zum Abbau von Bildungsungleichheit?

Um diesem Erkenntnisinteresse und den daraus resultierenden Fragen nachzugehen, konnte auf empirisches Material zurückgegriffen werden, das im Rahmen des landesgeförderten Forschungsprojektes „Soziale Kompetenzen von Lehrkräften zur Entwicklung von Bildungschancen für Kinder in besonderen Lebenslagen (SKILL)" von der Autorin dieser Arbeit in der Rolle als wissenschaftliche Projektmitarbeiterin erhoben wurde. Insgesamt lagen zwölf leitfragengestützte Interviews mit Grundschullehrkräften zu den Themenfelder Wahrnehmung der Schule und der Schüler*innenschaft, institutioneller Umgang mit sozialer Benachteiligung und Lehrer*innen-Schüler*innen-Beziehung vor, die für diese Arbeit mit der dokumentarischen Methode nach Bohnsack (1989) vertiefend ausgewertet wurden. Die dokumentarische Methode, die sich als Standardverfahren zur Auswertung qualitativer Daten in erziehungswissenschaftlicher Forschung etabliert hat, ist ausdrücklich am Habituskonzept von Bourdieu orientiert und fokussiert das implizite, atheoretische Wissen, das die alltägliche Praxis strukturiert. So ermöglicht es die dokumentarische Methode, handlungsleitende inkorporierte Orientierungen der pädagogischen Arbeit als Muster des Habitus zu analysieren, die in der Regel den Lehrkräften selbst nicht bewusst sind (u. a. Meuser, 2013; Bohnsack, 2012; Bohnsack & Pfaff, 2010). Durch den Ansatz der sozialen Milieus nach Vester, von Oertzen, Geiling, Hermann und Müller (2001) können die latenten Wahrnehmungs-,

Denk- und Handlungsschemata überdies in Verbindung zu ihrer sozialen Lage gebracht werden (Amling & Hoffmann, 2013).

Neben der Anwendung der dokumentarischen Methode bestand eine weitere Auswertungsstrategie der Interviews darin, einen erkenntnisleitenden Analyserahmen zu nutzen, der auf Überlegungen von Uwe H. Bittlingmayer und Ullrich Bauer (2005) zurückzuführen ist. So greifen die beiden Autoren in einer Expertise für das Verbundprojekt „Lernen für den GanzTag" unmittelbar auf Bourdieus erkenntnistheoretisches Prinzip der Sozioanalyse (u. a. Bourdieu & Wacquant, 2006; Bourdieu, 2002; 1993) zurück und entwerfen ein mehrstufiges Kompetenzkonzept für Lehrkräfte, das auf die Stärkung einer ungleichheitssensiblen Pädagogik zielt. Die Sozioanalyse stellt aus Sicht von Bourdieu eine bewusste Entscheidung zur Veränderung der qua Biografie und Milieu erworbenen habituellen Dispositionen dar, in deren Zentrum die Auseinandersetzung der eigenen sozialen Herkunft steht. Hierzu gehört die Bewusstmachung sozialstruktureller Möglichkeiten und Grenzen sowie die Reflexion der eigenen Verstrickung in gesellschaftliche Machtverhältnisse (ebd.). Diese Art der Selbstanalyse umfasst darüber hinaus ein Verständnis dafür, weshalb Personen zu einer bestimmten Grundhaltung gegenüber der Welt gelangt sind und welche sozial strukturierenden Prinzipien sich dahinter verbergen (Barlösius, 2004). Bezogenen auf Lehrkräfte bedeutet Sozioanalysekompetenz, sich mit schulischen Reproduktionsmechanismen sozialer Ungleichheit auseinanderzusetzen und in diesem Zusammenhang vor allem die eigene pädagogische Praxis als soziale Platzierung und symbolische Gewalt zu reflektieren. Die Entwicklung von (Selbst-)Reflexivität soll Lehrkräfte schließlich dazu befähigen, soziale Bildungsungleichheit abzubauen (Bourdieu, 2001). Das Sozioanalyse-Kompetenzkonzept von Bittlingmayer und Bauer stellt in erster Linie einen Entwurf für Fortbildungen zu Hintergründen und Auswirkungen sowie zum Umgang mit sozialer Benachteiligung dar, den es kontinuierlich auszugestalten gilt. Für die vorliegende Arbeit diente dieses Programm als Differenzierungsraster für die habituellen Dispositionen von Lehrkräften zur Unterstützung sozial benachteiligter Schüler*innen und soll für eine auf die soziale Ungleichheit abgestimmte pädagogische Arbeit fruchtbar gemacht werden. Eine im Zuge erster Interviewauswertungen modifizierte Version des Sozioanalyse-Kompetenzkonzepts, differenziert nach den Dimensionen (1) Konstruktion der Schüler*innen- und Elternklientel, (2) berufsbezogenes Selbstkonzept, (3) Auseinandersetzung mit Spannungsfeldern der pädagogischen Arbeit, (4) Positionierung innerhalb der Schule bzw. im Kollegium, (5) Zuschreibung von Verantwortung für Bildungschancen und (6) Gefahren und Fallstricke der handlungsleitenden Orientierungen, bildete letztlich die Grundlage des analytischen Vorgehens.

Aufbau der Arbeit

Die Arbeit besteht aus fünf Teilen: In Kapitel 1 werden zu Beginn auf Basis amtlicher Statistiken sowie internationaler und nationaler Schulleistungsstudien überblicksartig aktuelle Befunde zur Kopplung von sozialer Herkunft und Schul(miss)erfolg zusammengestellt. Darauf aufbauend wird der Forschungsstand zur Rolle der Lehrkräfte bei der Reproduktion und Transformation von Bildungsungleichheit ausführlich diskutiert und mit den Ansätzen von Boudon und Bourdieu in Beziehung gesetzt. Hierbei bildet vor allem Bourdieus Vorstellung einer kulturellen Passung zwischen Familie und Schule den zentralen Anknüpfungspunkt für diese Arbeit. Bevor am Ende des ersten Kapitels Lücken und offene Fragen in den empirischen Befunden sowie den theoretischen Zugängen herausgearbeitet werden, wird überdies auf Studien zurückgegriffen, die das Zusammenspiel zwischen sozialer Herkunft und alltäglicher, schulischer Interaktionen mit dem Fokus auf Lehrkräfte in den Blick nehmen. In Kapitel 2 wird das Forschungsdesign der vorliegenden Untersuchung beschrieben. So werden zunächst die Zielsetzung und die behandelten Fragestellungen erörtert, um dann den Untersuchungskontext vorzustellen. Nachfolgend wird ein Überblick über die Fallauswahl und die Stichprobe gegeben. Im weiteren Verlauf erfolgt die begründete Darstellung der hier gewählten Erhebungs- und Auswertungsverfahren (themenzentrierte Interviews und dokumentarische Methode) sowie des forschungspraktischen Vorgehens. Dieses Kapitel abschließend wird das erkenntniserweiternde Modell für die Analyse habitueller Dispositionen von Lehrkräften zur Unterstützung sozial benachteiligter und bisher im Bildungssystem ausgegrenzter Schüler*innen entwickelt, das auf dem Sozioanalyse-Kompetenzkonzept von Bittlingmayer und Bauer basiert. Das Herzstück dieser Arbeit bilden die Kapitel 3 und 4, in denen die Ergebnisse der empirischen Analysen präsentiert werden. Zuerst wird in Kapitel 3 anhand von vier Fallanalysen ausführlich den Habitusmustern der interviewten Lehrkräfte nachgegangen. Die Fallanalysen sind dabei durch die modifizierten Analysedimensionen gegliedert. Auf diese Weise können die verschiedenartigen habituellen Dispositionen der Lehrkräfte zur Unterstützung sozial benachteiligter und bislang im Bildungssystem ausgegrenzter Schüler*innen detailliert und differenziert aufgezeigt werden. Es folgt in Kapitel 4 ein systematischer fallübergreifender Vergleich, in dem die Erkenntnisse mit Blick auf Gemeinsamkeiten und Unterschiede zwischen den Fällen systematisiert und komprimiert werden. Zuletzt werden die vier Eckfälle in einer Milieulandkarte verortet. Damit wird nochmals der Horizont erweitert, indem die handlungsleitenden Orientierungen in eine Milieulogik eingebunden werden. Schließlich werden in Kapitel 5 die zentralen Ergebnisse der Arbeit verdichtet und die Möglichkeiten der Ungleichheitsreduzierung durch Lehrkräfte auf Grundlage der Sozioanalysekompetenz besprochen. Abrundend werden Grenzen und Perspektiven der Arbeit umrissen.

Inhaltsverzeichnis

Abbildungsverzeichnis

Tabellenverzeichnis

Soziale Ungleichheit im Bildungssystem 1

In den folgenden Unterkapiteln werden zunächst empirische Schlaglichter auf aktuelle Befunde zu sozialer Ungleichheit im deutschen Bildungssystem geworfen (Abschnitt 1.1). Anschließend erfolgt eine kritische Auseinandersetzung mit der Frage nach der Herstellung und Abschwächung sozialer Ungleichheit in der Schule. Hierbei werden die Theorie der rationalen Entscheidung von Raymond Boudon sowie der gesellschaftskritische Erklärungsansatz von Pierre Bourdieu ausgeführt und entsprechende empirische Untersuchungen präsentiert. Zusätzlich werden Studien mit dem Fokus auf Lehrer*innen-Schüler*innen-Interaktionen herangezogen (Abschnitt 1.2). Auf Grundlage der theoretischen Rahmung und der empirischen Befundlage werden schließlich die zentralen Anknüpfungspunkte für das eigene Forschungsvorhaben herausgearbeitet (Abschnitt 1.3).

1.1 Überblick über den Zusammenhang von sozialer Herkunft und Schul(miss)erfolg

Dieses Unterkapitel umfasst eine kursorische Darstellung sozialer Disparitäten in der Bildungsbeteiligung, dem schulischen Kompetenzerwerb und den Schulabschlüssen als Indikatoren für Schulerfolg.[1] Berücksichtigt werden vorrangig

---

[1]Bei der folgenden Darstellung handelt es sich um eine Vereinfachung der komplexen Realität. In der vorliegenden Arbeit können nur ausgewählte Facetten von sozialer Ungleichheit im Bildungssystem berücksichtigt werden. Auf weitere ungleichheitsrelevante Dimensionen wie etwa die sexuelle oder politische Orientierung sowie auf regionale Disparitäten kann in dieser Arbeit nicht eingegangen werden. Darüber hinaus können aufgrund der föderalen Organisation des deutschen Bildungssystems und der dadurch bedingten Abweichungen zwischen den einzelnen Bundesländern Einschränkungen der Reichweite und Aussagekraft der nachstehenden quantitativen Daten folgen.

© Der/die Autor(en) 2021   1
S. Rutter, *Sozioanalyse in der pädagogischen Arbeit*, Bildung und Gesellschaft,
https://doi.org/10.1007/978-3-658-32065-2_1

Ergebnisse aus den internationalen Grundschulleseuntersuchungen IGLU, der PISA-Studien sowie der Schulstatistiken der Kultusministerkonferenz.

Bildungsbeteiligung
Anfangs ist von Interesse, inwiefern Kinder und Jugendliche mit Behinderung bzw. einem sonderpädagogischen Förderbedarf in das System allgemeinbildender Schulen aufgenommen und nicht durch eine separate Beschulung an Förderschulen exkludiert werden. Rechtlich wird diese Form der gemeinsamen Beschulung über das im Jahr 2009 von Deutschland ratifizierte „Übereinkommen über die Rechte von Menschen mit Behinderungen" der Vereinten Nationen hergestellt (Berkemeyer, Bos, Manitius, Hermstein, & Khalatbari, 2013)[2]. Bedeutsam ist, dass das Förderschulsystem in Deutschland neben der Organisation allgemeinbildender Schulen noch einmal ein hochgradig differenziertes System darstellt, das nach unterschiedlichen Förderschwerpunkten gegliedert ist (Bos, Müller, & Stubbe, 2010). Insgesamt erhielten im Schuljahr 2015/2016, bezogen auf die Jahrgangsstufen 1 bis 10, deutschlandweit 517.384 Schüler*innen sonderpädagogischen Förderbedarf. Gemessen an allen Schüler*innen im allgemeinbildenden Schulsystem entspricht das einem Anteil von 7,1 Prozent. Tendenziell steigt die Förderquote für Deutschland in den letzten Jahren leicht, bei gleichzeitig sinkender absoluter Schüler*innenzahl (Kultusministerkonferenz, 2016a). Die Gründe für den Anstieg der Förderquote sind hierbei unklar: Möglicherweise besteht ein Zusammenhang zwischen modifizierten Kriterien der Begutachtung und Diagnose des sonderpädagogischen Förderbedarfs, medizinischem Fortschritt, besserem sonderschulischen Angebot oder bildungspolitischem Interesse am anhaltenden Fördersystem (Berkemeyer, Bos, Manitius, Hermstein, & Khalatbari, 2013).

Wie die untenstehende Abbildung verdeutlicht, wird ein Großteil der Schüler*innen mit sonderpädagogischem Förderbedarf in Förderschulen unterrichtet – im Jahr 2013 sind es nahezu 70 Prozent. Zugleich werden aber auch immer mehr Heranwachsende mit sonderpädagogischem Förderbedarf in allgemeinbildenden Schulen beschult, wobei insbesondere seit dem Berichtsjahr 2010 starke Zuwächse festzustellen sind. So wurden im Jahr 2005 14,5 Prozent der Schüler*innen mit sonderpädagogischem Förderbedarf in allgemeinbildenden Schulen unterrichtet,

---

[2]Anzumerken ist, dass sonderpädagogischer Förder- bzw. Unterstützungsbedarf den gängigen schulinternen Begriff für Behinderung darstellt. Damit verbunden ist zumeist ein enges Verständnis von Behinderung und Inklusion, dass sich vorrangig auf den ‚richtigen' Förderort bezieht. Ein weites Verständnis von Behinderung und Inklusion, das auch dem Übereinkommen der Vereinten Nationen zugrunde liegt, setzt sich grundsätzlich mit dem schulischen Umgang mit Vielfalt auseinander und richtet sich insbesondere an marginalisierte Schüler*innengruppen (Bremm, Racherbäumer, & van Ackeren, 2017).

im Jahr 2013 sind es mit 31,4 Prozent doppelt so viele (Kultusministerkonferenz,
2016b; 2012) (Abbildung 1.1).

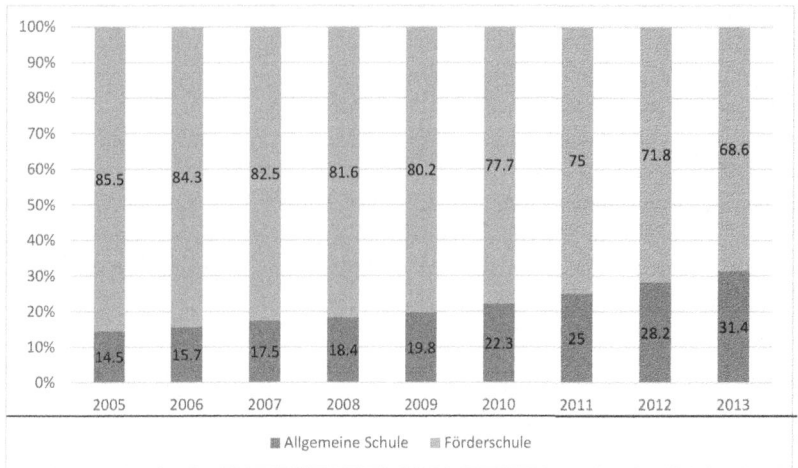

Abbildung 1.1 Prozentuale Verteilung von Schüler*innen mit sonderpädagogischem Förderbedarf auf Förderschulen und allgemeinbildenden Schulen von 2005 bis 2013. (Eigene
Darstellung auf Grundlage von: Kultusministerkonferenz, 2016b; 2012)

Die Kultusministerkonferenz (2016b) weist jedoch darauf hin, dass die
Anzahl der Heranwachsenden in Förderschulen im Verhältnis zur Gesamtschü-
ler*innenschaft trotz steigender Tendenz, Schüler*innen mit sonderpädagogischem
Förderbedarf in allgemeinbildenden Schulen zu unterrichten, stabil bleibt. Die
zeitliche Entwicklung der Förderschulbesuchsquote wird in der folgenden Tabelle
dargestellt (Tabelle 1.1).

Tabelle 1.1 Bundesweite Förderschulbesuchsquote im Zeitverlauf von 2005 bis 2013.
(Eigene Darstellung auf Grundlage von: Kultusministerkonferenz, 2016b)

Jahr	2005	2006	2007	2008	2009	2010	2011	2012	2013
Förderschul-besuchsquote	4,8	4,8	4,9	4,9	4,9	4,9	4,8	4,7	4,6

Der Tabelle ist zu entnehmen, dass die Förderschulbesuchsquote zwischen den Jahren 2005 und 2013 lediglich um 0,3 Prozentpunkte schwankte, es aber einen leichten Trend gibt, Schüler*innen mit sonderpädagogischem Förderbedarf weniger in Förderschulen zu unterrichten. Insgesamt ist das Risiko, separat unterrichtet zu werden, für Schüler*innen mit sonderpädagogischem Förderbedarf dennoch hoch: Gut drei Viertel aller Lernenden mit sonderpädagogischem Förderbedarf werden in Förderschulen unterrichtet (ebd.).

Komplexer werden die Analysen, betrachtet man die Verteilung der Schüler*innen mit sonderpädagogischem Förderbedarf auf die unterschiedlichen Förderschwerpunkte. Seit 1994 wird die sonderpädagogische Förderung auf Empfehlung der Kultusministerkonferenz in sieben Förderschwerpunkten organisiert: Lernen, Sehen, Hören, Sprache, körperliche und motorische Entwicklung, geistige Entwicklung sowie emotionale und soziale Entwicklung (Bos, Müller, & Stubbe, 2010) (Tabelle 1.2).

Tabelle 1.2 Verteilung der Schüler*innen mit sonderpädagogischem Förderbedarf auf die Förderschwerpunkte im Schuljahr 2015/2016. (Eigene Darstellung auf Grundlage von: Kultusministerkonferenz, 2016a)

Förderschwerpunkte	Schüler*innen mit sonderpädagogischer Förderung insgesamt	Schüler*innen mit sonderpädagogischer Förderung in Förderschulen	Schüler*innen mit sonderpädagogischer Förderung in allgemeinbildenden Schulen
Alle Förderschwerpunkte zusammen	517.384	322.518	194.866
Lernen	190.376	104.742	85.634
Sehen	8.004	4.604	3.400
Hören	19.160	10.528	8.632
Sprache	56.098	30.560	25.538
Körperliche und motorische Entwicklung	36.678	24.181	12.497
Geistige Entwicklung	84.362	75.297	9.065
Emotionale und soziale Entwicklung	85.644	38.006	47.638
Sonstiges	37.062		

Der Förderschwerpunkt Lernen ist der mit Abstand am stärksten vertretene Förderschwerpunkt, gefolgt von den Förderschwerpunkten geistige Entwicklung,

emotionale und soziale Entwicklung sowie Sprache. Bei der Verteilung der Schüler*innen mit sonderpädagogischer Förderung in Förderschulen und in allgemeinbildenden Schulen auf die einzelnen Förderschwerpunkte ergeben sich zum Teil
deutliche Unterschiede: Schüler*innen mit dem Förderschwerpunkt geistige Entwicklung sowie körperliche und motorische Entwicklung werden verhältnismäßig
selten in allgemeinbildenden Schulen unterrichtet. In diesen Bereichen wird überwiegend auf die spezielle Unterstützung in Förderschulen gesetzt; im Gegensatz
dazu lernen Schüler*innen mit dem Förderschwerpunkt emotionale und soziale
Entwicklung überwiegend im System allgemeinbildender Schulen (Kultusministerkonferenz, 2016a).

Überdies ist auf teilweise starke bundeslandspezifische Schwankungen hinsichtlich der Förderquote und der Förderschulbesuchsquote, auch innerhalb der verschiedenen Förderschwerpunkte, hinzuweisen (Kultusministerkonferenz, 2016a;
2016b). Die Länderunterschiede deuten auf eine uneinheitliche Zuteilung des sonderpädagogischen Förderbedarfs hin und können auf vielfache Gründe zurückzu-
führt werden: bundeslandspezifische Unterschiede bei der Umsetzung der schulge-
setzlichen Regelungen des Rechts auf inklusive Bildung, unterschiedliche Berech-
nungsgrundlagen der Exklusions- und Inklusionsanteile in den Bundesländern,
ungleiche Kriterien der Begutachtung und Diagnose des sonderpädagogischen
Förderbedarfs sowie differente Bildungsangebote und Überweisungspraxen (Bos,
Müller, & Stubbe, 2010). In diesem Kontext steht der zentrale Kritikpunkt an die
förderschwerpunktbezogene Differenzlogik, dass es sich bei den Förderschwerpunkten Sehen, Hören oder körperliche und motorische Entwicklung um weithin
physisch feststellbare Beeinträchtigungen handelt, wohingegen die Förderschwerpunkte Lernen, Sprache, geistige Entwicklung sowie emotionale und soziale Entwicklung zur ‚normalen' kindlichen Ausbildung schwieriger abzugrenzen sind
(ebd.). Letztgenannte Förderschwerpunkte sind zudem nicht trennscharf zu unterscheiden und es kommt häufiger zu einem „Overlap" (Ricking, 2005) von Lernbe-
einträchtigungen und Verhaltensstörungen, d. h. Schwierigkeiten, die den Schwer-
punkten Lernen, Sprache, geistige Entwicklung sowie emotionale und soziale Entwicklung zugeordnet werden (ebd.). Aus einer bildungssoziologischen Perspektive hängt die Interpretation der Kategorie Behinderung bzw. sonderpädagogischer
Förderbedarf immer auch von gesellschaftlichen Deutungs- und Zuschreibungs-
prozessen ab. So wird ein Kind mit geringen Lese- und Schreibkompetenzen im
deutschen Schulsystem als lernbehindert wahrgenommen. In einer Kultur mit einer
hohen Rate an Analphabet*innen erscheint dasselbe Kind hingegen nicht als stark
normabweichend (Textor, 2015).

Prinzipiell verfolgt eine sonderpädagogische Förderung das Ziel, den Schüler*innen die volle Entfaltung ihrer Persönlichkeit, ein selbstbestimmtes Leben

sowie eine aktive gesellschaftliche Teilhabe zu ermöglichen (Kultusministerkonferenz, 2011). Die individuellen Bildungs- und Lebensverläufe der Förderschüler*innen konterkarieren jedoch dieses bildungspolitische Bestreben, denn überwiegend führt der Besuch einer Förderschule nicht zu einem Schulabschluss: Im
Jahr 2014 verließen rund 70 Prozent der Absolvent*innen die Förderschule ohne
qualifizierenden Abschluss die Förderschule, ca. 25 Prozent erwarben den Hauptschulabschluss (Kultusministerkonferenz, 2016b). Aufgrund der einstigen Schul-
zugehörigkeit folgt überwiegend eine prekäre Berufsbiografie; die Mehrheit der
Förderschulabgänger*innen befindet sich im Übergangssystem der Berufsbildung.
Die Bildungsangebote des Übergangssystems vermitteln jedoch keinen qualifizier-
ten Ausbildungsabschluss und sichern somit auch keine Ansprüche in der Berufsausbildung oder auf dem Arbeitsmarkt (Autorengruppe Bildungsberichterstattung,
2010). Merkliche Unterschiede bestehen zwischen Jugendlichen aus allgemeinbildenden Schulen und Förderschulen: Schüler*innen aus allgemeinbildenden Schulen erreichen im Verhältnis zu Jugendlichen aus Förderschulen höhere Schulabschlüsse und beginnen öfter eine Berufsausbildung (Ginnold, 2009). Pfahl und
Powell (2005) konstatieren, dass die Besonderung an Förderschulen nach der
Schulzeit aufgrund mangelnder qualifizierender Abschlüsse und einer daraus folgenden Exklusion vom Arbeitsmarkt für einige Förderschüler*innen zur individuellen „Scheiternsbiographie" (ebd., S. 69) wird.

Den starken Einfluss der sozialen Herkunft auf die Feststellung des sonderpädagogischen Förderschwerpunktes Lernen weist Wocken (2005) in seinen ver-
gleichenden Untersuchungen in den Bundesländern Brandenburg, Hamburg und
Niedersachsen nach: Ein niedrigerer Schul-, Ausbildungs- und Erwerbsstatus der
Eltern, eine höhere Arbeitslosenquote der Eltern, mehr Geschwister bei weniger Wohnraum sowie Alleinerziehende sind statistisch signifikante soziale Merkmale von Schüler*innen mit dem Förderschwerpunkt Lernen (ebd.). Bemerkenswert sind ebenfalls Unterschiede in der bundesweiten Förderschulbesuchsquote
je nach Staatsangehörigkeit. Insbesondere Schüler*innen mit der Staatsangehörigkeit mazedonisch, marokkanisch, italienisch, syrisch, libanesisch, serbisch und
albanisch weisen im Vergleich zu Schüler*innen mit deutscher Staatsangehörigkeit zwei- bis mehr als dreimal so hohe Förderschulbesuchsquoten auf. Generell
werden Förderschulen überproportional häufig von Schüler*innen mit Migrationshintergrund besucht (Weishaupt & Kämper, 2009).

Eine systematische Benachteiligung von bestimmten Schüler*innengruppen
wird darüber hinaus mit Blick auf die strukturellen Optionen des Systems, Schüler*innen zu verteilen und entsprechende Zugänge zu ermöglichen, offenkundig
(Berkemeyer, Bos, Manitius, Hermstein, & Khalatbari, 2013). Der einmal ergriffe-
ne Bildungsweg scheint schwer korrigierbar, so verbleiben ca. 90 Prozent der

Schüler*innen, trotz der formalen Möglichkeit eines Schulwechsels, in der nach der Grundschule gewählten Schulform (El-Mafaalani, 2014). Bundesweit wechselten im Schuljahr 2011/2012 insgesamt 62.786 Schüler*innen der Klassenstufen 7 bis 9 die Schulform. Hierbei erfolgten mit 57,5 Prozent die meisten Wechsel in eine niedrigere Schulart, der Anteil der Aufwärtswechsel belief sich lediglich auf 13,6 Prozent. Die Differenz zu 100 Prozent ergibt sich dadurch, dass nur echte Wechsel und nicht auch Umstiege gezählt wurden (Berkemeyer, Bos, Manitius, Hermstein, & Khalatbari, 2013). Anders formuliert kommen auf einen Aufwärtswechsel durchschnittlich 4,2 Wechsel in eine niedrigere Schulform, wobei das Verhältnis innerhalb der Ländergruppen sehr unterschiedlich ist. Trotz der formalen Möglichkeit eines Schulwechsels treten demnach Aufstiege in höhere Schulformen statistisch seltener ein als Korrekturen nach unten (vgl. hierzu auch: Baumert, Trautwein, & Artelt, 2003; Tillmann & Meier, 2001). Insbesondere Förderschüler*innen gelingt der Aufstieg in das System allgemeinbildender Schulen nur zu einem geringen Anteil: Im Schuljahr 2011/2012 vollzogen, im Hinblick auf die Jahrgangsstufen 7 bis 9, insgesamt 2.299 Schüler*innen den Wechsel von der Förderschule in das System allgemeinbildender Schulen. Dies entspricht einer Wechselquote von 2,2 Prozent (Berkemeyer, Bos, Manitius, Hermstein, & Khalatbari, 2013). Betrachtet man zudem die Praxis der Klassenwiederholungen, ist ein weiterer sozial selektiv wirkender Mechanismus festzustellen: 21 Prozent aller befragten 15-Jährigen haben die Erfahrung einer Klassenwiederholung gemacht (ebd.), wobei überdurchschnittlich häufig Schüler*innen mit Migrationshintergrund (u. a. Diefenbach, 2010; Gomolla & Radtke, 2009; Krohne, Meier, & Tillmann, 2004) und niedrigem sozioökonomischen Status betroffen sind (u. a. Ditton, 2010b; Hillmert & Jacob, 2005).

Schulischer Kompetenzerwerb
Darüber hinaus soll dargestellt werden, inwiefern es dem deutschen Schulsystem gelingt, alle Schüler*innen in ihrem Kompetenzerwerb zu fördern. Hierbei wird beispielhaft auf die Lesekompetenz von Schüler*innen am Ende der Primarstufe Bezug genommen. So ist einer der wichtigsten Befunde der PISA-Studien die für Deutschland im internationalen Vergleich enge Kopplung zwischen der sozialen Herkunft und dem Kompetenzstand (ebd.). Im Allgemeinen erzielen Kinder aus Familien der oberen Sozialschichten deutlich höhere Kompetenzwerte als Schüler*innen aus unteren sozialen Schichten. Vergleicht man die beiden Statusgruppen EGP-Klassen I–II sowie EGP-Klassen V–VII[3] als Referenz für

---

[3]Für die Feststellung des sozialen Hintergrundes wird der Klassenindex von Erikson, Goldthorpe und Portocarero (1979), kurz: EGP-Klassenkonzept, verwendet. Das Schema

die Darstellung oberer und unterer Sozialschichten miteinander, zeigt sich bundesweit ein durchschnittlicher Kompetenzunterschied von 81 Punkten, wobei zwischen den Bundesländern relativ große Differenzen bestehen (Berkemeyer, Bos, Manitius, Hermstein, & Khalatbari, 2013). Die IGLU-Studie aus dem Jahr 2011 zeigt zudem, dass der Leistungsvorsprung im Leseverständnis der Schüler*innen aus Familien der oberen und unteren Dienstklasse (EGP-Klassen I–II) und Kindern aus Facharbeiter*innen- beziehungsweise un- und angelernten Arbeiter*innenfamilien (EGP-Klassen V–VII) bereits in der Grundschule zwischen 62 und 92 Punkten variiert, was etwa ein bis zwei Lernjahren entspricht (Wendt, Stubbe, & Schwippert, 2012).

Ein weiterer zentraler Befund der PISA-Studien sind die hohen Leistungsrückstände von Schüler*innen mit Migrationshintergrund im Vergleich zu Schüler*innen ohne Migrationshintergrund[4]. Die Leistungsdifferenz in den erreichten Lesekompetenzpunkten zwischen Viertklässler*innen mit und ohne Migrationshintergrund bei gleichen sozioökonomischen Ressourcen liegt in Deutschland bei durchschnittlich 40 Leistungspunkten. Zwischen den Bundesländern variiert der Kompetenzrückstand von Schüler*innen mit Migrationshintergrund zwischen 36 und 53 Punkte. Das bedeutet, dass Schüler*innen mit Migrationshintergrund im Hinblick auf ihre Lesekompetenzen durchschnittlich ein Schuljahr hinter ihren Mitschüler*innen ohne Migrationshintergrund zurückliegen (Berkemeyer, Bos, Manitius, Hermstein, & Khalatbari, 2013). Es muss jedoch berücksichtigt werden, dass Schüler*innen mit Migrationshintergrund in Deutschland durchschnittlich sozioökonomisch schlechtergestellt sind als Schüler*innen ohne Migrationshintergrund. So hängt ein signifikanter Anteil der Leistungsunterschiede zwischen Schüler*innen mit Migrationshintergrund und Schüler*innen ohne Migrationshintergrund vom sozioökonomischen Status ab (Vock & Gronostaj, 2017).

Dezidierte Längsschnittstudien zur Leistungsentwicklung in der Schulzeit sind rar. Ditton und Krüsken (2009) können anhand ihrer Untersuchung in der Primarstufe zwar beträchtliche Leistungszuwächse in Mathematik und Deutsch sowie

---

basiert auf der beruflichen Klassifikation der Eltern, geordnet nach Art der Tätigkeit, der jeweiligen Stellung im Beruf, der Weisungsbefugnis sowie den erforderlichen Qualifikationen (Ehmke & Jude, 2010).

[4]Kritisch anzumerken ist, dass es sich bei der Kategorie Schüler*innen mit Migrationshintergrund um keine homogene Gruppe handelt: Verschiedene Determinanten wie beispielsweise die Dauer des Aufenthaltes beziehungsweise der Aufenthaltsstatus, die Religionszugehörigkeit sowie die sozioökonomische Lage sind mit ungleichen Bildungschancen verbunden. Als Schüler*innen mit Migrationshintergrund werden nachkommend diejenigen Kinder berücksichtigt, die mindestens einen im Ausland geborenen Elternteil haben (Berkemeyer, Bos, Manitius, Hermstein, & Khalatbari, 2013).

einen Ausgleich des zuvor bestehenden Leistungsgefälles nachweisen, jedoch markieren sie auch einen deutlichen Zusammenhang zwischen schulischen Leistungen und sozialer Herkunft, wobei die Herkunftseffekte im Zeitverlauf nicht ab-, sondern bei gleichen Eingangsleistungen sogar zunehmen (ebd.). Die Analysen der Studie „Evaluation eines Vorschultrainings zur Prävention von Schriftspracherwerbsproblemen sowie Verlauf und Entwicklung des Schriftspracherwerbs in der Grundschule (EVES)" von Zöller und Roos (2009) kommen zu sehr ähnlichen Ergebnissen: Sozioökonomische Merkmale der Herkunftsfamilie beeinflussen den deutschen Schriftspracherwerb erheblich. Kinder, deren Eltern ein vergleichsweise hohes Schulbildungsniveau aufweisen, erzielen im Verlauf der Primarstufe bessere Ergebnisse in Lese- und Rechtschreibtests als Schüler*innen aus schulbildungsfernen Familien. Zudem sind für Kinder aus schulbildungsfernen Familien trotz vergleichbarer intellektueller Voraussetzungen geringere Leistungszuwächse in der Schule zu verzeichnen (ebd.). Eine Vergrößerung der sozialen Disparitäten während der Schulzeit belegen auch Vergleiche der Ergebnisse aus der IGLU-Untersuchung und der PISA-Studien im Zeitverlauf. So haben in der vierten Jahrgangsstufe Kinder un- und angelernter Arbeiter*innen im Lesen 14 Leistungspunkte weniger als Schüler*innen mit Eltern der oberen Dienstklasse, während bei den 15-Jährigen bereits eine Differenz von 33 Leistungspunkten besteht. Vergleichbare Tendenzen zeichnen sich in den Kompetenzbereichen Mathematik und Naturwissenschaften ab (Weißhuhn & Große Rövekamp, 2004).

Die Befunde zur Schulleistungsentwicklung legen den Schluss nahe, dass soziale Ungleichheit hinsichtlich des Schulleistungsniveaus auch durch institutionelle bzw. schulsystemische Effekte verursacht werden. In der repräsentativen Längsschnittstudie „Bildungsverläufe und psychosoziale Entwicklung im Jugendalter (BIJU)" können Baumert, Stanat und Watermann (2006) „differenzielle Lern- und Entwicklungsmilieus" (ebd.) für Schüler*innen je nach Schulform (Realschulen, Gymnasien und Gesamtschulen) im Zeitraum von der siebten bis zur zehnten Jahrgangsstufe dokumentieren. Das bedeutet, dass Heranwachsende unabhängig von und zusätzlich zu ihren individuellen Ressourcen je nach besuchter Schulform unterschiedliche Entwicklungschancen bekommen, die zum Beispiel durch unterschiedliche Lehrpläne, Unterrichtskulturen und Kompetenzen der Lehrkräfte bedingt sind. Etwa erreichen Realschüler*innen bis zum Ende der zehnten Klasse im Vergleich zu Jugendlichen an Gesamtschulen in Mathematik einen Leistungsvorsprung von ca. zwei Schuljahren; der Vorsprung des Fördereffekts an Gymnasien liegt bei mehr als zwei Schuljahren (ebd.).

Schulabschlüsse

Mit der Zertifikatsvergabe des Schulsystems wird eine weitere statistisch signifikante Dimension von sozialer Ungleichheit beschrieben: Höherwertige Schulabschlüsse führen zu mehr beruflichen Anschlussmöglichkeiten und bestimmen demnach maßgeblich die weiteren formal möglichen gesellschaftlichen Teilhabechancen (Berkemeyer, Bos, Manitius, Hermstein, & Khalatbari, 2013). Tabelle 1.3 gibt einen Überblick über die Abschlüsse der Absolvent*innen allgemeinbildender Schulen im Jahr 2011.

Tabelle 1.3 Abschlüsse der Absolvent*innen allgemeinbildender Schulen in Deutschland für das Jahr 2011. (Eigene Darstellung auf Grundlage von: Berkemeyer, Bos, Manitius, Hermstein, & Khalatbari, 2013)

Erreichter Abschluss	Anzahl	Anteil an der gleichaltrigen Wohnbevölkerung in Prozent
Hauptschulabschluss	163.284	21,2
Realschulabschluss/ mittlerer Abschluss	338.071	41,5
Fachhochschulreife	13.616	1,9
Allgemeine Hochschulreife	310.811	31,8
	Abgänger*innen und Absolvent*innen insgesamt	davon Absolvent*innen
	875.254	96,4

Insgesamt verließen im Jahr 2011 deutschlandweit 96,4 Prozent der Absolvent*innen die allgemeinbildenden Schulen mit einem Abschluss. Gemessen an der gleichaltrigen Wohnbevölkerung erwerben hierbei 21,2 Prozent der Schüler*innen einen Hauptschulabschluss, 41,5 Prozent einen mittleren Abschluss, 1,9 Prozent die Fachhochschulreife und 31,8 Prozent die allgemeine Hochschulreife. Somit stehen der steigenden Zahl an Absolvent*innen mit höherer Qualifikation immer weniger Absolvent*innen mit Hauptschulabschluss gegenüber. Der mittlere Abschluss gewinnt zunehmend an Bedeutung und macht mit 41,5 Prozent an der gleichaltrigen Bevölkerung die mit Abstand größte Gruppe unter allen Absolvent*innen aus. Bemerkenswert ist zudem, dass nahezu ein Drittel der Absolvent*innen eine Studienberechtigung erhalten. Bundesweit verließen im Jahr 2011 aber auch rund 49.560 Schüler*innen das allgemeinbildende Schulwesen ohne einen Hauptschulabschluss, wobei 57,9 Prozent der Abgänger*innen ohne Hauptschulabschluss aus der Förderschule stammen (Berkemeyer,

Bos, Manitius, Hermstein, & Khalatbari, 2013). Werden die Abgänger*innen differenziert nach ihrer Staatsangehörigkeit betrachtet, dokumentiert sich darüber hinaus eine hohe Differenz zwischen Schüler*innen mit deutscher und nichtdeutscher Staatsangehörigkeit: Schüler*innen nichtdeutscher Staatsangehörigkeit erlangen seltener die allgemeine Hochschulreife und tragen im Vergleich zu Jugendlichen mit deutscher Staatsangehörigkeit ein höheres Risiko, die Schule ohne Abschluss zu verlassen (Autorengruppe Bildungsberichterstattung, 2012). Zudem lassen sich Korrelationen zwischen den Schulabschlüssen der Eltern und denen der Kinder feststellen. So bleiben ca. 15 Prozent der Schüler*innen von Eltern ohne Schulabschluss ebenfalls ohne Schulabschluss, mit ca. 45 Prozent ist der Hauptschulabschluss in dieser Gruppe am verbreitetsten. Eine besonders hohe Schulbildungsvererbung ist bei Schüler*innen von Eltern mit der allgemeinen Hochschulreife sichtbar: 67 Prozent erwerben erneut die allgemeine Hochschulreife (Solga & Dombrowski, 2009).

Zwischenfazit

Zusammengefasst zeigen die in dieser Darstellung ausgewählten Ergebnisse einschlägiger Schulleistungsstudien und die einbezogenen amtlichen Schulstatistiken, dass die soziale Herkunft für die Bildungsbiografie eine entscheidende Rolle spielt. Dem deutschen Bildungssystem gelingt es kaum, kompensierend zu wirken und herkunftsbedingte Nachteile auszugleichen – im Gegenteil: Innerhalb und zwischen den Bildungseinrichtungen wird soziale Ungleichheit während der Schulzeit sogar noch verstärkt. Der Überblick über soziale Disparitäten im Bildungssystem markiert nach wie vor großen Handlungsbedarf: Etwa besteht für Schüler*innen aus sozioökonomisch benachteiligten Lebensverhältnissen und Schüler*innen mit Migrationshintergrund durch die Feststellung des sonderpädagogischen Förderbedarfs ein erhöhtes Risiko, schulisch exkludiert zu werden, denn ein großer Anteil an Kindern und Jugendlichen mit sonderpädagogischem Förderbedarf wird nicht im System allgemeinbildender Schulen unterrichtet. Darüber hinaus haben diese Kinder und Jugendliche durchschnittlich schlechtere Bildungschancen als Gleichaltrige mit einem hohen sozioökonomischen Status bzw. ohne Migrationshintergrund: Sie sind häufiger von Klassenwiederholungen betroffen, zeigen über die gesamte Schullaufbahn geringere Kompetenzen im Lesen und verlassen die Schule häufiger ohne einen allgemeinbildenden Abschluss.

1.2 Erklärungen und Befunde zur Rolle der Schule und Lehrkräfte bei der Entstehung und Verstärkung sozialer Ungleichheit

Bereits in den 1960er Jahre machten bildungssoziologische Studien im Kontext der im internationalen Vergleich geringen Bildungsbeteiligung in den weiterführenden Schulen auf ausgeprägte soziale Disparitäten im deutschen Bildungssystem aufmerksam (Geißler, 2005). Mit der Veröffentlichung der Ergebnisse der ersten PISA-Studie im Jahr 2001 (Baumert, et al., 2001) ist die soziale Ungleichheit in Schule von Neuem in das Blickfeld von Politik, Öffentlichkeit und Wissenschaft gerückt (Maaz, Baumert, & Trautwein, 2010). Trotz reger Forschungstätigkeit und gleichwohl damit einhergehende Diagnosen und Befunde längst Eingang in das schulische Feld und in bildungs- und sozialpolitische Debatten und Reformen gefunden haben (Betz, 2015), wurde der „Teufelskreis von intra- und intergenerationaler Reproduktion von sozialen Ungleichheiten und Bildungsungleichheiten" (Solga & Dombrowski, 2009, S. 7) in den letzten Jahrzehnten nicht ansatzweise aufgebrochen. Die Erforschung bildungsbezogener Ungleichheit ist längst nicht abgeschlossen und es besteht nach wie vor die Notwendigkeit, Erklärungsmodelle für den Reproduktionszusammenhang von sozialen Herkunftsbedingungen und schulischen Erfolgsaussichten sowie Möglichkeiten zum Abbau von sozialer Ungleichheit im deutschen Bildungssystem zu identifizieren (Betz, 2015).

Im Folgenden werden zwei klassische theoretische Zugangswege erörtert, die sich mit der Frage auseinandersetzen, wie die fortdauernde hohe soziale Selektivität im Bildungssystem erklärt werden kann: der Rational-Choice-Ansatz nach Raymond Boudon (Abschnitt 1.2.1) sowie Pierre Bourdieus Theorie der sozialen Praxis (Abschnitt 1.2.2). An das jeweilige Teilkapitel anschließend werden einzelne empirische Untersuchungen zusammengetragen, die sich (vorwiegend) entweder auf der Seite der quantitativen oder der qualitativen Sozialforschung verorten lassen. Mithilfe der Erklärungsansätze und Erkenntnisse soll systematisch die Rolle der Schule und Lehrkräfte bei der Perpetuierung und der Verringerung sozialer Ungleichheit herausgearbeitet werden. Wie noch genauer dargelegt wird, ist die Vorstellung gerade dieser zum Teil unterschiedlichen paradigmatischen Perspektiven deshalb vielversprechend, da sie sich nicht wechselseitig ausschließen, sondern in Beziehung zueinander setzen lassen. Dieses Teilkapitel abrundend werden ausgewählte, für diese Arbeit besonders bedeutsame Studien vorgestellt, die mit unterschiedlicher theoretischer Perspektive und Methodik Sichtweisen auf und den praktischen Umgang mit Schüler*innen ungleicher sozialer Herkunft in

Schule und Unterricht analysieren und somit einen Beitrag zur Erklärung sozialer Bildungsungleichheit leisten (Abschnitt 1.2.3).

1.2.1 Bildungsungleichheit aus der Perspektive des Rational-Choice-Ansatzes von Raymond Boudon

In der Bildungs- und Sozialstrukturforschung besteht Einigkeit über die zentrale Bedeutung von Bildungsübergängen für die Entstehung und Persistenz von Bildungsungleichheit (Becker & Lauterbach, 2010). Bereits in den 1970er Jahren setzte sich Boudon mit den Selektionsentscheidungen im Bildungssystem auseinander und analysierte herkunftsbedingte Unterschiede bei der Wahl von Bildungswegen (Maaz, Baumert, & Trautwein, 2010). Boudon (1974) zufolge wird Bildungsungleichheit als Ergebnis familialer Entscheidungen verstanden, die innerhalb des institutionellen Rahmens des Bildungssystems getroffen werden müssen (ebd.). Hierbei ergeben sich die Bildungsentscheidungen „aus der gezeigten schulischen Leistung, den Selektionsmechanismen des jeweiligen Bildungssystems und der familiären Bewertung von Bildung" (Maaz, Baumert, & Trautwein, 2010, S. 71). Zur Erklärung dieses Zusammenspiels und der Reproduktion sozialer Ungleichheit im Bildungssystem unterscheidet Boudon primäre und sekundäre Herkunftseffekte. Unter primären Herkunftseffekten wird der unmittelbare Einfluss der sozialen Herkunft auf die Kompetenzentwicklung und Schulleistungen der Schüler*innen verstanden. Je nach Sozialschicht variierende Kompetenz- und Leistungsunterschiede resultieren aus der unterschiedlichen Ausstattung von Familien mit materiellen und immateriellen Ressourcen und der schichtspezifischen Bezugnahme auf Kultur, Lernen und Bildung (Maaz, Baumert, & Trautwein, 2010b). Sekundäre Herkunftseffekte benennen im Unterschied dazu schichtspezifisch ungleiche Bildungsaspirationen und davon abhängige Entscheidungsprozesse, in denen Schüler*innen und Eltern erwartete Kosten und Nutzen höherer Bildung und die Erfolgswahrscheinlichkeit im Sinne einer rational-ökonomischen Investition abwägen. Ein hohes Bildungsziel anzusteuern, ist für Familien aus sozial benachteiligten Lebensverhältnissen mit höheren Kosten bei gleichzeitiger Sorge, zu scheitern verbunden. Sie müssen demnach über höhere Bildungsaspirationen verfügen, da die soziale Distanz größer ist als bei sozial privilegierten Familien (Boudon, 1974). Die folgende Abbildung gibt einen Überblick über Boudons Konzept für die Entstehung und Reproduktion von Bildungsungleichheit (Abbildung 1.2).

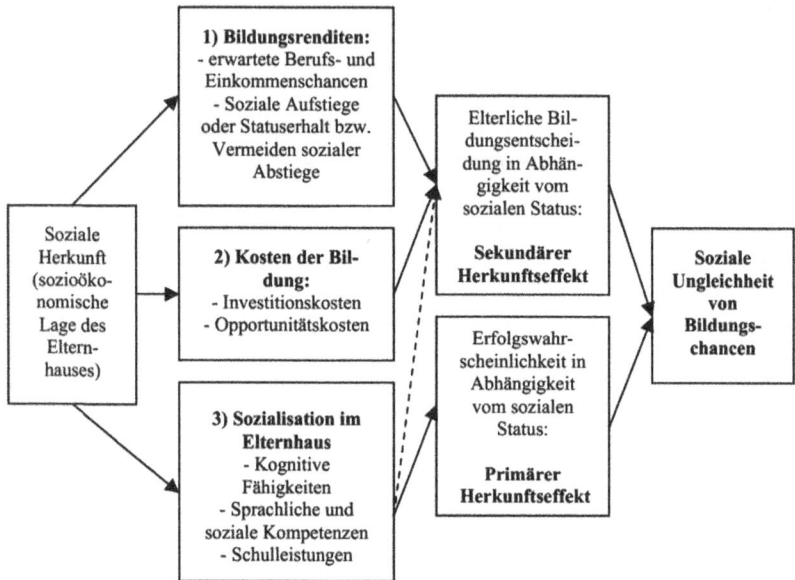

Abbildung 1.2 Modell für die Entstehung und Reproduktion von sozialer Ungleichheit der Bildungschancen nach Boudon (Becker, 2010)

    Unmittelbar anknüpfend an Boudons konzeptionelle Unterscheidung zwischen primären und sekundären Herkunftseffekten entstanden in Folge weitere ausdifferenziertere werterwartungstheoretische Erklärungsmodelle, die sich in zahlreichen empirischen Studien bewährten (Becker, 2000; Esser, 1999; Breen & Goldthorpe, 1997; Erikson & Jonsson, 1996). Unterschiede zwischen den Modellen bestehen in der Gewichtung von primären und sekundären Herkunftseffekten, der Erweiterung um zusätzliche Variablen und in der Berücksichtigung institutioneller Regelungen des Bildungssystems (Maaz, Baumert, & Trautwein, 2010). Da für die vorliegende Untersuchung die Rolle der Lehrkräfte bei Reproduktionsprozessen sozialer Ungleichheit von besonderem Interesse ist, werden im Folgenden empirische Studien betrachtet, die die Leistungsbewertungen und Übergangsempfehlungen der Lehrkräfte ausdrücklich in ihren Analysen miteinbeziehen.

Der Forschungsstand zu Wirkungsweisen der Lehrkräfte auf primäre und sekundäre Herkunftseffekte

Der hier knapp skizzierte Rational-Choice-Ansatz basiert auf einer umfangreichen empirischen Grundlage; in Bezug auf die Übergänge im deutschen Bildungssystem liegen zahlreiche Studien vor (u. a. Mudiappa & Artelt, 2014; Kleine, Birnbaum, Zielonka, Doll, & Blossfeld, 2010; Paulus & Blossfeld, 2007). So wurde die Relevanz der sozialen Herkunft für die Schulleistungen von Kindern und Jugendlichen anhand internationaler Schulleistungsstudien wie PISA, TIMSS und IGLU sowie nationaler Untersuchungen wiederholt und eindrücklich nachgewiesen (u. a. Hußmann, et al., 2017; Wendt, et al., 2016; Vieluf, Ivanov, & Nikolova, 2014; Lehmann, Peek, Gänsfuß, & Husfeldt, 2011; Klieme, et al., 2010). In Abschnitt 1.1 wurde exemplarisch anhand der Grundschulstudie IGLU 2011 gezeigt, dass sich der sozioökonomische Status nachteilig auf die schulische Kompetenz- und Leistungsentwicklung der Schüler*innen auswirkt und Schüler*innen aus sozial bessergestellten Familien am Ende der vierten Klasse im Durchschnitt leistungsstärker im Lesen sind als Schüler*innen aus sozial schlechtergestellten Familien. Zwischen den Schüler*innen aus der oberen und unteren Dienstklasse und Schüler*innen aus Familien un- und angelernter Arbeiter*innen klafft im Leseverständnis in der vierten Klasse eine Kompetenzlücke von bis zu 92 Testpunkten, was etwa zwei Lernjahren entspricht (Wendt, Stubbe, & Schwippert, 2012). Die schulischen Leistungen determinieren überdies in beträchtlichem Maß den Übergansprozess von der Grundschule in die weiterführende Schule. Etwa belegt dieselbe Grundschulstudie auch, dass bei vergleichbaren kognitiven Fähigkeiten und Lesekompetenzen die Chance, eine Empfehlung der Lehrkräfte für das Gymnasium zu erhalten, für Schüler*innen aus der oberen Dienstklasse 3,14-mal so hoch ist wie für Schüler*innen aus der Klasse der (Fach-)Arbeiter*innen. Die Chance für eine Gymnasialpräferenz der Eltern aus der oberen Dienstklasse ist 3,76-mal so hoch wie in der Klasse der (Fach-)Arbeiter*innen und damit etwas stärker als die Empfehlung der Lehrkräfte (ebd.).

Aus den Ergebnissen der IGLU-Studie leiten einige Vertreter*innen des Rational-Choice-Ansatzes ab, „dass die Empfehlungen der Lehrer sehr viel weniger an die soziale Herkunft gekoppelt sind als die Bildungsaspirationen der Eltern […] und „sozial korrigierend" und sozial selektiv zugleich" (Maaz, Baumert, & Trautwein, 2010, S. 77) wirken. Je nachdem, welche weiteren empirischen Studien bzw. Autor*innen herangezogen werden, lässt sich diese Annahme stützen. Etwa analysieren Ditton, Krüsken und Schauenberg (2005) in einer Längsschnittuntersuchung an bayerischen Grundschulen die Bildungspräferenzen der Eltern in der Gegenüberstellung zu den Grundschulempfehlungen. Bei vergleichbaren Schulleistungen der Kinder war die Chance, dass sich Eltern mit der

Hochschulreife für ihr Kind das Gymnasium anstelle einer anderen Schulform wünschen, 8,84-mal so groß wie die von Eltern mit einem Hauptschulabschluss. Für die Empfehlung der Lehrkräfte zeigt sich ein deutlich schwächer ausgeprägter sekundärer Herkunftseffekt: Schüler*innen, deren Eltern die Hochschulreife vorweisen, haben eine 3,92-mal höhere Chance auf eine Gymnasialempfehlung als Schüler*innen, deren Eltern einen Hauptschulabschluss haben. Die Autor*innen entnehmen den Befunden, dass sich die Empfehlungen der Lehrkräfte stärker an den schulischen Leistungen der Kinder orientieren als die Bildungsaspirationen der Eltern (ebd.). Dumont, Maaz, Neumann und Becker (2014) kommen in ihrem Überblick über den aktuellen Forschungsstand zu sozialen Disparitäten beim Übergang in die Sekundarstufe I ebenfalls zu dem Schluss, dass „trotz der familiären Herkunftseffekte auf die Schullaufbahnempfehlungen [...] jedoch gesagt werden [muss], dass die Empfehlungen von Lehrkräften weitaus weniger durch die familiäre Herkunft beeinflusst sind als die Schullaufbahnwünsche der Eltern." (ebd., S. 149). Die Autor*innen untermauern ihre Position, indem sie auf schichtspezifische Abweichungen von der Schullaufbahnempfehlung bei dem Übergangsprozess in die Sekundarstufe I hinweisen. So zeigen Pietsch und Stubbe (2007) anhand der IGLU-Daten für ausgewählte Bundesländer, dass sich Eltern aus privilegierteren Sozialschichten häufiger für eine höhere Schulform als die von der Lehrkraft empfohlene entscheiden, wohingegen sozial benachteiligte Eltern zu Abweichungen nach unten neigen (vgl. hierzu auch: Harazd & van Ophuysen, 2008; Cortina, 2003). Hierbei ist kein Effekt von verbindlichen im Vergleich zu unverbindlichen Übergangsempfehlungen nachweisbar (u. a. Roth & Siegert, 2015; Maaz, Baumert, Gresch, & McElvany, 2010). Pietsch und Stubbe (2007) stellen bezüglich des Einflusses des sozialen Hintergrundes eine dreifache Benachteiligung fest: Erstens bringen Schüler*innen aus sozioökonomisch benachteiligten Verhältnissen aufgrund ihrer Sozialisation geringere Kompetenzen für das schulische Lernen mit, zweitens erhalten sie bei gleichen Schulleistungen schlechtere Noten und Schullaufbahnempfehlungen und drittens wechseln sie bei gleichen Empfehlungen häufiger auf eine niedrigere Schulform (ebd.).

Gegen diesen Standpunkt lässt sich einwenden, dass seit der ersten IGLU-Studie 2001 im Zeitverlauf eine Zunahme der sozialen Disparitäten bei den Empfehlungen der Lehrkräfte zu beobachten ist. So ist in der IGLU-Studie 2001 unter Kontrolle der kognitiven Fähigkeiten und der Lesekompetenzen die Chance für eine Gymnasialempfehlung der Lehrkräfte für Schüler*innen aus der oberen Dienstklasse im Vergleich mit Schüler*innen aus der Klasse der (Fach-)Arbeiter*innen 2,63-mal höher – in der IGLU-Studie 2016 ist die Chance eines Kindes aus der oberen Dienstklasse, eine Gymnasialempfehlung der Lehrkräfte zu erhalten, hingegen 3,37-mal höher (Stubbe, Bos, & Schurig, 2017). Zugleich lässt sich ein umgekehrter Trend seit der IGLU-Studie 2006 für die Schullaufbahnpräferenzen der Eltern konstatieren. Ebenfalls unter Kontrolle der kognitiven Fähigkeiten und der Lesekompetenz ist die Chance für eine Gymnasialpräferenz der Eltern aus der oberen Dienstklasse in der IGLU-Studie 2006 3,83-mal so hoch wie in der Klasse der (Fach-)Arbeiter*innen. Im Gegensatz dazu ist in der IGLU-Studie 2016 in der oberen Dienstklasse die Chance 3,44-mal so hoch wie in der Klasse der (Fach-)Arbeiter*innen (ebd.).

Es gibt auch am Rational-Choice-Ansatz orientierte Studien, die den Beitrag der Lehrkräfte bei der Perpetuierung sozialer Ungleichheit an den Übergängen im deutschen Schulsystem differenzierter betrachten. Zum Beispiel konkretisieren Maaz, Baeriswyl und Trautwein (2011) in der Studie „Herkunft zensiert? Leistungsdiagnostik und soziale Ungleichheit in der Schule" das Verhältnis von primären und sekundären Herkunftseffekten. Hierbei weisen die Autoren selbst nach Kontrolle der Leistung in standardisierten Leistungstests einen statistisch signifikanten Zusammenhang zwischen sozialer Herkunft und Benotung, Schullaufbahnempfehlung sowie tatsächlich realisierten Übergangsentscheidungen nach. Für alle drei Aspekte können primäre und sekundäre Effekte belegt werden, wobei bei den Leistungsbewertungen der Anteil primärer Effekte größer ist als der der sekundären Effekte. Bei der Empfehlungsvergabe sind beide Herkunftseffekte gleich groß und beim Übergangsverhalten überwiegt der sekundäre Effekt (ebd.). Die Sekundäranalyse verschiedener Schulleistungsstudien ermöglicht darüber hinaus, eine relative Bedeutung und Chronologie primärer und sekundärer Effekte in Bezug auf den Übergang von der Grundschule in die weiterführende Schule genauer darzulegen. So werden Herkunftseffekte auf die Übergangsempfehlung zur Hälfte auf Leistungsunterschiede bzw. den primären Effekt zurückgeführt, ein Viertel auf schichtabhängige Benotungspraxen sowie ein Viertel auf schichtabhängige Laufbahnempfehlungen. Das bedeutet, dass rund die Hälfte unerwünschter sozialer Disparitäten beim Übergang in die Sekundarstufe I auf sozialschichtabhängigen Verzerrungen der Schüler*innenbewertungen basieren (ebd.). Beim tatsächlichen Übergang geht offenbar der Anteil des primären Effekts und vor allem derjenige der ungleichen Einbeziehung in dem sekundären Effekt auf. Im Hinblick darauf, dass Schulleistungen in die elterliche Entscheidung einfließen, bereiten Lehrkräfte mit leistungsfremder Notengebung nicht nur ihre eigene Empfehlung vor, sondern beeinflussen auch die Elternentscheidung.

Bereits zu Beginn der siebziger Jahre macht Ingenkamp (1971) auf die „Fragwürdigkeit der Zensurengebung" aufmerksam. Auf Grundlage deutschsprachiger Forschung stellt er fest, dass es sich zumeist um subjektive Bewertungen handelt und Lehrkräfte auf ein klasseninternes Bezugssystem zurückgreifen, sodass es zu erheblichen Unterschieden zwischen einzelnen Lehrpersonen und

Unterrichtsfächern kommt. Für die Leistungsbeurteilungen und Übergangsemp-fehlungen sind Persönlichkeitseigenschaften entscheidend, mit der die Lehrkräfte ihre Verhaltenserwartungen an die Schüler*innen bestimmen. Dabei werden auch geschlechts- und herkunftsspezifische Stereotype wirksam (ebd.). Diese Befunde haben an Aktualität nicht verloren, etwa präzisiert rezente Forschung zu Lehrer*innenurteilen leistungsfremde Kriterien wie beispielsweise je nach sozialer Herkunft variierende Einschätzungen von Begabung, Lernmotivation und Anstrengungsbereitschaft (Anders, McElvany, & Baumert, 2010), antizipierte elterliche Unterstützungsmöglichkeiten (Nölle, Hörstermann, Krolak-Schwerdt, & Gräsel, 2009) und ökonomische Ressourcen der Familie (Bos & Pietsch, 2007), die von den Lehrkräften leistungsbezogen gewendet werden. Einen ungleichheits-verstärkenden Effekt können hier sogenannte Cooling-Out-Prozesse (Goffman, 1952) haben, die eine Abnahme der Bildungsaspiration, Motivation und Anstren-gungsbereitschaft sowie Störungen in der Entwicklung eines positiven Selbst-konzepts für solche Schüler*innen beschreiben, die während ihrer Schullaufbahn wiederholt Misserfolgserfahrungen durchleben (Bremm, Racherbäumer, & van Ackeren, 2017). Dass Lernfähigkeit und Schulleistungen nicht einwandfrei kor-relieren zeigen Uhlig, Solga und Schupp (2009) darüber hinaus unter dem Stichwort des Underachievement. Den Autor*innen zufolge besucht etwa ein Viertel aller Haupt- und Realschüler*innen in Deutschland eine Schulform, die unterhalb ihrer kognitiven Fähigkeiten liegt. Das Risiko für Underachievement ist für Schüler*innen, bei denen kein Elternteil die allgemeine Hochschulreife hat, drei Mal so hoch wie bei Schüler*innen, bei denen mindesten ein Eltern-teil Abitur hat (ebd.). Für den anglo-amerikanischen Raum kann Sorhagen (2013) Zusammenhänge zwischen Fehleinschätzungen der Leistungsfähigkeit von Kin-dern in der dritten Klasse und ihren gemessenen Schulleistungen im Alter von 15 Jahren nachzeichnen. Wurde die Leistungsfähigkeit in der frühen Schulzeit ver-glichen mit Leistungstest unterschätzt, erreichten Schüler*innen in der neunten Klasse signifikant schlechtere Schulleistungen in Mathematik, im Leseverständ-nis und im Wortschatz sowie im verbalen Argumentieren. Zudem zeigt sich, dass die Fehleinschätzungen von Lehrkräften in der dritten Klasse einen signifikant stärkeren Einfluss auf die Leistungsentwicklung von Schüler*innen aus sozial benachteiligten Familien hat (ebd.).

Überdies seien noch qualitative Studien erwähnt, die die Sichtweisen und Entscheidungskriterien von Lehrkräften bei schulischen Übergängen beleuchten und somit zur Erklärung beitragen, weshalb Kinder aus einem schulbildungs-nahen Elternhaus eher auf ein Gymnasium überwiesen werden. Etwa kommt Hollstein (2008) auf Grundlage von Interviews mit Grundschullehrkräften und Schulleiter*innen zu dem Schluss, dass Lehrkräfte unterschiedliche Kriterien bei den Grundschulempfehlungen heranziehen, z. B. das Arbeitsverhalten und die Motivation, die psychische Belastbarkeit oder das Durchsetzungsvermögen der Schüler*innen, aber auch das spezifische Angebot an weiterführenden Schulen. Des Weiteren stellen Vorstellungen der Lehrkräfte vom sozialen Kontext ein Kriterium dar, wenn sogenannte Grenzfälle vorliegen. Beispielsweise werden bei Schüler*innen, die von ihren Schulleistungen her nicht eindeutig für eine höhere Schulform überzeugen, Vermutungen darüber angestellt, über welche Art von familialer Unterstützung das Kind im Bedarfsfall verfügt. Meist fällt „zum Wohle des Kindes" (ebd., S. 2610) die Wahl auf die niedrigere Schulform, um das Kind vor Belastungen und Misserfolge zu schützen. Hierbei argumentieren die Lehrkräfte, dass aufgrund der Durchlässigkeit des Schulsystems kein Nachteil entsteht (ebd.). Gomolla und Radtke (2009) rekonstruieren ähnliche Muster wie Hollstein. Die Autor*innen stellen heraus, dass zwar die Zuteilung von Schüler*innen auf weiterführende Schulen ressourcengesteuert und unabhängig von kultureller Differenz verläuft, aber Lehrkräfte vermeintlich defizitäre deutsche Sprachkenntnisse beziehungsweise Defizite in der Bildungssprache sowie kulturalisierende Deutungen als Indikatoren für das Lern- und Leistungsvermögen der Schüler*innen mit Migrationshintergrund nutzen, um mehrdeutige Übergangsentscheidungen zu plausibilisieren und zu legitimieren. So werden in Schulen ohne separate Vorbereitungs-, Auffang- oder Förderklassen Kinder mit mangelnden Deutschkenntnissen vermehrt in den Schulkindergarten oder in den Kindergarten zurückgestellt. Eine gängige Begründung für die Zurückstellung ist die Verknüpfung von deutschsprachlichen Defiziten mit anderen Entwicklungsrückständen (ebd.). Mit der Argumentation, dass „perfekte Deutschkenntnisse" (ebd., S. 244) und eine „angemessene Arbeitshaltung und -motivation im Elternhaus" (ebd., S. 254) für den Übergang auf ein Gymnasium notwendige Kriterien seien, werden darüber hinaus selbst bei guten Schulleistungen häufiger Haupt- und Realschulempfehlungen statt Gymnasialempfehlungen seitens der Schule ausgesprochen (ebd.). Die Studie zur institutionellen Diskriminierung von Gomolla und Radtke wird oft zitiert und bestätigt. Beispielsweise untersucht Weber (2005) aus einer intersektionalen Perspektive das Zusammenspiel ethnischer, geschlechtlicher und sozialer Dimensionen in schulischen Selektionsprozessen und rekonstruiert, wie Kinder aufgrund des familialen Hintergrundes nicht auf das Gymnasium zugelassen und zudem aufgrund sozialer Konflikte vom Gymnasium abgeschult werden. Den Lehrkräften scheint hierbei ihr Einfluss auf ungleichheitsreproduzierende Wahrnehmungsmuster und Rechtfertigungen nicht bewusst zu sein, so legitimieren sie ihre Entscheidung bspw. mit nicht ausreichender „Begabung" (ebd., S. 72).

Zwischenfazit

Grundsätzlich ändern die Studien zur sozialen Ausrichtung schulischer Leistungsbewertungen und Übergangsempfehlungen der Lehrkräfte wenig daran, dass Lehrkräfte aus der Perspektive des Rational-Choice-Ansatzes kaum für die Entstehung und Verstärkung von Bildungsungleichheiten verantwortlich gemacht werden (Kramer, 2015). Der zentralen Annahme von Boudon (1974) folgend, dass die elterlichen Bildungsentscheidungen in Form von individuellen Kosten-Nutzen-Kalkulationen zum Zeitpunkt des Übergangs in die Sekundarstufe I ausschlaggebend für die Entstehung und Verstärkung von Bildungsungleichheit sind, gewichten die Vertreter*innen des Rational-Choice-Ansatzes die sekundären Herkunftseffekte stärker als die primären Herkunftseffekte (Becker & Lauterbach, 2010). Aufgrund dieser Hierarchisierung der Relevanz primärer und sekundärer Herkunftseffekte wird den Lehrkräften nach Kramer (2015) ein eher kompensatorischer Einfluss auf Bildungsungleichheit zugeschrieben. Zugespitzt formuliert er, dass die Lehrkräfte aus dem Blickwinkel des Rational-Choice-Ansatzes als „Transformationsakteure" (ebd., S. 344) von Bildungsungleichheit erscheinen. Aus Kramers Sicht liegt jedoch in der stärkeren Gewichtung der sekundären Herkunftseffekte „ein folgenreicher Kategorienfehler, weil damit etwas zum zentralen Primat erhoben wird, was doch theoretisch-konzeptionell ein sekundärer Effekt wäre" (Kramer, 2011, S. 119). Der blinde Fleck des Rational-Choice-Ansatzes besteht demnach darin, dass Leistung als Herkunftsmerkmal modelliert wird und damit der Anteil der innerschulischen Konstruktion von Leistung keine Beachtung erfährt.

Neben der Konzeptionierung der sekundären Herkunftseffekte als zentrales Problem von Bildungsungleichheit, mag dieses Desiderat auch forschungspraktischen Aspekten geschuldet sein: Die Prozessierung der primären Herkunftseffekte in der Schule können in den Schulleistungsstudien ungleich schwerer in den Blick genommen werden als die Bildungsentscheidungen im Übergang zwischen Primar- und Sekundarstufe (Dietrich, Heinrich, & Thieme, 2013). Ungeachtet dieser forschungspraktischen Herausforderung erscheint die systematische Betrachtung der Wirkung der pädagogischen Arbeit auf die Schulleistungen und die Lernentwicklung auch im Kontext des deutschen Bildungssystems aufschlussreich. Denn obgleich schulischer Lernerfolg multikausal bedingt ist (Lotz & Lipowsky, 2015), stellen zahlreiche Untersuchungen im englischsprachigen Raum den bedeutsamen Beitrag der Lehrkräfte im Vergleich zu anderen Einflussquellen heraus. Hervorzuheben ist hierbei die ausgesprochen umfangreiche Studie „Visible Learning" von Hattie (2008), der auf Basis einer Synthese von über 800 Metaanalysen zu dem Schluss kommt, dass positive Beziehungen zwischen Lehrkräften und Schüler*innen, die auf Kooperation und Akzeptanz beruhen, die Glaubwürdigkeit der Lehrperson bei den Schüler*innen, das im Unterrichtsprozess gegebene Feedback an die Schüler*innen sowie die Klarheit und Verständlichkeit der Lehrer*innensprache wesentlich für gelingendes schulisches Lernen sind (ebd.). Insbesondere internationale Forschung zu Schulen in sozial benachteiligter Lage, denen es trotz herausfordernder Rahmenbedingungen gelingt, messbar gute Leistungsergebnisse und Lernfortschritte von Schüler*innen zu erreichen, weist ebenfalls auf die Ebene der Lehrkräfte hin. So kann neben klassischen Merkmalen der Schul- und Unterrichtsqualität (bspw. Innovationsbereitschaft, Kooperationspraxis und adaptive Unterrichtsgestaltung) die Fähigkeit von Lehrkräften, eine tragfähige Beziehung zu ihren Schüler*innen aufzubauen, sowie hohe Erwartungen an die schulische Leistungsfähigkeit als Schlüsselfaktoren für den Lernerfolg identifiziert werden (u. a. Racherbäumer & van Ackeren, 2015; Rutledge, Cohen-Vogel, Osborne-Lampkin, & Roberts, 2015; Smyth, 2014; Roorda, Koomen, Spilt, & Oort, 2011). Vor dem Hintergrund, dass positive Lehrer*innen-Schüler*innen-Beziehungen erwiesenermaßen förderlich für die Lernbereitschaft und das Selbstkonzept und somit auch für die Entwicklungsprozesse der Schüler*innen sind (u. a. Kuhn & Fischer, 2014; Sabol & Pianta, 2012; Pianta & Allen, 2008), geben einzelne Untersuchungen überdies Hinweise darauf, dass sie eine Möglichkeit darstellen, der sozialen Benachteiligung der Schüler*innen zu begegnen. Etwa legen Befunde aus der Schulstudie „Handlungs- und Bildungskompetenzen funktionaler Analphabeten (HaBil)" (Drucks, Osipov, & Quenzel, 2010) den Schluss nahe, dass Lehrkräfte die Entwicklung von Bildungschancen begünstigen können: In der HaBil-Untersuchung kann nachgewiesen werden, dass insbesondere die Bereitschaft von Lehrkräften, Schüler*innen unabhängig von deren schulischen Leistungsstand individuell wahrzunehmen und für schulische Bemühungen anzuerkennen, die Lernmotivation fördert und Schulentfremdung verhindert. Lehrkräfte haben den Autor*innen zufolge großen Einfluss auf die Voraussetzungen zu lebenslangem Lernen und somit auf die Lebenschancen insbesondere von sozial benachteiligten Schüler*innen (ebd.). Auch mit Blick auf Kinder und Jugendliche mit sonderpädagogischem Förderbedarf in allgemeinbildenden Schulen zeigt sich, dass der professionelle Umgang der Lehrkraft mit der Vielfalt in der Klasse und die Gestaltung der Beziehung zwischen Lehrenden und Lernenden wichtige Determinanten für die Lernmotivation und eine gelingende soziale Integration in der Schule sind (Gronostaj, Kretschmann, Westphal, & Vock, 2015). Können Schüler*innen hingegen keine positiven Beziehungen zu ihren Lehrkräften aufbauen, führt dies im Umkehrschluss zu geringerer Motivation, einem schlechteren Selbstkonzept und einer minimaleren Leistungsentwicklung (u. a. Baker, 2006; DiLalla, Marcus, & Wright-Philipps, 2004). In diesem Zusammenhang ermitteln McGrath und Van Bergen (2015)

auf Grundlage einer Revision des englischsprachigen Forschungsstandes folgende Risikomerkmale für instabilere Beziehungen zu Lehrkräften: männliches
Geschlecht, Angehörigkeit zu einer gesellschaftlichen Minoritätsgruppe, niedriger sozioökonomischer Status, diagnostizierte Lernauffälligkeiten und schlechtere
Schulleistungen (ebd.). Studien, die sich mit negativen und positiven Erwar-
tungseffekten beschäftigen, können seit Ende der 1960er Jahren darüber hinaus
wiederholt zeigen, dass hohe Erwartungen von Lehrkräften an die Lernfähigkeit von Schüler*innen einen positiven Einfluss auf die Schulleistungen haben
(u. a. Archambault, Pagani, & Fitzpatrick, 2013; Demanet & Van Houtte, 2012;
erstmals zum sogenannten Pygmalion-Effekt: Rosenthal & Jacobson, 1968). Demgegenüber steht die Erkenntnis, dass geringe Erwartungen von Lehrkräften als
selbsterfüllende Prophezeiung (Merton, 1948) negativ auf den Lernerfolg der
Schüler*innen wirken (Becker & Birkelbach, 2013). Unterdessen sind die Vor-
annahmen der Lehrkräfte in Bezug auf die zukünftige Leistungsfähigkeit der
Schüler*innen durch stereotype Einstellungen entlang der Differenzlinien Ethnizi-
tät, soziale Herkunft und Geschlecht geprägt (u. a. Brault, Janosz, & Archambault,
2014; Agirdag, van Avermaet, & Van Houtte, 2013; Tenenbaum & Ruck, 2007).

Bemerkenswert ist darüber hinaus, dass das herkunftsspezifische Entschei-
dungsverhalten nur aufseiten der Schüler*innen- und Elternschaft untersucht
und als relevant erachtet wird und sich nahezu keine Arbeiten finden, die dem
sozialen Hintergrund von Lehrkräften eine vergleichbare Beachtung schenken.
So spielt die soziale Herkunft der Lehrkräfte innerhalb des Rational-Choice-
Ansatzes hinsichtlich des beruflichen Handelns bzw. bei der Modellierung von
Leistungsbewertungen und Übergangsempfehlungen der Lehrkräfte und ihrem
Einfluss auf die Reproduktion von Bildungsungleichheit keine Rolle (Betz, 2015).
Obschon ein ähnlich sozial selektives Entscheidungsverhalten wie im Fall der
Eltern auch für die Übergangsempfehlungen der Lehrkräfte nachgewiesen werden kann, wäre nach Ditton (2010a) erst noch zu prüfen, „inwieweit das Modell
auch zur Erklärung von Handlungsweisen und Bildungsempfehlungen von Lehrkräften verwendet werden kann" (ebd., S. 254). Dabei gibt er zu bedenken, dass
eine rationale Entscheidung im Sinne einer Nutzenmaximierung über den weiteren Bildungsweg eines Kindes nach der Grundschule für Lehrkräfte und Eltern
eine unterschiedliche Bedeutung hat. Je nachdem, ob die Perspektive der Eltern
oder der Lehrkräfte eingenommen wird, könnte der Bezugspunkt der Kalkula-
tion das einzelne Kind, die Familie, die abgebende und aufnehmende Schule oder
schließlich die gesamte Gesellschaft sein (ebd.).

Ferner macht Rieger-Ladich (2011) darauf aufmerksam, dass die meisten
Lehrkräfte nicht um den Grad ihrer Involviertheit in Reproduktionsmechanismen
wissen. Auch Ditton (2010a) betont, dass Lehrkräfte nicht bewusst sozial selektiv

entscheiden und handeln, sondern vielmehr den strukturellen Zwängen des deutschen Schulsystems ausgesetzt sind (ebd.). So zeigen empirische Studien, dass Lehrkräfte bei Grundschulempfehlungen Faktoren der schulsystemischen Ebene berücksichtigen, wie z. B. die Entsprechung von angebotenen und nachgefragten Plätzen an weiterführenden Schulen (Maaz, Baumert, Gresch, & McElvany, 2010). Des Weiteren muss nach Ansicht von Ditton (2010a) die Unschärfe der offiziell verfügbaren Kriterien für die Schullaufbahnempfehlungen bedacht werden. So heißt es in den Beschlüssen der Kultusministerkonferenz (2015), dass neben „Kenntnisse und Fertigkeiten" (ebd., S. 5) auch die „Eignung, Neigung und Wille des Kindes zu geistiger Arbeit insgesamt" (ebd.) sowie „das jeweilige Umfeld, die Lernausgangslagen und die Lernmöglichkeiten der Schülerinnen und Schüler" (ebd., S. 6) als Kriterien für die Übergangsempfehlung zu berücksichtigen seien. Die Empfehlungen der Kultusministerkonferenz verdeutlichen zwar, dass nicht allein die Schulleistungen ausschlaggebend sein sollen, jedoch sind weder die weiteren Kriterien noch der Entscheidungsprozess explizit, sodass die Anwendung der Kriterien von Lehrkraft zu Lehrkraft unterschiedlich erfolgen kann (Ditton, 2010a).

Damit rücken Prozesse und Mechanismen in den Mittelpunkt, die beleuchten, warum Lehrkräfte für Schüler*innen unterschiedliche Bewertungsmaßstäbe ansetzen sowie gegebenenfalls, welche Bedeutung die soziale Herkunft der Lehrkräfte hierbei hat. So sind die auf dem Rational-Choice-Ansatz basierenden Untersuchungen zu Einschätzungen von Schüler*innen im Hinblick auf (nicht) leistungsadäquate Bewertungen zwar aufschlussreich, welche Haltungen Lehrkräfte gegenüber sozial benachteiligten Schüler*innen einnehmen, d. h. welche Deutungen und Bezugnahmen sie in ihrer pädagogischen Arbeit auf die Heranwachsenden richten, bleibt jedoch unklar. Im Folgenden werden die konzeptionellen Schwächen bzw. die Unterkomplexität der Entscheidungstheorie inhaltlich durch eine an Pierre Bourdieu ungleichheitsorientierte Bildungsforschung ergänzt. Der Anschluss an Bourdieu vermag Licht in die Entstehung und Varianz sowohl primärer als auch sekundärer Herkunftseffekte zu bringen, die bis hierhin noch als ,black box' (Kramer, 2013) erscheinen. Es wird aufgezeigt, inwiefern die Überlegungen Bourdieus ein genaueres Verständnis über den ,Modus Operandi', also die Art und Weise der Herstellung von Bildungsungleichheit und insbesondere über die Rolle von Lehrkräften bei Prozessen der Reproduktion sozialer Ungleichheit, ermöglichen.

1.2.2 Schulischer Reproduktionsmechanismus sozialer Ungleichheit aus der Perspektive von Pierre Bourdieu

Gleichwohl in den letzten Jahrzehnten eine umfassende empirische Befundlage entstanden ist, ist der Rational-Choice-Ansatz nicht unumstritten. Der wesentliche Kritikpunkt bezieht sich auf die theoretische Grundannahme des Ansatzes, dass es sich bei Bildungsentscheidungen durch Eltern und Lehrkräfte um individuelle, rationale Entscheidungen handelt (Burkart, 1994). Wie in diesem Teilkapitel noch genauer ausgeführt wird, berücksichtigt die Auffassung einer rationalen Wahl strukturelle Hindernisse individuellen Handelns nur ungenügend. Denn versteht man unter Rationalität ein bewusstes, von Vernunft bestimmtes sowie an subjektive Zwecke gebundenes Denken und Handeln und legt dieses Begriffsverständnis der Analyse von Bildungsentscheidungen zugrunde, wird verkannt, dass soziale Akteure aufgrund von Aufwachsens- und Lebensbedingungen spezifische Wahrnehmungsweisen, Einstellungen und Handlungsdispositionen vorweisen, die sich auch in unterschiedlichen Bildungsstrategien und -zugängen niederschlagen (u. a. Kramer, Helsper, Thiersch, & Ziems, 2009; Grundmann, Groh-Samberg, Bittlingmayer, & Bauer, 2003; Bourdieu & Passeron, 1971). Bourdieus Theorien und Konzepte zielen hingegen darauf, eine Verbindung zwischen der Ebene der Gesellschaft und der Ebene der Handlungspraxis der Akteure zu schaffen.

Im Folgenden werden diejenigen Argumentationslinien von Bourdieu in ihren Grundzügen erörtert, die für die eigene Untersuchung als wesentlich erachtet werden. Es geht vorrangig darum, unter Einbezug der Eigenlogik des Bildungssystems den Beitrag der Lehrkräfte zur Entstehung von Bildungsungleichheit darzustellen. So nimmt in Bourdieus Forschungsperspektive das Bildungssystem eine zentrale Funktion in den Prozessen der Reproduktion sozialer Ungleichheit ein, wobei sich zwei Analyseebenen unterscheiden lassen, die Bourdieu als komplexes Zusammenspiel beschreibt: Einerseits untersucht Bourdieu auf einer strukturtheoretischen Ebene die gesellschaftliche Relevanz von Bildungseinrichtungen. Andererseits rücken auf einer Akteurs- und Handlungsebene Bewältigungsstrategien schulischer Bildungsanforderungen der Schüler*innen, die Beziehungen und Interaktionen zwischen Lehrkräften und Schüler*innen sowie Praktiken der Beurteilung und Selektion von Schüler*innen in das Zentrum der Betrachtung (Bauer, 2012). Dreh- und Angelpunkt ist die Annahme, dass sowohl die Wahrnehmungs-, Denk- und Handlungsmuster der Schüler*innen als auch der Lehrkräfte stets im Zusammenhang mit der Struktur der sozialen Situationen, speziell mit der Asymmetrie der Machtverhältnisse, betrachtet werden müssen. Im Folgenden werden zunächst grundlegende theoretische Annahmen und Konzeptionen Bourdieus zur

Erklärung von (schulischen) Reproduktionsmechanismen sozialer Ungleichheitsverhältnisse vorgestellt, um darauf aufbauend die Bedeutung der pädagogischen Arbeit der Lehrkräfte für die Herstellung, Verstärkung und auch Verringerung von Bildungsnachteilen herauszuarbeiten.

Das Konzept des sozialen Raumes – Kapitalarten, das Verhältnis von Position und Lebensstil, symbolische Kämpfe
Bourdieu entwirft die Gesellschaft und ihre Sozialstruktur als einen Sozialraum, in dem Individuen relational zueinander angeordnete Positionen einnehmen. Der gesamtgesellschaftliche Raum lässt sich auch als Macht- und Spielfeld beschreiben, in dem um die „Wahrung oder Veränderung der Kräfteverhältnisse gerungen wird" (Bourdieu, 1985, S. 74). Die Positionierung im sozialen Raum ist abhängig von einer ungleichen Verteilung materieller und immaterieller Ressourcen, die Bourdieu als Kapital(ien) bezeichnet und den ‚Spieleinsatz' darstellen. Hierbei unterscheidet Bourdieu grundsätzlich drei Kapitalsorten, die in der sozialen Laufbahn akkumuliert werden: das ökonomische, das kulturelle und das soziale Kapital (Bourdieu, 1982). Das ökonomische Kapital ist von zentraler Bedeutung für die soziale Positionierung, es umfasst u. a. Geldvermögen und materiellen Besitz und ist eng mit Berufspositionen verbunden (Bourdieu, 1983). Das kulturelle Kapital, das auch als Bildungskapital bezeichnet werden kann, existiert in einem inkorporierten, objektivierten und institutionalisierten Zustand (ebd.). Die Akkumulation von inkorporiertem Kulturkapital setzt einen Verinnerlichungsprozess voraus und ist grundsätzlich körpergebunden. Durch persönlich investierte Zeit wird das inkorporierte Kulturkapital zu einem festen Bestandteil der Person und kann daher, im Gegensatz zu ökonomischem Kapital, nicht kurzfristig weitergegeben werden (Bourdieu, 1992). Die Übertragung des Kulturkapitals erfolgt Bourdieu zufolge nicht nur während des Schulbesuchs, sondern vor allem in der Familie (Bourdieu, 1983). Bourdieu spricht hierbei auch von der „sozialen Vererbung" (Bourdieu, 1992, S. 57), die meist diskret und indirekt stattfindet. Das objektivierte Kulturkapital kommt in vergegenständlichter Form kultureller Güter vor, z. B. Schriften, Gemälde, Instrumente, und ist demnach materiell übertragbar. Inkorporiertes Kulturkapital ist jedoch notwendig, um den eigentlichen Sinn zu erschließen (Bourdieu, 1983). Institutionalisiertes Kulturkapital bezeichnet schulische oder akademische Titel, die das Bildungsniveau bzw. die Berufsqualifikation ausweisen sollen und so dem Kulturkapital eines Akteurs institutionelle Anerkennung verleihen. Die Titel ermöglichen zudem einen unmittelbaren sozialen Vergleich der Akteure (Bourdieu, 1992). Soziales Kapital ist das Netz von Beziehungen, das für persönliche Zwecke instrumentalisierbar ist. Es handelt sich um Ressourcen, die auf der Zugehörigkeit zu einer Gruppe beruhen (Bourdieu, 1983).

Darüber hinaus ist das symbolische Kapital „als wahrgenommene und als legitim anerkannte Form der drei vorgenannten Kapitalien" (Bourdieu, 1985, S. 11) zu nennen. Das symbolische Kapital steht für die allgemeine Anerkennung derjenigen Kapitalsorten, die zu Macht und Ansehen in der Gesellschaft führen, wobei jede beliebige Sorte von Kapital kontextspezifisch die Qualität von symbolischem Kapital annehmen kann (Barlösius, 2004). Die unterschiedlichen Kapitalsorten sind mit mehr oder weniger großem Aufwand an Transformationsarbeit ferner untereinander konvertierbar. So kann etwa inkorporiertes Kulturkapital nicht nur in hohe Bildungstitel, sondern auch aufgrund einer daraus resultierenden begehrten Berufsposition in ökonomisches Kapital umgewandelt werden (Bourdieu, 1983).

Die untenstehende Abbildung veranschaulicht die Teilungs- und Strukturierungsprinzipien des sozialen Raumes: Das personengebundene Kapitalvolumen aller drei Kapitalsorten (vertikale Dimension) einerseits sowie die Kapitalstruktur (horizontale Dimension), also das Mengenverhältnis von ökonomischen und kulturellem Kapital andererseits, bestimmen die Position im sozialen Raum. Das soziale Kapital bleibt bei der horizontalen Darstellung bei Bourdieu unberücksichtigt. Eine dritte Dimension bildet die zeitliche Entwicklung von Kapitalvolumen und -struktur ab, das heißt die vergangene oder potenzielle soziale Laufbahn von Individuen oder Gruppen (Bourdieu, 1982). Anhand der zeitlichen Dimension können Auf- und Abstiegsprozesse innerhalb des sozialen Raums nachgezeichnet warden (Abbildung 1.3).

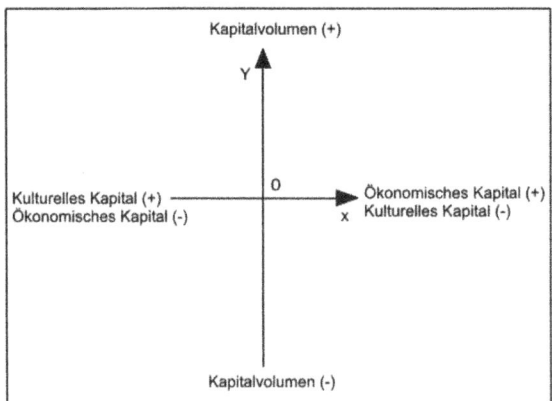

Abbildung 1.3 Der soziale Raum nach Bourdieu (Schwingel, 2003, S. 108)

In Abgrenzung zu der Strukturierung des Sozialraums nach objektiven Kriterien der Kapitalausstattung unterscheidet Bourdieu den Raum der Lebensstile resp. den symbolischen Raum (Bourdieu, 1982). Lebensstile korrelieren mit objektiven Lebensbedingungen und sind symbolische Merkmale der Lebensführung. Sie stellen wahrnehmbare Ausdrucks- und Handlungsformen wie etwa Konsum-, Freizeit- und Ernährungsgewohnheiten sowie Grundprinzipien der Lebensgestaltung dar (ebd.). Mit der Unterscheidung zwischen der objektiven sozialen Position und des symbolischen Lebensstils eröffnet Bourdieu eine wichtige theoretische Perspektive: Ungleichheit in der beruflichen Stellung, im ökonomischen und kulturellem Kapital sowie differente individuelle Handlungsmuster werden miteinander in Beziehung gesetzt. Beide Dimensionen des Sozialraums befinden sich entlang des Prinzips der Homologie in einem wechselseitigen Abhängigkeitsverhältnis zueinander (ebd.).

Die wesentlichen Merkmale der miteinander verbundenen sozialen Positionen und Lebensstile lassen sich im Sozialraum zu einem übergeordneten Raster gesellschaftlicher Großgruppen zusammenfassen – Bourdieu spricht von sozialen Klassen, wobei es sich um theoretisch konstruierte Klassen und nicht um real existierende, politisch mobilisierbare Klassen handelt (Bourdieu, 1985). Mit der Kategorie des Geschmacks können Unterschiede in der Lebensführung und Vorlieben der Klassen begründet werden. In „Die feinen Unterschiede" stellt Bourdieu (1982) für die französische Gesellschaft der 1960er und 1970er Jahre detailliert den legitimen Geschmack der herrschenden Klasse, den mittleren bzw. den Prätentionsgeschmack des Kleinbürgertums sowie den populären Geschmack der Volksklasse dar, wobei der legitime Geschmack die gesellschaftlichen Standards festlegt (ebd.). Die aufwendigen statistischen Analysen zu Einkommen, Schul- und Berufsbildung, Wohnverhältnissen, bevorzugten Nahrungsmitteln, Musik- und Literaturpräferenzen, praktizierten Sportarten etc. demontieren hierbei die Illusion der Beliebigkeit und Autonomie des Lebensstils einzelner Akteure, und verweisen auf systematische Zusammenhänge zwischen sozialen Positionen sowie Praktiken und Objekten der symbolischen Lebensführung (Bauer, 2012).

Die Milieulandkarte der deutschen Gesellschaft – Anschlüsse an Bourdieus Konzept des sozialen Raumes
Für Deutschland liegt mit dem Konzept der sozialen Milieus eine aktuellere Darstellung des Raumes der Positionen und Lebensstile vor – gerade mit Blick auf die bis dato eher unterbelichteten horizontalen Unterschiede zwischen sozialen Großgruppierungen. Empirisch erforscht wurden die sozialen Milieus erstmals durch die Sinus-Lebensweltforschung, wobei sich schnell herausstellte, dass sich in den Milieus ältere sozialhistorische Mentalitätstraditionen halten.

Das Modell der Sinus-Lebensweltforschung wurde in den letzten Jahren ste-
tig weiterentwickelt, sodass unterschiedliche Abfassungen mit divergierenden
Milieubenennungen, Einschätzungen und Ergebnissen existieren (Bremer, 2007).
Im Folgenden wird auf das Milieu-Konzept von Vester, von Oertzen, Geiling,
Hermann und Müller (2001) Bezug genommen, da es unmittelbar an Bour-
dieus ungleichheitstheoretischen Überlegungen anschließt. Auf Grundlage einer
umfangreichen repräsentativen Befragung im Jahr 1991 von der hannoverschen
Milieuforschung mit knapp 2.700 teilnehmenden Personen und zahlreichen wei-
terführenden Untersuchungen (u. a. Calmbach, Thomas, Borchard, & Flaig, 2012;
Geiling, Gardemin, Meise, & König, 2011; Wiebke, 2002) konnte der soziale
Raum nach Bourdieu mehrdimensional konstruiert werden. Hierbei lassen sich
nach Art der Strategien der Lebensführung fünf gesellschaftliche Großgruppen der
Milieus unterscheiden, die nachfolgend in einer vereinfachten Typologie beschrieben werden. Auf der Milieu-Landkarte in der untenstehenden Abbildung sind
die Milieus nach zwei grundlegenden Dimensionen gegliedert: zum einen in drei
vertikale Schichtungsstufen (obere bürgerliche Milieus, respektable Volks- und
Arbeitnehmermilieus und unterprivilegierte Volksmilieus), zum anderen in deren
jeweilige horizontale Auffächerung. Differenziert werden fünf Traditionslinien,
in denen frühere Klassenstrukturen erkennbar sind (Vester, von Oertzen, Geiling,
Hermann, & Müller, 2001) (Abbildung 1.4).

Nach oben grenzen sich die mit Blick auf Bildung, Eigentum und Berufs-
stellung privilegierten, besonders sozial gesicherten bürgerlichen Milieus ab. Mit
zusammen gut 20 Prozent bilden sie die Gruppen institutioneller Herrschaft mit
Führungsansprüchen. Sie praktizieren einen distinktiven Lebensstil, mit dem sie
sich von dem gewöhnlichen Geschmack der breiten Masse distanzieren. Verfestigt hat sich innerhalb der oberen bürgerlichen Milieus eine Traditionslinie der
Macht und des Besitzes (ca. 7 Prozent) und eine Traditionslinie der Bildung
(ca. 8 Prozent) sowie ein aus beiden Traditionslinien hervorgegangener Ableger
– das Avantgardemilieu (ca. 6 Prozent) (Vester, von Oertzen, Geiling, Hermann,
& Müller, 2001). Die Angehörigen der Milieus von Macht und Besitz, die sich
im Sozialraum oben rechts befinden, nehmen seit Generationen zumeist führende Machtpositionen im privaten und öffentlichen Management ein, gehören
zu den höchsten Einkommensklassen und befinden sich zudem in prestigereichen
freien Berufen wie in der Justiz und Medizin. Sie betonen Disziplin, Ordnung, Autorität und Einordnung in Hierarchien und pflegen einen repräsentativen
exklusiven Lebensstil, der imponiert, ohne zu protzen. In dieser Traditionslinie
dominiert ein klares Elite- und Machtbewusstsein bei gleichzeitig patriarcha-
lischer Verantwortung für Angehörige unterer sozialer Milieus (Vester, 2015).
In den benachbarten Milieus der Traditionslinie akademische Intelligenz oben

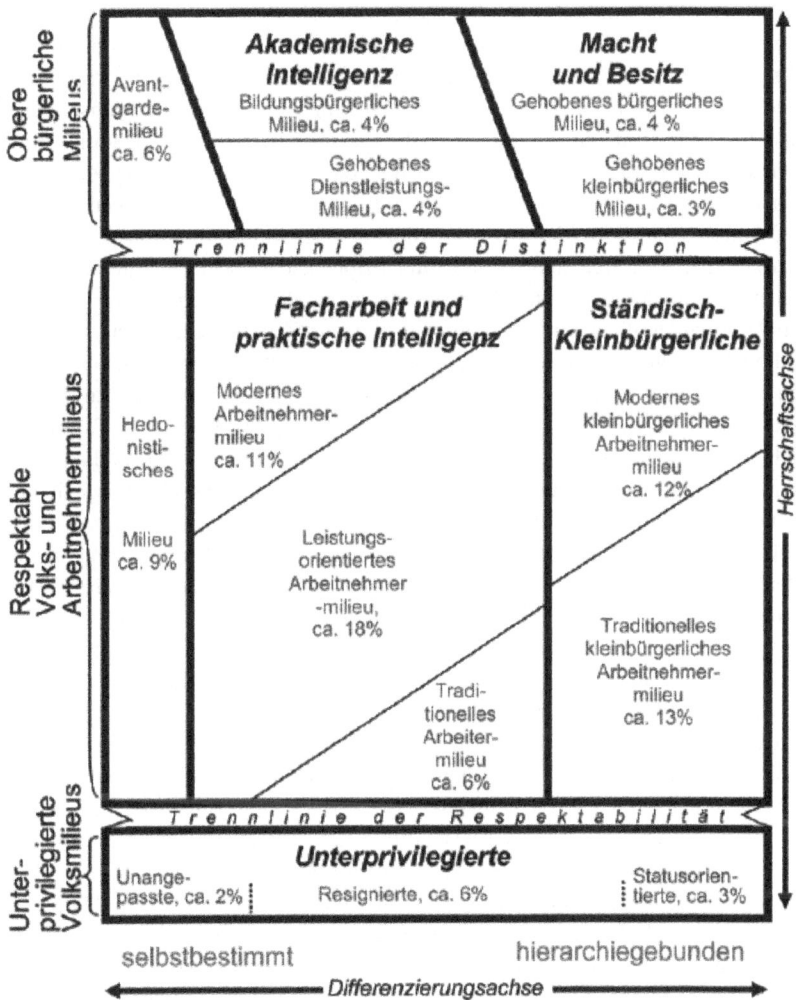

Abbildung 1.4   Die fünf Traditionslinien der sozialen Milieus (Vester, 2015, S. 149)

links im Sozialraum werden Berufe im Bereich der gehobenen humanistischen und dienstleistenden Berufe in höheren Einkommensklassen ausgeübt. Es handelt sich vor allem um Expert*innen- und Lehrberufe der Bildung und Kultur, der Kommunikation, der Gesundheit und des Sozialwesens sowie der Technologie und der Naturwissenschaften. Die Angehörigen dieser Traditionslinie folgen stärker idealistischen Zielen und grenzen sich entsprechend vom Konkurrenz- und Machtstreben der rechts oben angesiedelten Milieus ab. Auch sie beanspruchen eine führende Rolle in der Gesellschaft, die im Gegensatz zur Traditionslinie von Macht und Besitz jedoch als geistige oder kulturelle Führung zu verstehen ist. Sie bevorzugen eine umwelt- und gesundheitsbewusste Lebensführung und lehnen den ‚sinnentleerten' Materialismus der Volksmilieus ab. Ferner zeigen sie sich weltoffen und tolerant und betonen, dass sozialer Aufstieg durch Leistung statt durch ererbte Machtstellungen möglich sei (ebd.). Die kulturellen Avantgardemilieus repräsentieren keine eigene Traditionslinie, sondern haben sich vielmehr in Abgrenzung zu den bildungs- bzw. machtorientierten benachbarten Traditionslinien immer wieder neu gebildet. Die Angehörigen der kulturellen Avantgarde stammen mehrheitlich aus Familien der oberen Milieus. Es handelt sich vorwiegend um junge Akademiker*innen in den Bereichen Ausbildung, Forschung, Kultur, Sozial- und Gesundheitswesen sowie in psychologischen und therapeutischen Berufen. Wegbereitend engagieren sich die Angehörigen dieser Milieus politisch, sozial und kulturell für postmaterialistische, emanzipatorische Ideale. Grundlegend ist das Bestreben, intensive zwischenmenschliche Beziehungen in sämtlichen gesellschaftlichen Kreisen zu pflegen. Zentrale Werte in der Lebensführung sind Selbstverwirklichung und Persönlichkeitsentfaltung, eine anspruchsvolle Kommunikation über politische, soziale und kulturelle Themen sowie Authentizität und ‚Konsumaskese' (ebd.). Trotz der inneren Differenzierungen und Differenzen der oberen bürgerlichen Milieus haben sich fast alle Teilgruppen, insbesondere die Milieus der Traditionslinie von Macht und Besitz, seit Generationen gegen Neuzugänge gesichert (Vester, von Oertzen, Geiling, Hermann, & Müller, 2001). Die Trennlinie der Distinktion grenzt die oberen, privilegierten Milieus deutlich von den mittleren Milieus ab.

Die respektablen Volks- und Arbeitnehmermilieus bilden mit knapp 70 Prozent die große gesellschaftliche Mittelschicht und umfassen überwiegend Arbeitnehmer*innen und nur noch einen geringen Anteil an kleinen Selbstständigen (Vester, 2015). Die respektablen Volks- und Arbeitnehmermilieus werden aus zwei Traditionslinien gebildet: die Traditionslinie der Facharbeit und der praktischen Intelligenz (ca. 35 Prozent) und die ständisch-kleinbürgerliche Traditionslinie (ca. 25 Prozent). Sozialräumlich ganz links findet sich ebenfalls ein Ableger beider Traditionslinien – das eher jüngere hedonistische Milieu (zwischen ca. 9 und 11 Prozent) (Vester, von Oertzen, Geiling, Hermann, & Müller, 2001). In der ständisch-kleinbürgerlichen Traditionslinie auf der rechten Seite des Sozialraumes befinden sich vor allem kleine Beschäftigte und Selbstständige in traditionellen Berufen mit eher geringen materiellen und kulturellen Ressourcen. Oft gehören sie zu den Verlierer*innen der ökonomischen Modernisierung. Das traditionelle kleinbürgerliche Arbeitnehmermilieu ist hierbei das konservativste und am meisten überalterte Milieu der Traditionslinie. Grundsätzlich suchen die Angehörigen der ständisch-kleinbürgerlichen Milieus durch die Einordnung in die Hierarchien der Familie, der Arbeit und der Politik Statussicherheit. Vorgesetzte und Politiker*innen gelten noch als Vorbilder, die jedoch auch die Pflicht zur Fürsorge gegenüber ihren Untergebenen haben. Demzufolge besteht bei den Angehörigen dieser Milieus die Bereitschaft, Verantwortung nach oben zu delegieren. Die Angehörigen der kleinbürgerlichen Milieus pflegen eine konventionelle Lebensweise im engen Kreis von Familie, Verwandt- und Nachbarschaft. Das ständisch-konservative Gesellschaftsbild lockert in den jüngeren Generationen der modernen kleinbürgerlichen Arbeitnehmermilieus zunehmend auf, so erwarten Angehörige dieses Milieus als Gegenleistung für ihre Loyalität von den Autoritäten mehr sozialen Ausgleich und Mitwirkungsrechte. Dagegen haben Verunsicherung und Angst vor sozialem Abstieg zu starken Ressentiments gegen sozial Schwächere und Randgruppen geführt (Vester, 2015). Die Angehörigen der Traditionslinie der Facharbeit und der praktischen Intelligenz auf der linken Seite des Sozialraumes sind Arbeitnehmer*innen in sich modernisierenden Berufen, aber auch moderne kleinere Selbstständige. Zentraler Wert dieser Milieus ist ein realistischer Grad von Autonomie. Die relative Unabhängigkeit von Autoritäten und äußeren Zwängen soll über berufliche Qualifikation, Arbeitsleistung sowie anhaltende Bildungsanstrengungen erreicht werden. Für die mit dem asketischen Arbeitsethos verbundene hohe Leistungsbereitschaft verlangen die Angehörigen der Traditionslinie der Facharbeit und praktischen Intelligenz im Gegenzug soziale Teilhabe. Sie folgen einer Art von demokratischem Universalismus: Jeder Mensch soll unabhängig von Geschlecht, Altersgruppe, Ethnie oder Klasse nach seinem praktischen Tun beurteilt werden. Wichtige Prinzipien der Lebensführung sind über die Generationen und Modernisierungen der Traditionslinie hinweg Solidarität in Familie, Nachbarschaft und kollegialem Kreis. Im Gegensatz zur ältesten Generation des traditionellen Arbeitermilieus haben die leistungsorientierten Arbeitnehmer*innen in Bildung, Autonomie und Teilhabechancen bereits erheblich gewonnen und sind in modernisierten mittleren Berufen als Facharbeiter*innen bzw. Fachangestellte und als moderne kleinere Selbstständige tätig. Die Angehörigen des modernen Arbeitnehmermilieus verfügen mit anspruchsvollen Qualifikationen und akademischen oder halbakademischen Berufen über noch größere Autonomiespielräume (ebd.) Das hedonistische Milieu ganz links im sozialen Raum umfasst Kinder von Angehörigen der beiden Traditionslinien, die gegen die Leistungs- und Pflichtmoral ihrer Eltern rebellieren. Überwiegend befinden sich die Angehörigen dieses Milieus in der Übergangsphase zwischen 20 und 30 Jahren und ist mit zunehmend unsicheren Berufs- und Zukunftsperspektiven konfrontiert. Entsprechend begrenzt ist die Lebensplanung. Zu dem Milieu gehören insbesondere Schüler*innen, Auszubildende, einfache Arbeiter*innen und Angestellte, Ausbildungsabbrechende und Arbeitslose. Grundlegend ist der Wunsch nach einem guten Leben und Komfort. Die Hedonist*innen betonen den Lebensgenuss und das Leben im Hier und Jetzt. Sie pflegen einen spontanen Konsumstil und demonstrative Unangepasstheit. In der Freizeitgestaltung geht es vor allem um das Zusammensein mit Freund*innen und Bekannten, mit denen sie viel unternehmen. Insgesamt grenzen sich die Angehörigen der Volks- und Arbeitnehmermilieus durch eine respektable Lebensführung und einen gesicherten und geachteten sozialen Status nach unten ab – sie distanzieren sich als Arbeitnehmer*innen und ‚kleine Leute', die es durch eigene Leistung zu etwas gebracht haben (Vester, von Oertzen, Geiling, Hermann, & Müller, 2001).

Die Angehörigen der unterprivilegierten Volksmilieus (ca. 11 Prozent) verfügen nur über geringe schulische und berufliche Qualifikationen und sind entsprechend häufig als un- und angelernte Arbeiter*innen tätig. Mit ihren beschränkten ökonomischen, kulturellen und sozialen Ressourcen streben sie realistischerweise keinen sozialen Aufstieg an, sondern versuchen mit den Standards der Volks- und Arbeitnehmermilieus mitzuhalten, um dadurch mehr soziale Anerkennung zu gewinnen (ebd.). Sie sind sich der Lage der Unsicherheit und Machtlosigkeit bewusst; die Erfahrung sozialer Ohnmacht hat sich bei ihnen seit Generationen verfestigt. Demzufolge verfolgen die Angehörigen der unterprivilegierten Volksmilieus Strategien der flexiblen Gelegenheitsnutzung, der Anlehnung an Stärkere und Mächtigere sowie der Investition in hilfreiche persönliche Beziehungen. Diese Besonderheiten, die von den höheren Milieus wenig respektiert und wertgeschätzt werden, werten sie oftmals positiv (ebd.). Die unterprivilegierten Volksmilieus umfassen insgesamt drei Untergruppen: Die konservativen Statusorientierten, die Schutz in Hierarchien suchen, die arbeitnehmerischen Resignierten, die vor allem auf eine berufliche Ausbildung und gewerkschaftliche Schutzmacht setzen sowie die Unangepassten, die sich stärker an modernen Lebensstilen, Selbstverwirklichung und teilweise auch an Bildung orientieren (Vester, 2015).

Das Milieumodell von Vester, von Oertzen, Geiling, Hermann und Müller (2001) ist nicht ohne weiteres auf die Mentalitäten und Lebensstile von Personen mit Migrationshintergrund übertragbar. Hier bietet die Milieustudie „Migration – Teilhabe – Milieus" von Geiling, Gardemin, Meise und König

(2011) eine theoretisch und empirisch umfangreichere Perspektive. Auf Grundlage von knapp 100 qualitativen Interviews untersuchen die Autor*innen speziell die Lebenswirklichkeit von (Spät-)Aussiedler*innen und türkeistämmigen Deutschen in Hannover und Umgebung. Die Milieus der Türkeistämmigen und (Spät-)Aussiedler*innen knüpfen unmittelbar an das zuvor vorgestellte Milieu-Konzept an und gliedern die Gesellschaft vertikal in obere, mittlere und untere Milieus und horizontal in kleinbürgerliche und konservative Milieus auf der traditionellen Seite und leistungs- und bildungsorientierte Milieus auf der modernisierten Seite (ebd.) (Abbildung 1.5).

Nur eine sehr kleine Gruppe von Expert*innen aus der Politik und aus auf Einwander*innen ausgerichteten Institutionen kann in der Untersuchung dem oberen Milieu der Elite zugeordnet werden. Die Angehörigen dieses Milieus entsprechen dem Bild selbstbewusster und demokratischer Bürger*innen, die reflexiv mit ihrem eigenen Migrationshintergrund und der Integrationsproblematik umgehen. Mit den gesellschaftspolitisch herausgehobenen Positionen, der Sprache und dem Lebensstil grenzen sie sich von den unter ihnen stehenden sozialen Milieus ab. Die Angehörigen des elitären Milieus stammen entweder aus privilegierten sozialen Verhältnissen in der Türkei oder haben von besonderer Förderung durch Personen ohne Migrationshintergrund aus dem Bildungsbürgertum profitiert. Aufgrund der umfangreichen Ressourcenausstattung ist es ihnen relativ leichtgefallen, ein prestigeträchtiges Studium wie Medizin, Rechts- oder Wirtschaftswissenschaften zu absolvieren. Die Gruppe der Elite schreibt sich ihren Erfolg überwiegend als Resultat der eigenen Leistung zu, teils erscheint es in den Selbstdarstellungen sogar als ein Leichtes, dass Einwander*innen die soziale Unterschichtung ihrer Herkunftsfamilien individuell überwinden können. Zugleich haben die Angehörigen dieses Milieus ein Bewusstsein dafür, dass Personen mit Migrationshintergrund ein Sonderstatus zukommt, unter dem auch sie selbst noch zu leiden haben. So bedeutet ihre Rolle als öffentliche Repräsentant*innen der Bevölkerung mit Migrationshintergrund nicht nur Teilhabe an der Elite, sondern auch Vereinnahmung und Funktionalisierung durch die Mehrheitsbevölkerung. Dagegen wehren sie sich mit Bezug auf ihren eigenen Aufstiegserfolg und lehnen es ab, auf ihre Einwanderungsgeschichte reduziert zu werden. Insofern ist die Elite von latent zum Tragen kommendem Rassismus betroffen. Statt hierbei in Selbstausgrenzungen zu verfallen, fordern sie von der Politik und der Mehrheitsbevölkerung, die Rahmenbedingungen für eine gleichberechtigte Teilhabe von Einwander*innen zu verbessern. Von einer Politik, die nur einseitig den Einwander*innen Pflichten aufbürdet, grenzen sie sich deutlich ab (ebd.).

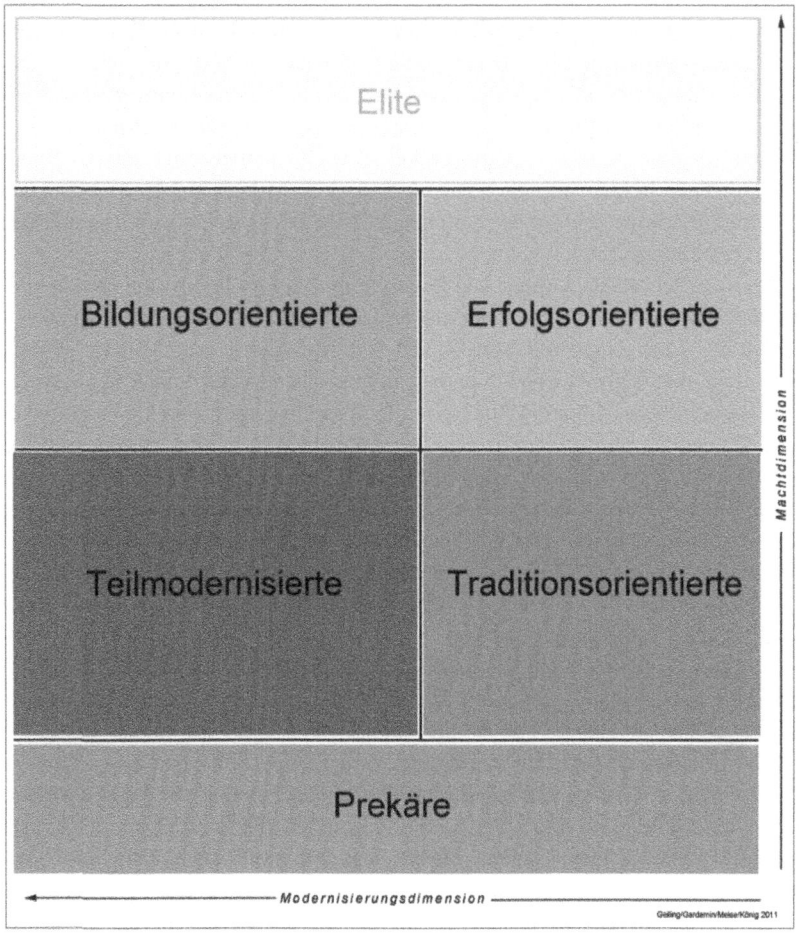

Abbildung 1.5 Soziale Milieus mit Migrationshintergrund (Geiling, Gardemin, Meise, & König, 2011, S. 47)

Die gesellschaftliche Mitte der Bildungsorientierten besteht aus den drei Teil-milieus bildungsorientierte Humanist*innen, bildungsorientierte Aufsteiger*innen und neue Avantgarde. Die bildungsorientierten Humanist*innen, in denen nur türkeistämmige Deutsche anzutreffen sind, nehmen sich selbst als aufgeklär-ten und aktiven Teil der Gesellschaft wahr. Kommunikationsarbeit und soziales

Engagement sind zentral für ihre Lebensweise, sodass der Großteil auch in den beruflichen Bereichen Erziehung, Sozialarbeit oder Therapie tätig ist. Zum Großteil waren die Angehörigen dieses Milieus die ersten ihrer Familie, die die Hochschulreife und akademische Titel erwerben konnten. Der Bildungsaufstieg war dabei mit großer Mühe und teilweise auch mit Rückschlägen verbunden. Der Bezug zur eigenen Familie bleibt für sie eine wichtige Orientierungshilfe geblieben. Gleichwohl die bildungsorientierten Humanist*innen noch nicht in gehobenen Positionen etabliert sind, können sie aufgrund des erworbenen Bildungskapitals relativ selbstbestimmt agieren. Zudem verfügen sie über die finanziellen Möglichkeiten, in ihrer Freizeit Geselligkeit, soziales Engagement und Genuss miteinander zu verbinden. Ihre egalitäre Lebensweise bezieht die traditionellen Werte der Herkunftskultur mit ein. Durch die berufliche Nähe zu sozialen und politischen Institutionen haben sie ihre soziale Sensibilität erhalten können. Die bildungsorientierten Aufsteiger*innen ähneln in ihren Grundüberzeugungen den bildungsorientierten Humanist*innen. Auch sie sind überwiegend in sozialen und pädagogischen Berufen tätig und verfügen über eine hohe soziale Kompetenz und die Fähigkeit zur Selbstreflexion. Im Gegensatz zu den bildungsorientierten Humanist*innen sind Angehörige dieses Milieus in stärkerem Maß auf Unterstützung und Hilfsangebote angewiesen, wobei die älteren Personen dieser Gruppe als Mentor*innen für die Jüngeren fungieren, indem sie für diese eine vermittelnde Funktion zwischen Herkunftskulturen und aktuellen Anforderungen des sozialen Aufstiegs übernehmen. Der eigene Erfahrungshintergrund gibt den bildungsorientierten Aufsteiger*innen die Möglichkeit, anderen Einwander*innen im Sinne einer Hilfe zur Selbsthilfe Orientierung für deren Lebensentwürfe zu bieten. Das gesamte Teilmilieu der bildungsorientierten Aufsteiger*innen strebt nach höherer Bildung, wenngleich sich die Angehörigen in einem Spannungsverhältnis zwischen traditionellen Erwartungen und modernen Zumutungen bewegen. Dieser Umstand erfordert eine hohe Flexibilität. Sicherheit und Unterstützung finden die bildungsorientierten Aufsteiger*innen in der Familie. Die Angehörigen der neuen Avantgarde sind vorrangig in den Berufsfeldern von Kunst und Kultur beschäftigt. Über die berufliche Selbstständigkeit und kosmopolitische Orientierung versuchen sie einen ganzheitlichen, nicht entfremdeten Lebensstil zu verwirklichen. Individualität, Selbstbestimmung und Selbstverwirklichung sind zentrale Werte für Angehörige dieses Milieus. Die neue Avantgarde betont die harmonischen Seiten des Lebens, ist optimistisch und distanziert sich von vermeintlich banalen materiellen Fragen. Gleichwohl ist der Alltag von pragmatischen Einschränkungen geprägt, denn die Einkommen reichen teilweise kaum zum Leben. So beginnen die Aufstiegswege in die künstlerische Selbstständigkeit meist auch mit einer gewissen Absicherung in Form einer zukunftssicheren

Ausbildung oder eines erwerbsorientierten Studiums. Die Familie dient dabei als Ressource und verlässlicher Rückhalt (ebd.).

Das Milieu der Erfolgsorientierten gliedert sich in die beiden Teilmilieus der erfolgsorientierten Technokrat*innen und der erfolgsorientierten Aufsteiger*innen. Die erfolgsorientierten Technokrat*innen sind sehr diszipliniert und auf beruflichen Status und ökonomischen Erfolg ausgerichtet. Durch Ehrgeiz und Kenntnis der institutionellen Notwendigkeiten haben sie hoch qualifizierte berufliche Positionen erreicht. Hauptsächlich sind sie in betriebswirtschaftlichen Berufsfeldern oder als selbstständige Unternehmer*innen und Handwerksmeister*innen tätig. Die Angehörigen dieses Milieus, insbesondere die Älteren in dieser Gruppe, nehmen in ihrem sozialen Umfeld ethnische Stigmatisierungen wahr. Sie sind stolz auf das bereits beruflich Erreichte und versprechen sich von ihrer Anpassungsbereitschaft eine Statusverbesserung. Auch die Familie und Freizeit werden ausdrücklich auf das eigene Vorankommen ausgerichtet. Symbole des Wohlstandes, die für sie die verdienten Insignien des mühsamen Aufstiegs darstellen, stellen sie offen zur Schau. Die erfolgsorientierten Aufsteiger*innen sind ähnlich wie die erfolgsorientierten Technokrat*innen statusorientiert. Es ist jedoch noch nicht sicher, dass sie sich dauerhaft in gehobenen Positionen etablieren können, da die Aufstiegswege von starker Konkurrenz gekennzeichnet sind. Entscheidungen treffen die erfolgsorientierten Aufsteiger*innen funktional und zweckgerichtet, wobei diese aufgrund der geringen Vertrautheit mit den Normen und Gepflogenheiten höherer sozialer Milieus nicht immer treffsicher sind. Deshalb sind sie oftmals auf institutionelle Hilfe angewiesen. Auch die Älteren in diesem Milieu geben den Jüngeren Unterstützung und Halt. Grundsätzlich versuchen die erfolgsorientierten Aufsteiger*innen, die Anforderungen der Mehrheitsbevölkerung und die Traditionen der Herkunftskulturen pragmatisch miteinander zu verbinden. Von einer zu starken Modernisierung distanzieren sie sich und setzen stattdessen auf konventionelle Werte. Insgesamt orientieren sie sich am Lebensstil der gehobenen Milieus, die begrenzten Ressourcen zwingen sie mitunter jedoch zur Bescheidenheit (ebd.).

Die Teilmilieus der Individualist*innen und der teilmodernisierten Arbeitnehmer*innen bilden zusammen das Milieu der Teilmodernisierten. Die teilmodernisierten Arbeitnehmer*innen befinden sich in einem Etablierungs- und Modernisierungsprozess, in dem sie althergebrachte Traditionen und Werte mit den Werten der Mehrheitsbevölkerung verbinden. Teilweise konnten die jüngeren teilmodernisierten Arbeitnehmer*innen dabei mittleres Bildungskapital erwerben. Die mehrheitlich Türkeistämmigen dieses Milieus haben sich für respektable Dienstleistungstätigkeiten wie Kranken- und Pflegeberufe qualifiziert. Die Verdienstspannen, Aufstiegsmöglichkeiten und Arbeitszeiten entsprechen jedoch nicht den Erwartungen. Die sozialen Positionen sind nicht gefestigt und es besteht die latente Gefahr von Abstiegen unter die Grenze der Respektabilität. Insgesamt sind die Angehörigen dieses Milieus aufgrund eigener Betroffenheit sensibel gegenüber sozialen Unterschieden und Ungerechtigkeiten. Einem weiteren sozialen Aufstieg sind durch gesellschaftliche Schließungsmechanismen vorerst Grenzen gesetzt. Im Vergleich zu den oberen bildungsorientierten Milieus erscheinen die Teilmodernisierten deutlich genügsamer und sicherheitsorientierter. Sie treten im Alltag zwar selbstbewusst auf, sind aber über ihre unmittelbaren Lebenszusammenhänge hinaus auf Unterstützung angewiesen. Die Individualist*innen versuchen sich von traditionellen Zwängen und familialen Erwartungen zu befreien und sich damit selbstbestimmt zu entwickeln. Nicht wenige haben für ihre persönliche Integrität Zerwürfnisse innerhalb der Familie in Kauf genommen. Vorgegebene Aufstiegs- und Leistungserfolge sind ihnen nicht so wichtig wie eine harmonische Verbindung von Beruf, Familie und Freizeit. Das berufliche Spektrum reicht von Taxifahrer*innen und Postzusteller*innen bis hin zu Selbstständigen im Einzelhandel. Arbeitslosigkeit und Gelegenheitstätigkeiten sind in diesen Berufsbiografien häufig anzutreffen. Wesentlichste Ressource ist das soziale Kapital, das sich in der hohen sozialen Vernetzung in den unmittelbaren Lebenszusammenhängen zeigt. Die Individualist*innen genießen das Hier und Jetzt und suchen Nischen und Gelegenheiten statt vorgezeichneter Wege. Mit ihrer Lebenssituation wirken sie insgesamt zufrieden (ebd.).

In dem Milieu der traditionsorientierten Arbeitnehmer*innen befinden sich ausschließlich (Spät-)Aussiedler*innen, die in der kurzen Zeitspanne seit ihrer Einwanderung kaum Möglichkeiten für Ausdifferenzierungen der Lebensweisen gefunden haben. Primär orientieren sie sich an Funktionalität, Anpassung, Sicherheit und Familie. Ihre Lebenssituation bewerten die Angehörigen dieses Milieus aus der Perspektive des Herkunftslandes – dies gibt ihnen Rückhalt und Lebenszufriedenheit. Stabile, geordnete familiale Verhältnisse und Zusammenhalt sind ihnen dabei sehr wichtig. Arbeit muss aus Sicht der traditionsorientierten Arbeitnehmer*innen Sicherheit für die privaten Bedürfnisse bieten und wird nicht als Selbstzweck oder Erfüllung gesehen. In der Regel arbeiten die Traditionsorientierten in geschlechtstypischen Berufen, die oftmals schlecht bezahlt, monoton und unsicher sind. Von Leistungsbereitschaft, Sparsamkeit und Bildungsanstrengungen erhoffen sie sich soziale Sicherheit und Respektabilität (ebd.).

Das Milieu der Prekären besteht aus den beiden Teilmilieus der prekären Arbeitnehmer*innen und der Deklassierten. Die prekären Arbeitnehmer*innen weisen eine ausgeprägte Arbeitnehmer*innenmentalität auf, so sind Strebsamkeit, Arbeitswille und soziale Sensibilität charakteristisch für dieses Milieu.

Gleichwohl befinden sie sich am unteren Rand der Gesellschaft, außerhalb der respektablen Positionen mittlerer sozialer Milieus. Aufgrund eher geringer Schulbildung und Qualifikationen haben sie meist einfache, unsichere und schlecht bezahlte Anstellungen im produzierenden Gewerbe. Dementsprechend ist der Alltag von der Anstrengung geprägt, ausreichend Geld zu verdienen. Einen gewissen Schutz bieten gewerkschaftliche Strukturen, die jedoch nicht überall gegeben sind. Aufgrund der prekären beruflichen Situation sind die Angehörigen dieses Milieus genügsam und erfindungsreich in der Freizeitgestaltung. Zudem sind die Älteren bemüht, die eigenen Kinder über gute schulische Bildung vor den Zumutungen unsicherer Erwerbsarbeit zu bewahren. Doch die mangelnden deutschen Sprachkenntnisse und die geringe schulische Vorbildung machen es ihnen unmöglich, den Kindern Hilfestellungen in der Schule zu geben. Grundsätzlich orientieren sich die prekären Arbeitnehmer*innen an der modernisierten unteren Mitte der Gesellschaft und versuchen mit ihr Schritt zu halten. Die Deklassierten sind unterhalb der Respektabilitätsgrenze zu verorten und verfügen über die geringsten Ressourcen aller Milieus. Sie sind hohen Risiken wie Arbeitsverlust, arbeitsbedingten Gesundheitsbeschwerden und vielfältigen Benachteiligungen ausgesetzt. Beruflich sind sie aufgrund fehlender Qualifikationen, Unwissenheit über Alternativen, arbeitsrechtlicher Rahmenbedingungen sowie fehlender Unterstützung in körperlich anstrengenden Handlungsfeldern tätig und befinden sich an der untersten Lohngrenze. Im Vordergrund stehen die Notwendigkeiten der alltäglichen Lebensbewältigung, wobei Werte wie Sparsamkeit, Fleiß und Arbeitsmoral zentral sind. Die Bemühungen der Deklassierten werden von der Mehrheit der Gesellschaft kaum gewürdigt, zu wenig können die sie mit den Gewohnheiten der respektablen Milieus mithalten. Eine langfristige Zukunftsplanung ist unter diesen Lebensumständen wenig sinnvoll (ebd.).

Das Bildungssystem – Verstrickung in die Reproduktion gesellschaftlicher Macht- und Herrschaftsverhältnisse
Grundsätzlich geht Bourdieu von einer außerordentlichen Beharrungskraft vertikaler Klassenunterschiede, d. h. von einer stabilen Differenzierung zwischen den oberen bürgerlichen Milieus, den respektablen Volks- und Arbeitnehmermilieus und den unterprivilegierten Volksmilieus aus. Allerdings ist das Gesellschaftsbild Bourdieus keineswegs statisch, wie bereits die zeitliche Dimension des sozialen Raumes nahelegt. Auch die Milieuforschung verweist insbesondere auf horizontale Dynamiken, die mitunter zum Wandel der Milieus führen (Bremer & Lange-Vester, 2013). Die Bewegungen innerhalb des sozialen Raumes werden nach Bourdieu durch fortwährende symbolische Kämpfe begründet: Einerseits geht es um den Wert der Kapitalausstattung selbst und anderseits darum, eigene

Wahrnehmungs- und Bewertungsschemata als legitim durchzusetzen und damit auch die eigene Position im Sozialraum zu sichern oder zu verbessern (Bourdieu, 1985). Jene Macht, der es gelingt, spezifische Bedeutungen, Weltsichten und Sinngehalte als legitim durchzusetzen, indem sie die Kräfteverhältnisse verschleiert, die ihrer Kraft zugrunde liegen, nennt Bourdieu symbolische Gewalt (Bourdieu & Passeron, 1973). Hierbei entfaltet sich die eigentliche Wirksamkeit der symbolischen Macht weder auf der Ebene physischer Gewalt, noch wird sie offen benannt und aufgezeigt. So handelt es sich in der Regel auch nicht um einen willkürlich geführten politischen Kampf, sondern um dauerhafte, vorwiegend unbewusste Interaktions- und Aushandlungsprozesse in Form ungleicher Normen, Werthaltungen, Praktiken und deren Repräsentationsarbeit (Bourdieu, 1992). Bourdieu illustriert die Dynamiken im sozialen Raum folgendermaßen:

> Der Raum, das sind hier die Spielregeln, denen sich jeder Spieler beugen muß. Vor sich haben die Spieler verschiedenfarbige Chips aufgestapelt, Ausbeute der vorangegangenen Runden. Die unterschiedlich gefärbten Chips stellen unterschiedliche Arten von Kapital dar. Es gibt Spieler mit viel ökonomischem Kapital, wenig kulturellem und wenig sozialem Kapital. Die sind in meinem Raumschema rechts angesiedelt, auf der herrschenden, ökonomisch herrschenden Seite. Am anderen Ende sitzen welche mit einem hohen Stapel kulturellen Kapital, einem kleinen oder mittleren Stapel ökonomischem Kapital und geringem sozialen Kapital. das sind die Intellektuellen. Und jeder spielt entsprechend der Höhe seiner Chips. Wer einen großen Stapel hat, kann bluffen, kann gewagter spielen, risikoreicher. Mit anderen Worten: Die Spielsituation ändert sich fortwährend, aber das Spiel bleibt bestehen wie auch die Spielregeln. (Bourdieu, 1992, S. 38)

Bei der Sicherung und Verbesserung der sozialen Position und somit der Reproduktion ungleicher Sozialstrukturen kommt Bourdieu zufolge dem Bildungssystem eine entscheidende Rolle zu. Im Feld der Bildung als Teilbereich des gesamtgesellschaftlichen sozialen Raumes kommen spezifische Interessen, Strukturen und Logiken zum Tragen, die es nachfolgend auszuarbeiten gilt.

Ausgehend von Prozessen wirtschaftlichen Strukturwandels und der Bildungsexpansion im Frankreich der 1960er Jahre, die zu formeller Chancengleichheit und Offenheit des sozialen Wettbewerbs geführt haben, geht Bourdieu (1982) von einer wachsenden Bedeutung von Bildung bei der Reproduktion der herrschenden Klasse aus. Die vermehrte Inanspruchnahme des Bildungsangebots auch solcher sozialen Gruppen, die bislang die Bildungsinstitutionen nur wenig genutzt haben, hat zur Folge, dass sowohl die ökonomisch am besten ausgestattete herrschende Klasse sowie Gruppierungen, deren Reproduktion größtenteils oder ausschließlich über Bildung gewährleistet wird, zur Wahrung des relativen

Seltenheitsgrades ihrer Abschlüsse und damit zur Sicherung ihrer sozialen Position im noch stärkeren Maße als zuvor im Bildungsbereich investieren müssen (ebd.). Der kollektive Zwang zur Akkumulation von Bildungskapital und die verschärfte Konkurrenz zwischen den Klassen zieht wiederum die Konsequenz nach sich, dass die institutionalisierten Bildungsabschlüsse immer schneller entwertet werden – Bourdieu spricht auch von einer „Inflation der Bildungsprädikate" (Bourdieu, 1982, S. 222). Inwiefern es den privilegierten, herrschenden Gruppen dennoch gelingt, ihre soziale Lage zu halten, wenn der Bildungstitel notwendige Voraussetzung, und der Zugang zu Bildung formal offen ist, arbeitet Bourdieu gemeinsam mit Jean-Claude Passeron Ende der 1960er Jahre am Beispiel des französischen Bildungssystems in „Die Illusion der Chancengleichheit" heraus (Bourdieu & Passeron, 1971.) Die wesentliche Argumentationslinie der beiden Autoren wird im weiteren Verlauf dargelegt.

Das Bildungssystem eröffnet oder verwehrt durch die Vergabe von institutionell anerkannten Bildungszertifikaten Zugang zu begehrten Ausbildungs- und Berufschancen und somit zu attraktiven beruflichen Positionen. Hierbei gewährleistet es, dass die Verteilung der Heranwachsenden auf unterschiedliche soziale Positionen im Verlauf des Qualifikationsprozesses durch schulische Auswahlverfahren entlang des objektiven Leistungskriteriums erfolgt (ebd.). Zur Kanalisierung der Schüler*innen hat das Schulsystem ein vielfältiges Instrumentarium ausgebildet (u. a. Mehrgliedrigkeit des Schulsystems, Überweisung auf die Förderschule, Zurückstellung bei Einschulung, Klassenwiederholung, innerschulische Kursstränge), das offen praktiziert und allgemein akzeptiert wird (Schümer, Tillmann, & Weiß, 2004). Dem Anspruch nach erfolgt eine sozial gerechte, ausschließlich auf dem Leistungsprinzip beruhende Selektion. Dass es sich hierbei um eine „Illusion der Chancengleichheit" (Bourdieu & Passeron, 1971) handelt, markieren nicht zuletzt die PISA-Studien, die eindrucksvoll belegen, dass in kaum einem anderen OECD-Land der schulische Erfolg bzw. Misserfolg so stark von der sozialen Herkunft abhängt wie in Deutschland (Klieme, et al., 2010). Weder die Bildungsexpansion längst vergangener Jahrzehnte, die dazu führte, dass immer größere Teile der Bevölkerung über höhere institutionalisierte Bildungsabschlüsse beziehungsweise Berufsqualifikationen verfügen (Geißler, 2014), noch neuere bildungspolitische Maßnahmen wie der Ausbau von Ganztagsschulen haben nicht die Entkopplung von Bildungsverläufen und sozialer Herkunft bewirkt (Betz, 2015). Die Proklamation des Leistungsprinzips als Grundlage für sozial gerechte schulische Selektionsprozesse ist demnach absurd, dennoch hält sich der „Mythos eines fairen Bildungswettbewerbs" (Solga, 2005, S. 19) hartnäckig. Der Glaube, dass Bildungserfolg durch individuelle Bildungsfähigkeit und Bildungsbemühungen zustande kommt, folgt einem meritokratischen Verständnis, das in weiten Teilen der Gesellschaft tief verwurzelt ist, selbst bei denjenigen, die aufgrund ihrer Herkunft benachteiligt sind. So werden Bildungsunterschiede als biologische Intelligenz- und Begabungsunterschiede definiert, demnach erscheint soziale Ungleichheit als natürliche Unterschiede. Hierbei wird ausgeblendet, dass Begabung und Intelligenz soziale Konstrukte darstellen, „die eines gesellschaftlichen Definitionsprozesses und eines sozialen Kategorisierungsprozesses in der Schule [...] bedürfen" (ebd., S. 25). Durch das Erklären von Begabungs- und Leistungsunterschieden als naturgegeben tritt die Definitionsmacht statushöherer Gruppen in den Hintergrund, die entscheiden, anhand welcher Kriterien Leistung beobachtet und gemessen wird (ebd.).

Im Hinblick auf das komplexe Bindungsgefüge zwischen sozialer Herkunft, dem Kriterium der Leistungserbringung und Schulerfolg ist das kulturelle Kapital konstitutiv. Nach Bourdieu ermöglicht es, „die Ungleichheit der schulischen Leistungen aus verschiedenen sozialen Klassen zu begreifen" (Bourdieu, 1983, S. 185). Von besonderer Relevanz ist das inkorporierte Kulturkapital, das, wie bereits genannt, vor allem in der familialen Sozialisation erworben und zu einem festen Bestandteil der Person wird (ebd.). Bourdieu und Passeron (1971) zeigen auf, dass die familial geprägten sozialen Handlungspraktiken, wie beispielsweise die Beherrschung der Schul- und Unterrichtssprache, das Auftreten und insbesondere die Einstellung zu schulischer Bildung unterschiedliche Nähe- und Distanzverhältnisse zu den Erwartungs- und Anforderungsstrukturen des Bildungssystems aufweisen (ebd.). Hierbei zahlen sich kulturelle Gewohnheiten, Fähigkeiten und Interessen der oberen Klassen im Bildungssystem besonders aus: Die kulturellen Voraussetzungen der Heranwachsenden, die bei Schuleintritt noch auf die begünstigte Positionierung der Herkunftsfamilie innerhalb des Sozialraumes verweisen, werden im Laufe der Schulzeit zu einem Bildungsprivileg umgewandelt. Es zeigt sich, dass je nach sozialer Herkunft „für die einen die Schule der einzige Wissensvermittler ist [, während] bei anderen die hauptsächlich im Familienmilieu erworbene Kultur [...] ausschlaggebend ist" (ebd., S. 37). Demzufolge stellt für Bourdieu die Transmission kulturellen Kapitals in der Familie auch „die am besten verborgene und sozial wirksamste Erziehungsinvestition" (Bourdieu, 1992, S. 54) im Positions- und Machtkampf innerhalb des sozialen Raumes dar.

Insgesamt wird deutlich, dass das Bildungssystem zwar formell für alle sozialen Gruppen gleichermaßen zugänglich ist, aber die Wahrscheinlichkeit, das Bildungssystem auch erfolgreich zu durchlaufen, für die ohnehin sozial Privilegierten deutlich höher ist. Entsprechend hilft das Bildungssystem nicht, soziale Ungleichheit und Klassenprivilegien abzubauen, sondern trägt entscheidend dazu bei, sie zu erhalten. Mithilfe des Habituskonzepts sollen nachfolgend die erwähnten ungleichen Passungsverhältnisse zwischen Familie und Schule konkretisiert werden.

Das Konzept des Habitus – Verbindung zwischen gesellschaftlichen Strukturen und Praktiken

Die zentrale Annahme Bourdieus zur schulischen Reproduktion sozialer Ungleichheit, dass die familial geprägten sozialen Handlungspraktiken sowie insbesondere familiale Einstellungen zu schulischer Bildung unterschiedliche Passungsverhältnisse zu den Erwartungs- und Anforderungsstrukturen des Bildungssystems aufweisen, wird durch das Habituskonzept elaboriert. Der Habitus stellt hierbei das Bindeglied zwischen den Einstellungen, den symbolischen Praktiken der Lebensführung, und der Struktur ungleicher gesellschaftlicher Bedingungen dar (Bauer, 2012). Die Übereinstimmung zwischen der sozioökonomischen Lage und den symbolischen Praktiken der Lebensführung wird demnach nicht bloß hypothetisch behauptet und empirisch belegt, sondern auch theoretisch erklärt. Mithilfe des Habituskonzepts zeichnet Bourdieu eine dritte Ebene des Sozialraums nach, wobei der Habitus „den theoretischen Raum der Umwandlung" (Bourdieu 1982, S. 214) bildet, der aus ähnlichen materiellen und kulturellen Bedingungen entsprechende Verhaltensmuster, Geschmäcker und Lebensstile formt, die als Zuordnungs- und gleichzeitig als Abgrenzungsmerkmal sozialer Gruppen dienen (ebd.).

Generell wird von Bourdieu der Habitus als ein dauerhaftes und übertragbares Dispositionssystem sozialer Akteure bezeichnet, das die Wahrnehmung, das Denken und Handeln strukturiert und somit zum Erzeugungsprinzip der sozialen Praxis wird (Bourdieu, 1987). Die Wahrnehmungsschemata strukturieren die alltägliche Wahrnehmung der sozialen Welt und umfassen in Abgrenzung zu Denkschemata einen sensuellen Aspekt. Zu den Denkschemata gehören hingegen Klassifikationsmuster, mit deren Hilfe die Akteure die soziale Welt interpretieren und kognitiv ordnen. Dazu zählen ihre impliziten ethischen Normen zur Beurteilung gesellschaftlicher Handlungen und ihre ästhetischen Maßstäbe zur Bewertung kultureller Objekte und Praktiken – also ihr Geschmack. Handlungsschemata bringen letztlich die subjektiven bzw. kollektiven Praktiken der Akteure hervor. Im Praxisvollzug sind die Wahrnehmungs-, Denk- und Handlungsmuster eng miteinander verbunden und wirken größtenteils unbewusst (Schwingel, 2003).

Inwiefern der Habitus als Dispositionssystem von Akteuren zwischen den sozialen Positionen und den symbolischen Praxisformen vermittelt, wird durch die Doppelstruktur des Habitus deutlich. Zum einen wirkt der Habitus als ‚Modus Operandi' beziehungsweise als strukturierende Struktur von sozialer Praxis, indem er Handlungen, die zur Konstitution von Praxisformen beitragen, sowie unterschiedliche Wahrnehmungen und Bewertungen dieser Praxisformen hervorbringt (Bourdieu, 1987). In der Homologie der Praxisformen und Wahrnehmungs- und Denkschemata sieht Bourdieu das Ergebnis eines sozialen Abstimmungsprozesses, den er wie folgt beschreibt:

> Der Habitus ist nichts anderes als jenes immanente Gesetz, jene den Leibern durch identische Geschichte(n) aufgeprägte lex insita, welche Bedingung nicht nur der Abstimmung der Praktiken, sondern auch der Praktiken der Abstimmung ist. (ebd., S. 111)

Mit ‚Abstimmung der Praktiken' ist gemeint, dass der Habitus aufeinander abgestimmte, wahrnehmbare Praxisformen wie die körperliche Haltung, kulturelle Gebrauchsweisen und die Hervorbringung von Werken generiert. Zugleich erzeugt der Habitus ‚Praktiken der Abstimmung', das heißt aufeinander abgestimmte Wahrnehmungs- und Bewertungsschemata, die garantieren, dass die verschiedenen Praxisformen jeweils ähnlich wahrgenommen und bewertet werden (Barlösius, 2004).

In Abgrenzung zur strukturierenden Struktur des Habitus, die „generative Formel" (Bourdieu, 1982, S. 332) von Praxisformen sowie Wahrnehmungs-, Denk- und Handlungsschemata, geht Bourdieu darüber hinaus von einer strukturierten Struktur des Habitus aus. Als ‚Opus Operatum' repräsentiert der Habitus die Dispositionen, die vom Akteur in Abhängigkeit seiner Existenzbedingungen der sozialen Herkunft bzw. seiner sozialräumlich unterschiedlichen Erfahrungs- und Lernvorgänge im Zuge der Sozialisation inkorporiert wurden (Bourdieu, 1987). Demzufolge sind Menschen „historisch geprägte Lebewesen" (Wacquant, 2009, S. 6), die von gesellschaftlichen (kulturellen und materiellen) Bedingungen des Daseins beeinflusst werden. Ohne präzisere Erläuterung hebt Bourdieu für die Habitusgenese das besondere Gewicht frühkindlicher Erfahrungen hervor, die sich am nachhaltigsten auf ihre lebenslange praktische Anwendung auswirken (Bourdieu, 1987)

Bourdieu betont, dass der Habitus zwar die Tendenz der Reproduktion von Existenzbedingungen habe, diese aber nicht als mechanischer Determinismus zu verstehen ist (ebd.). Vielmehr legen die ökonomisch und kulturell verfügbaren Ressourcen eines Akteurs, mithin die Lebensbedingungen seiner Familie und sozialen Klasse, die Grenzen von Erfahrungen und Handlungen bzw. die habituellen Einschränkungen fest, innerhalb derer Kreativität möglich ist:

Der Habitus ist ein System von Grenzen. Wer z. B. über einen kleinbürgerlichen Habitus verfügt, der hat eben auch, wie Marx einmal sagt, Grenzen seines Hirns, die er nicht überschreiten kann. Deshalb sind für ihn bestimmte Dinge einfach undenkbar, unmöglich; es gibt Sachen, die ihn aufbringen oder schockieren. Aber innerhalb dieser seiner Grenzen ist er durchaus erfinderisch, sind seine Reaktionen keineswegs immer schon im Voraus bekannt. (Bourdieu, 1992, S. 33)

Die implizite Wahrnehmung habitueller Grenzen nennt Bourdieu in Anlehnung an Goffmann den „sense of one's place" (Bourdieu, 1982, S. 734). Damit gemeint ist der Sinn für die eigene Stellung im sozialen Raum, in dem die objektiven Teilungs- und Strukturprinzipien eingeschrieben sind. Es handelt sich um ein Gespür dafür, was man sich erlauben kann und was einem verwehrt ist. Die vornehmlich unbewusste, selbstverständliche und fraglos hingenommene Übernahme und Akzeptanz der Sozialordnung fungiert als wirksamer Mechanismus für die Aufrechterhaltung der bestehenden Ungleichheitsverhältnisse: Indem sich soziale Akteure das zuschreiben, was ihnen qua Distribution ohnehin zugeschrieben wird, bzw. das abwehren, was ihnen ohnehin verwehrt wird, schließen sie sich von selbst aus (ebd.). Die Grenzen existieren hierbei in der Vorstellung der Akteure, es sind symbolische Grenzen. Zum Undenkbaren der individuellen Lebensführung gehört das Überschreiten dieser Grenzen, das erst das Hinwegsetzen über die materiellen Schranken ermöglichen würde (Bauer, 2012).

Die Präferenz und Bestätigung des Habitus jener Strukturen, deren Produkt er bereits darstellt, nennt Bourdieu auch Homogamie-Effekt (u. a. Bourdieu & Wacquant, 2006). Laut Bauer (2012) entfaltet der Homogamie-Effekt „seine Wirksamkeit gerade erst dadurch, dass sich die Akteure lediglich vor krisenhaften Erfahrungen zu schützen versuchen, die eintreten, wenn erprobte Interpretations- und Handlungsmuster aufgegeben werden" (ebd., S. 136). Ein Beispiel hierfür ist, wenn Familien aus sozioökonomisch benachteiligten Lebensverhältnissen bzw. mit niedrigem Schulbildungsniveau trotz höherer Schullaufbahnempfehlung wenig ertragreiche Bildungslaufbahnen wählen oder sogar früher die Schule abbrechen. Die Bildungsmotive sowie entsprechende Bildungsstrategien und - wahlen folgen hierbei einer herkunftsspezifischen Logik, sodass und dieses empirisch zu beobachtende Verhalten, das auf den ersten Blick wenig rational erscheint, als „offene Kampfansage" (Grundmann, Groh-Samberg, Bittlingmayer, & Bauer, 2003, S. 38) verstanden werden kann, formelle Schulbildungs- und Schulleistungsanforderungen zu unterwandern. Parallel zum Homogamie-Effekt bezeichnet Bourdieu diese konservative Funktion des Habitus als Hysteresis-Effekt und meint damit den Prozess der dauerhaften Anwendung einmal erworbener Wahrnehmungs-, Denk- und Handlungsschemata, die selbst um den Preis ihrer Dysfunktionalität nicht modifiziert werden (Bauer, 2012). Der Hysteresis-Effekt ist also eine Form von Trägheit, die den Habitus dauerhaft stabilisiert (Bourdieu, 1987).

Das Konzept der Sozioanalyse – Möglichkeit der bewussten Weiterentwicklung habitueller Wahrnehmungs-, Denk- und Handlungsmuster
Gleichwohl Bourdieu mit dem Habituskonzept darlegt, dass Wahrnehmungs-, Denk- und Handlungsmuster von den sozialen Existenzbedingungen und biografischen Erfahrungen geprägt sind, hierbei zumeist unbewusst wirken und nur schwer veränderbar sind, sind Möglichkeiten der Weiterentwicklung von Habitusschemata in der theoretisch-konzeptionellen Anlage bei Bourdieu mitgedacht (El-Mafaalani & Wirtz, 2011). Die erste Variante kann als „Habitus-Struktur-Konflikt" (Schmitt, 2010) beschrieben werden, der unbewusste und nicht intendierte Veränderungsprozesse anstößt. Etwa können Individuen in soziale Situationen geraten, in denen sie mit ihren Deutungen und Handlungen nicht weiterkommen. Eine derartige dauerhafte Nicht-Passung von Habitus und sozialem Kontext kann entweder zu Orientierungslosigkeit und Rückzug in das Herkunftsmilieu oder zu einem kreativen Lernprozess und schließlich zu Veränderungen des Habitus führen (El-Mafaalani & Wirtz, 2011). Angemerkt sei, dass sich Bourdieu zufolge der Habitus in Abhängigkeit von neuen Erfahrungen zwar fortwährend wandelt und die Dispositionen einer ständigen Revision unterworfen sind, „die aber niemals radikal ist, da sie sich auf Grundlage von Voraussetzungen vollzieht, die im früheren Zustand verankert sind" (Bourdieu, 2001, S. 207).

Die zweite Variante stellt hingegen eine bewusste Entscheidung zur Veränderung dar, die durch eine sogenannte Sozioanalyse angestoßen wird:

> Auch durch die Sozioanalyse kann der Habitus verändert werden, durch den Bewußtwerdungsprozeß, der es dem einzelnen erlaubt, seine Dispositionen unter Kontrolle zu bringen. Aber die Möglichkeit und Wirksamkeit dieser Form der Eigenanalyse sind selber teils durch die ursprüngliche Struktur des betreffenden Habitus bestimmt, teils durch die objektiven Bedingungen, unter denen sich die Bewußtwerdung vollzieht. (Bourdieu & Wacquant, 2006, S. 167 f.)

Im Zentrum der Sozioanalyse steht demnach die differenzierte Auseinandersetzung mit der eigenen sozialen Herkunft und damit auch mit dem eigenen Habitus. Hierzu gehört die Bewusstmachung habitueller Möglichkeiten und vor allem Grenzen sowie die Reflexion der eigenen Verstrickung in gesellschaftliche Macht- und Herrschaftsverhältnisse. Indem der soziale Akteur sich selbst und strukturelle Zwänge reflektiert, gewinnt er Kontrolle über seine Dispositionen (Schmitt, 2010).

Diese Art der Selbstanalyse hat Bourdieu mit „Ein soziologischer Selbstversuch" (2002) an seiner eigenen Person vorgenommen. Die Veröffentlichung, die er ausdrücklich nicht als Autobiografie verstanden sehen will, beginnt mit einer genauen Analyse des wissenschaftlichen Feldes der Philosophie und der Soziologie im Frankreich der 1950er und 1960er Jahren und seine Stellung darin (Brake, 2015). Aus Bourdieus Sicht ist die Soziologie hierbei „ein höchst machtvolles Instrument der Selbstanalyse, die es einem ermöglicht, besser zu verstehen, was man ist, sowie die Stellung begreifen lässt, die man innerhalb der sozialen Welt innehat" (Bourdieu 2002, S. 223). Die Sozioanalyse steht also zunächst einmal im Zusammenhang einer reflexiven Objektivierung von Forschungspraxis. Hier spielt die Idee des Bruchs eine zentrale Rolle: Die Forschenden müssen sich von den vermeintlichen Selbstverständlichkeiten, den unhinterfragt gültigen Wissensbeständen und Begrifflichkeiten im Alltag und im wissenschaftlichen Feld distanzieren. Das heißt, es besteht die Notwendigkeit, mit den Alltagstheorien, den Common Sense-Theorien zu brechen. Des Weiteren besteht die Notwendigkeit, in allen Forschungsschritten mitzuführen, dass das eigene Forschungsinteresse, die methodische Vorgehensweise und der analytische Blick auf das empirische Material von einer jeweils spezifischen sozialen Position aus eingenommen werden. Es geht also darum, die eigene wissenschaftliche Laufbahn auf die Konstruktion des Forschungsgegenstandes zu reflektieren (Brake, 2015). Die Sozioanalyse ist demnach im Forschungsprozess unerlässlich, um die eigene Standortgebundenheit methodisch zu kontrollieren. Bourdieu fasst zusammen, dass es der wissenschaftlichen Reflexivität gelingen muss, „sich in den Mechanismen des Feldes [...] einerseits und in den Einstellungen der Akteure andererseits zu institutionalisieren" (Bourdieu, 1993, S. 373). Die wissenschaftliche Reflexivität interessiert sich demnach nicht für die Forschungstätigkeit einzelner Akteure, „sondern [für] das in die wissenschaftlichen Werkzeuge und Operationen eingegangene *soziale und intellektuelle Unbewußte*" (Bourdieu & Wacquant, 2006, S. 63, Hervorhebung im Original, Anmerkung S. R.). So ist wissenschaftliche Reflexivität auch „ein *kollektives Unternehmen* und nichts, was dem Wissenschaftler individuell aufzubürden wäre" (ebd., Hervorhebung im Original, Anmerkung S. R.).

Für Bourdieu hat die Sozioanalyse vom Grundsatz her eine emanzipatorische Wirkung. Indem sich der soziale Akteur intensiv mit der eigenen Herkunft auseinandersetzt und eine reflexive Brechung eingeht, erkennt er die Gesetzmäßigkeiten und restriktiven Elemente seiner eigenen Denk- und Handlungsmuster. Durch die daraus resultierende praktische Einsicht gewinnt er an Rationalität und Deutungsvermögen (El-Mafaalani & Wirtz, 2011). Schmitt (2011) gibt hierbei zu bedenken, dass das Bewusstwerden eigener habitueller Grenzen auch entmutigend wirken und die Verantwortlichkeit für eigenes Handeln reduzieren bzw. das Gefühl von

Ohnmacht gegen strukturelle Ungerechtigkeit fördern kann. Befreiend wirkt die Sozioanalyse dann, wenn sie ein „Verstehen" (Bourdieu, 1997) zwischen Personen unterschiedlicher sozialer Herkunft ermöglicht. Damit meint Bourdieu die Fähigkeit, „sich gedanklich an den Ort zu versetzen, den der Befragte im Sozialraum einnimmt" (ebd., S. 786). Weiter führt Bourdieu aus, dass es darum geht, ein

> generelles und genetisches Verständnis der Existenz des anderen anzustreben, das auf der praktischen und theoretischen Einsicht in die sozialen Bedingungen basiert, deren Produkt er ist: Eine Einsicht in die Existenzbedingungen und Mechanismen [...], eine Einsicht in die untrennbar verwobenen psychischen und sozialen Prägungen, die mit der Position und dem biographischen Werdegang dieser Person im Sozialraum einhergehen. (ebd.)

Ein solches Verständnis ist mehr als „ein wohlwollender Gemütszustand" (ebd.) und bedeutet nicht im phänomenologischen Sinn das emotionale Hineinversetzen bzw. Hineinprojizieren in den Anderen. Vielmehr geht es um ein Verständnis dafür, weshalb die Person zu einer bestimmten Grundhaltung gegenüber der Welt gelangt ist und welche sozial strukturierenden Prinzipien sich dahinter verbergen (Barlösius, 2004). Insgesamt kann Bourdieus Sozioanalyse bzw. Konzept wissenschaftlicher Reflexivität als ein sehr anspruchsvolles und komplexes Programm bezeichnet werden, das Zeit und Mühe beansprucht, da über viele Jahre inkorporierte Wahrnehmungs-, Denk- und Handlungsmuster aufgebrochen werden (El-Mafaalani & Wirtz, 2011).

Die pädagogische Arbeit – Habitusprägung und Ausübung symbolischer Gewalt

In den „Grundlagen einer Theorie der symbolischen Gewalt" legen Bourdieu und Passeron (1973) dar, dass jede Pädagogik prinzipiell durch eine doppelte kulturelle Willkür gekennzeichnet ist. Mit der ersten Form der Willkür ist gemeint, dass sich Lehrkräfte in der pädagogischen Arbeit an der Definition von Bildungsinhalten der herrschenden Gruppen orientieren (ebd.). Wie bereits erläutert, unterliegt das schulische Bildungsverständnis stets einem gesellschaftlichen Konstruktions- und Wertungsprozess, wobei die Auswahl der institutionellen Bildungsinhalte als natürlich gesetzt erscheinen (Solga, 2005). Institutionalisierte Bildung wird durch staatlich anerkannte Zertifikate und Abschlüsse verbürgt und gilt als legitime Bildung. Nicht anerkannt bzw. negiert werden erfahrungsweltlich vermittelte Bildungsprozesse und -inhalte, die mit den in der Schule dominierenden Leistungs- und Qualifikationsanforderungen kaum in Verbindung stehen (Grundmann, Groh-Samberg, Bittlingmayer, & Bauer, 2003). Die zweite Form der Willkür begreift pädagogisches Handeln als Durchsetzungs- und Einprägungsarbeit bzw. als Erziehung im Sinne einer Habitusprägung, die den Orientierungen und Vorstellungen statushöherer Gruppen entspricht und Ausdruck und Resultat des zugrundeliegenden Macht- und Herrschaftsverhältnisses zwischen den sozialen Gruppierungen ist (Bourdieu & Passeron, 1973). Damit ist der Modus der Durchsetzung und Einprägung angesprochen, der, vergleichbar mit der Auswahl der Bildungsinhalte, historisch und kulturspezifisch variabel ist. Deutlich wird dies am Beispiel der körperlichen Züchtigung als Erziehungsmittel, das aus heutiger Sicht eine illegitime Form pädagogischen Handelns darstellt, zu anderen historischen Zeitpunkten jedoch als selbstverständlich und sogar gewünscht galt (Kramer, 2011). In dieser Perspektive ist „jede pädagogische Aktion [...] objektiv symbolische Gewalt, insofern sie mittels einer willkürlichen Gewalt eine kulturelle Willkür durchsetzt" (Bourdieu & Passeron, 1973, S. 13).

Bourdieu und Passeron betonen, dass die symbolische Gewalt in der pädagogischen Arbeit weder bewusst oder mutwillig ausgeübt wird, noch explizit auf die Herrschaftssicherung bezogen sein muss (ebd.). In diesem Zusammenhang sei als Gegenbeispiel zur körperlichen Züchtigung auf die antiautoritäre Erziehung verwiesen. Auch eine repressionsfreie, weisungslose, dem Kind zugewandte Pädagogik beinhaltet den Aspekt der Willkür, insofern sie bei einem bestimmten Stand der Kräfteverhältnisse das einzig wirksame Mittel zur Durchsetzung der kulturellen Willkür darstellt. Pädagogische Orientierungen wie Individualisierung, Subjektorientierung und Kindzentrierung sind nicht nur Mittel der Verschleierung der schulischen Anforderungen, sondern zugleich eine legitime Strategie der Unterwerfung der Schüler*innen (ebd.). Um hier die eigentliche symbolische Wirkung zu entfalten, muss die Durchsetzung der bestehenden Kräfteverhältnisse den Weg über die pädagogische Kommunikation nehmen und ist vor allem auf eine pädagogische Autorität angewiesen. Andernfalls könnte die pädagogische Arbeit die doppelte kulturelle Willkür nicht mehr oder nur noch im Modus roher Gewalt rechtfertigen – die Legitimität der pädagogischen Arbeit ist jedoch umso stärker, je weniger sich die Herrschaftssicherung auf offene Gewaltformen berufen muss (ebd.). Die pädagogische Kommunikation und die pädagogische Autorität beruhen demzufolge im Wesentlichen auf der Verschleierung und Verkennung der doppelten kulturellen Willkür. Darüber hinaus wird insbesondere die pädagogische Autorität zu einer symbolischen Gewaltmacht, „die sich in Form eines legitimen Durchsetzungsrechts äußert" (ebd., S. 23). Bourdieu und Passeron betonen, dass die Anerkennung der pädagogischen Arbeit nicht vorrangig auf einen psychologischen Akt oder auf einer bewussten Zustimmung der an Schule beteiligten Personen beruht – selbst den Lehrkräften ist in der Anerkennung der Legitimität der Bildungsinstitution die Einsicht in die Grundlagen der doppelten Willkür ihres

Handelns verwehrt. Vielmehr entfaltet die pädagogische Autorität eine umfassende symbolische Gewaltmacht, wenn sie eine selbstverständliche und zwanglose Anerkennung findet (ebd.).

Wesentlich in der Theorie der symbolischen Gewalt ist demnach die pädagogische Praxis, in der Lehrkräfte soziale Bedingungen schaffen, die zwischen kultureller Nähe oder kultureller Ferne zur durchgesetzten kulturellen Willkür der pädagogischen Arbeit changieren. Bourdieu und Passeron markieren differente Varianten der kulturellen Passung zwischen dem primären Habitus, der in der familialen Sozialisation und dem Herkunftsmilieu erzeugt wird, und der sekundären pädagogischen Arbeit. Der Erfolg jeder schulischen Erziehung hängt dann von der Distanz ab, die den Habitus, den sie einprägen will, von dem Habitus trennt, der durch die vorhergehende primäre Sozialisation eingeprägt worden ist (ebd.). Prototypisch formuliert bestehen zwei Möglichkeiten: Entweder trifft die pädagogische Arbeit auf Schüler*innen, deren primärer Habitus eine relative Nähe zum schulisch sekundär anvisierten Habitus aufweist und die sich entsprechend das, was ihnen vermittelt werden soll, schon angeeignet haben. Oder aber die pädagogische Arbeit trifft auf primäre Habitusformen, die mehr oder weniger deutlich vom sekundären Habitus der Schule abweichen. Im ersten Fall handelt es sich im Sinne einer „Reedukation" (ebd., S. 61) um eine Bestätigung und Verstärkung der bereits in der Primärsozialisation erworbenen habituellen Dispositionen. Im zweiten Fall bedeutet die sekundäre pädagogische Arbeit einen Bruch mit den Erfahrungen und Fähigkeiten der Primärsozialisation und der größere Abstand zwischen dem primären und dem sekundären Habitus nimmt den Charakter der „Dekulturation" an (ebd.). Aus dieser Perspektive wird deutlich, dass der besondere Erfolg der pädagogischen Arbeit eigentlich nur bedingt eine Leistung der Schule ist, da er auf eine vorangegangene erfolgreiche Habitusprägung in der Familie aufbaut (Bauer, 2012).

Ungleichheitsbezogene Bildungsforschung im Anschluss an Pierre Bourdieus Konzept der kulturellen Passung
Die Bezugnahme auf Arbeiten Bourdieus innerhalb der empirischen Bildungsforschung reduziert sich zumeist auf die isolierte Betrachtung des kulturellen Kapitals der Schüler*innen und ihrer Familien. Dadurch geraten jedoch lediglich schulextern zurechenbare Faktoren für Bildungsbenachteiligung in den Blick (Kramer & Helsper, 2010). Bourdieus komplex angelegtes Theorem der kulturellen Passung zwischen den Haltungen des familialen Herkunftsmilieus und den schulischen Anforderungs- und Anerkennungsstrukturen wird bislang kaum empirisch untersucht. Hervorzuheben ist hierbei für Deutschland die Studie von

Grundmann, Groh-Samberg, Bittlingmayer und Bauer (2003), die lebensweltli-
che Bildungsprozesse in der Familie und unter Gleichaltrigen sowie die daraus
resultierenden Anschlussmöglichkeiten im Bildungssystem untersucht. Es geht
den Autor*innen vor allem darum, nachzuzeichnen, wie „sich soziale Strukturen
im konkreten Habitus der Individuen niederschlagen und dabei auch nachhaltig
die Persönlichkeitsentwicklung beeinflussen" (Grundmann, Dravenau, Bittlingmayer, & Edelstein, 2006, S. 12). In ihrem Ansatz erweitern die Autor*innen
den Bildungsbegriff über schulisch vermittelte Bildungsinhalte hinaus und ver-
ankern ihn unter Bezugnahme auf die Milieuforschung sozialstrukturell (Vester,
von Oertzen, Geiling, Hermann, & Müller, 2001). Unter dem Begriff der
milieuspezifischen Handlungsbefähigung fassen die Autor*innen „individuelle
Kompetenzen, Dispositions- und Handlungsmuster, die an die Bedingungen der
sozialen Herkunft angepasst sind, also milieuspezifisch variieren" (Grundmann,
Groh-Samberg, Bittlingmayer, & Bauer, 2003, S. 27), zusammen. Grundlegend
für die Untersuchung ist demnach die Annahme, dass unterschiedliche Milieus
auf differente Erfahrungsräume, Sinn- und Anerkennungsstrukturen verweisen,
die wiederum konstitutiv für die Bildungsaneignung sind (ebd.). Die Autor*innen
ermitteln entsprechend „grundlegende Unterschiede in den Passungschancen bzw.
Konfliktpotentialen" (ebd., S. 37) für ausgewählte Sozialmilieus. So ist bspw. in
den akademischen Oberklasse-Milieus „eine optimale Abstimmung aller Rea-
litätsbereiche und ihrer Handlungsrationalitäten am wahrscheinlichsten" (ebd.,
S. 37), da familiale und schulische Bildungsstrategien nahezu zwanglos ineinander aufgehen. Für die unteren Klassenmilieus erweisen sich demgegenüber
die schulischen Bildungsangebote und -anforderungen als wenig passend zu den
milieuspezifischen Handlungsbefähigungen (ebd.). Die Höherbewertung institutioneller Bildung gegenüber außerschulischen Bildungsinhalten und -prozessen in
der Familie und in den Milieus wird von den Autor*innen als eine zentrale Ursache für die Entstehung und Verfestigung von Bildungsungleichheit identifiziert
(Grundmann, Dravenau, Bittlingmayer, & Edelstein, 2006).

In diesem Kontext zu verorten ist auch die Studie von Jünger (2008) zu
schulischen Logiken von Kindern aus sozial benachteiligten und privilegierten Milieus als Ursache der persistenten Bildungsungleichheit. So kann Jünger
feine Unterschiede hinsichtlich der in der familialen Sozialisation erworbenen
Lernmotivation und der Verantwortung für Lernleistungen aufzeigen. Für nicht-
privilegierte Kinder hat die Schule eine existenzsichernde Funktion. Sie haben das
Leistungsprinzip internalisiert, dem zufolge der Schulerfolg auf eigenen Anstrengungen beruht. Ihr Lernbegriff ist funktional: Lernen dient der Vorbereitung für
den späteren Beruf und nicht des Lernens willen oder gar zum Vergnügen. Daraus

resultiert ein enormer Druck, das eigene Bildungsideal umzusetzen. Den Kindern aus sozial benachteiligten Lebensverhältnissen fehlt der Autorin zufolge der Zugang zum Lernen und die entsprechenden Bildungsstrategien. Zum Teil wird der Druck auch durch die hohe Erwartungshaltung der Eltern verstärkt, gleichwohl die Familie keine schulische Hilfestellung anbieten kann. Im Gegensatz dazu lernen sozial privilegierte Kinder mit Leichtigkeit und Spaß und können ohne belastenden Leistungsdruck auf die familiale Unterstützung zurückgreifen. Ein weiterer relevanter Unterschied ist, dass die Kinder aus privilegierten Familien relativ genaue und positive Zukunftserwartungen aufweisen. Sie sind zudem in der Lage, der Schule und den Lehrkräften gegenüber eine kritische Haltung einzunehmen. Selbstbewusst treten sie den Lehrkräften gegenüber und fordern guten Unterricht ein (ebd.).

Die Arbeitsgruppe von Helsper und Kramer erforscht ebenfalls das Zusammenspiel von milieuspezifischen Bildungsvorstellungen und -strategien der Schüler*innen sowie Strukturen und Anforderungslogiken der Schule. Anhand einer Längsschnittuntersuchung untersuchen die Wissenschaftler*innen schul- und bildungsbezogene Orientierungen von Schüler*innen beim Übergang von der Grundschule in die weiterführende Schule. Anhand von Fallstudien entwirft die Forscher*innengruppe eine Typologie von kindlichen Habitusformen, die von einer explizit formulierten Bildungsdistinktion bis hin zu einer Distanz- und Fremdheitshaltung zu Schule und institutionalisierter Bildung reicht (Kramer, Helsper, Thiersch, & Ziems, 2009). So lässt sich der Habitus der Bildungsexzellenz und -distinktion nur bei Schüler*innen rekonstruieren, die auf ein exklusives Gymnasium mit zusätzlicher Eingangsprüfung wechseln. Kennzeichnend ist eine umfassende Bildungsorientierung, die sich auf hochkulturelle Inhalte wie bspw. anspruchsvolle Zeitungen richtet. Diese Schüler*innen fühlen sich dem Schulischen überlegen und durch das schulische Lernen unterfordert. Sie folgen einer ausgesprochenen Leistungsorientierung und absolvieren die Schulzeit mit Leichtigkeit und ohne Anstrengung. Die enormen Ansprüche bezüglich schulischer Leistung und Bildungsperfektion bergen hierbei die Gefahr des subjektiven Gefühls des Versagens auf höchstem Leistungsniveau. Grundsätzlich setzen sich diese Schüler*innen mit ihrem speziellen Bildungsgeschmack und ihren herausragenden Spitzenleistungen von ihren Mitschüler*innen ab und fühlen sich eher der Welt der Erwachsenen zugehörig (ebd.). Der Habitus der Bildungsstrebenden grenzt sich vom Habitus der Bildungsexzellenz und -distinktion dahingehend ab, dass es etwas nicht Selbstverständliches noch zu erreichen gilt. Demzufolge ist dieser Habitus in einem Spannungsverhältnis zwischen schon Erreichtem und noch nicht Realisiertem zu verorten. Auf der einen Seite werden für die Familien mehr oder weniger fremde Bildungsorte und -ziele angestrebt, auf der anderen

Seite sind im hohen Stellenwert von Bildung, sehr guten Schulleistungen und der strebenden Bildungshaltung bereits Elemente des Angestrebten enthalten. Die Schüler*innen dieses Habitus stammen aus bildungs- und aufstiegsorientierten Familien und befinden sich vor allem an Gymnasien. Die Autor*innen differenzieren hierbei hinsichtlich der Deutlichkeit sowie der Eigen- bzw. Fremdbestimmung des Bildungsstrebens drei unterschiedliche Dimensionen dieses Habitus: der Habitus des exklusiven Strebens, der Habitus des moderaten Strebens und der Habitus des (leidvoll) auferlegten Strebens (ebd.). Der Habitus der Bildungskonformität und -notwendigkeit umfasst Schüler*innen, die angesichts ihrer angepassten Haltung, der Fokussierung auf den Schulabschluss sowie ihrer unauffällig verlaufenden Lernbiografie bisher sowohl in der Schul- und Bildungsforschung als auch im Schulkontext wenig Beachtung finden. Hierbei stammen die Schüler*innen dieses Habitus überwiegend aus schulbildungsfernen Herkunftsmilieus und stehen schulischen Inhalten und Regeln entsprechend fremd gegenüber. Gleichwohl verbürgen sie die schulischen Anforderungsstrukturen in hohem Maße und orientieren sich vor allem an der Leistungsmitte. Grundlegend ist der Anspruch, unter den Mitschüler*innen nicht aufzufallen und als anständiger und guter Schüler bzw. als anständige und gute Schülerin zu gelten. Neben der schulkonformen Orientierung kennzeichnet dieser Habitustyp eine formale Abschlussorientierung. So dient die Schule als funktionaler Qualifizierungsraum, der über die Aushändigung von institutionell anerkannten Bildungszertifikaten eine Berufsausbildung ermöglicht. Mitunter wird Schule auch von einigen Schüler*innen als Zwang erlebt, sodass nur das notwendige schulische Pflichtprogramm durchlaufen wird (ebd.). Einen Großteil der Schüler*innen ordnen die Wissenschaftler*innen in ihrer Längsschnittstudie dem Habitus der Bildungsfremdheit zu. Die Schüler*innen der Gesamt-, Sekundar- und Hauptschulen weisen insbesondere eine Fremdheit gegenüber institutioneller Bildung auf und präferieren Schulen, die einen mittleren oder unteren Abschluss sowie Integrationsmöglichkeiten und außerschulische Bildungsangebote anbieten. Aufgrund der differenten Lebenswelten von Schule und Familie besteht stets die Gefahr, in der Schule zu scheitern. Negative Schulerfahrungen schlagen sich vor allem im Selbstkonzept der Kinder nieder. Auch bei diesem Habitustyp werden drei Untertypen herausgearbeitet, die sich im Umgang mit der Bildungsfremdheit unterscheiden: der Habitus der Spannung zwischen schulischer Bildungskonformität und -fremdheit, der Habitus der schulischen Bildungsferne und angedeuteter Opposition sowie der Habitus der schulischen Bildungsferne und -hilflosigkeit (ebd.). Zusammenfassend entstehen je nach Schulkultur „spezifische Schule-Milieu-Passungen bzw. Schule-Milieu-Abstoßungen" (Kramer & Helsper, 2010, S. 110). In der Längsschnittuntersuchung entlang der Schulkarriere vom Ende der vierten Klasse bis zum Ende der neunten Klasse können Kramer, Helsper, Thiersch und Ziems (2013) darüber hinaus aufzeigen, wie sich die bereits früh in der Familie ausgebildeten bildungsbezogenen Habitusformen der Schüler*innen im zeitlichen Verlauf ändern resp. wann und durch welche schulischen Anforderungsstrukturen diese unter Druck geraten bzw. verfestigen werden (ebd.).

Mittels der Analyse von Begrüßungsreden der neuen Schüler*innen bei Schuljahresbeginn skizzieren Helsper, Kramer, Hummrich und Busse (2009) ferner idealtypische sekundäre Habitus unterschiedlicher Schulen. Exemplarisch sei an dieser Stelle der geforderte Schüler*innentypus einer stark reformpädagogisch orientierten Gesamtschule erwähnt, der sich durch eine kritische, reflexive Haltung auszeichnet. Der Schüler bzw. die Schülerin soll sich nicht scheuen, das Entthematisierte und Tabuisierte mutig anzusprechen, soll unbequem sein, sich nicht unterwerfen lassen, sich zugleich um andere sorgen, Ängste und Nöte mitempfinden und sich durch eine Haltung des sozialen Engagements im Dienst an der Gemeinschaft auszeichnen. Der entworfene modellhafte Schüler*innenhabitus weist starke Homologien mit der Lebensführung des liberal-intellektuellen Milieus und des Alternativmilieus auf und ermöglicht somit Schüler*innen dieser beiden zentralen Bezugsmilieus eine optimale schulische Passung. Nicht-Passungen entstehen insbesondere bei dem konservativ-technokratischen und den kleinbürgerlichen und traditionalen Arbeitermilieus, die eher konventionellen und autoritären Mustern folgen und stark hierarchiegebunden sind, sowie den am Materiellen, Konsum und an hedonistischen Ausschweifungen orientierten Milieus (ebd.).

Das Lehrer*innenhandeln als Durchsetzungs- und Einprägungsarbeit im Sinne einer Habitusprägung (Bourdieu & Passeron, 1973), die den Orientierungen und Vorstellungen statushöherer Gruppen entspricht, ist Bourdieu und Passeron zufolge deshalb so wirksam, weil Lehrkräfte selbst „das perfekteste Produkt des Produktionssystems [bilden] das zu reproduzieren unter anderem ihre Aufgabe ist" (ebd., S. 212). Mit Blick auf die Positionierung im sozialen Raum vermerkt Bourdieu bereits in „Die feinen Unterschiede" (1982), dass die Positionen der Lehrkräfte durch ein relativ hohes kulturelles und soziales, aber ein vergleichsweise niedrigeres ökonomisches und auch symbolisches Kapital gekennzeichnet sind und demnach zur herrschenden Klasse zählen (ebd.). Hinzu kommt, dass Lehrkräfte

durch ihre eigene erfolgreiche Schulzeit belegt haben, dass sie zur kulturellen Willkür der pädagogischen Einprägungsarbeit in keinem grundsätzlich antagonistischen Verhältnis stehen, sondern vermutlich eher jenes System selbst zu reproduzieren trachten, das ihren eigenen schulisch-beruflichen Erfolg ermöglicht hat. (Kramer, 2015, S. 352)

Befunde zur sozialen Herkunft der Lehrkräfte in Deutschland bestätigen weiterhin Bourdieus Aussage zur sozialen Position der Lehrkräfte. So erfasst Schumacher (2002) die Milieuzugehörigkeit von im Beruf stehenden sowie angehenden Lehrkräften der Primarstufe. Die Befragten gehören zu einem außerordentlich hohen Anteil dem liberal-intellektuellen Milieu (68,3 Prozent) sowie dem konservativ-technokratischem Milieu (11,3 Prozent) der Sinus-Lebensweltforschung an. Lediglich geringe Anteile der Lehramtsstudierenden und Lehrer*innen stammen aus den Arbeitermilieus oder aus dem aufstiegsorientierten Milieu (ebd.). Zwar verweisen rezente Befunde auf eine größere sozial verschiedene Zusammensetzung der Lehrkräfte, in Bezug auf Milieubezüge der Schüler*innen handelt es sich jedoch um eine vergleichsweise geringe Heterogenität. Zudem gibt es bestimmte Verteilungsschwerpunkte: Je gesellschaftlich höher angesehen die Schulform ist, desto höher ist die soziale Herkunftsgruppe von Lehrkräften und Schüler*innen (Lange-Vester & Teiwes-Kügler, 2014).

Empirische Studien, die dezidiert den Einfluss der sozialen Herkunft der Lehrkräfte auf ihre pädagogische Arbeit in den Analysefokus stellen, entwickeln sich erst in jüngerer Zeit. Etwa leitet Schumacher (2002) aus der jeweiligen Milieuzugehörigkeit der Lehrkräfte Vorstellungen von der Schul- und Unterrichtsgestaltung ab: Lehrkräfte des liberal-intellektuellen Milieus präferieren beispielsweise ein offenes, aktives und kooperatives Schul- und Klassenklima, offene Lehrverfahren sowie eine bewusst differenzierte und am Individuum orientierte Aufbereitung der Unterrichtsinhalte. Zudem befürworten diese Lehrkräfte ein Mitspracherecht für Schüler*innen bzgl. der Unterrichtsgestaltung. Die Autorin kommt zu dem Schluss, dass ein deutlicher Zusammenhang zwischen sozialer Herkunft und pädagogischen Grundorientierungen sowie Deutungsmustern vorliegt (ebd.).

Einen weiteren aufschlussreichen Ansatz für die vorliegende Arbeit leistet der Arbeitszusammenhang von Bremer, Lange-Vester und Teiwes-Kügler. Die Forscher*innengruppe legt auf Grundlage einer Vielzahl an Einzelinterviews und erweiterten Gruppendiskussionen sowie gestützt auf das Konzept der sozialen Milieus nach Vester, von Qertzen, Geiling, Hermann und Müller (2001) ein breites Spektrum von Lebensprinzipien und Handlungsmuster dar, die an den jeweiligen sozialen Ort der Lehrkräfte gebunden sind und an die Schüler*innenschaft herangetragen werden (u. a. Lange-Vester, 2015; Bremer & Lange-Vester, 2014; Lange-Vester & Teiwes-Kügler, 2014; Lange-Vester & Teiwes-Kügler, 2013). Die Befunde verweisen auf durch „unterschiedliche Grade des Verstehens bzw.

Nicht-Verstehens, der Wertschätzung und Anerkennung" (Lange-Vester & Teiwes-Kügler, 2014; S. 199) gekennzeichnete Interaktionsbeziehungen. So konstatieren Lange-Vester und Teiwes-Kügler (2014), dass Schüler*innen, die weniger Übereinstimmung mit den Haltungen der jeweiligen Lehrkraft aufweisen, aus dem Blick geraten oder aus einer defizitären Perspektive wahrgenommen werden. Lange-Vester (2015) arbeitet zudem drei Habitusmuster von Lehrkräften heraus, die mit milieuspezifischen Haltungen korrespondieren: Eigenverantwortung und Integration, Disziplin und Ordnung sowie Emanzipation und Leistung. Über die Milieugrenzen hinweg zeichnet sich bei den Lehrpersonen eine problemorientierte Sichtweise auf Orientierungen und Praktiken der unteren sozialen Gruppen ab (ebd.).

Aktuelle Forschung im deutschsprachigen Raum zu Lehrkräften mit Migrationshintergrund kann überdies zeigen, dass die Programmatik, verstärkt Lehrkräfte mit Migrationshintergrund zur Verbesserung des Schulerfolgs von Schüler*innen mit Migrationshintergrund einzustellen, mit ambivalenten Effekten einhergeht und nicht – wie unterstellt – aufgrund der eigenen biografischen Erfahrungen zwangsläufig positiv ist (u. a. Fabel-Lamla & Klomfaß, 2014; Akbaba, Bräu, & Zimmer, 2013; Georgi, Ackermann, & Karakas, 2011). Etwa untersucht Rotter (2014) das berufliche Fremd- und Selbstkonzept von Lehrkräften mit Migrationshintergrund. Die Autorin rekonstruiert mithilfe themenzentrierter Interviews verschiedene Typen, die sich darin unterscheiden, welche Bedeutung dem Merkmal Migrationshintergrund für ihr berufliches Handeln beigemessen wird. So definieren sich Lehrkräfte mit Migrationshintergrund, die dem Typus pädagogisch-professioneller Lernbegleiter zuzuordnen sind, vor allem fachwissenschaftlich und schreiben sich selbst keine spezifischen Funktionen bezüglich Schüler*innen mit Migrationshintergrund zu bzw. lehnen diesbezügliche Erwartungen ab. Der Migrationshintergrund spielt in diesem Typus keine Rolle. Eine zweite Gruppe von Lehrkräften mit Migrationshintergrund, der situative Sowohl-als-auch Typus, übernimmt je nach Situation bereitwillig die an sie herangetragene Vorbild- und Vermittlungsfunktion. Lehrkräfte mit Migrationshintergrund, die dem kompetenten ‚Migrationsanderen' Typus angehören, nennen von sich aus spezifische Funktionen für Schüler*innen mit Migrationshintergrund und leiten diese aus einem (vermeintlich) gemeinsamen Erfahrungshintergrund ab. Dem Migrationshintergrund kommt ein zentraler Stellenwert zu (ebd.).

Edelmann (2006) arbeitet anhand einer qualitativen Befragung von Schweizer Primarlehrkräften mit und ohne Migrationshintergrund den pädagogischen Umgang mit Schüler*innen mit Migrationshintergrund heraus. Als Ergebnis stehen sechs verschiedene Typen: (1) der abgrenzend-distanzierte, (2) der stillschweigend-anerkennende, (3) der individuell-sprachorientierte, (4) der kooperativ-sprachorientierte, (5) der individuell-synergieorientierte und (6) der kooperativ-synergieorientierte Typus. Die Sichtweisen und Orientierungen des pädagogischen Handelns changieren von einer Vielfalt ignorierenden Haltung bis hin zu einer Orientierung, die durch eine reflexive Berücksichtigung der Heterogenität in der gesamten pädagogischen Tätigkeit gekennzeichnet ist. Miteinbezogen ist auch, ob es sich um eine Einzelstrategie oder um eine teamorientierte bzw. in der Schulkultur verankerte Strategie handelt. Insgesamt weisen von den 40 befragten Lehrkräften 15 Lehrkräfte nach Selbstauskunft einen Migrationshintergrund auf. Die Lehrkräfte mit Migrationshintergrund treten bis auf den abgrenzend-distanzierten Typus in allen Typen auf. Zudem werten sie ihre persönlichen Migrationserfahrungen und den eigenen biografischen Hintergrund als wichtige Ressource für ihr pädagogisches Handeln. Insbesondere Empathie mit Schüler*innen und Eltern mit Migrationshintergrund sowie eine Vorbildfunktion für Schüler*innen mit Migrationshintergrund bilden zentrale Aspekte dieser Einschätzung. Des Weiteren stellt Edelmann fest, dass in Bezug auf den eigenen Bildungserfolg Lehrkräfte mit Migrationshintergrund hohe Leistungsanforderungen und -erwartungen an Schüler*innen mit Migrationshintergrund stellen (ebd.).

Die beiden exemplarisch präsentierten Untersuchungen von Rotter (2014) und Edelmann (2006) zeigen, dass biografische Erfahrungen von Lehrkräften mit Migrationshintergrund zum Teil erhebliche Bedeutung für das berufliche Selbstkonzept und somit auch für die pädagogische Praxis haben. Darüber hinaus dokumentieren die Studien, dass aufgrund der steigenden Anzahl von Lehrkräften mit Migrationshintergrund von einer zunehmenden Heterogenität der Lehrer*innenschaft auszugehen ist. Die Forschung zu Lehrkräften mit Migrationshintergrund verweist darüber hinaus auch auf die Erfordernis, unterschiedliche Passungsverhältnisse zwischen Lehrpersonen mit Migrationshintergrund und Schüler*innen mit Migrationshintergrund näher zu beleuchten.

Zwischenfazit
Wie die knapp skizzierten konzeptionellen Annahmen und die daran anschließenden Studien zeigen, wird der Schule und den Lehrkräften in der theoretischen Perspektive von Bourdieu ein eigenständiger Stellenwert zur Entstehung und Verstärkung der Bildungsungleichheit eingeräumt. Kramer (2015) resümiert, dass Lehrkräfte von diesem Standpunkt aus als „Reproduktionsagenten" (ebd., S. 344) erscheinen, insofern sie durch ihr pädagogisches Handeln an der Perpetuierung sozialer Ungleichheitsverhältnisse beteiligt sind. Dabei handelt es sich nicht um eine bewusste Benachteiligung, sondern vielmehr um das Ergebnis inkorporierter sozialer Strukturen im Habitus, die zu spezifischen Wahrnehmungsweisen,

Einstellungen und Handlungspraktiken auch in der pädagogischen Arbeit führen. Demzufolge ist es der Habitus der Lehrpersonen, der durch die Nähe zur schulisch repräsentierten kulturellen Willkür selbst wiederum diejenigen Schüler*innen bestätigt und anerkennt, die den institutionellen Anforderungen besonders nahekommen (ebd.).

Insgesamt verdeutlichen die empirischen Untersuchungen, die an Bourdieus Vorstellung einer kulturellen Passung anknüpfen, einerseits, welches Potenzial zur Erklärung für den Reproduktionszusammenhang von sozialen Herkunftsbedingungen und Schulerfolgsaussichten in den Überlegungen von Bourdieu liegt, und andererseits, welche Forschungslücken derzeit noch bestehen. So gilt es grundsätzlich, die Varianten der kulturellen Passung zwischen Schule und Familie stärker herauszuarbeiten und dabei dezidiert den Einfluss der sozialen Herkunft der Lehrkräfte auf die pädagogische Arbeit in die aktuelle ungleichheitsorientierte Bildungsforschung mit einzubeziehen (vgl. hierzu auch: Bremer & Lange-Vester, 2014; Kramer, 2011; Kramer & Helsper, 2010). Denn obwohl Bourdieu und Passeron (1971; 1973) hervorheben, wie eng das pädagogische Handeln mit Fragen der Sicherung sozialer Privilegierung und Reproduktion sozialer Verhältnisse verwoben ist und als Durchsetzungs- und Einprägungsarbeit im Sinne einer Habitusprägung den jeweils herrschenden Vorstellungen entspricht, sind Ausgangspunkt der meisten bisher vorliegenden empirischen Analysen die milieuspezifischen bzw. habitualisierten Bildungsorientierungen der Schüler*innen und deren Anschlussfähigkeit an schulische Anforderungs- und Anerkennungsstrukturen (u. a. Grundmann, Groh-Samberg, Bittlingmayer, & Bauer, 2003; Kramer, Helsper, Thiersch, & Ziems, 2009; Jünger, 2008). Die wenigen Untersuchungen, die sich ausdrücklich den Habitus- und Milieumustern der Lehrkräfte und deren Bedeutung für pädagogische Auffassungen und Praktiken (u. a. Lange-Vester, 2015; Lange-Vester & Teiwes-Kügler, 2014; Schumacher, 2002) widmen, verweisen auf die Vielfalt und Komplexität der Handlungsprinzipien von Lehrkräften sowohl auf der Ebene der Schulform als auch auf der Ebene der Einzelschule.

1.2.3 Bezugspunkte in der empirischen Bildungsforschung zu Orientierungen und Praktiken der Lehrkräfte im Hinblick auf den Umgang mit sozial benachteiligten Schüler*innen

Aufgrund der noch im Aufbau stehenden Forschung zur Rolle der Lehrkräfte bei der Entstehung, Verstärkung und Überwindung sozialer Ungleichheit im

Bildungssystem scheint es für die vorliegende Arbeit lohnenswert, weitere ausgewählte empirische Studien aus der ungleichheitsorientierten Bildungsforschung
zu betrachten, die mit unterschiedlicher methodischer Herangehensweise und
theoretischer Rahmung der Frage nach der Herstellung von Bildungsungleichheit nachgehen und dabei die sozialen Praktiken im schulischen Alltag zum
Untersuchungsgegenstand haben. Im Weiteren werden Untersuchungen heran-
gezogenen, die explizit die Relevanz der Eigenlogik in konkreten Interaktionen
zwischen Lehrkräften und Schüler*innen in den Blick nehmen. Hierbei folgt eine
Fokussierung auf den deutschsprachigen Raum.

Zunächst wird exemplarisch auf Studien eingegangen, die Licht in die Herstellung von schulischer Leistung bringen. Etwa zeichnen Gellert und Hümmer
(2008) anhand von Videoanalysen einer Unterrichtsstunde zu Beginn des fünften Schuljahres eines Gymnasiums und unter Rückgriff auf die von Bernstein
(1996) entfaltete bildungssoziologische Theorie regulativer Prinzipien nach, dass
Unterschiede in mathematischen Leistungen nicht allein auf ungleiche kognitive Fähigkeiten zurückzuführen sind, sondern es sich um (inter-)subjektive
Konstruktionen handelt. Dadurch, dass der Mathematiklehrer von Schulbeginn
an ex- und implizit Verhaltensregeln sowie Erwartungen an eine elaborierte
mathematische Fachsprache und mathematischen Ausdruck einführt, verlangt er
den Schüler*innen eine enorme Decodierungsleistung ab. Die Verknüpfung von
mathematischen Kompetenzen und einer Versprachlichung auf hohem Niveau
sind entscheidende Selektionsmechanismen: Der Lehrer fördert Schüler*innen,
die aufgrund ihrer primären Sozialisation mit komplexen sprachlichen Auseinandersetzungen in familialen Interaktionen vertraut sind, d. h. Schüler*innen, bei
denen schulische und familiale Habitusformen übereinstimmen (Gellert & Hümmer, 2008). Ähnlich wie Gellert und Hümmer (2008) bezieht sich Jäger (2014)
ebenfalls auf die Diskurstheorie von Bernstein und arbeitet mittels teilnehmender Beobachtung die Sprechweisen von Lehrkräften am allerersten Schultag in
zwei sozialräumlich kontrastiven Schulkontexten heraus. Dabei richten die Lehrkräfte ihren Interaktionsstil an die vermuteten bildungssprachlichen Kompetenzen
der verallgemeinerten Schüler*innenschaft aus und schaffen somit für die Kinder
ihrer Klasse je unterschiedliche Lernbedingungen (ebd.).

Auch auf Basis teilnehmender Beobachtung analysiert Kalthoff (2000) mündliche Bewertungen von Internatsschüler*innen im laufenden Unterrichtsgespräch.
Kalthoff zeigt, dass Lehrkräfte bei der Erarbeitung neuen Unterrichtsstoffes
Schüler*innen unterschiedliche Zuständigkeiten und somit Kompetenzen zuweisen, indem sie eng begrenzte Rederechte an die Schüler*innen delegieren. Die
Auswahl der Schüler*innen und die Kommentierungen ihrer Beiträge erfolgen
einerseits auf ihrem erworbenen Wissen und andererseits auf den Erfordernissen

der aktuellen Gesprächssituation (ebd.). Daran anschlussfähig sind die ethnografischen Studien von Zaborowski, Meier und Breidenstein (2011) zur Praxis der Leistungsbewertungen verschiedener Schulformen. Neben den nahezu permanenten Stellungnahmen zu Schüler*innenäußerungen im Unterricht werden außerdem schriftliche und mündliche Prüfungen, Zeugniskonferenzen und Zeugnisse in den Blick genommen und hinsichtlich ihrer Bedeutung für den schulischen Alltag untersucht. In Teilstudien stellen die Autor*innen detailliert heraus, dass die Praktiken schulischer Leistungsbewertungen eigenen Logiken folgen und nicht einzig in der Selektionsfunktion der Schule aufgehen. Etwa beleuchtet Meier (2011) ausgehend von der Zeugniskonferenz einer fünften Gymnasialklasse, in der die Lehrkräfte die überdurchschnittlich guten Schulleistungen loben, wie Schüler*innen und Lehrkräfte gemeinsam im Unterricht am Schulerfolg bzw. an guten Noten arbeiten. Dem Autor zufolge richten sich die Schüler*innen dabei stark an den ex- und impliziten Erwartungshaltungen der Lehrkräfte aus. Die Lehrkräfte hingegen halten unabhängig von den Noten und auch im Falle temporären Versagens an der Idee des ‚guten' Schülers bzw. der ‚guten' Schülerin fest und unterstellen den Kindern eine generelle Leistungsfähigkeit. Meier folgt, dass

> erst wenn die schulischen Leistungen so schlecht sind, dass sie weder durch Kulanz-Praktiken noch Umdeutungen zu ‚beheben' sind, werden diese Kinder schlussendlich durch Sitzenbleiben oder Abstufungen aussortiert. Damit bleibt das Gymnasium die Schule mit den erfolgreichen Schülern und bestätigt sich als diejenige Schulform, die Schulerfolg ermöglicht. (ebd., S. 161)

Diese Befunde unterscheiden sich deutlich von denjenigen, die Zaborowski (2011) schildert. Die Autorin geht in ihrer Teilstudie der Frage nach, wie eine Sekundarschule, die immanente Strukturprobleme zu bewältigen hat, mit Leistungsbewertungen im Schulalltag umgeht. Die Rekonstruktionen zeigen, dass sich die Unterrichtskultur zwischen „der Forderung nach Wohlverhalten der Schülerschaft auf der einen Seite und einer in sich brüchigen Form der Leistungsethik auf der anderen Seite" (ebd., S. 317) bewegt. Dem vermeintlich unangepassten Verhalten vieler Schüler*innen sowie deren schlechten Schulleistungen wird mit Kontroll- und Disziplinierungspraktiken begegnet. In der beobachteten Sekundarschule werden individuelle Probleme der Schüler*innen ausgeblendet, stattdessen ist der Unterricht von Misstrauen in die Leistungsfähigkeit sowie Leistungsbereitschaft der Schüler*innen geprägt. Nach Zaborowski dienen die Handlungsroutinen der Lehrkräfte vor allem der Verantwortungsentlastung für die schlechten schulischen Leistungen. Abschließend argumentiert Zaborowski, dass die Lehrkräfte „sich als Agenten eines funktionierenden Systems [sehen], das Schüler entsprechend ihrer

Leistungen dorthin sortiert, ‚wo sie hingehören‘. Sie reproduzieren somit die bereits erfolgte Selektion und führen sie (in der Aufteilung nach Klasse sechs) weiter" (ebd., S. 320). Studien zum theoretischen Ansatz des „doing difference" (West & Fenstermaker, 1995) können überdies Einblick geben, wie soziale Differenzen in Bildungsungleichheit überführt werden. Im Sinne Mehans (2012) werden dabei „constitutive practices" (ebd., S. 274), also Praktiken, die Ungleichheitsverhältnisse im Alltäglichen hervorbringen und stützen, fokussiert. Beispielsweise rekonstruieren Jäger und Biffi (2011) mithilfe von teilnehmender Beobachtung sowie Interviews mit Lehrkräften und Schüler*innen, wie das Fremdbild des Erstklässlers ‚Amirs‘ entsteht. Bereits zum Schuleintritt setzt die Lehrerin das Verhalten des Schülers in Beziehung zu normativen Vorgaben. Im Rahmen der Interaktionen mit den Schüler*innen, die durch die spezifischen Erwartungen der Lehrerin strukturiert sind, demonstriert die Lehrerin ihre Autorität im schulischen Diskurs und reproduziert das institutionelle Machtgefälle: Sie stellt die sozialen Normen auf und kontrolliert dieses zugleich. Jäger und Biffi fassen zusammen, dass die Lehrerin den Schüler „durch den an Mittelschichtnormen orientierten impliziten Verhaltenscode" (ebd., S. 40) benachteiligt. In diesem Zusammenhang sei auch die Untersuchung von Khan, Sertl, Raggl, Stefan und Unterköffler-Klatzer (2012) erwähnt. Anhand von Gruppendiskussionen mit Lehrkräften von schweizerischen Volks- und Mittelschulen arbeiten die Autor*innen kollektive, gruppenbezogene Normalisierungsstrategien heraus. Hierbei konstruieren die Lehrkräfte Heterogenität im Modus der Definition von Abweichungen und Schwierigkeiten einzelner Schüler*innen in Kontrast zu einer Normalitätsfolie, die durch habituelle Homologie Selbstverständlichkeit besitzt. Mit der dokumentarischen Methode (Bohnsack, 1989) zeigt sich diese kollektive Normalisierung inhaltlich begründet in gemeinsamen Erfahrungsräumen von Lehrkräften mit ähnlichen habituellen Dispositionen und Milieubezügen (Khan, Sertl, Raggl, Stefan, & Unterköffler-Klatzer, 2012).

Die Relevanz sozialer Herkunftsverhältnisse im Vollzug gerät in der Studie von Fölker und Hertel (2015) zu Praktiken des Umgangs mit Heterogenität und Segregation von Schüler*innen an Schulen in sozialräumlich benachteiligter Lage in den Blick. Fölker und Hertel analysieren auf Grundlage von Fallstudien verschiedene Wahrnehmungs- und Deutungsmuster, die Lehrkräfte auf Basis ihres (Alltags-)Wissens auf ihre Schüler*innenschaft einnehmen. Die Spannweite reicht von einer vollständigen Ausblendung sozialer Hintergründe über stereotype Orientierungen bis hin zu Sichtweisen, die insbesondere die sozioökonomische Benachteiligungslage der Kinder fokussieren. Damit einher gehen unterschiedliche Bewertungen der Schüler*innen und ihrer Leistungen.

Beispielshalber identifizieren die Autor*innen ethnisierende Zuschreibungen für Schulprobleme muslimischer Schüler*innen. Als Schnittmenge verschiedener Schüler*innenklientel-Konstruktionen von Lehrkräften und anderen Professionellen im schulischen Setting legen Fölker und Hertel darüber hinaus eine Tendenz zur Aberkennung der Erziehungs- und Bildungsfähigkeit der Eltern dar (vgl. hierzu auch: Fölker, Hertel, & Pfaff, 2015b). Dieser Befund erscheint hoch relevant für die vorliegende Arbeit. So kann auch Jäger (2014) Vorbehalte an der Erziehungsfähigkeit der Eltern im sozialstrukturell benachteiligten Schulkontext rekonstruieren. Ganz selbstverständlich stellt die Lehrerin ihren pädagogischen Expertinnenstatus und schulische Ansprüche über diejenigen der Familie und sieht sich veranlasst, Kindern wie auch Eltern gegenüber klare Regeln und Vorschriften aufzustellen. Jäger weist darauf hin, dass kein Zweifel an der Berechtigung der Lehrerin, unmittelbar auf den Privatraum ‚Familie' einzuwirken, besteht (ebd.). Zu ähnlichen Ergebnissen kommen ferner Wiezorek und Pardo-Puhlmann (2013), die mit Hilfe von zwei Fallstudien defizitorientierte Normalitätskonstruktionen im (schul-)sozialpädagogischen Handlungsfeld rekonstruieren. Unter Rückgriff auf die begriffliche Trias ‚Armut, Bildungsferne und Erziehungsunfähigkeit' markieren die Autorinnen eine Missachtung des elterlichen Bemühens, Erziehungsverantwortung zu tragen sowie die Abwertung bzw. Vorenthaltung von grundlegender Anerkennung familialer Muster der Selbstverwirklichung. Die negativen Klassifikationen stellen hierbei zentrale Bezugspunkte des eigenen professionellen Selbstverständnisses dar. Infolgedessen orientiert sich das pädagogische Handeln stark an einer „lebensweltlichen Fürsorgeleistung" (ebd., S. 206). Hierbei sind die rekonstruierten Familienbilder nicht erfahrungsgesättigt, sondern familiale Hintergründe der Schüler*innen werden als bekannt vorausgesetzt (ebd.).

In einer aktuellen Studie untersucht Weitkämper (2019), welche Rolle Lehrkräften bei der Hervorbringung, Stilllegung und Variation von Bildungsungleichheit zukommt. Datengrundlage bilden teilnehmende Beobachtung, Interviews mit Lehrkräften und Fragebogen für Schüler*innen in inklusiv beschulenden Grundschulen. Der Autor illustriert, wie durch Prozesse eines un/doing authority Lehrkräfte soziale Ordnungsvorstellungen durchsetzen. In diesem Sinne werden Praktiken der ‚Bebilderung' und Klassifikation in ihrer ermöglichenden wie begrenzenden Weise im Kontext schulischer Anerkennungsverhältnisse nachgezeichnet. Weitkämper kann zum Beispiel zeigen, dass die ‚Migrationszugehörigkeit' in Abgrenzung zum ‚Deutschsein' als problematisch angesehen wird, ‚Inklusionskinder' außerhalb der Leistungsnorm thematisiert und als ‚unnormal' adressiert werden, Schüler*innen in ‚Akademikerkind' bzw. ‚Nicht-Akademikerkind' unterschieden werden sowie dass trotz Bevorzugung von ‚intellektuellen' Herkunftsverhältnissen auch ein ‚Arbeiterkind' erfolgreich in der Schule sein kann, wenn es sich den Erwartungen der Lehrkräfte anpasst bzw. die Lehrkräfte als Autoritäten anerkennt (ebd.). Ähnlich wie Zaborowski (2011) kommt Weitkämper (2019) zu dem Schluss, „dass soziale Differenzverhältnisse für Lehrkräfte schulische Diskriminierungs- und Legitimierungsgelegenheiten bereitstellen" (ebd., S. 319) und schulischer Misserfolg mithilfe eines Migrationshintergrundes oder eines nicht-akademischen Elternhauses begründet werden kann. (ebd.).

1.3   Zusammenfassung und Schlussfolgerungen für die eigene Untersuchung

Aus den überblicksartig dargestellten empirischen Befunden der Vergleichsstudien und amtlichen Schulstatistiken geht zunächst einmal hervor, dass die Struktur- bzw. Systemlogik des deutschen Bildungssystems zur Entstehung und Verfestigung sozialer Ungleichheit beiträgt. Hierzu zählen vor allem die Mehrgliedrigkeit des Schulsystems sowie der frühe Zeitpunkt der Verteilung der Schüler*innen auf verschiedene Schulformen. Der Übergang zur weiterführenden Schule gilt als zentrale Weichenstellung innerhalb der Bildungsbiografie von Schüler*innen: Zum einen lässt der einmal bestrittene Bildungsweg sich nachträglich kaum korrigieren. Wenn es zu einem Schulwechsel kommt, dann handelt es sich zumeist um einen Abstieg in eine niedrigere Schulform (Berkemeyer, Bos, Manitius, Hermstein, & Khalatbari, 2013). Zum anderen hat die Schulformzugehörigkeit großen Einfluss auf die weitere Lern- und Leistungsentwicklung: Aufgrund der sozialen Zusammensetzung der Schüler*innenschaft, der ungleichen Bildungsziele und Unterrichtskulturen sowie der unterschiedlichen Ausbildung der Lehrkräfte bieten die Schulformen „differenzielle Lern- und Entwicklungsmilieus" (Baumert, Stanat, & Watermann, 2006), die wiederum zu deutlichen Leistungsunterschieden zwischen den institutionell getrennten Bildungsgängen führen. Letztlich erreichen die Schüler*innen in Abhängigkeit ihrer sozialen Herkunft unterschiedliche Schulabschlüsse (Berkemeyer, Bos, Manitius, Hermstein, & Khalatbari, 2013).

Die Selektion durch die Lehrkräfte geschieht dabei nicht allein auf Basis des gesellschaftlich proklamierten Leistungsprinzips. So konnte im Kontext des auf Boudon zurückgehenden Rational-Choice-Ansatzes nachgezeichnet werden, dass

Lehrkräfte leistungsfremde Kriterien wie zum Beispiel Begabung und Motivation (Anders, McElvany, & Baumert, 2010) sowie gute Umgangsformen und positives Sozialverhalten (Schumacher, 2002) zur Beurteilung der schulischen Lern- und Leistungsfähigkeit heranziehen. Hierbei erhalten Schüler*innen aus sozioökonomisch benachteiligten Familien auch bei einer statistischen Kontrolle der Testleistungen und des Arbeitsverhaltens systematisch schlechtere Noten und Schullaufbahnempfehlungen durch die Lehrkräfte (Stubbe, Bos, & Schurig, 2017). Prinzipiell liegt jedoch aufgrund der theoretisch-konzeptionellen stärkeren Gewichtung der sekundären Herkunftseffekte aus der Perspektive des Rational-Choice-Ansatzes der Fokus auf den Bildungsentscheidungen der Eltern, sodass Lehrkräfte im Vergleich für die Entstehung und Verstärkung sozialer Bildungsungleichheit kaum in den Blick genommen werden (Kramer, 2015).

Im Gegensatz dazu weist Bourdieu den Lehrkräften eine entscheidende Rolle bei der Erzeugung und Perpetuierung sozialer Ungleichheitsverhältnisse zu. Hierbei legt er gemeinsam mit Passeron dar, dass die sozial selektive Wahrnehmung und Auslese „nicht Ausdruck einer bewussten Absicht [ist], sondern Ergebnis inkorporierter sozialer Strukturen im Habitus, die zu spezifischen Wahrnehmungs-, Deutungs- und Handlungspraktiken auch im pädagogischen Handeln in der Schule führen" (Kramer, 2015, S. 353). So fördern Lehrkräfte aufgrund der eigenen habituellen Nähe zur schulisch repräsentierten kulturellen Willkür diejenigen Schüler*innen, die in der Familie bereits an die Orientierungen und Praktiken der legitimen Kultur herangeführt wurden bzw. die diese zumindest mit Leistungs- und Anstrengungsbereitschaft und dem Ziel des sozialen Aufstiegs verbürgen. Die Alltagspraktiken und Bildungsstrategien von Schüler*innen, die in weniger privilegierten Familienverhältnissen aufwachsen, sind hingegen kaum anschlussfähig an die schulischen Erwartungen und Anforderungen (Kramer, 2013). Im Vergleich zum breiten Forschungsstand des Rational-Choice-Ansatzes liegen nur wenige empirische Studien vor, die die Passung zwischen dem in der Familie bzw. sozialen Milieu erworbenen primären Habitus und dem durch die Schule geforderten sekundären Habitus analysieren. Der Fokus der Studien liegt hierbei auf den Bildungsorientierungen der Schüler*innen und deren milieuspezifischen Umgang mit schulischen Erwartungen und Anforderungen (u. a. Kramer, Helsper, Thiersch, & Ziems, 2009; Jünger, 2008; Grundmann, Groh-Samberg, Bittlingmayer, & Bauer, 2003). Eine überschaubare Anzahl von Untersuchungen der letzten Jahre belegt ferner, dass mit der sozialen Herkunft in Verbindung stehende biografische Erfahrungen Einfluss auf das berufliche Selbstverständnis und das pädagogische Handeln der Lehrkräfte haben (u. a. Lange-Vester, 2015; Lange-Vester & Teiwes-Kügler, 2014; Schumacher, 2002). In diesem Zusammenhang geraten auch zunehmend Lehrkräfte mit Migrationshintergrund in den Blick. Etwa verweisen die Untersuchungen von Rotter (2014) und Edelmann (2006) auf unterschiedliche Bedeutungszuschreibungen der eigenen Einwanderungsgeschichte für das berufliche Selbstkonzept von Lehrkräften mit Migrationshintergrund. Insgesamt wurde über die Habitusmuster von Lehrkräften und deren Einfluss auf die pädagogische Arbeit bislang kaum geforscht. Zwar konnte in den letzten Jahren gezeigt werden, wie (zunehmend) heterogen die Lehrer*innenschaft ist und welche Bedeutung die habituellen Orientierungen und biografischen Erfahrungen für die pädagogische Arbeit haben, dennoch fehlen Studien, die diesen Zusammenhang systematisch analysieren.

Einen weiteren Beitrag zum Verständnis über Mechanismen der Herstellung von Bildungsungleichheit leisten neben Interviews und Gruppendiskussionen darüber hinaus teilnehmende Beobachtung und Videoaufnahmen in Klassenräumen und auf Schulhöfen zum Umgang mit Schüler*innen ungleicher sozialer Herkunft. Die exemplarisch ausgewählten Studien, die zum Teil Bourdieus Thesen und Konzepte aufgreifen und überdies theoretische Schärfungen und Weiterführungen bzw. Verknüpfungen mit weiteren theoretischen Ansätzen vornehmen, bieten einen ergänzenden praxeologischen Zugang zur Ungleichheitsproblematik. So können die exemplarisch ausgewählten Untersuchungen mit dem Fokus auf Lehrer*innen-Schüler*innen-Interaktionen zeigen, wie Bildungsungleichheit innerhalb kürzester Zeit hergestellt wird und dabei mit sozialen Differenzkategorien verknüpft und plausibilisiert werden. Etwa zeigt Jäger (2014) anhand des ersten Schultags in einer Schule mit Schüler*innen aus vorwiegend sozial privilegierten Familien und in einer Schule mit Schüler*innen aus vorwiegend sozial benachteiligten Familien, dass die Lehrerinnen durch ihren Sprachstil den beteiligten Akteuren unterschiedliche Positionen in der sozialen Ordnung zuweisen. Die Untersuchung von Gellert und Hümmer (2008) zum Mathematikunterricht in einer fünften Gymnasialklasse demonstriert weiterhin, dass die Erfüllung von impliziten Verhaltenserwartungen eine ebenso große Rolle für die Leistungsbeurteilung spielt wie die fachbezogenen Fähigkeiten der Schüler*innen. Khan et al. (2012) zeichnen des Weiteren anhand von Gruppendiskussionen mit Lehrkräften nach, wie entlang von Normalitätsvorstellungen bestimmte Verhaltensweisen von Schüler*innen und Eltern als ‚unangemessen' oder als ‚angemessen' bewertet werden.

Für die eigene empirische Arbeit können aus den Erklärungen und Befunden zur Verstrickung der Lehrkraft in Reproduktionsprozesse sozialer Ungleichheit zwei wichtige Aspekte abgeleitet werden:

(1) Zwar führen die strukturellen bzw. systemimmanenten Rahmenbedingungen dazu, dass Lehrkräfte bestimmten Bewertungs- und Entscheidungszwängen unterliegen, aber es bestehen zugleich Ermessensspielräume, innerhalb dessen milieuspezifische Erwartungen und Vorstellungen von Lehrkräften wirksam werden und Lehrkräfte entsprechend handeln. Bourdieus Konzept der Sozioanalyse scheint eine Möglichkeit zu bieten, wie Lehrkräfte ihre Handlungsfreiheiten auch so nutzen können, dass sie einer Verfestigung der sozialen Ungleichheit durch das Bildungssystem entgegenwirken: Indem sich Lehrkräfte mit der eigenen sozialen Herkunft bewusst befassen und auf diese Weise die Bedingungen reflektieren, denen sie bei der pädagogischen Arbeit unweigerlich unterliegen, können sie sich Bourdieu zufolge gegenüber den Mechanismen des schulischen Feldes immer wieder neu verhalten.

(2) Angesichts dessen, dass weder Lehrkräfte noch Schüler*innen eine homogene soziale Gruppe bilden, scheint es zu kurzgegriffen, Lehrkräften entweder eine Reproduktions- oder eine Transformationsfunktion hinsichtlich Bildungsungleichheit zuzuschreiben. So zeigen die bisherigen empirischen Untersuchungen ein breites Spektrum an beruflichen Selbstkonzepten und an Sensibilität für die unterschiedlichen Lernvoraussetzungen, Potenziale und Bedürfnisse der Schüler*innen. Zudem muss berücksichtigt werden, dass es neben dem Unterrichten weitere Bereiche der pädagogischen Arbeit gibt, wie beispielsweise die Zusammenarbeit mit den Eltern und die Kooperation mit außerschulischen Institutionen und Akteuren, die Lehrkräfte ungleich ausgestalten. Schließlich sei noch auf verschiedene schulische Settings verwiesen, in denen ganz unterschiedliche Akteure zusammentreffen. Zu beachten wären u. a. wirtschaftliche, soziale und kulturelle Rahmenbedingungen im Einzugsbereich von Schulen, die die Zusammensetzung der Schüler*innenschaft und die damit einhergehende Gestaltung und Qualität der Unterrichtsprozesse sowie die Schulkultur beeinflussen. Insgesamt sprechen die Studien dafür, dass sich Lehrkräfte in einem Spannungsfeld zwischen Reproduktion und Abbau von sozialer Ungleichheit bewegen und unterschiedliche Anknüpfungsmöglichkeiten und Bezüge für Schüler*innen eröffnen.

Forschungsdesign 2

Im Folgenden sollen mit Blick auf die im letzten Kapitel herausgearbeiteten Implikationen zunächst die Zielsetzung und Fragestellungen der vorliegenden Untersuchung konkretisiert werden (Abschnitt 2.1). Daran anschließend wird der Untersuchungskontext, das Forschungsprojekt „Soziale Kompetenzen von Lehrkräften zur Entwicklung von Bildungschancen für Kinder in besonderen Lebenslagen (SKILL)", vorgestellt (Abschnitt 2.2). Nach der Beschreibung der Fallauswahl und der konkreten Zusammensetzung des Samples (Abschnitt 2.3) folgt eine ausführliche Erläuterung der Erhebungs- und Auswertungsmethode (Abschnitt 2.4). Schließlich wird ein Modell für die Analyse von habituellen Dispositionen von Lehrkräften zur Unterstützung sozial benachteiligter und bisher im Bildungssystem ausgegrenzter Schüler*innen präsentiert (Abschnitt 2.5).

2.1 Zielsetzung und Fragestellungen

Die vorliegende Arbeit knüpft an die umrissenen Forschungsdesiderate und Schlussfolgerungen an und nimmt hierbei die Erfahrungen von Lehrkräften im Themenfeld Bildungsungleichheit und deren reflexive Bearbeitung in den Blick. Unter Bezugnahme auf das Habituskonzept von Bourdieu (u. a. 2005; 1987; 1982) geht es zunächst darum, Wahrnehmungs-, Denk- und Handlungsschemata – kurz: habituelle Dispositionen – von Lehrkräften zur Unterstützung sozial benachteiligter bzw. bisher im Bildungssystem ausgegrenzter Schüler*innen abzubilden. Das heißt, im Mittelpunkt der Analyse stehen neben Formen der Differenzherstellung und Benachteiligung spezieller Schüler*innengruppen gleichermaßen kompensatorische Bearbeitungsformen von Bildungsungleichheit. Eine Ausrichtung an bereits vorhandenen Ressourcen der pädagogischen Arbeit soll den vielfältigen Bemühungen der Lehrkräfte Rechnung tragen und erscheint überdies

© Der/die Autor(en) 2021
S. Rutter, *Sozioanalyse in der pädagogischen Arbeit*, Bildung und Gesellschaft,
https://doi.org/10.1007/978-3-658-32065-2_2

sinnvoll, um mehr über das Potenzial zur Überwindung von Bildungsungleichheit herauszufinden.

In einem weiteren Schritt soll anhand des auf Bourdieu aufbauenden Ansatzes sozialer Milieus nach Vester, von Oertzen, Geiling, Hermann und Müller (2001) ermittelt werden, auf welche milieuspezifischen Erfahrungsräume die habituellen Dispositionen der Lehrkräfte zurückgeführt werden können. So ist in der Habitus- und Milieuforschung die ganze Person mit ihren systematischen Stellungnahmen, in denen eine allgemeine Grundhaltung zum Ausdruck kommt (Bourdieu, 1992), entscheidend. Neben einer vertikalen Unterscheidung der Lehrpersonen ist demnach eine horizontale Differenzierung der Habitusmuster einer sozialen Klasse möglich (Lange-Vester, 2015).

Diese Arbeit hat damit einerseits zum Ziel, ein tiefergehendes Verständnis von unterschiedlichen Passungskonstellationen zwischen Lehrkräften und Schüler*innen ungleicher sozialer Herkunft zu erhalten und andererseits bereits vorhandene Ansätze und Entwicklungsmöglichkeiten zur Bearbeitung von Bildungsungleichheit zu bestimmen, die unmittelbar in den Wirkungsbereich der Lehrkräfte fallen.

Die zentralen Fragestellungen lauten demnach:

(1) Welche Orientierungen und Wissensbestände, die im beruflichen Alltag handlungsleitend sind, lassen sich im Hinblick auf die Unterstützung sozial benachteiligter Schüler*innen rekonstruieren?
(2) Inwiefern stehen die habituellen Dispositionen der Lehrkräfte in Beziehung zu ihren milieugeprägten biografischen Erfahrungen?
(3) Und: Wo liegt im Rahmen der pädagogischen Arbeit auf Ebene der Lehrkräfte Potenzial zum Abbau von Bildungsungleichheit?

Das Erkenntnisinteresse und die daraus resultierenden Fragen dieser Arbeit versuchen folglich subjektive Sinn- und Deutungsmuster von Lehrkräften zum Umgang mit sozial benachteiligten Schüler*innen zu rekonstruieren und implizieren daher einen qualitativen Ansatz. Die Grundprinzipien der qualitativen Verfahren – Offenheit und Kommunikation – ermöglichen hierbei über den gesamten Erhebungs- und Auswertungsprozess, dass die untersuchten Lehrkräfte ihre Erfahrungen sowie ihre Relevanz-, Wissens- und Wertesysteme unabhängig von den Vorgaben der Forscherin entfalten können und sich die Forscherin methodisch kontrolliert den subjektiven Perspektiven annähern und den Sinn der Darstellungen für die jeweilige Person verstehen kann (Bohnsack, 2014a). Mit dem Erhebungsverfahren des leitfragengestützten Interviews, angelehnt an das problemzentrierte Interview von Witzel (2000), findet sich auf der einen Seite ein geeignetes Instrument für die narrative Ausgestaltung, sodass die befragten Lehrkräfte ihre eigene Sichtweise darlegen können. Auf der anderen Seite können durch den Leitfaden einzelne Themengebiete und Problemfelder der pädagogischen Arbeit behandelt werden (Nohl, 2017). Für die Analyse der narrativ fundierten Interviews eignet sich insbesondere die dokumentarische Methode von Ralf Bohnsack (1989), da sie ausdrücklich am Habituskonzept von Bourdieu orientiert ist und das implizite, atheoretische Wissen fokussiert, das die alltägliche Praxis strukturiert. So ermöglicht es die dokumentarische Methode, handlungsleitende inkorporierte Orientierungen der pädagogischen Arbeit als Muster des Habitus zu analysieren, die in der Regel den Lehrkräften nicht reflexiv zugänglich sind (u. a. Meuser, 2013; Bohnsack, 2012; Bohnsack & Pfaff, 2010). Durch den Ansatz der sozialen Milieus (Vester, von Oertzen, Geiling, Hermann, & Müller, 2001) können die latenten Wahrnehmungs-, Denk- und Handlungsmuster überdies in Verbindung zu ihrer sozialen Lage gebracht werden (Amling & Hoffmann, 2013).

2.2   Untersuchungskontext: das Forschungsprojekt „Soziale Kompetenzen von Lehrkräften zur Entwicklung von Bildungschancen für Kinder in besonderen Lebenslagen (SKILL)"

Die Interviews, die zur Analyse der habituellen Dispositionen von Lehrkräften im Themenfeld Bildungsungleichheit herangezogen werden, wurden im Forschungsprojekt „Soziale Kompetenzen von Lehrkräften zur Entwicklung von Bildungschancen für Kinder in besonderen Lebenslagen (SKILL)" von der Autorin der vorliegenden Arbeit in der Rolle als wissenschaftliche Projektmitarbeiterin erhoben. Das Projekt SKILL wurde in der Zeit von Juli 2014 bis Dezember 2017 mit Mitteln des Ministeriums für Innovation, Forschung und Wissenschaft (MIWF) des Landes Nordrhein-Westfalen zum „Aufbau der Zentren für Lehrerbildung" gefördert. Im Kontext des Förderprogramms „Bildungsforschung in der Lehrerausbildung" wurden insgesamt acht Projekte im Bereich der Bildungsforschung und speziell der Ausbildung für Lehrkräfte an der Universität Duisburg-Essen ausgewählt, die langfristig auf eine forschungsbasierte Weiterentwicklung der universitären Lehrer*innenausbildung abzielen[1].

---

[1] https://zlb.uni-due.de/das-zentrum/projekte/bildungsforschung-in-der-lehrerausbildung/ [letzter Zugriff am 27.10.2018].

Die SKILL-Studie beschäftigt sich mit dem Umgang mit sozialer Heterogenität vor der Zieldimension fairer Bildungschancen für Kinder in besonderen Lebenslagen. Hierbei bedient das Projekt einen Bedarf an sozialwissenschaftlichem Grundlagenwissen für eine Erziehungsreflexion, die die eigene milieuspezifische Sozialisation und die der Schüler*innen einbezieht (Matter & Broszewski, 2014). Im Zentrum der Untersuchung stehen erlernbare soziale Kompetenzen, die es den Lehrkräften ermöglichen, Schüler*innen unabhängig von ihrer Herkunft gleichermaßen Anerkennung und Lernfähigkeit zu vermitteln. Sogenannte Sozioanalysekompetenzen, die auf Bourdieus Prinzip wissenschaftlicher Reflexivität rekurrieren (Bourdieu, 1997), umfassen die Fähigkeit, Motivation und Möglichkeit, durch Vorurteile, Routinen und institutionalisierte Legitimationen motivierte Förder- und Laufbahnentscheidungen durch analytisch fundierte zu ersetzen. Durch Kontrolle der eigenen sozialen und professionellen Praxis soll deren Auswirkung auf die schulische Vergabe von Bildungs- und Lebenschancen an den institutionellen Übergängen verringert werden. Dieses Vermögen bedarf der Analyse gesellschaftlicher Machtstrukturen und der eigenen Rolle darin. Ausgehend von der Annahme, dass sozioanalytisch kompetente Lehrkräfte durch systematische Ressourcenungleichheit und kritische Lebensereignisse verursachte Bildungsrisiken besser kompensieren, erfasst das Projekt erstmalig Daten zu Verteilung und Wirkung von, sowie Bedarf an sozioanalytischen Kompetenzen. Die gewonnenen Erkenntnisse fließen unmittelbar in die Konzeption eines Lehr-Lernkonzept im Lehramtsstudium zum Umgang mit Schüler*innen in besonderen Lebenslagen ein[2].

Während der Projektzeit wurden insgesamt zwölf offene, leitfadengestützte Interviews und sechs Gruppendiskussionen mit Lehrkräften geführt, die unterschiedliche Perspektiven auf sozioanalytische Kompetenzen zulassen. Die vorliegende Arbeit nutzt die zwölf Leitfadeninterviews der SKILL-Studie. Diese werden mit anderer theoretischer und methodischer Stoßrichtung als in dem Forschungsprojekt SKILL vertiefend und ergänzend analysiert. Während im SKILL-Projekt anhand der Inhaltsanalyse nach Philipp Mayring (2015) das empirische Ausmaß von Sozioanalysekompetenzen in den Blick genommen wurde, soll in dieser Arbeit mittels der dokumentarischen Methode nach Ralf Bohnsack (1989) die Bedeutung der sozialen Herkunft der Lehrkräfte auf das pädagogische Handeln näher betrachtet werden. So richtet die vorliegende Arbeit den Fokus auf die habitus- und milieuspezifischen Dispositionen zur Unterstützung sozial benachteiligter Schüler*innen. Ein weiterer Unterschied zu dem Forschungsprojekt SKILL besteht in der Darstellungsweise: In Form von vier ausführlichen

---

[2]https://www.uni-due.de/biwi/bauer/ag-sofo-skill.php [letzter Zugriff am 27.10.2018].

Fallanalysen wird in Kapitel 3 die Gesamtgestalt jedes Falles entfaltet, um so die Vielfalt und Komplexität des pädagogischen Handelns aufzuzeigen.

2.3   Fallauswahl und Zusammensetzung des Samples

Angesichts dessen, dass es Grundschulen gelingt, soziale Disparitäten vergleichsweise gering zu halten, während diese im Verlauf der Sekundarstufe I deutlich zunehmen, fokussiert die vorliegende Untersuchung den Primarschulbereich. So scheint in der Grundschule formelle Chancengleichheit grundsätzlich erfahrbar zu sein, was damit zusammenhängt, dass es im Primarschulbereich mit der Grundschule nur eine Schule für alle Kinder gibt und nahezu alle Kinder ihre Schulpflicht in dieser Schulform wahrnehmen (van Ackeren, Klemm, & Kühn, 2015). Das lässt den Schluss zu, dass es von der konkreten Ausgestaltung pädagogischer Beziehungen abhängig ist, ob soziale Ungleichheit kompensiert oder verstärkt wird (Scherr, 2014).

Entscheidend für das Sampling war die in der qualitativen Sozialforschung gebräuchliche gezielte Auswahl der Untersuchungsgruppe, bei der „die im Untersuchungsfeld tatsächlich vorhandene und für die Forschungsfragestellung relevante *Heterogenität*" (Kelle & Kluge, 2010, S. 109, Hervorhebung im Original, Anmerkung S. R.) berücksichtigt werden soll. Im Gegensatz zum theoretical sampling, bei dem die zu untersuchenden Fälle „sukzessive im Wechsel von Erhebung, Entwicklung theoretischer Kategorien und weiterer Erhebung" (Przyborski & Wohlrab-Sahr, 2014, S. 182) ausgesucht werden, wurden die Grundschulen bzw. Lehrkräfte der vorliegenden Untersuchung hinsichtlich vorab festgelegter Vergleichsdimensionen zusammengestellt, um eine möglichst große Bandbreite an Fällen sicherzustellen. Etwa wurden in Anlehnung an das Standorttypenkonzept von Kevin Isaac (2011) Schulen mit unterschiedlichen strukturellen Rahmenbedingungen einbezogen:

- Schulen, die dem Standorttyp 1 zugewiesen werden, befinden sich in einer Umgebung mit einem sehr niedrigen Anteil (unter 5 Prozent) von Empfänger*innen staatlicher Sozialhilfeleistungen, Arbeitslosen und Personen mit Migrationshintergrund. Die elterliche Wohnung liegt in einem Wohngebiet mit einem hohen Wohnwert, dessen Einwohner*innen ein hohes Einkommen aufweisen.
- Schulen mit dem Standorttyp 2 haben einen niedrigen Anteil (zwischen 5 und 15 Prozent) von Schüler*innen mit Migrationshintergrund und Schüler*innen, deren Eltern staatliche Sozialhilfeleistungen beziehen oder arbeitslos sind. Für

die Mehrzahl der Schüler*innen gilt, dass die elterliche Wohnung in einem
Wohngebiet mit einem relativ hohen Wohnwert liegt, dessen Einwohner*innen
ein überdurchschnittliches Einkommen erzielen.

- Schulen, die dem Standorttyp 3 zugeordnet werden, blicken auf einen durchschnittlichen Anteil (zwischen 15 und 25 Prozent) von Schüler*innen mit
  Migrationshintergrund und Schüler*innen, deren Eltern staatliche Sozialhilfeleistungen beziehen oder arbeitslos sind. Überwiegend stammen die Schüler*innen aus einem Wohnumfeld mit einem durchschnittlichen Wohnwert,
  dessen Einwohner*innen mit einem durchschnittlichen Einkommen ausgestat-
  tet sind.

- Schulen, die dem sozialräumlich benachteiligten Standorttypen der Stufe 4 und
  5 angehören, befinden sich in einer Umgebung mit einem hohen Anteil (zwischen 25 und 40 Prozent) bzw. einem sehr hohen Anteil (über 40 Prozent) von
  Empfänger*innen staatlicher Sozialhilfeleistungen, Arbeitslosen und Personen
  mit Migrationshintergrund. Das Wohnumfeld hat einen unterdurchschnittlichen
  oder sehr geringen Wohnwert und die Einwohner*innen verfügen lediglich
  über ein unterdurchschnittliches bzw. sehr geringes Einkommen (ebd.).

Da eine Veröffentlichung der Zuordnung einzelner Schulen zu den Standorttypen nicht vorlag, erfolgte zunächst auf Basis amtlicher Statistiken eine intensive
Recherche zu Sozialdaten von ländlichen Regionen, Mittel- und Großstädten in
Nordrhein-Westfalen, die eine ungefähre Einteilung unterschiedlicher Standorte
ermöglichte. Beispielsweise weist die Großstadt Duisburg mit 34,5 Prozent einen
hohen Anteil von Einwohner*innen mit Migrationshintergrund auf. Die Arbeitslosenquote mit 14,3 Prozent liegt über dem Landesdurchschnitt von 8,5 Prozent. Der
Anteil der erwerbsfähigen Leistungsberechtigten nach SGB II beträgt 16,4 Prozent (MFKJKS, 2017). Demnach wurden unter Vorbehalt Duisburger Schulen
zunächst generell dem Standorttyp 3 bis 4 zugewiesen. Nachdem auf diese Art
und Weise potenzielle unterschiedliche Standorttypen ermittelt wurden, konnten über das Bildungsportal des Landes Nordrhein-Westfalen[3] entsprechende
Grundschulen online gesucht werden. Um bei dem Beispiel zu bleiben: Die
Datenbank enthält 75 öffentliche Grundschulen in Duisburg[4]. Auf dieser Grundlage wurden insgesamt 95 Grundschulen aus unterschiedlichen Regionen in ganz
Nordrhein-Westfalen ausgewählt.

---

[3] https://www.schulministerium.nrw.de/docs/bp/Ministerium/Service/SchuleSuchen/index.
html [letzter Zugriff am 03.11.2018].

[4] https://www.schulministerium.nrw.de/BiPo/SchuleSuchen/online?action=319.832976276
7288 [letzter Zugriff am 03.11.2018].

Um die Schulen für das Forschungsprojekt zu akquirieren, wurde zwischen September 2014 und März 2015 eine formelle Anfrage mit Kurzinformation zum Forschungsprojekt per E-Mail und Brief an die Schulleitung der ausgewählten Schulen verschickt. Da in den wenigsten Fällen eine Rückmeldung der Schulen erfolgte, wurde in Folge per Telefon direkt Kontakt zu der jeweiligen Schulleitung aufgenommen. Sofern die Schulleitungskräfte grundsätzlich Bereitschaft zur Teilnahme an der Studie signalisierten, wurde ausführlicher als in der vorab geschickten Kurzinformation über das Forschungsvorhaben und das Erkenntnisinteresse, die Erhebungsmethoden und den Umgang mit den gewonnenen Daten informiert. Hierbei wurde darauf geachtet, dass dies in einer Weise geschieht, die die Forschungsergebnisse nicht beeinflusst (Przyborski & Wohlrab-Sahr, 2014). Die Schulleitungskräfte haben gewöhnlich im Anschluss an das Telefongespräch dem Kollegium die Informationen zum Forschungsprojekt und die Bitte zur Teilnahme an der Studie weitergereicht und gegebenenfalls den Kontakt zwischen den teilnehmenden Lehrkräften und der Autorin der vorliegenden Arbeit hergestellt. Schließlich folgte ein telefonisches Vorgespräch mit den Lehrkräften, um zeitnah flexible Termine für die Interviews bzw. Gruppendiskussionen abzusprechen. Hierbei wurde auch geklärt, ob die Lehrkräfte mit der jeweiligen Erhebungsform und der Audioaufzeichnung des Gespräches einverstanden sind. Zudem wurden die Teilnehmer*innen über die Anonymisierung des erhobenen Materials und die vertrauliche Behandlung der Daten aufgeklärt. Als Zeithorizont wurden zwei bis drei Schulstunden vereinbart. Alle Gespräche fanden auf Wunsch der Lehrkräfte vor Ort in den Schulen statt.

Von insgesamt 95 Grundschulen, die für die Untersuchung in Betracht gezogen wurden, erklärten sich letztlich 16 Schulen bzw. 42 Lehrkräfte bereit, an der Untersuchung teilzunehmen[5]. Tabelle 2.1 gibt einen Überblick über das Sample.

Darüber hinaus war bei der Fallauswahl zentral, möglichst vielfältige personenspezifische Merkmale einzubeziehen. So wurden Lehrkräfte verschiedener Altersgruppen und mit unterschiedlicher Berufserfahrung berücksichtigt: Im Hinblick auf die Interviews befinden sich Frau Akay, Frau Antonova, Frau Haas, Herr Jansen, Frau Kamper und Frau Roth in der Berufseingangsphase. Der Phase der beruflichen Etablierung können Frau Berger, Frau Schneider und Frau Seidel zugeordnet werden. Frau Neumann, Frau Pfeiffer und Herr Weber befinden sich hingegen in der Phase des Berufsausklangs. Der allgemein hohe Frauenanteil an

---

[5]Frau Berger, Frau Pfeiffer und Frau Haas unterrichten an derselben Schule. Frau Antonova erklärte sich sowohl für eine Gruppendiskussion (Gruppendiskussion „Tanne") als auch für ein Einzelinterview bereit.

Tabelle 2.1 Übersicht über das Sample des Forschungsprojektes SKILL

	Ländliche Region	Mittelstadt	Großstadt	
Standorttyp 1 bis Standorttyp 2	Gruppendiskussion „Tanne" mit 3 Lehrkräften Interview mit Frau Antonova			
Standorttyp 3	Interview mit Frau Kamper	Gruppendiskussion „Kastanie" mit 5 Lehrkräften Gruppendiskussion „Eiche" mit 6 Lehrkräften Gruppendiskussion „Buche" mit 10 Lehrkräften Interview mit Herr Jansen Interview mit Frau Seidel	Interview mit Herrn Weber	Interview mit Frau Roth Interview mit Frau Schneider
Standorttyp 4		Gruppendiskussion „Ahorn" mit 3 Lehrkräften Gruppendiskussion „Linde" mit 3 Lehrkräften		Interview mit Frau Akay Interview mit Frau Neumann Interview mit Frau
Standorttyp 5				Berger/Interview mit Frau Pfeiffer/Interview mit Frau Haas

Grundschullehrkräften (Spitz, 2002) spiegelt sich auch im vorliegenden Sample wider: Von insgesamt 42 teilnehmenden Lehrkräften sind 38 Frauen.

2.4   Themenzentrierte Interviews und dokumentarische Methode

In diesem Unterkapitel soll zunächst theoretisch begründet werden, warum themenzentrierte Interviews als Erhebungsmethode (Abschnitt 2.4.1) und die dokumentarische Methode als Auswertungsverfahren (Abschnitt 2.4.2) für die vorliegende Untersuchung gewählt wurden, um dann das forschungspraktische Vorgehen der Interviewanalyse mithilfe der dokumentarischen Methode asssssufzuzeigen (Abschnitt 2.4.3).

2.4.1 Grundzüge themenzentrierter Interviews

Das themenzentrierte Interview lehnt sich an das von Andreas Witzel (2000) konzipierte problemzentrierte Interview an, das „auf eine möglichst unvoreingenommene Erfassung individueller Handlungen sowie subjektiver Wahrnehmungen und Verarbeitungsweisen" (ebd., S. 1) zielt und dabei „das unvermeidbare, und damit offenzulegende Vorwissen [...] in der Erhebungsphase als heuristisch-analytische[n] Rahmen für Frageideen im Dialog zwischen Interviewern und Befragten" (ebd., S. 2) nutzt. Diese Interviewvariante basiert demnach auf einem problemorientierten Sinnverstehen, innerhalb dessen die Forschenden eigenes, oftmals theoretisches Vorwissen nutzen und unter Umständen die Befragten damit auch im Interview konfrontieren (Kruse, 2011). Wie die Bezeichnung nahelegt, steht im Mittelpunkt themenzentrierter Interviews ein ganz bestimmtes Thema. So geht es in den vorliegenden Interviews um den Umgang mit sozial benachteiligten und bisher im Bildungssystem ausgegrenzten Schüler*innen, der aus der Perspektive der Lehrkräfte dargestellt und erörtert werden soll.

Sowohl das problem- als auch das themenzentrierte Interview wird leitfadengestützt geführt. Dieser Leitfaden enthält problem- bzw. themenbezogene Fragen, die auf das theoretische Vorwissen der Forschenden rekurrieren. Der Leitfaden dient „als Gedächtnisstütze und Orientierungsrahmen zur Sicherung der Vergleichbarkeit der Interviews" (Witzel, 2000, S. 4). Idealerweise werden die Fragen des Leitfadens nicht im Sinne einer „Leitfadenbürokratie" (Hopf, 1978, S. 101) nacheinander abgearbeitet, sondern sie begleiten den Kommunikationsprozess. Zudem ermöglicht der Leitfaden Kontrolle darüber, inwieweit einzelne Problem- bzw. Themenbereiche im Laufe des Gesprächs behandelt worden sind (Witzel, 2000). In diesem Fall bezogen sich die Themenfelder auf die Wahrnehmung der Schule und der Schüler*innenschaft, auf die konkrete Umgangsweise mit sozial benachteiligten Schüler*innen sowie auf die Lehrer*innen-Schüler*innen-Beziehung. Der Leitfaden orientiert sich idealerweise an einer kommunikativen und systematischen Ordnung und sollte sich von offenen zu spezifischen Fragen bewegen. Hierbei muss diese Ordnung in der Praxis der Relevanzstruktur des Interviewten nachgeordnet werden (Przyborski & Wohlrab-Sahr, 2014).

Beide Interviewformen sind trotz ihrer Fokussierung auf bestimmte Themengebiete bzw. Problemfelder und der Strukturierung durch einen Leitfaden prinzipiell

narrativ fundiert und zielen auf die Artikulation von Erfahrungen. Aus diesem Grund wird im Interview darauf geachtet, dass die Befragten nicht nur
Meinungen, Einschätzungen und Stellungsnahmen frei berichten, sondern auch
thematisch gebundene Erzählungen und Beschreibungen generieren (Nohl, 2017).
Die von Fritz Schütze (1987) vorgeschlagene Unterscheidung der Textsorten
Erzählung, Beschreibung, Argumentation und Bewertung ist für die Auswertung der Interviews mithilfe der dokumentarischen Methode entscheidend. So
zeichnen Erzählungen sich dadurch aus, dass Handlungs- und Geschehensab-
läufe dargestellt werden, die einen Anfang, ein Ende und einen zeitlichen Verlauf
haben. Beschreibungen hingegen umfassen immer wiederkehrende Handlungsab-
läufe oder feststehende Sachverhalte. Argumentationen sind (alltags-)theoretische
Zusammenfassungen zu den Motiven, Gründen und Bedingungen für eigenes oder
fremdes Handeln und Bewertungen sowie Stellungnahmen zu eigenem oder frem-
dem Handeln (Nohl, 2017). Die Textsorten wechseln sich hierbei im Interview
nicht einfach ab, sondern stehen in einem „Vorder-Hintergrund-Verhältnis" zueinander (ebd., S. 22), das häufig ineinander verschachtelt ist. Kallmeyer und Schütze
(1977) zufolge kann aufgrund der Zugzwänge des Erzählens von einem engen
Zusammenhang zwischen erzählter und erlebter Erfahrung ausgegangen werden.
Aufgrund dessen, dass die befragte Person getrieben ist, sich an die tatsächliche
Abfolge der erlebten Ereignisse zu halten, und die in der Erzählung dargestellten
Strukturen abzuschließen und dabei nur das zu schildern, was innerhalb der erzäh-
lenden Geschichte relevant ist, verstrickt sie sich in den eigenen Erfahrungen und
gewährt somit einen tiefen Einblick in biografische Erfahrungsaufschichtungen.
Gleiches gilt für Beschreibungen, die ebenfalls dicht an der erzählten Zeit sind
(Nohl, 2017). Im Gegensatz zu Erzählungen und Beschreibungen wird in Argu-
mentationen und Bewertungen vor allem der Kommunikationssituation und dem
Gesprächscharakter des Interviews Rechnung getragen, indem gegenüber dem
Interviewer bzw. der Interviewerin Motive, Gründe und Bedingungen sowie Stel-
lungnahmen zu den Darstellungen expliziert und theoretisiert werden. Dadurch
sind Argumentationen und Bewertungen stärker an die erzählte Zeit – also die
Interaktion zwischen Interviewenden und Interviewtem – gebunden (ebd.).

Mithilfe der dokumentarischen Methode lässt sich die Unterscheidung von
Erzählungen und Beschreibungen einerseits und Argumentationen und Bewertungen andererseits theoretisch fassen: Die Erfahrung unmittelbarer Handlungspraxis
ist derart an das praktische Handeln gebunden und besitzt eine solche Selbstverständlichkeit, dass sie von den Akteuren nicht kommunikativ expliziert werden,
sondern nur erzählt und beschrieben werden kann. Die Erzählungen und Beschreibungen dienen also dazu, das atheoretische und konjunktive Wissen zu erheben.
Da sich das kommunikative Wissen zumeist auf die Motive des Handelns bezieht,

korrespondiert es vor allem mit den Textsorten Argumentation und Bewertung (ebd.). Dieses Phänomen soll im Folgenden ausführlich behandelt werden.

2.4.2 Methodologische Grundlagen der dokumentarischen Methode

Die dokumentarische Methode, die in der Tradition der Wissenssoziologie von Karl Mannheim (1964), der Ethnomethodologie von Harold Garfinkel (1967) und der Kultur- und Bildungssoziologie von Pierre Bourdieu (1982) steht, hat sich seit Ende der 1980er Jahren im Zuge ihrer Ausarbeitung und Weiterentwicklung durch Ralf Bohnsack (1989) und andere (u. a. Przyborski & Wohlrab-Sahr, 2014; Amling & Hoffmann, 2013; Bohnsack, Nentwig-Gesemann, & Nohl, 2013; Asbrand, 2011) im deutschsprachigen Raum als eine zentrale Methodologie in der qualitativen Sozialforschung etabliert[6]. Neben den Gebieten der Jugend-, Sozialisations- und Geschlechterforschung entstand eine breite Forschungstradition, die sich auf Prozesse, Akteure und Institutionen im Bereich der Bildung und Erziehung bezieht (Bohnsack & Pfaff, 2010). Insbesondere im Feld der schul- und unterrichtsbezogenen Ungleichheitsforschung und der Professionalisierung von Lehrkräften liegen zahlreiche Studien vor[7] (u. a. Kramer, Helsper, Thiersch, & Ziems, 2013; Krüger, Köhler, Zschach, & Pfaff, 2008; Lamprecht, 2007). Die ursprünglich von Bohnsack (1989) für die Analyse von Gruppendiskussionen entwickelte Methode gewinnt überdies zunehmend an Bedeutung in den Bereichen der Interviewanalyse (Nohl, 2017) sowie der Bild- und Videoanalyse (Asbrand & Martens, 2018). Grundsätzlich zielen die Auswertungen mit der dokumentarischen Methode auf die Rekonstruktion des handlungspraktischen, impliziten Erfahrungswissen. Die Methode zeichnet sich entsprechend durch „eine methodologisch begründete und die empirische Forschung fundierende Hinwendung zur Praxis sozialen Handelns aus" (Bohnsack, 2012, S. 120).

In Anlehnung an die praxeologische Wissenssoziologie von Mannheim (1964) unterscheidet das dokumentarische Verfahren zwischen kommunikativem oder auch kommunikativ-generalisierendem und konjunktivem Wissen. Diese Differenzierung stellt die wesentliche theoretische Grundlage der dokumentarischen

---

[6]Die Darstellung der Ursprünge der dokumentarischen Methode wird für die vorliegende Arbeit als nicht zielführend eingeschätzt, vielmehr soll die dokumentarische Methode in ihrem heutigen Verständnis im Fokus stehen.

[7]Eine umfassende und in Rubriken gegliederte Literaturübersicht ist im Internet unter folgendem Link einsehbar: https://www.hsu-hh.de/systpaed/wp-content/uploads/sites/755/2018/03/LitdokMeth18-03-15.pdf [letzter Zugriff am 27.10.2018].

Methode dar (Bohnsack, 2014a). Das kommunikative Wissen wird begrifflich expliziert und beinhaltet theoretische, bewertende und normative Aussagen über die eigene Handlungspraxis und ist mit Intentionalität und Zweckrationalität verbunden (Asbrand, 2011). Es bezieht sich demnach zumeist auf die Motive des Handelns – im Sinne von Alfred Schütz (1974) auf sogenannte Um-zu-Motive. Ein solches Wissen hat eine öffentliche bzw. gesellschaftliche Bedeutung und wird allgemein geteilt und verstanden. Es geht also um die Dimension der Alltagstheorien, der Common Sense-Theorien. Diese Wissensform ist den Akteuren selbst reflexiv zugänglich (Bohnsack & Pfaff, 2010). Das konjunktive Wissen ist hingegen implizites bzw. inkorporiertes Wissen, das Mannheim auch als atheoretisches Wissen bezeichnet. Diese Wissensform bestimmt das Denken und Handeln in der Regel vorreflexiv und wird von den Akteuren selbst nicht expliziert (ebd.). Am bekannten Beispiel der Herstellung eines Knotens erläutert Mannheim, dass die Aneignung der Handlungspraxis kaum auf dem Weg theoretischer Explikation, sondern vielmehr durch eine bildliche Darstellung oder praktische Demonstration gelingt. Die imaginative Vergegenwärtigung des Herstellungsprozesses ist nach Mannheim das Produkt impliziter Wissensbestände. Solange es (mentaler) Bilder bedarf, um in der Praxis erfolgreich einen Knoten zu knüpfen, ist der ‚Modus Operandi‘ noch nicht vollständig automatisiert und verinnerlicht (Bohnsack, 2012). Das inkorporierte konjunktive Wissen beruht hingegen auf kollektiv geteilten Erfahrungen – auf sogenannten konjunktiven Erfahrungsräumen. Hierbei handelt es sich um existenziell bedeutsame Erlebniszusammenhänge, in denen soziale Akteure aufgrund einer gemeinsamen Sozialisationsgeschichte strukturidentische Erfahrungen, Wissensbestände sowie eine bestimmte Handlungspraxis teilen und aufgenommen haben (Bohnsack, 2014a). In diesem Kontext unterscheidet Mannheim auch zwischen „zwei fundamental unterschiedliche[n]Modi der Erfahrung bzw. der Sozialität" (ebd., S. 61): Verstehen und Interpretieren. Diejenigen, die durch konjunktive Erfahrungen miteinander verbunden sind, verstehen einander unmittelbar und intuitiv und müssen sich gegenseitig nicht erst interpretieren (ebd.). Zum Beispiel ist der Begriff ‚Dorf‘ in einer verwaltungsmäßigen, juristischen, verkehrstechnischen oder auch wissenschaftlichen Bedeutung mehr oder weniger öffentlich verfügbar und von anderen Begriffen wie ‚Stadt‘ abgrenzbar. Mannheim spricht hier von einem kommunikativen oder auch kommunikativ-generalisierenden Wissen. Die kommunikative Verständigung über die Alltagspraxis in einem Dorf beruhen ihm zufolge auf wechselseitiger Perspektivenübernahme. Für diejenigen, die im Dorf wohnen und Erfahrungen der dörflichen Alltagskultur miteinander teilen und inkorporiert haben, gewinnt der Begriff ‚Dorf‘ an zusätzlicher Bedeutung – Mannheim nach handelt es sich hier um konjunktives Wissen bzw. um einen konjunktiven Erfahrungsraum. Das konjunktive Wissen bzw. die konjunktiven Erfahrungen der Alltagspraxis in einem Dorf können auch jenseits persönlicher Bekanntschaft und direkter Interaktion bestehen, vielmehr konstituiert allein die „gemeinsame Existenz in derartigen geistigen Beziehungen […] einen ‚konjunktiven Erfahrungsraum‘" (ebd., S. 63), im Rahmen dessen die sozialen Akteure einander wechselseitig verstehen.

Durch die Unterscheidung zwischen kommunikativ-generalisierendem und konjunktivem Wissen trägt die Wissenssoziologie nach Mannheim der „Doppelstruktur alltäglicher Verständigung und Interaktion" (Bohnsack & Pfaff, 2010, S. 4) Rechnung. So haben Bezeichnungen und Äußerungen immer eine öffentliche bzw. gesellschaftliche sowie eine nichtöffentliche und erfahrungsspezifische Bedeutung (ebd.). Analog zu den zwei Sinngehalten der Erfahrungen Verstehen und Interpretieren existieren zwei unterschiedliche Sinnebenen der Kommunikation bzw. Interaktion: der immanente und der dokumentarische Sinngehalt. So bezieht sich der immanente Sinngehalt auf die wörtliche und explizite Bedeutung von Schilderungen. Der hiervon unterschiedene dokumentarische Sinngehalt oder auch Dokumentsinn bezeichnet hingegen die Art und Weise, wie ein Thema behandelt wird und umfasst, was sich in der Kommunikation bzw. Interaktion über den subjektiv gemeinten Sinn hinaus dokumentiert (Nohl, 2017).

Die dokumentarische Methode in ihrem heutigen Verständnis knüpft unmittelbar an die Konzeption des Habitus von Bourdieu an. Zwar findet sich in Bourdieus Werken selbst kein systematischer Wissensbegriff, jedoch kann der Habitus in der praxeologischen Wissenssoziologie als eine „wissenssoziologische Kategorie" (Meuser, 2013, S. 235) verstanden werden, die mit zentralen Begriffen der Wissenssoziologie Mannheims in Beziehung gesetzt wird (ebd.). Dadurch erfährt insbesondere das Konzept des (inkorporierten) atheoretischen Wissens bzw. des konjunktiven Erfahrungsraumes eine theoretische Präzisierung (Bohnsack, 2012):

(1) Deutlich erkennbar, korrespondiert Bourdieus Habitusbegriff mit Mannheims Vorstellung einer ‚Seinsverbundenheit des Denkens‘ (Mannheim, 1929). So verweist der Habitus auf eine spezifische soziale Lage, deren Strukturen sich in den inkorporierten Schemata des Habitus niederschlagen (Meuser, 2013). Als strukturierte Struktur bzw. als ‚Opus Operatum‘ repräsentiert der Habitus die Wahrnehmungs-, Denk- und Handlungsmuster, die vom Individuum in Abhängigkeit seiner Existenzbedingungen der sozialen Herkunft bzw. seiner sozialräumlich unterschiedlichen Erfahrungs- und Lernvorgänge im Zuge der Sozialisation inkorporiert wurden (Bourdieu, 1987). Bourdieu und Mannheim gehen demnach beide davon aus, dass die sozialen Verhältnisse, in denen soziale Akteure leben oder aufgewachsen sind, sich in den „Modi

der Welterfahrung" (Meuser, 2013, S. 225) widerspiegeln. Bedeutsam für
eine ähnliche Art und Weise, die Welt wahrzunehmen und darin zu handeln,
sind den beiden Soziologen zufolge strukturidentische Erfahrungen und nicht
die unmittelbare Interaktion sozialer Akteure (ebd.). Laut Bourdieu (1987)
bewirkt die aus gleichartigen sozialen Lebenszusammenhängen resultierende
„Homogenisierung der Habitusformen" (ebd., S. 109) einer sozialen Gruppe,
dass Praktiken von Akteuren derselben Klasse bzw. desselben Milieus *„ohne*
jede direkte Interaktion und damit *erst recht* ohne ausdrückliche Abstimmung
einander angepaßt werden können" (ebd., Hervorhebung im Original, Anmerkung S. R.). Weil die Habitusformen durch eine „identische Geschichte"
(ebd., S. 111) geprägt sind, können die Akteure mit ähnlichen inkorporierten
Habitusschemata einander wechselseitig verstehen, ohne dass ein „bewusstes
Hineinversetzen in den anderen" (ebd.) erforderlich wird.

(2) In einem konjunktiven Erfahrungsraum kann danach von einer habituellen
Übereinstimmung der sozialen Akteure ausgegangen werden (Meuser, 2013).
In diesem Sinn hat der konjunktive Erfahrungsraum zwar eine objektive
Struktur, ist aber Mannheim zufolge ein „objektiv-geistiger Strukturzusam-
menhang" (Mannheim, 1980, S. 250), der nicht als ein von außen auf das
Handeln wirkender Einfluss zu verstehen ist. Die Strukturen liegen nicht
jenseits der Handlungspraxis, sondern resultieren vielmehr „aus dem sinnvol-
len Zusammenspiel der individuellen Bewußtseinsvollzüge" (ebd.). Mithilfe
des Habituskonzepts kann erklärt werden, wie dieses Zusammenspiel der
Bewusstseinsvollzüge zustande kommt. So geht Bourdieu davon aus, dass der
Habitus zwar durch soziale Strukturen bestimmt ist, zugleich aber Handlun-
gen, die zur Konstitution von Praxisformen beitragen, sowie unterschiedliche
Wahrnehmungen und Bewertungen dieser Praxisformen hervorbringt. Der
Habitus als ein dauerhaftes und übertragbares Dispositionssystem sozialer
Akteure fungiert demnach als „Erzeugungs- und Ordnungsgrundlage für Prak-
tiken und Vorstellungen" (Bourdieu 1987, S. 98). Bourdieu spricht hierbei von
der strukturierenden Struktur bzw. von dem ,Modus Operandi' des Habitus.
Die Handlungspraxis ist demnach weder beliebig noch willkürlich, sondern
folgt einer sozialen Logik. Bourdieu betont, dass der Habitus zwar die Tendenz der Reproduktion von Existenzbedingungen habe, diese aber nicht als
mechanischer Determinismus zu verstehen ist. Vielmehr handelt es sich um
Einschränkungen und Grenzen, im Rahmen deren Kreativität möglich ist. Der
Habitus ist in der Lage, unendliche viele Praktiken, allerdings von begrenz-
ter Verschiedenartigkeit, hervorzubringen (ebd.). Stark vereinfachend kann
zusammengefasst werden, dass einerseits die soziale Struktur den Habitus
bestimmt (strukturierte Struktur), andererseits dieser das Handeln und damit

auch die soziale Struktur generiert (strukturierende Struktur). Das konjunktive Wissen stellt demzufolge ein milieuspezifisches Wissen dar, das „in der gemeinsam gelebten Praxis angeeignet wird und diese Praxis zugleich in habitualisierter Weise orientiert" (Bohnsack, 2003, S. 137).

Um die Struktur der Handlungspraxis im Sinne des ,Modus Operandi' zu beschreiben, verwendet die praxeologische Wissenssoziologie den Begriff des Orientierungsrahmens und weist damit große Überschneidungen zum Habitus-konzept bei Bourdieu auf, insofern es sich um das inkorporierte und nicht um das implizite Wissen handelt. Wenngleich der Begriff des Orientierungsrahmens oftmals synonym mit demjenigen des Habitus verwendet wird, erweitert der Begriff des Orientierungsrahmens indes das Habituskonzept von Bourdieu um den Aspekt, „dass und wie der Habitus sich in der Auseinandersetzung mit den Orientierungsschemata, also u. a. den normativen resp. institutionellen Anforderungen und denjenigen der Fremd- und Selbstidentifizierung, immer wieder reproduziert und konturiert" (ebd., 2013, S. 181). Das Zusammenspiel von Orientierungsrahmen und Orientierungsschemata bezeichnet Bohnsack auch als Spannungsverhältnis. So erhalten „aus praxeologischer Perspektive die Orientierungsschemata ihre eigentliche Bedeutung erst durch die Rahmung, d. h. die Integration und ,Brechung' in und durch die fundamentale existentielle Dimension der Handlungspraxis" (ebd.). Vor dem Hintergrund, dass die Schule einige Aspekte einer totalen Institution aufweist, erscheint es für die vorliegende Arbeit demnach besonders wichtig, die Kategorie des Habitus in einem systematischen Bezug zu den Normen, Erwartungshaltungen und Zwängen des institutionalisierten Handelns zu verorten (ebd., 2014b).

Durch die Unterscheidung zwischen Orientierungsrahmen und Orientierungsschemata grenzt sich Bohnsack von Bourdieus Habituskonzept somit in Teilen ab. Eine weitere Abweichung zu Bourdieu besteht hinsichtlich der Genese des Habitus. So geht in der dokumentarischen Methode der Habitus wesentlich aus Konjunktionen, d. h. aus Gemeinsamkeiten und Strukturidentitäten der Erlebnisschichtung bzw. der Sozialisationsgeschichte hervor. Bei Bourdieu hingegen resultiert der Habitus primär aus Distinktionen (ebd., 2013). Auch ist das Milieukonzept, das in Arbeiten der dokumentarischen Methode verwendet wird, in Bezug auf die Anschlussfähigkeit zu dem Milieukonzept der Forschungsgruppe um Vester zu diskutieren. Bremer (2012) kritisiert, dass der Milieubegriff in der dokumentarischen Methode vage und unscharf erscheint und „bisher nicht an den sozialstrukturell akzentuierten und etablierten Begriff des „sozialen Milieus"

angeschlossen wurde" (ebd., S. 840.). Dadurch kann Bremer zufolge gewis-
sermaßen jede Arbeit, die sich auf die dokumentarische Methode stützt, als
Milieuforschung bezeichnet werden.

2.4.3 Forschungspraktische Umsetzung der dokumentarischen Interpretation von themenzentrierten Interviews

Die methodologische Unterscheidung zwischen kommunikativem und konjunktivem Wissen bzw. Orientierungsschema und Orientierungsrahmen findet ihren
Ausdruck in zwei klar voneinander abgrenzbaren Arbeitsschritten: der formulierenden und der reflektierenden Interpretation (Bohnsack & Pfaff, 2010).

In der formulierenden Interpretation geht es zunächst darum, Themen zu
identifizieren, die im gesamten Diskursverlauf von den Befragten angesprochen
werden (Bohnsack, 2014a). Die thematische Gliederung bezieht sich somit mehr
auf den immanenten Sinngehalt, als auf das, was (wörtlich) gesagt wird (Bohnsack
& Pfaff, 2010). Die von den Befragten behandelten Gesprächsgegenstände werden
hierbei mit den eigenen Worten der Forschenden zusammengefasst, wobei kon-
sequent das Relevanzsystem der Befragten beibehalten wird (Bohnsack, 2014a).
Im Forschungsprozess beginnt die formulierende Interpretation noch vor der Transkription. Mithilfe des thematischen Verlaufs des gesamten Interviews, der anhand
der Audioaufnahmen angefertigt wird, können die jeweils zu transkribierenden
Interviewabschnitte ausgewählt werden. Von Interesse sind hierbei Themen, die
im Vorfeld der empirischen Untersuchung von den Wissenschaftler*innen festgelegt, oder die in unterschiedlichen Fällen in ähnlicher Weise von den Interviewten
behandelt werden. Zur Auswahl stehen ebenfalls sogenannte „Fokussierungs-
metaphern" (Bohnsack, 2012, S. 129), also Interviewstellen, in denen sich die
Befragten besonders umfassend, engagiert und metaphorisch äußern (Nohl, 2017).
In der vorliegenden Arbeit wurden die Interviews nicht nur passagenweise, sondern komplett in Anlehnung an die Transkriptionsrichtlinien „Talk in Qualitative
Social Research (TiQ)" nach Przyborski (1998) verschriftlicht. Die folgende
Tabelle fasst die Konventionen und Symbole, die für diese Arbeit verwendet
wurden, zusammen (Tabelle 2.2).

Nach der Transkription der ausgewählten Passagen erfolgt eine formulierende
Feininterpretation, bei der die thematische Struktur in seiner Gänze erarbeitet wird
(Bohnsack & Pfaff, 2010). Dabei wird das Transkript sequenziell nach themati-
schen Wechseln untersucht, um Ober- und Unterthemen ausfindig zu machen. Zu

Tabelle 2.2 Übersicht über die Transkriptionsrichtlinien "Talk in Qualitative Social Research (TiQ)" (auf Grundlage von: Przyborski, 1998)

Konvention	Definition
Groß- und Kleinschreibung	• Hauptwörter werden großgeschrieben • Nach Satzzeichen wird klein weitergeschrieben, da Satzzeichen die Intonation anzeigen und nicht grammatikalisch gesetzt werden
Zeilennummerierung	• Zum Auffinden und Zitieren von Transkriptionsstellen werden durchlaufende Zeilennummerierung verwendet
Anonymisierung	• Bei allen Transkripten werden zu Beginn personenbezogene Daten anonymisiert

Symbol	Definition
(.)	Pause bis zu einer Sekunde
(2)	Anzahl der Sekunden, die eine Pause dauert
<u>nein</u>	betont
nein	laut (in Relation zur üblichen Lautstärke der Sprechenden)
viellei-	Wort- oder Satzabbruch
@nein@	lachend ausgesprochen
@(.)@	kurzes Auflachen
[…]	Auslassungen

jedem Unterthema wird dann eine ausführliche Zusammenfassung in der Sprache der Forschenden und ohne Deutung angefertigt (Nohl, 2017).

In der reflektierenden Interpretation erfolgt ein Wechsel der Analyseeinstellung vom Was zum Wie. Im Fokus steht die Frage, in welcher Art und Weise ein Thema behandelt wird, also welche Sinnkonstruktion hinter den Darstellungen steht. Gegenstand der reflektierenden Interpretation ist demnach der dokumentarische Sinngehalt. Dieser Interpretationsschritt distanziert sich somit von der Frage, ob die Darstellungen der Interviewten der Wahrheit oder der normativen Richtigkeit entsprechen. Es interessiert ausschließlich, was sich in den Äußerungen über die Interviewten dokumentiert (Bohnsack, 2014a). Insgesamt geht es um die Identifizierung von Orientierungsmustern, die sich aus Orientierungsschemata

sowie Orientierungsrahmen zusammensetzen. Da sich Orientierungsschemata auf
„institutionalisierte und in diesem Sinn normierte Ablaufmuster oder Erwartungs-
fahrpläne" (Bohnsack, 2003, S. 132) beziehen und somit die Dimension des
kommunikativen Wissens betreffen, ist insbesondere die Rekonstruktion des Orientierungsrahmens, also der „habitualisierten Wissensbestände" (ebd.) zentral.
Der Orientierungsrahmen ist hierbei die „übergreifende erfahrungsbezogene Rahmung [...] von Individuen und Gruppen" (Bohnsack & Pfaff, 2010, S. 19), in
der Themen verhandelt und bearbeitet werden und sich konjunktives Wissen
äußert. Laut Bohnsack gehen die Forschenden anhand der Auswertungsschritte
der formulierenden und der reflektierenden Interpretation

> durch die Rekonstruktion der expliziten Wissensbestände der Erforschten und deren
> Orientierung an der Norm, also durch die Rekonstruktion der Orientierungssche-
> mata und der Common Sense-Theorien, hindurch, um dann zur Rekonstruktion
> der Praxis bzw. des die Praxis orientierenden atheoretischen Wissens und des
> darin implizierten Orientierungsrahmens fortzuschreiten. Die Orientierungsschemata
> gewinnen immer nur vermittelt über das handlungsleitende atheoretische Wissen,
> also innerhalb des Orientierungsrahmens, ihre handlungspraktische Relevanz und
> somit ihren spezifischen Wirklichkeitscharakter. (Bohnsack, 2012, S. 128)

Die Herausarbeitung des Orientierungsrahmens in Interviews wird zunächst auf
Basis der Bestimmung der Textsorten realisiert. Dieser formale Interpretationsschritt ist notwendig, da sich, wie im vorherigen Abschnitt dargestellt, vor
allem in Erzählungen und Beschreibungen atheoretisches Wissen und konjunktive Erfahrungen offenbart. Dort, wo in erzählender oder beschreibender Weise
Orientierungsrahmen zum Ausdruck gebracht werden, setzt die Interpretation
auf semantischer Ebene an. So ist der Orientierungsgehalt durch die (Gegen-
)Horizonte rekonstruierbar, innerhalb deren ein Thema bearbeitet wird (Bohnsack,
2014a). Orientierungen lassen sich hierbei zwischen einem positiven und einem
negativen Ideal eines Sinnzusammenhangs ausmachen. Hinter dem positiven
Horizont steht die Frage, wohin eine Sinneinheit strebt – hinter dem negativen Horizont, wovon sich diese Ausrichtung abwendet bzw. abgrenzt. Durch
die Rekonstruktion von negativen Horizonten werden demnach zuvor benannte
Phänomene der Distinktion ebenfalls in den empirischen Analysen der dokumentarischen Methode berücksichtigt (Bohnsack, 2013). Dritter Eckpunkt einer
Orientierung ist die Einschätzung der Realisierungsmöglichkeiten durch die Interviewten, das sogenannte Enaktierungspotenzial (Przyborski & Wohlrab-Sahr,
2014). Die einander begrenzenden Horizonte und deren eingeschätzte Realisierungsmöglichkeiten können aus dem Material selbst abgeleitet werden sowie

durch gedankenexperimentelle Konstruktionen der Forschenden generiert werden (Bohnsack, 2012).

Am Beispiel der folgenden Passage, die aus dem Interview mit Frau Berger stammt, soll diese Vorgehensweise skizziert werden. Das Thema der Passage ist das Sozialverhalten der Schüler*innen. Die Erzählung steht im Zusammenhang der Klassenübernahme eines zweiten Jahrgangs, in dem es bereits aus unterschiedlichen Gründen mehrfach zu Wechseln der Klassenleitung kam. Frau Berger bewertet diesen Umstand als große Herausforderung für die Schüler*innen. Daran anschließend schildert sie die Entwicklung von einer sozial auffälligen zu einer sozial starken Klasse:

> und es war ähm wurde mir als sehr auffällige Klasse so (.) angepriesen das Ganze und ich hatte auch wirklich Bedenken die Klasse zu übernehmen (.) hatte natürlich keine Wahl (.) das wurde mir dann gesagt (.) und ich muss sagen die ähm (.) ja die Klasse war auch sehr auffällig aber im Laufe dieser zwei Jahre jeder Lehrer der drin war hat trotzdem sehr viel (.) Positives hinterlassen finde ich und hat ähm (.) ja das einzelne Kind irgendwie sehr gestärkt (.) und dadurch war die Klasse dann ziemlich schnell ähm (.) ziemlich ähm gut vom Sozialen irgendwann (Interview Frau Berger, Z. 123–139)

Zunächst berichtet Frau Berger, dass ihre Klasse damals als „sehr auffällige Klasse" (Z. 123 f.) galt. Gleichwohl Frau Berger die Schüler*innen zu diesem Zeitpunkt nicht kannte, ließ sie sich durch die Aussagen der Kolleg*innen verunsichern und übernahm die Klasse nicht ohne Bedenken. Eine auffällige Klasse stellt demnach ihren negativen Horizont dar. Rückblickend bestätigt Frau Berger die Fremdzuschreibung einer auffälligen Klasse, verweist jedoch unmittelbar auf die positive Entwicklung dieser Klasse. In der allgemeinen Formulierung, dass jede Lehrkraft im Laufe der ersten beiden Schuljahre „sehr viel Positives hinterlassen" (Z. 131) und „das einzelne Kind irgendwie sehr gestärkt habe" (Z. 131 f.), deutet Frau Berger Effekte pädagogischen Handelns an, ohne dies näher auszuführen. Aus ihrer Sicht habe die pädagogische Arbeit aller beteiligten Lehrkräfte letztlich zu der positiven Entwicklung des Sozialverhaltens der Schüler*innen geführt. Demzufolge ist das gute Sozialverhalten der Schüler*innen Frau Bergers positiver Gegenhorizont zu einer auffälligen Klasse. Das pädagogische Handeln der Lehrkräfte stellt das Enaktierungspotenzial bereit. Die Orientierung, die sich in dieser Sequenz dokumentiert, ist, dass das Kollegium und sie als Teil davon auch unter herausfordernden Bedingungen mit einer schwierigen Klasse umgehen können bzw. die Schüler*innen erziehbar sind und sich entwickeln. Zugespitzt könnte formuliert werden, dass Frau Bergers handlungsleitende Orientierung durch einen pädagogischen Optimismus gekennzeichnet ist und sie die Einflussnahme der

Lehrkräfte auf das Sozialverhalten der Schüler*innen als möglich und auch als wirksam einschätzt.

Übergreifende Interpretationstechnik ist das Identifizieren von homologen Sinnmustern, die über die verschiedenen Themen hinweg immer wieder ausfindig zu machen sind (Przyborski & Wohlrab-Sahr, 2014). Eine solche komparative Sequenzanalyse zielt darauf ab, die implizite Regelhaftigkeit von Erfahrungen und den in dieser Regelhaftigkeit liegenden dokumentarischen Sinngehalt zu rekonstruieren, um somit den untersuchten Einzelfall weiter zu spezifizieren (Nohl, 2017). Das heißt, für eine methodisch kontrollierte Rekonstruktion des Orientierungsrahmens ist die Heranziehung fallinterner und fallexterner Vergleichshorizonte notwendig (Przyborski & Wohlrab-Sahr, 2014), da der Orientierungsrahmen erst dann empirisch valide erfassbar ist, „wenn er von anderen, differenten Orientierungsrahmen, innerhalb derer dieselbe Problemstellung, dasselbe Thema auf andere Art und Weise bearbeitet wird, abgegrenzt werden kann." (Nohl, 2017, S. 6). Durch eine derartige konsequente Operation mit Vergleichshorizonten wird die eigene Standortgebundenheit der Forschenden methodisch relativiert, da das Thema bzw. der Fall nicht ausschließlich vor dem Hintergrund der eigenen, durch Erfahrungen, Alltagstheorien bzw. theoretisches Vorwissen geprägte Normalitätsvorstellungen interpretiert wird. Laut Nohl ist die komparative Analyse „der Königsweg des methodisch kontrollierten Fremdverstehens" (ebd., S. 7). Zur weiteren Kontrolle der Standortgebundenheit der Forschenden dient überdies die Diskussion der Interpretationen in Forschungswerkstätten und Interpretationsgruppen, indem die Nachvollziehbarkeit der Interpretation in einer größeren Gruppe zur Diskussion gestellt wird (Asbrand, 2011). So wurden auch einzelne Analysen der vorliegenden Arbeit während des Forschungsprozesses regelmäßig in der peer-organisierten Forschungswerkstatt „Rekonstruktive Methoden"[8] an der Universität Duisburg-Essen und im Kolloquium „Habitus und Milieu"[9], das von Helmut Bremer und Andrea Lange-Vester geleitet wird und abwechselnd an der Hochschule Hannover und der Universität Duisburg-Essen stattfindet, reflektiert.

Die folgende Tabelle fasst stichwortartig die zentralen Aspekte des jeweiligen Analyseschritts der dokumentarischen Methode zusammen (Tabelle 2.3):

Wichtig zu ergänzen ist noch, dass je nachdem, welche Vergleichshorizonte bzw. Vergleichsfälle in der Analyse herangezogen werden, die rekonstruierten Orientierungsrahmen in unterschiedlichen Erfahrungsräumen oder Kontexten zu verorten sind, z. B. milieu-, generationen-, oder geschlechtsspezifisch. Bohnsack

---

[8]https://www.uni-due.de/izfb/forschungswerkstatt [letzter Zugriff am 27.10.2018].

[9]https://www.uni-due.de/biwi/politische-bildung/forschungskolloquium.php [letzter Zugriff am 27.10.2018].

Tabelle 2.3 Auswertungsschritte der dokumentarischen Methode. (Eigene Darstellung auf Grundlage von: Nohl, 2017, S. 39)

Stufe	Zwischenstufen	Ziel
Formulierende Interpretation	• Erstellung des thematischen Verlaufs • Auswahl zu transkribierender Interviewabschnitte • Formulierende Feininterpretation eines Interviewabschnitts (Identifizierung von Ober- und Unterthemen)	• Inhaltlich-theoretische Analyse • Themenorientierte Zusammenstellung und systematische Kontrastierung von Aussagen • Darstellung des immanenten Sinngehalts bzw. des kommunikativen Wissens
Reflektierende Interpretation	• Formale Interpretation und Textsortentrennung • Semantische Interpretation und komparative Sequenzanalyse	• Vertiefende Analyse ausgewählter Interviewpassagen • Rekonstruktion des dokumentarischen Sinngehalts bzw. des atheoretischen, konjunktiven Wissens • Identifizierung von Orientierungsmustern, bestehend aus Orientierungsschemata und Orientierungsrahmen

spricht hierbei von einer Überlagerung bzw. einer wechselseitigen Durchdringung unterschiedlicher Orientierungsrahmen (Bohnsack, 2012). Wenngleich die vorliegende Studie sensibel für die Mehrdimensionalität der Orientierungsrahmen ist, wird keine intersektionale Perspektive verfolgt, sondern der Fokus liegt, wie oben bereits ausgeführt, auf der Analyse der Milieuspezifität handlungsleitender Orientierungen.

Letztlich durchzieht die komparative Analyse den gesamten Interpretationsprozess und dient über den Zweck der Validierung der herausgearbeiteten Orientierungen hinaus der Typenbildung. Die Typenbildung ermöglicht es, die Forschungsergebnisse bis zu einem gewissen Grad zu generalisieren. Unterschieden wird zwischen einer sinngenetischen Typenbildung, die auf die inhaltliche Ebene der Orientierungen abzielt, und einer soziogenetischen Typenbildung, die die Rekonstruktion der jeweiligen sozialen Zusammenhänge und Soziogenese eines Orientierungsrahmens anstrebt (Bohnsack & Pfaff, 2010).

Diese Arbeit orientiert sich nicht an dem Ziel einer systematischen sinn- und soziogenetischen Typenbildung. Wie zuvor erwähnt, geht es in der vorliegenden Untersuchung hauptsächlich darum, die Vielfalt und Komplexität des pädagogischen Handelns darzustellen und unterschiedliche Varianten kultureller Passung herauszuarbeiten. So wird zum einen in Form von vier ausführlichen

Fallanalysen in Kapitel 3 die Gesamtgestalt jedes Falles entfaltet. Gleichwohl erfolgt entsprechend einer sinngenetischen Interpretation in Kapitel 4 ein fallübergreifender Vergleich. Hierbei werden unter Berücksichtigung der theoretischen Erklärungsansätze und empirischer Befunde zur Rolle der Lehrkräfte bei der Entstehung und Verstärkung sozialer Ungleichheit Gemeinsamkeiten und Unterschiede zwischen den Fällen herausgearbeitet. Die Fallkontrastierung folgt hierbei den erkenntnisleitenden Analysedimensionen. So kann aufgezeigt werden, in welch unterschiedlichen Orientierungsrahmen die interviewten Grundschullehrkräfte bestimmte Themen und Problemstellungen bearbeiten. Darüber hinaus wird der Versuch unternommen, sich gemäß einer soziogenetischen Interpretation den Schemata des Milieus der interviewten Lehrkräfte empirisch anzunähern. Im Unterschied zur dokumentarischen Methode und in Anlehnung an die Habitus-Hermeneutik (u. a. Bremer & Teiwes-Kügler, 2003; Bremer, 2004; Bremer & Teiwes-Kügler, 2013) wird bei diesem Analyseschritt das gesamte Interviewmaterial berücksichtigt und nicht nur ausgewählte Passagen, in denen die interviewten Lehrkräfte erzählen und beschreiben, sondern auch solche, in denen sie vordergründig argumentieren und bewerten (Bremer & Teiwes-Kügler, 2014). Aufgabe ist es, „die im empirischen Material sichtbar werdenden Klassifikationsschemata der Befragten als subjektiv angeeignete ‚überindividuelle' Schemata zu entschlüsseln" (ebd., S. 205). Diese zeigen sich im Modus von Konjunktion und Distinktion (Bohnsack, 2014a) in der Art und Weise wie Handlungen, Ereignisse, Sachverhalte, Personen und ihr Verhalten geschildert werden sowie durch Zuschreibungen der Zugehörigkeit und Abgrenzung gegenüber anderen sozialen Gruppen (Bremer & Teiwes-Kügler, 2014). Die rekonstruierten handlungsleitenden Orientierungen des Einzelfalles liefern erste Hinweise auf einen milieutypischen ‚Modus Operandi', der im Verlauf der weiteren Auswertung des gesamten Interviews überprüft, ergänzt und ggf. korrigiert werden muss. Aus forschungsökonomischen Gründen kann in dieser Arbeit keine ausführliche Sequenzanalyse nach dem oben beschriebenen Verfahren vorgenommen werden. Vielmehr werden im Verlauf der Interpretation vom gesamten Interviewmaterial abstrahierende analytische Deutungen vorgenommen, die auf die Schemata des Habitus und Milieus zielen (ebd.).

2.5 Erkenntniserweiterndes Modell für die Analyse lehrkraftseitiger Dispositionen zur Unterstützung sozial benachteiligter Schüler*innen

Neben der Interviewanalyse mithilfe der dokumentarischen Methode besteht eine weitere Auswertungsstrategie darin, einen erkenntnisleitenden Analyserahmen zu nutzen, der auf Überlegungen von Uwe H. Bittlingmayer und Ullrich Bauer (2005) zurückzuführen ist. So greifen die beiden Autoren in einer Expertise für das Verbundprojekt „Lernen für den GanzTag" unmittelbar auf Bourdieus Verständnis von Sozioanalyse (u. a. Bourdieu & Wacquant, 2006; Bourdieu, 2002; 1993) zurück und entwerfen ein Kompetenzkonzept für Lehrkräfte, das auf die Stärkung einer reflexiven Pädagogik zielt. Das Konzept stellt in erster Linie einen ersten Entwurf für Fortbildungen zum pädagogischen Umgang mit sozial benachteiligten Schüler*innen dar, den es kontinuierlich auszugestalten gilt. Für die vorliegende Arbeit wird angenommen, dass mit dem Programm einerseits ein Analysemodell zur Verfügung steht, das ermöglicht, habituelle Dispositionen von Lehrkräften zur Unterstützung sozial benachteiligter Schüler*innen verstehend zu beschreiben. Andererseits wird davon ausgegangen, dass Möglichkeiten zur Bearbeitung von Bildungsungleichheit, die unmittelbar in den Bereich der pädagogischen Arbeit fallen, identifiziert werden können. Das Konzept von Bittlingmayer und Bauer soll demnach nutzbar gemacht werden, um die Aussagen der Lehrkräfte zu systematisieren und die Untersuchungsergebnisse für eine ungleichheitssensible Pädagogik darstellen zu können.

Im Folgenden wird zunächst das Kompetenzkonzept von Bittlingmayer und Bauer erläutert (Abschnitt 2.5.1). Anzumerken ist, dass im Zuge der Interviewauswertungen der von Bittlingmayer und Bauer vorgelegte Entwurf für das eigene Erkenntnisinteresse angepasst wurde. Das modifizierte Analyseinstrument wird anschließend präsentiert (Abschnitt 2.5.2).

2.5.1 Kompetenzkonzept zur Stärkung eines sozioanalytischen Umgangs mit Schüler*innen unterschiedlicher sozialer Herkunft von Uwe H. Bittlingmayer und Ullrich Bauer

Wie zuvor erwähnt, bringen Uwe H. Bittlingmayer und Ullrich Bauer Bourdieus Ansatz der Sozioanalyse in einer Expertise für das Verbundprojekt „Lernen für

den GanzTag"[10] in die Diskussion über Bearbeitungsmöglichkeiten herkunftsbedingter Bildungsnachteile ein und skizzieren auf Grundlage des Konzepts der
Sozioanalyse ein Fortbildungsprogramm für Lehrkräfte. Hierzu wird zunächst
der Begriff der sozialen Kompetenzen von den Autoren sozialpsychologisch und
sozialisationstheoretisch bestimmt und in vier Dimensionen unterteilt: (1) die
sozialkognitive Dimension, (2) die sozialmoralisch-kognitive Dimension, (3) die
interaktive Handlungsdimension sowie (4) die reflexive Dimension. Die letztgenannte Dimension ist mit dem vergleichbar, was Bourdieu als Sozioanalyse
bezeichnet (ebd.). Im Folgenden wird ein weiterer Aspekt vorangestellt, der von
den Autoren zwar nicht explizit als Kompetenzdimension genannt, jedoch im
Kontext von Konsequenzen für die Fortbildung des pädagogischen Personals
thematisiert und für die vorliegende Arbeit als relevant eingeschätzt wird:

(1) Bei der Wissensdimension geht es zunächst darum, welche Kenntnisse
    Lehrkräfte zu familialen Hintergründen sowie Lebens- und Sozialisations-
    bedingungen ihrer Schüler*innen haben und wie sie sich Haltungen und
    Verhaltensweisen der Schüler*innen und Familien erklären. Hinzu kommen
    Kenntnisse zu Reproduktionsmechanismen sozialer Ungleichheit, insbeson-
    dere zu ungleichen Bildungschancen (ebd.).
(2) Die sozialkognitive Dimension umfasst die „Fähigkeit, Situationen und die
    Dynamiken von Interaktionen und sozialen Kontexten zu erfassen" (Bittling-
    mayer & Bauer, ebd., S. 3). Diese grundlegende soziale Handlungsressource
    kann in Bezug auf Bourdieu als fundamentaler „sozialer Sinn" (Bourdieu,
    1987) bezeichnet werden. Als zentrale Aspekte der sozialkognitiven Dimen-
    sion werden Empathie und die Realisierung von Handlungserwartungen
    hervorgehoben, die von anderen Personen meistens implizit ausgehen. Die
    Handlungserwartungen stehen hierbei häufig mit den jeweiligen Funktions-
    rollen der Personen im Zusammenhang, zum Beispiel Lehrkräfte, die Auf-
    merksamkeit und Konzentration von Schüler*innen erwarten (Bittlingmayer
    & Bauer, 2005).
(3) Die sozialmoralisch-kognitive Dimension hingegen bezieht sich auf das ana-
    lytisch zu trennende normative Bewerten der wahrgenommenen Situation.
    Es geht insbesondere um die Legitimität von Handlungserwartungen und
    vollzogenen Handlungen. Die Bewertung der wahrgenommenen Situation

---

[10]Bei dem 2008 beendeten Verbundprojekt „Lernen für den GanzTag" handelt es
sich um ein Gemeinschaftsprojekt der Bundesländer Berlin, Brandenburg, Bremen,
Nordrhein-Westfalen und Rheinland-Pfalz in der Modellprojektförderung der Bund-
Länder-Kommission für Bildungsplanung und Forschungsförderung (BLK).

kann je nach Person variieren und wird durch die im Laufe der Sozialisation inkorporierten sozialmoralischen Normen bestimmt. Darüber hinaus
ist eine zeitlich ungleiche normative Bewertung festzustellen: Die normative
Bewertung und Einschätzung von Handlungskontexten und von vollzoge-
nen fremden Handlungen können sich im unmittelbaren Handlungsvollzug
entwickeln, die normative Beurteilung eigener Handlungen ereignet sich im
Gegensatz dazu in der Regel ex post (ebd.).

(4) Die interaktive Handlungsdimension meint die konkreten Interaktionen und
Handlungen von Individuen. Auf dieser Ebene kommen interaktionsbezogene
Fähigkeiten zum Tragen, wie beispielsweise sich adäquat sprachlich auszu-
drücken, um anderen seine Wahrnehmungen, Bewertungen und Emotionen
mitzuteilen. Auch Formen konkreter Konfliktlösungsmuster sowie die Fähigkeit, andere Perspektiven einzunehmen, umfasst diese Kompetenzdimension.
Zentral ist zudem, dass Personen nicht zwangsläufig in konkreten Situationen
gemäß ihren eigenen sozialkognitiven Einschätzungen und Bewertungen handeln. Stattdessen werden zum Beispiel Handlungsroutinen oder Gewohnheiten in der Erziehung, im Schulalltag oder in der Freizeitgestaltung fortgeführt,
gleichwohl die Einsicht vorhanden ist, dass die Praktiken nicht sinnvoll oder
rational sind und zum Teil sogar ein Wille zur Veränderung des eigenen Verhaltens besteht. Dementsprechend beinhaltet die Interaktionsdimension auch
ein erstes Maß an Reflexivität des eigenen Handelns (ebd.).

(5) Die bisherigen Dimensionen sozialer Kompetenzen gelten grundsätzlich gleichermaßen für Kinder, Jugendliche und Erwachsene. Im Gegensatz dazu wird
die reflexive Dimension als besonders relevant für das Lehrpersonal eingeschätzt, denn aufgrund ihrer pädagogischen Ausbildung und ihrer speziellen
Rolle bzw. Funktion sollten Pädagog*innen über mehr Handlungsressourcen
verfügen als ihre Klientel. Die reflexive Dimension schließt unmittelbar an
die theoretischen Überlegungen Bourdieus zu Sozioanalyse an (u. a. Bourdieu & Wacquant, 2006; Bourdieu, 2002; 1993). Wie in den theoretischen
Ausführungen dargelegt, handelt es sich bei Sozioanalyse um eine Form
der Selbstanalyse, in der systematisch die Gebundenheit eigener Sichtweisen
und Bewertungen in Beziehung zum sozialen Ort gebracht und darüber hinaus ins Verhältnis mit den Wert- und Handlungsorientierungsmuster und den
gesellschaftlichen Standorten des Gegenübers gesetzt werden. Bittlingmayer
und Bauer heben die Reflexion der eigenen Funktionsrolle beziehungsweise
die Distanz zu dieser hervor und betonen den Machtaspekt, der praktisch
jeden sozialen Handlungskontext zugrunde liegt. Dazu gehört die Einsicht in
die alltäglichen Kämpfe um Anerkennung im Kollegium, im Gespräch mit
den Eltern und vor der Klasse sowie der Blick auf eigenes und fremdes

distinktives Streben. Ferner geht es um die Erkenntnis von idiosynkratisch besetzten Personentypen, in Begründungsmuster der Sympathie und Antipathie sowie die Realisierung der Mechanismen der Zuteilung von Anerkennung in Interaktionen (Bittlingmayer & Bauer, 2005) (Tabelle 2.4).

Tabelle 2.4 Dimensionen sozialer Kompetenzen. (Eigene Darstellung auf Grundlage von: Bittlingmayer & Bauer, 2005, S. 6)

Dimension	Handlungsebene	Fähigkeiten
Wissensdimension	• Subjektiv, kollektiv • Teilweise bewusst, teilweise habitualisiert	• Kenntnisse zu ungleichen Sozialisations- und Lebensbedingungen sowie kritischen Lebensereignissen und deren (mögliche) Auswirkungen im schulischen Kontext • Wissen über Reproduktionsmechanismen gesellschaftlicher Ungleichheit im Bildungssystem
Sozialkognitive Dimension	• Subjektiv • Zumeist bewusst	• Fähigkeit, Situationen und Dynamiken von Interaktionen und sozialen Kontexten zu erfassen • „Sozialer Sinn" (Bourdieu, 1987) • Empathie • Verständnis von Handlungs- und Rollenerwartungen
Sozialmoralisch-kognitive Dimension	• Subjektiv • Eher unbewusst, aber nicht zwingend	• Normative Bewertung von Handlungserwartungen sozialen Interaktionen • Legitimität von und vollzogenen Handlungen • Vorbehalte/kritisches Bewusstsein
Interaktive Dimension	• Intersubjektiv • Teilweise bewusst, teilweise habitualisiert	• Konkrete Interaktionen und Handlungen • Kommunikative Kompetenzen • Konfliktlösungsmuster • Handlungsroutinen und Gewohnheiten

Reflexive Dimension	• Subjektiv
	• Bewusst
		• Sozioanalyse (u. a. Bourdieu, 1997; Bourdieu & Wacquant, 1996)
		• Umfassende Reflexion
		  o der eigenen Person und Rolle
		  o von Positions- und Distinktionskämpfen
		  o von Prinzipien der Zuteilung bzw. Verweigerung sozialer Anerkennung

Die Autoren führen aus, dass sich die Kompetenzdimensionen je nach Handlungskontext unterschiedlich äußern: Eine Handlungsstrategie kann in einem Handlungskontext erfolgreich sein, in einem anderen scheitern, obgleich sich an der individuellen Handlungsstrategie nichts ändert. Wenn zum Beispiel ein Kind in einer Klassenarbeit ein anderes Kind freiwillig abschreiben lässt, so kann dieses Verhalten als Umsetzung von solidarischen Normen sozialer Unterstützung interpretiert werden und sich in der kindlichen Lebenswelt positiv als soziale Anerkennung im Freundeskreis auswirken. Im leistungsbezogenen Schulkontext hingegen kann es dazu führen, dass eine solche prinzipiell begrüßenswerte Handlung bestraft wird. Ein weiterer wichtiger Aspekt dieser Bereichsspezifität bezieht sich auf den Umstand, dass Personen, die in einem speziellen Bereich ein hohes Maß an Kompetenzen zeigen, nicht automatisch in anderen Lebensbereichen über angemessene Handlungsstrategien verfügen. Etwa sind Kinder aus schwierigen Familienverhältnissen bekannt dafür, ein sensibles innerfamiliales Konfliktmanagement aufzuweisen und häufig zur Entspannung von stressigen Situationen beizutragen. Gleichzeitig sind es zum Teil dieselben Kinder und Jugendliche, die den Unterricht und das Klassenklima stören. Aus schulischer Perspektive wird das Sozialverhalten dieser Kinder und Jugendlichen überwiegend als defizitär wahrgenommen (ebd.).

Die Frage nach der Kompetenzgenese und -umsetzung wird nach Bittlingmayer und Bauer noch komplexer, werden die konkreten sozialen Handlungskontexte der Heranwachsenden mit einbezogen. So gibt eine milieuspezifische Perspektive Auskunft darüber, warum und inwiefern sich die Wissensformen, Verhaltensweisen und Kompetenzstrukturen der Kinder und Jugendlichen unterscheiden (ebd.). So ist in Deutschland mit sozialen Milieus zu rechnen, deren differenzielle Lebenswelten und damit einhergehende Wahrnehmungs-, Denk- und Handlungsmuster unterschiedlich dicht an den in der Schule vermittelten Wissensformen und den institutionellen Anforderungen liegen. Das bedeutet, dass je nach Milieuzugehörigkeit unterschiedliche Wahrscheinlichkeiten für schulischen Bildungserfolg existieren. Beispielshalber ist bei den oberen Milieus ein Hochschulstudium die Regel, in den untersten Milieus sind hingegen die meisten Schulabbrüche vorzufinden. Für den Zusammenhang von sozialen Kompetenzen und sozialen Milieus ist jedoch die Perspektive auf den milieuspezifischen Alltag und die daraus resultierende schulbildungsnahe oder schulbildungsferne Alltagspraxis bedeutsamer, als die skizzierte statistische Dimension sozial ungleicher Bildungschancen. Etwa kann es für einen Jugendlichen aus einem eher schulbildungsfernen Milieu im Vergleich zu einem Jugendlichen aus einem eher schulbildungsnahen Milieu gegenüber der Gleichaltrigengruppe begründungsbedürftig sein, den Nachmittag mit der Vorbereitung auf eine versetzungs- oder zeugnisrelevante Klassenarbeit anstatt die Freizeit mit ihnen verbringen zu wollen. Für diese Entscheidung erhält der Jugendliche möglicherweise keine soziale Anerkennung von seinen Peers (ebd.).

Insgesamt zielt das Kompetenzkonzept von Bittlingmayer und Bauer darauf ab, milieuspezifische soziale Kompetenzen der Schülerinnen und Schüler zu stärken, die bislang in der Schule wenig Anerkennung und Wertschätzung erfahren haben. Es geht vor allem darum, heterogene Lebenswelten zu achten und ungleiche Wissensformen, Verhaltensweisen und Kompetenzstrukturen der Schüler*innen nicht vorschnell als defizitär abzuwerten. Dadurch kann den unterschiedlichen Ausgangslagen der Heranwachsenden umfassend Rechnung getragen und die Kompetenzverteilung nicht für alle Schüler*innen als gleichermaßen gültig deklariert werden. Wichtig ist, so die Autoren, den Kindern und Jugendlichen ein prinzipielles Kompetenzbewusstsein zu vermitteln, damit sie sich unabhängig von ihren konkreten schulischen Leistungen als selbstwirksam und handlungsfähig begreifen. Um die milieuspezifischen Fähigkeiten und Handlungsstrategien der Schüler*innen zu verstehen und anzuerkennen, benötigen Lehrkräfte laut Bittlingmayer und Bauer Kenntnisse zu ungleichen Sozialisations- und Lebensbedingungen und deren Auswirkungen auf Bildungsverhalten. Insgesamt gilt es, die gängige defizitorientierte schulische Sichtweise auf Kinder und Jugendliche aus sozial benachteiligten Milieus durch eine Perspektive zu ersetzen, die diese Schüler*innen als handlungsfähige Akteure jenseits von guten Schulleistungen versteht. Angenommen wird, dass das grundsätzliche Kompetenzbewusstsein wiederum positive Rückwirkungen auch auf die schulische Performanz haben kann (ebd.). Diese Hypothese kann durch die HaBil-Studie sowie die Jugendstudie „Wie ticken Jugendliche" gestützt werden. So verweisen beide Untersuchungen auf den positiven Einfluss einer wertschätzenden Haltung der Lehrkräfte gegenüber sozial benachteiligten Schüler*innen auf das schulische Wohlbefinden, die Lernmotivation und das Selbstkonzept (Calmbach, Thomas, Borchard, & Flaig, 2012; Drucks, Osipov, & Quenzel, 2010).

Das übergreifende Ziel ist Bittlingmayer und Bauer zufolge jedoch, bei den Lehrkräften die (selbst-)reflexiven Anteile der eigenen sozialen Kompetenzen, genauer: die Fähigkeiten zur Sozioanalyse zu steigern. Dazu gehört die Reflexion des Einflusses des eigenen milieuspezifischen Sozialisationshintergrundes und der persönlichen biografischen Erfahrungen auf die pädagogische Arbeit. Wie bereits aufgezeigt wurde, bilden Lehrkräfte ähnlich zur Schüler*innenschaft keine homogene Gruppe, sondern verteilen sich auf unterschiedliche soziale Milieus. Die mit der sozialen Herkunft verbundenen Werthaltungen und Lebensprinzipien der Lehrkräfte wirken sich hierbei auf das berufliche Selbstverständnis

und auf die pädagogische Praxis (u. a. Bremer & Lange-Vester, 2014; Fabel-
Lamla & Klomfaß, 2014; Georgi, Ackermann, & Karakas, 2011) sowie auf
Normalitätsvorstellungen und Deutungsmuster aus (Khan, Sertl, Raggl, Stefan,
& Unterköffler-Klatzer, 2012). Die Ausführungen von Lange-Vester und Teiwes-
Kügler (2014) legen den Schluss nahe, dass die Sensibilität der Lehrkräfte für
ungleiche Habitusmuster der Schüler*innen allein nicht zur Ungleichheitsreduk-
tion ausreicht. Vielmehr ist ein berufliches Selbstverständnis erforderlich, das ein
Bewusstsein dafür beinhaltet, dass aus den eigenen Aufwachsensbedingungen
und biografischen Erfahrungen Gefahren und Fallstricke für die pädagogische
Arbeit resultieren und bestimmte Schüler*innenklientelen aus dem Blick gera-
ten bzw. als defizitär wahrgenommen werden (können) (ebd.). Bittlingmayer und
Bauer (2005) sprechen in diesem Zusammenhang auch von der Notwendigkeit der
„Kontrolle der habituellen Zuteilungen sozialer Anerkennung durch die Lehrerinnen und Lehrer" (ebd., S. 23). Etwa markieren die empirisch breit bestätigten
Effekte einer sozial selektiven Leistungs- und Eignungsdiagnostik den starken
Handlungsbedarf, die Herkunftseffekte im Schulkontext zu thematisieren und zu
problematisieren, sodass Lehrkräfte die Chance erhalten, diese bewusster und
reflexiver zu handhaben. Für Lehrkräfte ist nach den Autoren darüber hinaus
notwendig, sich mit schulischen Reproduktionsmechanismen sozialer Ungleichheit auseinanderzusetzen und in diesem Zusammenhang insbesondere die eigene
pädagogische Praxis als soziale Platzierung und symbolische Gewalt zu reflektieren. Letztendlich geht es darum, durch (Selbst-)Reflexivität und Kontrolle
der eigenen pädagogischen Arbeit Lehrer*innen-Schüler*innen-Beziehungen so
zu gestalten, dass sie Kompetenzbewusstsein und Selbstwirksamkeitserfahrungen
aller Schüler*innen stärken, für milieuspezifische Ressourcen und Dispositionen sensibilisieren und Schüler*innen aus sozial benachteiligten Milieus bessere
Passungsverhältnisse ermöglichen (ebd.).

   Im Kontext von Bildungsungleichheit spricht Bourdieu auch von einer rationalen Pädagogik, die auf einer „Soziologie der kulturellen Ungleichheit" (Bourdieu,
2001, S. 152) basiert und seiner Meinung nach eine Möglichkeit bietet, die
Ungleichheit der Bildungschancen zu verringern. Eine solche rationale Pädagogik in Bezug auf die Gestaltung der pädagogischen Kommunikation hat Bourdieu
jedoch nicht systematisch ausgearbeitet. Auf einer eher systemischen Ebene geben
die Mitte der 1980er Jahre von einer Gruppe von Hochschullehrenden des Collè-
ges de France erarbeiteten „Vorschläge für das Bildungswesen der Zukunft"
(Bourdieu, 2003, S. 97 ff.), bei denen Bourdieu federführend war, Auskunft darüber, wie die Grundprinzipien des künftigen Bildungswesens aussehen sollten.
Dieses staatlich in Auftrag gegebene Gutachten fordert u. a. ein breiteres Verständnis von Leistung und Begabung, die Vervielfachung von Lebenschancen

durch eine Verringerung der Folgen negativer Schulurteile, eine ständige Revision des Lehrstoffes, kontinuierliche Bildungsprozesse im Wechsel mit Berufstätigkeit, die Nutzung moderner Medientechnik im Unterricht, eine Öffnung der Schule im Hinblick auf externe Kooperation sowie eine Stärkung der Autonomie der Lehrer*innenschaft durch Steigerung ihrer fachlichen und pädagogischen Kompetenzen (ebd.).

In jüngster Zeit entstehen theoretische Überlegungen und empirische Untersuchungen, die an Bourdieus Konzept wissenschaftlicher Reflexivität anknüpfen und den Versuch unternehmen, den Ansatz von Sozioanalyse für die pädagogische Arbeit fruchtbar zu machen. Hervorzuheben sind hier die beiden Sammelbänder „Reflexive Erziehungswissenschaft" von Friebertshäuser, Rieger-Ladich und Wigger (2006) sowie „Habitussensibilität" von Sander (2014). Die Beiträge der beiden Sammelbänder geben einen ersten Einblick in die Problemkonstellationen auf institutioneller, bildungspolitischer, didaktischer und individueller Ebene von (Selbst-)Reflexivität im schulischen Kontext. Die vorliegende Untersuchung schließt speziell an die bereits vorgestellten Überlegungen von Lange-Vester und Teiwes-Kügler (2014) und Fabel-Lamla und Klomfaß (2014) an.

2.5.2 Modifikation der Analysedimensionen

Die Expertise für das Verbundprojekt „Lernen für den GanzTag", in deren Rahmen das Kompetenzkonzept für Lehrkräfte zur Stärkung einer rationalen und reflexiven pädagogischen Arbeit ausgearbeitet wurde, kann als Diskussionspapier verstanden werden, das Anregungen zur Weiterarbeit liefert (Bittlingmayer & Bauer, 2005).

Im vorliegenden Fall stellt die Anwendung des Kompetenzkonzepts für die Interviewanalyse einen zirkulären Prozess dar: Auf der einen Seite ermöglicht das theoretische Vorwissen, sich den Perspektiven der befragten Grundschullehrkräfte anzunähern und den Sinn der Darstellungen für die jeweilige Lehrperson zu verstehen. Dieses strukturierende Prinzip liegt auch der Erhebungsmethode des leitfadengestützten Interviews zugrunde. Auf der anderen Seite ist der Verstehensprozess durch die methodisch kontrollierte Vorgehensweise der dokumentarischen Methode offengehalten. Das heißt, die Sinnrekonstruktionen erfolgen hauptsächlich aus dem Material heraus und erweitern und korrigieren gegebenenfalls dadurch das ursprüngliche Vorverständnis (Kruse, 2011). So wurden unter Berücksichtigung der subjektiven Relevanz-, Wissens- und Wertesysteme der interviewten Lehrkräfte im Zuge erster Auswertungen die von Bittlingmayer und

Bauer entworfenen Dimensionen modifiziert. Im Folgenden soll dieses erkennt-
niserweiternde Modell für die Analyse von lehrkraftseitigen Dispositionen zur
Unterstützung sozial benachteiligter Schüler*innen anhand einer Annäherung an
Fälle und Material veranschaulicht werden.

Konstruktion der Schüler*innen- und Elternklientel
In den Auswertungen hat sich als wesentliche Dimension die Konstruktion der
Schüler*innen- und Elternklientel herauskristallisiert. In dieser Dimension geht
es darum, wie die befragten Lehrkräfte die Schüler*innen und Eltern wahrnehmen und welche Deutungen und Bezugnahmen hierbei relevant werden
sowie darüber hinaus, welche pädagogische Praxis die entsprechenden Klientelkonstruktionen nach sich ziehen. Beispielsweise thematisiert Herr Weber in
der Eingangspassage des Interviews die im Vergleich zu anderen Jahrgängen
auffallende Unselbstständigkeit und Schulunreife des neuen ersten Jahrganges:

> [wir haben festgestellt] dass bei diesem Mal obwohl es weniger Schüler in der
> Klasse sind äh dass die Schüler unselbstständiger sind also schulunreifer sind und
> dass äh ist dann immer der Hintergrund (.) liegt das an der Gesellschaft? dass sich
> die Gesellschaft an sich verändert? und die Einstellung zur Schule? oder liegt das
> an unserer Situation im Stadtteil? wir haben in unserem Stadtteil die Situation (.) äh
> wir sind äh Stadtteil (.) Neubaustadtteil alles gebaut in Fünfziger-Sechzigerjahren
> bis auf wenige neue Häuser (.) die Einfamilienhäuser die haben alle fast keine
> Kinder mehr (.) und wir haben die großen Mietshäuser wo die älteren Leute ins
> Altenheim gehen oder sterben und in die neuen Wohnungen ziehen Familien rein
> und wir haben bei der Schulaufnahme wer ein fünfjähriges Kind angemeldet hat
> im Durchschnitt bei uns <u>2,3</u> Kinder das heißt wir sind äh im Stadtteil-auch das
> Jugendamt hat festgestellt unser Stadtteil hat von den <u>dreizehn</u> Stadtteilen (.) <u>die</u>
> <u>meisten</u> alleinerziehenden (.) Eltern und wir sind auch äh wenn es um Harz-IV
> geht äh der Stadtteil der bei Hartz-IV-Empfängern die <u>meisten</u> äh Kinder hat pro
> Familie im Durchschnitt (.) also wir haben die Kinderreichen und äh (.) unsere äh (.)
> großen Mietwohnungen die haben alle hundert Quadratmeter und wenn man Hartz-
> IV ähm hat bekommt man die auch nur wenn man mehrere Kinder hat das heißt
> wir kriegen eine ganz bestimmte Zielgruppe und da der Ruf sich verschlechtert hat
> wir haben nicht mehr die Belegung des [Wirtschaftsunternehmens A] sondern (.)
> freien Wohnungsmarkt wir haben eine Immobilienfirma und dadurch hat sich die
> Bevölkerung verändert weg von den äh Mitarbeitern des [Wirtschaftsunternehmens
> A] äh hin zu äh freier Wohnungsmarkt und gerade die die woanders keine Wohnung
> <u>finden</u> äh kommen dann zu uns (Interview Herr Weber, Z. 26–93)

Ohne detaillierte Interpretation wird deutlich, dass Herr Weber den neuen
ersten Jahrgang als vergleichsweise auffallend unselbstständig und schulunreif
wahrnimmt. Diese Veränderung der Schüler*innenklientel führt er auf den Wandel

des Einzugsgebietes der Schule zurück. Herr Weber argumentiert, dass der Stadtteil vom industriellen Strukturwandel betroffen sei und dies Auswirkungen auf
den Wohnungsmarkt habe, was letztlich in soziale Segregation münde. Im Vordergrund dieser Passage steht im Sinne der Wissensdimension von Bittlingmayer
und Bauer (2005) das kommunikative Wissen über das sich wandelnde Einzugsgebiet der Schule, das zur Erklärung der Unselbstständigkeit und Schulunreife
der Schüler*innen dient. Das sozialräumlich benachteiligte Umfeld hat aus der
Perspektive von Herrn Weber Folgen für die pädagogische Arbeit. Aufgrund des
„erhöhten Betreuungsbedarfs" (Z. 130)

> müssen [wir] auf jeden Fall äh (.) den-unseren Deutschunterricht verstärken gerade
> den Leseunterricht und ähm das heißt äh wir müssen da (.) einmal Eltern um
> Hilfe bitten (.) Lesemütter die wir dann in Klassen haben die dann mit einem
> Kind einzeln üben weil das ist äh wichtig dass wir die äh Leseintensität erhö-
> hen und das kann man nicht manchen wenn ein Kind liest und vierundzwanzig
> Kinder zuhören sondern gut wäre es ja wenn fünfundzwanzig Kinder gleichzei-
> tig lesen aber wir haben keine fünfundzwanzig Lehrer pro Klasse und deswegen
> sind da Zusatzeinrichtungen-wie gesagt eine zweite Lehrerin die immer mal ein
> Kind rausnimmt zum Lesefördern ganz gut wir haben auch seit äh einem Jahr eine
> eigene Sonderpädagogin die auch Schwerpunkarbeit macht in der Frühförderung
> und in der Vorbeugung das heißt die arbeitet nicht nur mit den vier äh geteste-
> ten GU-Kindern[11] die einen offiziellen sonderpädagogischen Status haben sondern
> auch mit äh zwanzig dreißig Kindern mit denen sie vorbeugend arbeitet die also
> <u>schwach</u> sind (.) im Lesen Rechnen und so weiter und da macht sie auch Lese-
> förderung sie arbeitet auch mit anderen <u>Methoden</u> wenn diese Kinder Probleme
> haben etwas zu verstehen um dann vielleicht mit anderen Methoden erfolgreicher zu
> sein mit anderen Lehrwerken Büchern Arbeitsblättern alles (Interview Herr Weber,
> Z. 185–250)

Herr Weber nennt in dieser Passage Praktiken des Ausgleichs der sozialen Benachteiligungslage, insbesondere die Leseförderung. Hierbei greift die
Schule scheinbar auf die Unterstützung der Eltern und zum Teil auf eine zweite
Lehrkraft im Deutschunterricht zurück. Überdies fördert eine Sonderpädagogin
mithilfe weiterer Methoden und Unterrichtsmaterialien gezielt schulleistungs-
schwache Kinder. Über die verbal kommunizierten Handlungspraxen hinaus
legen die Ausführungen Defizitzuschreibungen an die bildungssprachlichen Kompetenzen der Schüler*innen nahe und es dokumentiert sich insgesamt eine
problemorientierte Perspektive auf die Schüler*innen. Die Art und Weise der Auseinandersetzung von Herrn Weber mit den sozialen Herausforderungen kann als

---

[11]Die Abkürzung GU steht für den Gemeinsamen Unterricht von Schüler*innen mit und
ohne offiziell ausgewiesenen sonderpädagogischen Förderbedarf.

mechanisch beschrieben werden, so geht es vor allem um die Handhabbarkeit und Bearbeitbarkeit der Schüler*innen, die als unselbstständig und schulunreif bzw. schulleistungsschwach gelten. Die Wissensdimension nach Bittlingmayer und Bauer (2005) erfährt demnach eine Erweiterung um den Aspekt der Praktiken der befragten Lehrkräfte, d. h. die modifizierte Dimension umfasst auch Erzählungen und Beschreibungen zum konkreten Umgang mit sozial benachteiligten Schüler*innen – in diesem Sinn wird die oben vorgestellte interaktive Handlungsdimension (ebd.) bei der Klientelkonstruktion hinzugezogen.

Berufsbezogenes Selbstkonzept
Als weitere zentrale Dimension hat sich das berufsbezogene Selbstkonzept erwiesen, also die subjektiv wahrgenommene und ausgestaltete Berufsrolle der befragten Lehrkräfte. Das berufsbezogene Selbstkonzept umfasst die Wahrnehmung der eigenen fachlichen und pädagogischen Kompetenzen sowie die Bewertung dieser in Interaktionen mit anderen Akteur*innen wie bspw. Schulleitung, Kolleg*innen, Schüler*innen und Eltern. Weitere Elemente des berufsbezogenen Selbstkonzepts sind Ideale mit Blick auf die eigene Person bzw. Wertvorstellungen im schulischen Kontext (Schott, 2012). Zum Beispiel berichtet Frau Neumann, dass sie

eigentlich immer sehr schöne Klassengemeinschaften [hatte] ich habe also versucht immer ein ähm (.) ja wie soll ich sagen (.) Zusammengehörigkeitsgefühl zu entwickeln und Zusammengehörigkeit wachsen zu lassen unter den Kindern (.) ne das fand ich immer-das fand ich sehr wichtig dass das also wie eine kleine wie ein kleine Familie schon wieder ist eine kleine äh ja (.) eine kleine Familie wieder ne und äh die türkischen Eltern-ich meine das ist-es kommt immer auf die Persönlichkeit des äh des Lehrers darauf an die nannten mich immer die zweite Anne ne die nannten mich immer die zweite Anne (Interview Frau Neumann, Z. 120–143)

Anhand der Passage wird deutlich, dass für Frau Neumann das Gefühl der Zusammengehörigkeit und Gemeinschaft essenziell für ihre berufliche Tätigkeit ist und sie entsprechend ihr pädagogisches Handeln an der Gestaltung positiver Beziehungen orientiert. Frau Neumann erfährt sich in diesem Kontext als selbstwirksam bzw. präsentiert sich als handlungskompetent, denn es scheint ihr stets gelungen zu sein, eine „schöne Klassengemeinschaft" (Z. 120) herzustellen. Die Klasse wird von ihr darüber hinaus als eine Art Familie wahrgenommen. Etwa berichtet sie, dass die türkischen Eltern sie „immer die zweite Anne" (Z. 138), also vom Türkischen ins Deutsche übersetzt: die zweite Mutter nannten. Anders ausgedrückt ist die Schule als Ort der Familie die Idealvorstellung von Frau Neumann. Durch die Bezeichnung als ‚zweite Anne' erhält sie die

Bestätigung der Eltern, dass sie die mütterliche Autorität in der Klasse verkörpert. Diese Dimension ist demnach angelehnt an die sozialkognitive und die sozialmoralisch-kognitive Dimension von Bittlingmayer und Bauer (2005).

Auseinandersetzung mit Spannungsfeldern der pädagogischen Arbeit
Die folgenden drei Dimensionen finden keine unmittelbare Entsprechung im Konzept von Bittlingmayer und Bauer (ebd.), sondern entwickelten sich erst im Laufe des Forschungsprozesses aus dem Material heraus. So fiel während der Auswertungen auf, dass sich die befragten Lehrkräfte alle mit unterschiedlichen Spannungsfeldern der pädagogischen Arbeit auseinandersetzen. Im Fall von Frau Neumann deutet sich beispielsweise in den weiteren Ausführungen zu der Klassengemeinschaft ein Spannungsfeld zwischen der Herstellung und Aufrechterhaltung des schulischen Wohlbefindens und der Verwirklichung der schulischen Lernziele an: „also ich habe immer versucht den Kindern äh das Schulleben so angenehm und so ähm problemlos wie möglich zu machen ne dagegen standen natürlich die Lernziele die wir verwirklichen mussten" (Interview Frau Neumann, Z. 143–149). Die Verwirklichung der schulischen Lernziele impliziert hierbei die Beurteilung von Schulleistungen. Es besteht das Risiko, dass sich die Schüler*innen durch die Bewertung der Lehrkräfte nicht anerkannt und wertgeschätzt fühlen. Insofern besteht Spannung zwischen der Herstellung und Aufrechterhaltung des schulischen Wohlbefindens und der Verwirklichung der schulischen Lernziele. Diese konstitutiven Antinomien pädagogischen Handelns sind für die Lehrkräfte nicht aufhebbar, sondern nur reflexiv handzuhaben (Helsper, 2004). Daher scheint es aufschlussreich zu sein, der Frage nachzugehen, welche Spannungsfelder die befragten Lehrkräfte thematisieren, wie sie mit diesen umgehen und welche Lösungen sie entwickeln.

Positionierung innerhalb der Schule bzw. im Kollegium
Des Weiteren stellte sich im Forschungsprozess die Frage, wie sich die Lehrkräfte in der Schule bzw. im Kollegium positionieren bzw. wie sie positioniert werden. Das heißt, diese Dimension fasst die berufsbezogenen Selbst- und Fremdzuschreibungen zusammen. Vor dem Hintergrund, dass die Schule als Teilfeld des gesamtgesellschaftlichen Feldes zu verstehen ist (Bourdieu & Passeron, 1971), entstehen bestimmte Möglichkeitsräume der individuellen Platzierung für die Lehrkräfte, die in dieser Dimension herausgearbeitet werden. Etwa präsentiert Frau Neumann sich selbst als überaus fürsorgliche, verständnisvolle und verlässliche Lehrerin, wie die oben genannten Zitate bereits erkennen lassen. So scheint sie die Rolle der mütterlichen Autorität als Auszeichnung zu begreifen

und hebt über das gesamte Interview hinweg das familienähnliche Verhältnis zwischen ihr und den Schüler*innen hervor. Diese besondere Beziehung zu ihren Schüler*innen markiert Frau Neumann als einzigartig im Kollegium. Ihre Darstellungen verweisen insgesamt auf ein hohes persönliches Engagement und Verantwortungsbewusstsein für sozial benachteiligte Schüler*innen. Im Vordergrund ihrer pädagogischen Arbeit steht ein harmonisches Arbeitsklima. Das pädagogische Handeln scheint hierbei vor allem auf die eigene Klasse bezogen zu sein, von Teamarbeit bzw. von der grundsätzlichen Weiterentwicklung einer Schulkultur, die auf das schulische Wohlbefinden der Schüler*innen abzielt, ist im Interview nicht die Rede.

Zuschreibung von Verantwortung für Bildungschancen
Die Dimension Zuschreibung von Verantwortung für Bildungschancen ist dem Forschungsinteresse geschuldet. So ist in Anbetracht persistenter sozialer Disparitäten im Bildungssystem von besonderer Relevanz, inwiefern sich die befragten Lehrkräfte grundsätzlich verantwortlich für die Entwicklung von Bildungschancen fühlen. Im Hinblick darauf, dass Lehrkräfte in der Regel kein Bewusstsein für ihre Einbindung in Reproduktionsprozesse sozialer Ungleichheit haben (Rieger-Ladich, 2011) und nicht absichtlich sozial selektiv entscheiden und handeln, sondern vielmehr systemimmanenten Handlungslogiken folgen (Ditton, 2010a), soll in dieser Dimension rekonstruiert werden, was für Vorstellungen die befragten Lehrkräfte von ihrem Einfluss auf die Bildungschancen bzw. ihrem Beitrag zur Bearbeitung von Bildungsungleichheit haben. Exemplarisch sei an dieser Stelle Herr Weber genannt, der zunächst grundsätzlich wahrnimmt, dass Chancengleichheit im Bildungssystem kaum existiert, sondern die schulischen Erfolgsaussichten maßgeblich von der sozialen Herkunft abhängen: „krass gesagt kommt man aus einer Akademikerfamilie wird man da [gemeint ist die gymnasiale Laufbahn, Anmerkung S. R.] einfach weiter reingeschubst und notfalls kriegt man Förderung" (Interview Herr Weber, Z. 2328–2334). Aufgrund seiner eigenen Aufstiegsbiografie und in seiner Position als Schulleiter fühlt sich Herr Weber besonders verantwortlich, sozial benachteiligten Schüler*innen Bildungschancen zu eröffnen:

ich war damals gehörte (.) zu den Besten der äh Volksschulklasse und habe den Sp-Absprung gewagt (.) und habe dann Abitur gemacht und innerhalb meiner Familie war ich der Erste (.) der dann Abitur gemacht hat das war in unserer äh Großfamilie nicht üblich (.) und äh danach haben andere dann äh mitgezogen (.) und äh gehörte praktisch zu dieser Aufsteigerschicht wenn man das so nennen will und von daher habe ich da natürlich immer so einen Blick drauf gehabt (Interview Herr Weber, Z. 2272–2285)

An mehreren Stellen des Interviews betont Herr Weber, dass sein Hauptaugenmerk auf der Unterstützung ‚sozial Schwacher' liegt. Um Bildungsungleichheit zu kompensieren, setzt er auf individuelle Förderung und Binnendifferenzierung. Wie die oben stehende Interviewpassage zur Unselbstständigkeit und Schulunreife der Schüler*innen erkennen lässt, wirkt sich die soziale Benachteiligungslage aus der Perspektive von Herrn Weber ungünstig auf die Lernvoraussetzungen und Leistungsfähigkeit der Schüler*innen aus und scheint eine große Herausforderung für die pädagogische Arbeit zu sein.

Gefahren und Fallstricke der handlungsleitenden Orientierungen
Die Dimension Gefahren und Fallstricke der handlungsleitenden Orientierungen schließt an die kritische Perspektive auf die Rolle der Lehrkräfte bei der Entstehung und Verstärkung sozialer Ungleichheit im Bildungssystem in Kapitel 1 an. Auf Grundlage aller bisherigen Rekonstruktionen gilt es im Sinne der reflexiven Dimension von Bittlingmayer und Bauer (2005) zu hinterfragen, für welche Schüler*innengruppe die pädagogische Praxis förderlich bzw. hinderlich sein kann. Dafür werden handlungsleitende Orientierungen der befragten Lehrkräfte aufgegriffen, die aus einem bildungstheoretischen Blickwinkel ungleichheitsrelevant erscheinen. Beispielsweise kann bei Frau Berger die Verschränkung von ethnisierenden Zuschreibungen mit geschlechtsspezifischen Differenz- und Normalitätsvorstellungen aufgedeckt werden:

> im Großen und Ganzen muss ich sagen jetzt in meiner Klasse ist es eher so dass die Eltern sehr wohl ähm (.) sehr da hinterher sind und stark da hinterher sind und sich auch doll dafür interessieren was hier in der Schule passiert (.) und ähm (.) ja von meinem Verständnis her (.) teilweise zu viel (.) also nicht dass sie sich dafür interessieren um Gottes Willen sollen sie alle aber dieses ähm behütet sein zu viel und vielleicht auch durch diese kulturellen Unterschiede vielleicht ist es dort [gemeint ist wahrscheinlich die Türkei, Anmerkung S. R] so wenn dann ein Junge (.) geboren wird und der das einzige-der einzige Sohn das einzige Enkelkind überhaupt ist der wird (.) ja der wird auf Händen getragen (Interview Frau Berger, Z. 218–226)

Frau Berger hebt in dieser Passage ethnische und geschlechtliche Differenzen zwischen den Schüler*innen und Eltern hervor, wobei sie sich im Feld gängiger Stereotype von überbehüteten türkischen Jungen bewegt. Ohne ausführliche Interpretation dokumentiert sich eine tendenziell problemorientierte Sichtweise auf das vermeintliche Übermaß an elterlicher Fürsorge in Familien mit (türkischem) Migrationshintergrund. Welche Reichweite und Bedeutung die

Zuschreibung kultureller Unterschiede und die Wahrnehmung eines überfürsorgli-
chen Erziehungsstils türkischer Familien hierbei für die pädagogische Praxis hat,
kann die vorliegende Arbeit nicht beantworten.

   Die untenstehende Abbildung gibt abschließend einen Überblick über die
modifizierten Analysedimensionen (Abbildung 2.1).

Abbildung 2.1 Modifizierte
Analysedimension

Habituelle Dispositionen von Lehrkräften zur Unterstützung sozial benachteiligter Schüler*innen: Ergebnisse der Einzelfallanalysen

3

In diesem Kapitel wird zunächst der Auswahlprozess von vier Einzelfällen aus dem Gesamtsample (Abschnitt 3.1) und die Darstellungsweise der empirischen Ergebnisse (Abschnitt 3.2) beschrieben, um anschließend zu dem Hauptteil dieser Arbeit zu gelangen: In detaillierter Weise werden die unterschiedlichen Perspektiven vorgestellt, die die befragten Lehrkräfte auf ihre Schüler*innen- und Elternschaft einnehmen (Abschnitt 3.3. bis Abschnitt 3.6). Dieses Kapitel zielt auf die Entschlüsselung handlungsleitender Orientierungen hinsichtlich der Unterstützung sozial benachteiligter Schüler*innen. Hierbei wird der Einzelfall entlang der zuvor umrissenen modifizierten Analysedimensionen betrachtet.

3.1 Auswahl der Eckfälle

Im Sinne des minimalen Kontrastes beschränkt sich die Auswahl der Eckfälle zunächst auf Lehrkräfte, die am Anfang ihrer beruflichen Laufbahn stehen und zum ersten Mal die alleinige Verantwortung für ihr pädagogisches Handeln übernehmen. Der Berufseinstieg ist Lamy (2015) zufolge eine Zeit, in der sich die neuen Lehrkräfte erstmals eigenständig mit beruflichen Anforderungen wie z. B. die Planung und Durchführung des Unterrichts, die Klassenführung und die Gestaltung von Lehrer*innen-Schüler*innen-Beziehungen befassen. Grundsätzlich müssen sie auf Basis der ihnen zur Verfügung stehenden Ressourcen und im Kontext der spezifischen schulischen Rahmenbedingungen versuchen, ihren Bildungs- und Erziehungsauftrag so gut wie möglich zu bewältigen und die eigene berufliche Entwicklung zu gestalten. Die neuen beruflichen Anforderungen ergeben sich ebenso im erweiterten schulischen Umfeld und in der Interaktion mit den neuen Arbeitskolleg*innen, Eltern und Vorgesetzten. Im Grundsatz treffen die Lehrkräfte auf eine Schulkultur mit mehr oder weniger bereits existenten

© Der/die Autor(en) 2021
S. Rutter, *Sozioanalyse in der pädagogischen Arbeit*, Bildung und Gesellschaft,
https://doi.org/10.1007/978-3-658-32065-2_3

sozialen Normen und Regeln und stehen zum Interviewzeitpunkt vor der Herausforderung, ihren Platz in diesem Umfeld zu finden. Die Berufseinstiegsphase wird demnach als Handlungs- und Möglichkeitsraum für die Herausbildung einer beruflichen Identität verstanden. Vor diesem Hintergrund scheint die Berufseinstiegsphase besonders aufschlussreich für die vorliegende Untersuchung zu sein, da sich die befragten Lehrkräfte wahrscheinlich zum Interviewzeitpunkt vergleichsweise intensiv mit ihrer Rolle als Lehrperson auseinandersetzen und dabei relativ wenige schulische und unterrichtliche Handlungsroutinen entwickelt haben. So können habituelle Orientierungen bezüglich der Unterstützung sozial benachteiligter Schüler*innen analysiert werden, die noch verhältnismäßig wenig von berufsbiografischen Prozessen beeinflusst sind.

Der theoretische Zweck der vorliegenden Untersuchung besteht darin, die Bedeutung von Habitus und Milieu für die pädagogische Arbeit aufzuzeigen und dadurch Passungsverhältnisse zwischen Lehrkräften und Schüler*innen zu konkretisieren. Dabei ließen die Auswertungen in der SKILL-Studie bereits habitus- und milieuspezifische Orientierungen annehmen. Wie in den folgenden Kapiteln noch ausführlich dargelegt wird, zeigen Frau Akay, Frau Antonova, Frau Kamper und Herrn Jansen besonders kontrastive Grundmuster bezüglich der Unterstützung sozial benachteiligter und bisher im Bildungssystem ausgegrenzter Schüler*innen, sodass sie für eine intensivere Analyse ausgewählt wurden. Diese vier Eckfälle können im Hinblick auf die forschungsleitenden Fragestellungen ein breites Spektrum an Sensibilität für die unterschiedlichen Lernvoraussetzungen, Potenziale und Bedürfnisse der Schüler*innen abbilden. So eröffnen die vier Lehrkräfte auf unterschiedliche Art und Weise Anknüpfungsmöglichkeiten und Bezüge für ganz bestimmte sozial benachteiligte Schüler*innengruppen.

Hinzu kommt, dass diese vier Lehrkräfte an unterschiedlichen Schulstandorten tätig sind. Wenngleich der Schulstandort kein Hauptkriterium sein sollte, um sich mit der Vielfalt der Schüler*innen und Bildungsungleichheit eingehend zu beschäftigen, stellt die Schulumgebung eine wichtige Einflussgröße für die Auseinandersetzung mit Differenzmerkmalen dar (vgl. Fölker & Hertel, 2015; Jäger, 2014).

3.2 Darstellungsweise der empirischen Ergebnisse

Die Fallrekonstruktionen wurden ausführlich und in Abfolge an die zuvor dargelegten Interpretationsschritte analysiert: Zuerst wurden für jedes Interview thematische Verläufe erstellt, im Rahmen dessen Ober- und Unterthemen identifiziert wurden. Anschließend wurden die gruppierten Interviewpassagen in eigene

Worte gefasst. Als nächstes wurde jedes Interview als einzelner Fall reflektierend interpretiert. Innerhalb dieses Auswertungsschrittes wurden zu Beginn die Textsorten differenziert. In die reflektierende Interpretation wurden auch Argumentationen und Bewertungen einbezogen, da die Rekonstruktion von Dispositionen zur Unterstützung sozial benachteiligter Schüler*innen auch durch nicht narrative Textteile sinnvoll erscheint. Wie bereits in den methodologischen Grundlagen der dokumentarischen Methode bemerkt wurde, erscheint es gerade, wenn es um die Institution Schule geht, bedeutsam, das handlungsleitende implizite Wissen in einem systematischen Bezug zu den normativen Erwartungsstrukturen und institutionalisierten Wissensbestände zu setzen (Bohnsack, 2014b). So wurden für jede Fallanalyse die Orientierungsschemata und Orientierungsrahmen herausgearbeitet. Die reflektierende Interpretation geht dabei von Anfang an vergleichend vor, um die Regelhaftigkeit von Erfahrungen und den in dieser Regelhaftigkeit liegenden dokumentarischen Sinngehalt herauszuarbeiten (Nohl, 2017). Diese aufwändige Vorgehensweise kann bei der Darstellung der Ergebnisse nicht abgebildet werden, sodass in diesem Kapitel die formulierenden, reflektierenden und komparativen Analysen in einem Text verarbeitet werden. Die folgenden Fallanalysen beinhalten demnach interpretative Verdichtungen, die einen Gesamteindruck von der jeweiligen Lehrperson vermitteln.

3.3 Frau Akay

Das Gespräch mit Frau Akay fand ungestört in den Räumlichkeiten der offenen Ganztagsgrundschule statt und dauerte knapp 50 Minuten. Die Grundschule liegt im urbanen Zentrum des westlichen Ruhrgebiets, das als strukturschwache Region gilt. So ist die Gesamtarbeitslosenquote des regionalen Großraums eine der höchsten der westdeutschen Bundesländer. Insgesamt ist die wirtschaftliche Lage der Kommune, die für die Grundschule verantwortlich ist, angespannt. Hinzu kommt eine relativ hohe Bevölkerungsdichte, wobei das Privathaushaltseinkommen eher niedrig ist und überdurchschnittlich viele Einwohner*innen öffentliche Sozialleistungen beziehen. Typisch für Großstädte in Nordrhein-Westfalen ist der hohe und wachsende Anteil an Einwohner*innen mit Migrationshintergrund mit auffallend schwachen sozioökonomischen Indikatoren. So übersteigt auch in der zuständigen Kommune die Arbeitslosenquote unter den Einwohner*innen mit Migrationshintergrund deutlich die der Einwohner*innen ohne Migrationshintergrund. Zudem beziehen die Einwohner*innen mit Migrationshintergrund im Vergleich zu den

Einwohner*innen ohne Migrationshintergrund häufiger Leistungen zur Grundsicherung[1].

Die Grundschule umfasst insgesamt ca. 300 Schüler*innen sowie ein Team von annähernd 35 Lehrkräften, Sonderpädagog*innen, Sozialpädagog*innen und Heilpädagog*innen. Frau Akay ist zum Zeitpunkt des Interviews Mitte 30 Jahre alt und seit ungefähr einem Jahr als Sonderpädagogin an der Grundschule tätig. Sie verfügt über eine abgeschlossene Ausbildung im medizinischen Bereich sowie ein Studium der Heilpädagogik. Vor ihrer Beschäftigung an der Grundschule arbeitete sie mehrere Jahre in der Kinder- und Jugendpsychiatrie.

3.3.1 Konstruktion der Schüler*innen- und Elternklientel

Frau Akay legt im Kontext ihres Selbstverständnisses von besonderen Lebenslagen am Beispiel von geflüchteten Schüler*innen dar, dass die persönliche Lebenssituation auch die Lernvoraussetzungen beeinflusst:

> zum Beispiel äh mit den-die Flüchtlingskinder die haben ja auch diese Sprachbarriere wir nennen sie dann auch äh Seiteneinsteiger die kommen dann an die Schule und äh haben natürlich Startschwierigkeiten erst mal weil sie die Sprache nicht verstehen und äh diese Kinder bekommen dann besonderen ähm (.) Förderunterricht (.) Deutsch DaZ ne-nennt sich das (.) Deutsch als Zweitsprache ähm (.) ja (.) die profitieren natürlich sehr davon die Kinder ne die lernen innerhalb von wenigen Wochen Monaten Deutsch (Fallstudie 1, Interview Frau Akay, Z. 54–75)

An den Ausführungen zu geflüchteten Kindern wird zunächst ersichtlich, dass deutschsprachliche Kompetenzen in der Wahrnehmung von Frau Akay von zentraler Bedeutung für die pädagogische Arbeit sind. So beschreibt sie eingangs, dass geflüchtete Kinder „Sprachbarrieren" (Z. 55) und „natürlich Startschwierigkeiten" (Z. 63) aufgrund geringer bzw. nicht vorhandener Deutschkenntnisse aufweisen. Der von Frau Akay angeführte Begriff „Seiteneinsteiger" (Z. 59) dokumentiert hierbei eine schulische Unterscheidungspraxis einer scheinbar spezifischen Schüler*innengruppe, die mit Bewertungen und Problemzuschreibungen („haben natürlich Startschwierigkeiten erstmal weil sie die Sprache nicht verstehen", Z. 63 f.) einhergeht. Keine bzw. geringe deutsche Sprachkompetenzen zu

---

[1]Um die Anonymität der befragten Lehrkräfte zu wahren, werden die Ausführungen zur regionalen Struktur des Schulstandortes nicht mit konkreten Zahlen belegt, sondern lediglich in groben Zügen beschrieben.

Beginn der Aufnahme in das deutsche Schulsystem sind somit Frau Akays negativer Gegenhorizont von optimalen Lernvoraussetzungen. Unmittelbar anschließend schildert Frau Akay, dass nicht vorhandene oder geringe deutschsprachliche Kompetenzen durch den speziellen Förderunterricht „Deutsch als Zweitsprache" (Z. 72) zügig kompensiert werden können und die Kinder innerhalb kurzer Zeit Deutsch lernen. DaZ-Unterricht als Deutschförderungsmaßnahme stellt entsprechend das Enaktierungspotenzial dar, um die nicht vorhandenen oder geringen Deutschkenntnisse der geflüchteten Kinder in der Schule auszugleichen. Kern der Orientierung ist, dass keine oder geringe Deutschkenntnisse von geflüchteten Kindern durch schulische Interventionen bearbeitbar und handhabbar sind.

Die Gruppe der geflüchteten Kinder ohne bzw. mit geringen Deutschkenntnissen grenzt Frau Akay von der Gruppe der Schüler*innen mit Migrationshintergrund ab:

> dann haben wir auch die Kinder mit Migrationshintergrund ähm (.) die sprechen sehr gut Deutsch die sind-die meisten sind hier geboren und aufgewachsen ähm die Eltern sind glaube ich schon die zweite Generation müssten die zweite und dritte Generation sein ähm sind auch gut integriert hier (.) führen sich gut ein (.) ich habe auch den Eindruck dass sie sich sehr wohl fühlen hier an der Schule weil sie äh weil die-der Migrationshintergrund auch mit aufgegriffen wird (.) lesen zum Beispiel auch Bücher in-in mehreren Sprachen in zwei Sprachen bei den türkischen Kindern sind es dann tü-Bücher in Deutsch (.) und schr-Deutsch und Türkisch ähm das sind halt so Sachen die stärken die Kinder glaube ich auch die freuen sich dann auch ähm dass es so aufgegriffen wird und so positiv wertgeschätzt wird (Fallstudie 1, Interview Frau Akay, Z. 80–100)

Zunächst gibt Frau Akay an, dass Kinder mit Migrationshintergrund über „sehr gut[e]" (Z. 82) Deutschkenntnisse verfügen, da sie überwiegend in Deutschland geboren und aufgewachsen seien und die Eltern bereits in der zweiten oder dritten Generation in Deutschland leben. Die Konstruktion der Gruppe der Schüler*innen mit Migrationshintergrund erfolgt demnach anhand der Merkmale Sprachstand in der deutschen Sprache sowie eigene Migrationserfahrung. So verfügen Frau Akay zufolge Kinder mit Migrationshintergrund im Gegensatz zu geflüchteten Kindern über ausreichend deutschsprachliche Kompetenzen und haben keine eigene Migrationserfahrung. Aus der Perspektive von Frau Akay sind diese Kinder aufgrund ihrer Lebenssituation „auch gut integriert hier (.) führen sich gut ein" (Z. 83). Die Formulierungen ‚integrieren' und ‚sich einführen' implizieren hierbei eine An- bzw. Einpassungsleistung der Kinder durch und in die Schule. Vergleichbar mit der Sichtweise auf geflüchtete Schüler*innen erscheinen die deutschsprachlichen Kompetenzen als Voraussetzung für schulische Integration und stellen somit Frau Akays positiven Horizont des Schüler*innenbildes von Kindern mit Migrationshintergrund dar. Nach ihrer Ansicht gelingen die schulische Integration und das Stärken des schulischen Wohlbefindens von Kindern mit Migrationshintergrund – ebenso wie die Förderung der deutschen Sprache von geflüchteten Schüler*innen – durch pädagogisches Handeln. Hierbei betont sie die Mehr- bzw. Zweisprachigkeit der Kinder und die entsprechende Ressourcenorientierung der Schule. Das Eingehen auf den Migrationshintergrund, beispielsweise durch Lesen von Büchern in mehreren Sprachen, stellt das Enaktierungspotenzial für die schulische Integration dieser Kinder dar. In der Wortwahl „so Sachen die stärken die Kinder" (Z. 99), dokumentiert sich darüber hinaus das Erfordernis bzw. die Motivation, die Ressourcen von Kindern mit Migrationshintergrund zu steigern. Die pädagogische Unterstützung erfolgt hierbei auf einer Beziehungsebene („die freuen sich dann auch ähm dass es so aufgegriffen wird und so positiv wertgeschätzt wird", Z. 99 f.). Kern der Orientierung im Hinblick auf Kinder mit Migrationshintergrund ist demzufolge die potenzielle pädagogische Einflussnahme auf die schulische Integration und das Wohlbefinden von Kindern mit Migrationshintergrund.

Der übergeordnete Orientierungsrahmen beider Passagen zu den besonderen Lebenssituationen von Kindern mit Fluchterfahrung und Kindern mit Migrationshintergrund und deren Auswirkungen auf das Lernen ist davon geprägt, dass mit der Migration verbundene Herausforderungen, wie die Förderung deutschsprachlicher Kompetenzen und schulische Integration, pädagogisch bearbeitbar bzw. beeinflussbar sind.

Problematisch für das Lernumfeld sind aus der Sicht von Frau Akay hingegen „erschwerte Familienverhältnisse" (Z. 22). Unter erschwerte Familienverhältnisse subsumiert sie Eltern,

> die sich äh zum Teil nicht so wirklich ähm dahinter stellen hinter die-hinter die Schule also hinter-hinter dem Kind dass sie dann die Hausaufgaben kontrollieren oder ähm dass die Kinder zu Hause Unterstützung oder Förderung kriegen (Fallstudie 1, Interview Frau Akay, Z. 26–33)

Die Ausführungen legen nahe, dass die familiale Unterstützung bedeutsam für die pädagogische Arbeit ist. Insbesondere die schulfachliche Hilfe der Eltern erscheint als Enaktierungspotenzial für das pädagogisches Handeln. Eltern, die ihr Kind in schulischen Angelegenheiten nicht unterstützen können, stellen in dieser Perspektive den negativen Gegenhorizont des Elternbildes dar. Ebenfalls im Zusammenhang von den Auswirkungen erschwerter Familienverhältnisse auf schulisches Lernen schildert Frau Akay die starke Hilfsbedürftigkeit der Schüler*innen:

und ähm allgemein sind unsere Kinder die Kinder die hier auf die Schule gehen sehr ähm (.) ja die brauchen immer viel mehr Hilfe sei es im Unterricht sei es in den lebenspraktischen Dingen wie ähm Schule binden Jacke anziehen ähm mansch-meine-meine Schulmaterialien organisieren Hefte immer ordentlich haben und dabeihaben und die Fächer in-in den Klassen immer ne da-da brauchen die immer zusätzlich mehr viel mehr Hilfe auch im Unterricht auch wenn es darum geht Dinge zu erklären (.) das ist dann nicht so wie in anderen Schulen dass man das dann einmal erklärt und die Kinder verstehen das hier muss man das immer wieder man (.) muss die immer wieder dran erinnern und diese Rituale (.) äh he-helfen ihnen sehr gut eigentlich die Rituale die haben ja ganz feste Strukturen ganz feste Rituale (.) und diese Rituale äh Strukturen bieten den Kindern Sicherheit und Orientierung (.) und sie fühlen sich einfach ähm (.) <u>sicherer</u> dann im Alltag (Fallstudie 1, Interview Frau Akay, Z. 453–485)

Der generell große Unterstützungsbedarf der Schüler*innen bezieht sich aus der Perspektive von Frau Akay nicht nur auf den Unterricht, sondern darüber hinaus auf das Erlernen basaler Fähigkeiten („die brauchen immer viel mehr Hilfe sei es im Unterricht sei es in den lebenspraktischen Dingen wie ähm Schule binden Jacke anziehen", Z. 454 ff.) Die genannten Phänomene münden in einer starken Hilfsbedürftigkeit der Schüler*innen, die es als Lehrkraft permanent zu bearbeiten gilt. Auffallend ist hierbei die Reihenfolge der Merkmale, in der Frau Akay den Unterstützungsbedarf beschreibt, so thematisiert sie zunächst Aspekte der Förderung im Hinblick auf die praktische Lebensführung und erst dann schulfachliches Lernen. Das Erlernen basaler Fähigkeiten erscheint in dieser Abfolge als grundlegende Voraussetzung für die schulische Bildung. Dem negativen Gegenhorizont der allgemein starken Hilfsbedürftigkeit der Schüler*innen aus erschwerten Familienverhältnissen stellt Frau Akay das positive Ideal der schnellen Auffassungsgabe der Schüler*innen anderer Schulen gegenüber. Sowohl der Vergleich zwischen den eigenen und den fremden Schüler*innen als auch die mehrfache Wiederholung des Adverbs ‚immer' bekräftigen ihre Konstruktion einer außergewöhnlich unterstützungsbedürftigen Schüler*innenschaft. Aus der Wahrnehmung der starken Hilfsbedürftigkeit der Schüler*innen resultieren vor allem Praktiken des Ausgleichs von erschwerten Familienverhältnissen durch schulisch festgelegte Strukturen und Ritualen, welche zugleich das Enaktierungspotenzial für die schulische Bearbeitbarkeit der vermeintlich familialbedingten Defizite bereitstellen. Darüber hinaus erscheint implizit als negativer Gegenhorizont, dass Kinder aus erschwerten Familienverhältnissen nicht nur keine schulbildungsbezogene Unterstützung und Förderung in der Familie erfahren, sondern überdies Regeln und

Tagesstrukturen im Elternhaus fehlen. Die Schule stellt hierbei in pädagogischer Hinsicht den positiven Horizont zu den erschwerten Familienverhältnissen dar. Kern der Orientierung ist, dass sich der familiale Hintergrund der Kinder hinderlich auf die Lernvoraussetzungen und das Lernpotenzial auswirkt und eine Herausforderung für die pädagogische Arbeit darstellt.

3.3.2 Berufsbezogenes Selbstkonzept

Im Hinblick auf ihre Anstellung als Sonderpädagogin berichtet Frau Akay, dass die Schule Probleme hatte, Förderschullehrkräfte zu finden. Grund für die geringe Anzahl von Bewerbungen ist Frau Akays Einschätzung nach ein hoher Anteil an Kindern mit Migrationshintergrund und Kindern mit Fluchterfahrung in dem Einzugsgebiet der Schule:

> ich denke das liegt daran dass ähm dass hier ähm ein Stadtteil ist wo der Migranten-anteil sehr hoch ist wo einfach auch viel Arbeit ist (.) wir haben hier auch die äh (.) meisten Flüchtlingskinder an der Schule die aus äh (.) den verschiedenen Län-wir haben Wirtschaftsflüchtlinge wie zum Beispiel die aus den äh ähm jugoslawischen Raum Balkangebieten wir haben aber auch Kriegsflüchtlinge die aus Syrien kommen (.) ist natürlich eine anstrengende Arbeit hier ne äh mit den (.) Kindern mit den Familien auch die die <u>Sprache</u> ist natürlich auch ein Problem (.) dass man äh sich mit vielen Eltern auch nicht richtig verständigen kann äh ich denke dass es einfach viele abschreckt viele Lehrer dass die einfach sagen ähm nee da gehe ich nicht hin da ist viel zu tun oder das ist so anstrengend es ist wirklich anstrengend es ist eine sehr anstrengende Arbeit aber man kriegt von den Kindern auch immer viel zurück das ist das Schöne (Fallstudie 1, Interview Frau Akay, Z. 848–881)

Bemerkenswert ist, dass Frau Akay in ihrer Argumentation sowohl in quantitativer Hinsicht („viel Arbeit", Z. 849) als auch in qualitativer Hinsicht („anstrengende Arbeit", Z. 865) die besonderen Arbeitsbedingungen an Schulen mit einem hohen Anteil an Kindern mit Migrationshintergrund und Kindern mit Fluchterfahrung differenziert. Als „Problem" (Z. 866) markiert Frau Akay die sprachliche Verständigung mit den Eltern mit Migrationshintergrund. Auffällig ist zudem die Unterscheidung unterschiedlicher Motive für Flucht („Wirtschaftsflüchtlinge" (Z. 855) und „Kriegsflüchtlinge" (Z. 864)), die als Hinweis auf einen öffentlich geführten Diskurs über legitime und illegitime Gründe, das Herkunftsland zu verlassen, gedeutet werden kann. Der Annahme, dass ein sehr hoher Anteil an Kindern mit Migrationshintergrund und Kindern mit Fluchterfahrung mit übermäßiger Arbeit und Anstrengung für Lehrkräfte verbunden und dies Grund für die geringe Anzahl von Bewerbungen sei, setzt Frau Akay entgegen, dass „man

von den Kindern auch immer viel zurück[kriegt]" (Z. 876 f.). Im Kontext der
Arbeit an einer Schule in sozialräumlich deprivierter Lage entfaltet Frau Akay
nachfolgend ihren Orientierungsrahmen:

> ich ähm bin auch vor einem Jahr hierher gezogen und äh kannte die Gegend hier
> nicht so gut ich wusste aber dass [Stadtteil X] ein sozialer Brennpunkt ist (.) das
> wusste ich ich war hier zwar noch nie vorher aber (.) hatte das gehört und die
> Schulleiterin hatte mich auch darauf äh hatte mich auch vorgewarnt hatte mir auch
> gesagt was da auf mich zukommt (.) aber da ich auch selber einen Migrations-
> hintergrund habe und ähm (.) das alles selber auch schon mal erlebt habe (.) ich
> bin zwar hier geboren und aufgewachsen aber ich (.) kam auch aus einem sozial
> ähm sozialen Brennpunkt aus einer Gegend früher als-als ich noch selber Kind war
> und ich kann mich vielleicht auch ein Stück weit so hinein fühlen hinein versetzen
> das war für mich nicht ganz so fremd obwohl ich den Stadtteil nicht kenne das
> war schon irgendwie war schon was Vertrautes (.) alleine schon durch die ganzen
> türkischen ähm Mitbürger hier ich bin selber auch türkischer Herkunft und alleine
> das-da deswegen schon ähm war da schon noch was Vertrautes das merkt man aber
> auch in der Arbeit mit den Eltern dass die (.) sehr viel Vertrauen in meiner Person
> haben obwohl sie mich noch nicht so lange kennen obwohl die anderen Lehrer viel
> länger hier sind und dass sogar äh Eltern mit deren Kinder ich eigentlich überhaupt
> ga-gar nichts zu tun habe äh unterrichtstechnisch die dann auch zu mir kommen
> und äh wenn sie Probleme haben oder Schwierigkeiten haben und dann mich drauf
> ansprechen vielleicht weil ich die Sprache auch spreche ich denke das liegt daran
> (Fallstudie 1, Interview Frau Akay, Z. 902–950)

Zunächst gibt Frau Akay an, vor einem Jahr neu zugezogen zu sein und den
Stadtteil, in dem sich die Schule befindet, nicht gekannt zu haben. Allerdings
habe sie gehört, und wurde vorab von der Schulleiterin „vorgewarnt" (Z. 913),
dass es sich um einen „sozialen Brennpunkt" (Z. 907) handle, wobei die War-
nung unspezifisch bleibt („hatte mir auch gesagt was da auf mich zukommt",
Z. 913 f.). Auffallend ist zudem, dass Frau Akay den Begriff sozialer Brennpunkt nicht konkretisiert. Unmittelbar anschließend argumentiert Frau Akay, dass
sie sich angesichts ihres eigenen Migrationshintergrundes und Aufwachsens im
„sozialen Brennpunkt" (Z. 916) in gewisser Hinsicht „so hinein fühlen hinein
versetzen" (Z. 918) könne und das unbekannte Viertel ihr vertrauter erscheine.
Das von der eigenen Erfahrung geprägte Wissen um die Lebensbedingungen im
sozialen Brennpunkt und der eigene Migrationshintergrund erscheint demzufolge
als positiver Horizont für die Arbeit an einer Schule mit einer ethnisch und
sozial segregierten Schüler*innenschaft. Frau Akay kann sich hierbei aufgrund
der vermeintlich homologen Aufwachsensbedingungen im sozialen Brennpunkt
mit den Voraussetzungen des Einzugsgebiets der Schule identifizieren. Im Folgenden verengt Frau Akay die scheinbar kollektiven biografischen Erfahrungen

auf die türkische Herkunft („alleine schon durch die ganzen türkischen Mitbürger hier, ich bin selber auch türkischer Herkunft und alleine das-da deswegen
schon war da schon noch was Vertrautes", Z. 927). Auf der einen Seite sind
die angenommenen gemeinsamen Erfahrungen bezüglich der türkischen Herkunft
positiver Horizont für die Tätigkeit an einer Schule im sozialen Brennpunkt, auf
der anderen Seite verweist die Formulierung „türkische Mitbürger" (Z. 928) auf
eine Besonderung und Abgrenzung dieser Gruppe von den anderen Stadtteilbe-
wohner*innen, zu der sie sich aber zugehörig zu fühlen scheint. Darüber hinaus
führt Frau Akay aus, dass die Eltern mit Migrationshintergrund – auch ohne Frau
Akay zu kennen – „sehr viel Vertrauen" (Z. 934) in ihre Person haben und bei
Problemen ihren Rat suchen. Als Grund hierfür nennt Frau Akay ihre türkischen
Sprachkenntnisse. Das Vertrautsein bzw. die Verbundenheit aufgrund der eigenen
Betroffenheitsperspektive sowie darüber hinaus die Mehrsprachigkeit erleichtern
ihrer Ansicht nach die Zusammenarbeit mit Eltern mit Migrationshintergrund und
stellen zugleich das Enaktierungspotenzial für die Zusammenarbeit mit diesen
Eltern dar. Über dem besonderen Zugang zu Eltern mit Migrationshintergrund
hinaus wird deutlich, dass sich Frau Akay eine exklusive Rolle innerhalb des
Kollegiums zuweist: Obgleich sie neu im Kollegium ist und die Schüler*innen
nicht selbst unterrichtet, suchen die Eltern mit Migrationshintergrund bei ihr Rat.

Abgesehen von der vertrauensvollen Zusammenarbeit mit Eltern mit Migrationshintergrund benennt Frau Akay weitere Vorteile aufgrund ihres eigenen
Migrationshintergrundes für den Umgang mit Schüler*innen mit Migrationshintergrund:

> ich denke auch für die Kinder ist es von Vorteil weil die Kinder sehen da jemanden-
> also die Kinder mit Migrationshintergrund meine ich jetzt die sehen dann da äh eine
> Lehrerin vorne stehen die äh (.) ähm ist auch ähm hat auch schwarze Haare sage ich
> mal so ganz krass und dunkle Augen und ähm (.) ist hier auch als Gastarbeiterkind
> hingekommen und hat es auch irgendwie-irgendwie geschafft und das ist ja dann
> auch so vielleicht auch so ein Stück weit äh Vorbildfunktion aber auch für die
> anderen Kinder für die deutschen Kinder kann das ja auch nur eine Bereicherung
> sein (.) ähm verschiedenen Kulturen kennen zu lernen und ähm wie-sich vertraut
> zu machen damit (.) also ich finde das kann eigentlich in allen Lebenslagen nur
> (.) nur äh positiv sein finde ich (.) ich finde das gut (Fallstudie 1, Interview Frau
> Akay, Z. 1015–1036)

Infolge ihres äußeren Erscheinungsbildes und der persönlichen Entwicklung vom
„Gastarbeiterkind" (Z. 1023) zur Lehrperson schreibt sich Frau Akay selbst eine
Vorbildfunktion für Kinder mit Migrationshintergrund zu. In dieser Sichtweise
erscheint der Migrationshintergrund zwar als individuelles Manko, welches aber

überwunden werden kann. An ihrer Person können die Schüler*innen mit Migrationshintergrund sehen, dass sie es auch „irgendwie geschafft" (Z. 1024) habe. Die Funktion als Rollenvorbild ist demgemäß das Enaktierungspotenzial für den Umgang mit Schüler*innen mit Migrationshintergrund. Durch die Selbstbezeichnung als ‚Gastarbeiterkind' und die Beschreibung ihres Aussehens („die sehen dann da äh eine Lehrerin vorne stehen die äh (.) ähm ist auch ähm hat auch schwarze Haare sage ich mal so ganz krass und dunkle Augen", Z. 1017 ff.) grenzt Frau Akay zudem abermals die Gruppe der Personen mit Migrationshintergrund von der Gruppe der Personen ohne Migrationshintergrund ab. Über die Vorbildfunktion für Schüler*innen mit Migrationshintergrund hinaus markiert sie zudem ihren Werdegang auch als Bereicherung für Kinder ohne Migrationshintergrund. Gleichwohl die Formulierung „verschiedene Kulturen kennen lernen [...] sich vertraut zu machen" (Z: 1030 f.) impliziert, dass Frau Akay Kulturdifferenzen wahrnimmt und eine Andersheit konstruiert, steht sie der Begegnung von Menschen mit unterschiedlichen kulturellen Prägungen positiv gegenüber und sieht darin Vorteile für alle Schüler*innen „in allen Lebenslagen" (Z. 1034 f.). Die eigenen biografischen Erfahrungen haben somit insgesamt das Potenzial zur Enaktierung für den Umgang mit einer soziokulturell vielfältigen Schüler*innenschaft.

Im Wesentlichen erhält die in der Dimension Konstruktion der Schüler*innen- und Elternklientel herausgearbeitete Orientierung, dass mit der Migration verbundene Bedürfnisse und Herausforderungen schulisch bearbeitbar sind, durch die Verknüpfung von biografischen Erfahrungen und dem berufsbezogenen Selbstkonzept einen differenzierten Sinngehalt. Kern der Orientierung ist die Handhabbarkeit der migrationsbedingten herausfordernden Arbeit an einer Schule im sozialen Brennpunkt. Positiver Horizont für den Umgang mit Schüler*innen und Eltern mit Migrationshintergrund ist der besondere Zugang aufgrund des eigenen Migrationshintergrundes und Aufwachsens im sozialen Brennpunkt. Die durch eigene biografische Erfahrungen vermeintlich angelegten Ressourcen wie bspw. der besondere Zugang zu Eltern mit Migrationshintergrund und die Funktion des Rollenvorbilds, die Frau Akay sich selbst zuschreibt, stellen das Enaktierungspotenzial für einen gelingenden Umgang mit einer soziokulturell vielfältigen Schüler*innenschaft dar.

Der Migrationshintergrund und das Aufwachsen im sozialen Brennpunkt sind jedoch nicht allein konstitutive Elemente des berufsbezogenen Selbstbildes, vielmehr runden das Studium der Heilpädagogik und die mehrjährige Arbeit in einer Kinder- und Jugendpsychiatrie Frau Akays selbstkonstruiertes Profil ab:

bevor ich hier angefangen haben zu arbeiten haben ich sieben Jahre in der Kinder
und Jugendpsychiatrie gearbeitet [...] da habe ich auf einer äh geschlossenen Station für Kinder und Jugendliche im Alter bis sechzehn Jahren gearbeitet sechs bis
sechzehn Jahre (.) und ähm (.) das waren vorwiegend Kinder mit emotional sozialen Auffälligkeiten sehr schwieriges Klientel ähm (.) und die meisten Kinder hier
bei uns an der Schule haben auch im em-emotional soziale Auffälligkeiten (.) das
ist einfach (.) das ist einfach so das kann man jetzt auch nicht verheimlichen so (.)
und ähm die Arbeit dort in der Kinder und Jugendpsychiatrie hat mich sehr geprägt
und ich merke dass ich hiermit so äh mit-mit den Kindern mit diesen ähm Verhaltensauffälligkeiten viel besser umgehen kann dass ich da viel mehr Methoden habe
ähm (.) dass ich da einfach viel sensibler und viel verständnisvoller (.) umgehen
kann weil ich weiß wieso die Kinder so sind wie sie sind (.) wieso sie sich aufregen so schnell und (.) ähm sich nicht an Regeln halten können dass-da habe ich
einfach ähm (.) mehr Verständnis zum einen aber auch mehr Handlungskompetenz
(Fallstudie 1, Interview Frau Akay, Z. 1246–1294)

Im Kontext ihrer bisherigen Berufserfahrung nennt Frau Akay zunächst emotionale und soziale „Auffälligkeiten" (Z. 1271) als gemeinsamen Nenner zwischen
den Kindern auf der geschlossenen Station einer Kinder- und Jugendpsychiatrie
und den Kindern an ihrer Schule. Der Vergleich der beiden Klientel verweist
hierbei auf therapeutische Aspekte des Lehrberufs und bedeutet zugleich eine
Pathologisierung der „Verhaltensauffälligkeiten" (Z. 1282) ihrer Schüler*innen.
Darüber hinaus bewertet Frau Akay die Kinder und Jugendlichen der psychia-
trischen Einrichtung als „sehr schwieriges Klientel" (Z. 1270), was impliziert,
dass es sich bei den von ihr identifizierten verhaltensauffälligen Kindern an ihrer
Schule auch um eine schwierige Klientel handelt. Die Auffälligkeiten in der
emotionalen und sozialen Entwicklung stellen zudem den negativen Gegenhorizont der Sichtweise auf ihre Schüler*innenschaft dar. Unmittelbar anschließend
äußert Frau Akay mehr Verständnis und Handlungskompetenz für Schüler*innen
mit Auffälligkeiten im emotionalen und sozialen Bereich. Die Empathie sowie
die wahrgenommenen Fähigkeiten im Umgang mit emotional und sozial auffälligen Kindern, die zugleich das Enaktierungspotenzial für die pädagogische
Arbeit bereitstellen, resultieren jedoch im Gegensatz zum besonderen Zugang zu
Schüler*innen mit Migrationshintergrund nicht aus unterstellten kollektivbiogra-
fischen Erfahrungen, sondern basieren auf ihrem Fach- und Methodenwissen in
der Heilpädagogik („ich weiß wieso die Kinder so sind wie sie sind (.) wieso
sie sich aufregen so schnell und (.) ähm sich nicht an Regeln halten können
dass-da habe ich einfach ähm (.) mehr Verständnis zum einen aber auch mehr
Handlungskompetenz", Z. 1287). Grundsätzlich zeichnet sich der Orientierungsrahmen dadurch aus, dass sie mit Kindern, denen sie emotionale und soziale
Auffälligkeiten zuweist, umzugehen weiß.

Insgesamt lässt sich durch die fallinterne komparative Analyse der heterologen Themenfelder Umgang mit Kindern mit Migrationshintergrund und Kindern mit Fluchterfahrung sowie Umgang mit emotional und sozial auffälligen Kindern ein gemeinsamer ‚Modus Operandi' rekonstruieren: Probleme und Herausforderungen, die mit den beiden Differenzdimensionen Migration und Verhaltensauffälligkeiten einhergehen (können), sind aus der Sicht von Frau Akay pädagogisch handhabbar und bearbeitbar. Gemeinsam ist den Bearbeitungsweisen unterschiedlicher thematischer Passagen zudem die Abgrenzung zum Kollegium durch einen Wissens- und Kompetenzvorsprung – für den Umgang mit Schüler*innen und Eltern mit Migrationshintergrund aufgrund des eigenen Migrationshintergrundes und Aufwachsens im sozialen Brennpunkt und für den Umgang mit auffälligen Kindern im emotionalen und sozialen Bereich infolge des Fach- und Methodenwissens in der Heilpädagogik sowie der mehrjährigen Berufserfahrung in der Kinder- und Jugendpsychiatrie.

3.3.3 Auseinandersetzung mit Spannungsfeldern der pädagogischen Arbeit

Im Zusammenhang mit der Frage nach Schlüsselkompetenzen von Lehrkräften im Umgang mit Kindern in besonderen Lebenslagen thematisiert Frau Akay das Bedürfnis dieser Kinder nach Aufmerksamkeit und Zuwendung und der Verantwortlichkeit für die Erfüllung dieses Bedürfnisses:

> Frau Akay: was diese Kinder auch brauchen ist so-hört sich vielleicht doof an aber die brauchen auch oft Liebe (.) habe ich den Eindruck (.) dass man sie mit ähm (.) Liebe und Aufmerksamkeit dass man ihnen damit begegnet (.) weil die suchen auch nach körperlicher Nähe die kommen dann immer und nehmen uns (.) von sich aus in den-in den Arm (.) oder ähm umarmen uns ähm (.) ich habe letztens eine-eine Schülerin gehabt die sagt mir sogar ich liebe sie wo ich dann sagte ups (.) @das habe ich noch nie zu einer Lehrerin gesagt@ ne also ich habe das Gefühl die suchen so wirklich danach nach Wärme (.) nach Zu-zuneigung

> Interviewerin: fühlen Sie sich auch dafür verantwortlich denen das dann auch zu geben?

> Frau Akay: nein also gerade-gerade Liebe und Aufmerksamkeit sind ja sehr starke Gef-oder Liebe ist halt ein sehr starkes Gefühl ne mhm (.) nein also (.) ehrlich gesagt nicht (.) ich ich-ich lasse es natürlich zu wenn ein Kind von sich aus kommt und-und mich umarmt ne (.) ich drücke das Kind dann nicht weg oder so das finde ich dann auch ganz schlimm ne ich lasse das dann zu das ist dann auch e-ehrlich gemeint äh von mir (.) aber ähm (.) ich fühle mich nicht verantwortlich dafür dass

ich diesem Kind jetzt-ähm ich finde das ist Aufgabe der Eltern oder der Bezugs-
Betreu-Bezugsperson wenn das Kind jetzt äh zum Beispiel in-in bei Pflegeeltern
oder im Heim wohnt oder so das ist Aufgabe der Bezugs-(.)person finde ich weil es
ist nur für eine vorübergehende Zeit sind die Kinder ja bei uns und (.) dann muss ja
auch eine gewisse Professionalität sein man gibt auch-es gibt ja auch Grenzen die
man nicht überschreiten sollte finde ich (.) das tut dem Kind dann auch nicht gut
ähm diese Grenze zu überschreiten und mir selber als Lehrperson auch nicht finde
ich finde das muss man schon gewahren diese (.) Distanz (Fallstudie 1, Interview
Frau Akay, Z. 1692–1757)

Einleitend schildert Frau Akay ihren Eindruck, dass Kinder in besonderen Lebenslagen „auch oft Liebe brauchen" (Z. 1693), wobei sich der Wunsch nach „Liebe
und Aufmerksamkeit" (Z. 1694) in der Herstellung von körperlicher Nähe aus-
drückt. Die Wortwahl ‚auch' impliziert hierbei, dass es noch weitere (unerfüllte)
Bedürfnisse zu geben scheint. Zudem betont Frau Akay den aktiven Part der
Kinder, Liebe und Aufmerksamkeit von der Lehrperson einzufordern. Das Beispiel von einer Schülerin, die zu ihr ‚ich liebe dich' gesagt hat, und dem
anschließend lachend vorgetragenen Kommentar, dass sie das selbst noch nie
zu einer Lehrerin gesagt habe, dokumentiert Frau Akays Irritation über die
Zuneigungsbekundung. Dass in der Lehrer*innen-Schüler*innen-Beziehung das
vermeintlich gesteigerte Bedürfnis der Kinder nach Liebe und Zuwendung zum
Tragen kommt, ist für sie anscheinend eine neue Erfahrung. Grundsätzlich bringt
Frau Akay in dieser anekdotenhaften Beschreibung die Annahme zum Ausdruck,
dass im Elternhaus körperliche Zuneigung und emotionale Aufmerksamkeit zu
fehlen scheint. Diese Sichtweise stellt zugleich Frau Akays negativen Gegenhorizont des Elternbildes dar. Unklar ist, auf welche Gruppe von Kindern in
besonderen Lebenslagen sich Frau Akay bezieht. Jedoch liegt aufgrund einer ähnlichen Sinnstruktur bezüglich des Mangels auf unterschiedlichen Ebenen (keine
schulfachliche Unterstützung der Eltern bei schulischen Angelegenheiten, großer
Unterstützungsbedarf hinsichtlich lebenspraktischer Fähigkeiten und schulischem
Lernen, fehlende Regeln und Tagesstrukturen im Elternhaus) die Vermutung nahe,
dass sie Kinder aus erschwerten Familienverhältnissen meint (vgl. 3.3.1 Konstruktion der Schüler*innen- und Elternklientel) Die unmittelbar anschließende
Nachfrage zu der Verantwortlichkeit für die Bedürfniserfüllung grenzt sich Frau
Akay deutlich von ab und verweist zunächst auf die Stärke des Gefühls Liebe.
Weiterhin führt sie aus, dass sie zwar eine Umarmung zulässt, wenn ein Kind auf
sie zukommt und das Kind nicht von sich weist, sich aber nicht für die Erfüllung
des Bedürfnisses nach Liebe verantwortlich fühlt. Überdies verweist Frau Akay
darauf, in solch einer Situation authentisch auf das Kind zu reagieren („das ist
dann auch e-ehrlich gemeint äh von mir", Z. 1731). Unmittelbar anschließend

argumentiert Frau Akay, dass die liebevolle Zuwendung Aufgabe der Eltern oder der Bezugsperson sei, da zum einen die Kinder nur für eine begrenzte Zeit in der Grundschule seien und zum anderen eine professionelle Distanz gewahrt werden müsse. Die Annahme, dass ein Überschreiten dieser Grenzen weder dem Kind noch der Lehrperson guttue, führt Frau Akay nicht näher aus.

Grundsätzlich dokumentiert sich anhand der Passage zum besonderen Bedürfnis nach Liebe und Aufmerksamkeit ein Verständnis von Liebe als starkes Gefühl, das die Beziehung zwischen Lehrkraft und Schüler bzw. Schülerin übersteigt. Der (Selbst-)Anspruch einer Grenzwahrung drückt sich auch in der konkreten Praxis aus, so beschreibt Frau Akay sich im Umgang mit einer solchen Situation als reaktiv handelnd („ich ich-ich lasse es natürlich zu wenn ein Kind von sich aus kommt und-und mich umarmt ne (.) ich drücke das Kind dann nicht weg oder so das finde ich dann auch ganz schlimm ne ich lasse das dann zu", Z: 1725 ff.). Kern der Orientierung ist die Herstellung einer Balance von Nähe und Distanz in Lehrenden-Lernenden-Beziehungen. Eine Schlüsselkompetenz und zugleich Enaktierungspotenzial für den Umgang mit Kindern aus erschwerten Familienverhältnissen ist demzufolge die Fähigkeit, eine professionelle Distanz und Grenzen in der Gestaltung pädagogischer Beziehungen zu wahren.

3.3.4 Positionierung innerhalb der Schule bzw. im Kollegium

Frau Akay entwirft im Gesamten ein exklusives berufliches Profil beruhend auf den Komponenten Migrationshintergrund, Aufwachsen im sozialen Brennpunkt und heilpädagogische Qualifikationen, welches sie von den anderen Lehrpersonen abhebt. Wie bereits im Rahmen des berufsbezogenen Selbstkonzepts ausführlich analysiert, ist für Frau Akay die Arbeit an einer Schule mit einem hohen Anteil an Schüler*innen mit Migrationshintergrund und Schüler*innen mit Fluchterfahrung aufreibend und sinnstiftend zugleich („es ist wirklich anstrengend es ist eine sehr anstrengende Arbeit aber man kriegt von den Kindern auch immer viel zurück das ist das Schöne", Z. 876 ff.). Dadurch, dass die geringen oder fehlenden Kenntnisse der deutschen Sprache von geflüchteten Kindern in der Schule zügig kompensiert sowie die soziale Integration von Kindern mit Migrationshintergrund durch pädagogische Arbeit gefördert werden, erlebt sich Frau Akay als handlungswirksam. Die Annahme, dass die Kinder mit Migrationshintergrund gerne zur Schule kommen und sich wohlfühlen, trägt zudem zur beruflichen Zufriedenheit bei. Aufgrund ihres Migrationshintergrundes und Aufwachsens im sozialen Brennpunkt unterstellt

Frau Akay kollektive Erfahrungen zu (insbesondere türkeistämmigen) Einwandererfamilien und erfährt in diesem Zusammenhang die Schüler*innen- und Elternschaft mit Migrationshintergrund als angenehm. Vor dem Hintergrund eigener biografischer Erfahrungen schreibt sie sich selbst Kompetenzen und Funktionen zu, die ihr im Gegensatz zu Lehrkräften ohne Migrationshintergrund die Arbeit mit den Kindern und Eltern mit Migrationshintergrund erleichtern und darüber hinaus eine Bereicherung für alle Schüler*innen darstellen. Ferner verschaffen das Fach- und Methodenwissen in der Heilpädagogik sowie die mehrjährige Berufserfahrung in einer Kinder- und Jugendpsychiatrie Frau Akay gegenüber den Kolleg*innen einen weiteren Kompetenzvorsprung im Umgang mit emotional und sozial auffälligen Schüler*innen (vgl. 3.3.1 Konstruktion der Schüler*innen- und Elternklientel; 3.3.2 Berufsbezogenes Selbstkonzept).

Insgesamt kann die Konstruktion eines sich von den Kolleg*innen abgrenzenden, anspruchsvollen berufsbezogenen Selbstkonzepts auch als Selbstaufwertung im Platzierungskampf innerhalb eines multiprofessionellen Teams von Regelschullehrkräften, Sonderpädagog*innen, Sozialpädagog*innen und Heilpädagog*innen gedeutet werden. Gerade vor dem Hintergrund ihres Quereinstiegs in den Lehrberuf scheinen die Selbstdeutungen von vermeintlichen Rollen und Kompetenzen und die daraus resultierende Selbstpositionierung im Kollegium zu ihrer beruflichen Identitätsstärkung beizutragen.

3.3.5 Zuschreibung von Verantwortung für Bildungschancen

Die Rekonstruktionen der vorliegenden Fallstudie lassen darauf schließen, dass im Grundsatz die Bearbeitung von Bildungsungleichheit zu dem beruflichen Selbstverständnis von Frau Akay zählt. So verweisen insbesondere die Darstellungen zu Schüler*innen mit Migrationshintergrund und emotional und sozial auffälligen Schüler*innen auf vielfältige Unterstützungsbemühungen.

Indessen misst Frau Akay im Kontext des Themas Grenzen des pädagogischen Handelns dem familialen Hintergrund der Schüler*innen einen bedeutsamen Stellenwert für Bildungs- und Lebenschancen bei:

> Frau Akay: aber letztendlich dreht sich da-da [zu Hause, Anm. d. Verf.] ja das Meiste ne wenn sie da äh eine-eine Struktur eine feste Basis haben eine sta-ähm ein starkes Fundament haben kann man ja besser (.) drauf aufbauen das ist bei vielen Kindern denke ich mir wenn die aus anderen familiären Verhältnissen kämen hätten die viel mehr Chancen denke ich manchmal

Interviewerin: mhm (.) wie sehen Sie da die Rolle der Schule? kann die Schule das kompensieren was sie da so an ja an fehlendem Fundament beschreiben?

Frau Akay: mhm (.) das ist natürlich schwierig man kann das ja nicht bei allen Kindern ne machen das kann man-kann man gar nicht tragen aber wir sind wirklich alle bemüht was so Regeln und Strukturen angeht dass wir die hier für alle Kinder gleichwertig verbindlich machen dass sie zumindest hier Regeln und Strukturen haben (.) und ähm (.) wir selber auch mit eigenem Vorbild an die Kinder herangehen darauf achten wie reden wir? re-gehen wir höflich-das ist zum Beispiel auch ein ganz aktuelles Thema bei uns dass wir auch mit den Kindern ähm besprechen wir gehen höflich miteinander um wir sagen Bitte und Danke wir ähm benutzen keine Schimpfwörter(.) das wir einfach als Vorbild dann auch agieren und ich glaube mehr ka-wenn man das erreicht hat (.) das ist schon ganz viel ich glaube äh viel mehr kann man auch jetzt nicht erwarten in so einem Einzugsgebiet glaube ich wenn man das so erreicht hat das die einigermaßen höflich miteinander umgehen sich an bestehende Regeln halten hat man eigentlich schon ganz viel erreicht hier

Interviewerin: mhm (.) wie sehen Sie die Bildungschancen für die Kinder hier in diesem Stadtteil?

Frau Akay: mhm das ist echt schwierig (.) also ich bin froh wenn die meisten Kinder eine Ausbildung machen würden eine gute Ausbildung machen würden da wäre ich schon richtig froh drüber das fände ich schon richtig gut (.) ich glaube das Abitur das-da braucht man gar nicht wirklich so drüber zu reden (.) ich weiß nicht ob die das äh (.) vielleicht kann man die dann an einer Hand zählen wo ich sage gut die-die würden vielleicht ein Fachabitur noch hinkriegen schaffen oder ein Vollabi aber das (.) ist echt schwierig (.) also ich bin wirklich froh wenn die eine Ausbildung haben ein Schulabschluss haben und eine Ausbildung da bin ich schon richtig froh drüber (Fallstudie 1, Interview Frau Akay Z. 1529–1613)

Zunächst markiert Frau Akay die Familie als zentrale Sozialisationsinstanz, in der Grundstrukturen der Erziehung gelegt werden („da dreht sich das Meiste", Z. 1529). Wurde mit der Primärsozialisation ein „starkes Fundament" (Z. 1534) geschaffen, so Frau Akay, könne die Schule an diese grundlegenden Voraussetzungen besser anknüpfen und aufbauen. Eine gelungene sozialisatorische Vorarbeit der Familie scheint aus ihrer Sicht ausschlaggebend für die pädagogische Arbeit zu sein.

Auf die Frage nach den schulischen Kompensationsmöglichkeiten des fehlenden Fundaments antwortet Frau Akay zusammenfassend, dass die Institution Schule bzw. das pädagogische Handeln der Lehrkräfte nur begrenzt auf strukturelle familiale Unterschiede zwischen den Schüler*innen Einfluss nehmen könne. Die Formulierung „das ist natürlich schwierig man kann das ja nicht bei allen Kindern ne machen das kann man-kann man gar nicht tragen" (Z. 1548 ff.) lässt offen, ob es in quantitativer Hinsicht nicht möglich sei, alle Kinder zu fördern, weil es mengenmäßig zu viele sind, und/oder in qualitativer Hinsicht, weil das fehlende Fundament zu schwerwiegend und in der Schule nicht auszugleichen sei. Infolge betont Frau Akay die Bemühungen des pädagogischen Personals, für alle Kinder gleichermaßen verbindliche Regeln und Strukturen innerhalb der Schule zu schaffen. Durch die Aussage, dass die Schüler*innen „zumindest hier" (Z. 1561) Regeln und Strukturen haben, verweist Frau Akay auf das Fehlen dieser in der Familie. Ferner nennt Frau Akay als weitere Praktik des Ausgleichs des fehlenden Fundaments die schulische Vermittlung eines respektvollen sozialen Umgangs. Abschließend fasst sie zusammen, dass ein annähernd höflicher Umgang miteinander und das Einhalten von Regeln das bestmögliche Resultat pädagogischer Arbeit in diesem Einzugsgebiet der Schule darstellen. Auf die Frage nach der persönlichen Einschätzung der Bildungschancen der Schüler*innen aus dem sozialräumlich benachteiligten Stadtteil antwortet Frau Akay zunächst zögerlich. Etwa wäre sie „froh" (Z. 1595), wenn die Mehrheit der Schüler*innen einen Schulabschluss erreichen und eine „gute Ausbildung" (Z. 1596) absolvieren würde. Das Erlangen der allgemeinen Hochschulreife schließt Frau Akay für ihre Schüler*innenklientel im Grunde genommen aus, zudem traut sie nur wenigen Schüler*innen den Abschluss der Fachhochschulreife zu.

Grundsätzlich wird der bereits herausgearbeitete Orientierungsrahmen hinsichtlich des familialen Hintergrundes validiert und um den Aspekt der ungleichen Bildungschancen ausgearbeitet. So kann sich die Lebenssituation nicht nur nachteilig auf die Lernvoraussetzungen und das Lernpotenzial der Schüler*innen auswirken und eine Herausforderung für die pädagogische Arbeit darstellen, sondern darüber hinaus eine Einschränkung der Bildungschancen sein. Enaktierungspotenzial für die Bearbeitung von Bildungsungleichheit besteht aus der Perspektive von Frau Akay in der Etablierung von Strukturen, Ritualen und Regeln in der Schule sowie der Vermittlung eines respektvollen sozialen Umgangs. Wenngleich schätzt Frau Akay die Bildungschancen der Schüler*innen insgesamt als eher gering ein: Mehrmals betont sie, dass ein Schulabschluss und eine Ausbildung aus ihrer Sicht die Grenzen des Möglichen darstellen und nur für wenige Schüler*innen die Fachhochschulreife überhaupt erreichbar sei.

3.3.6 Gefahren und Fallstricke der handlungsleitenden Orientierungen

Zusammenfassend ist festzuhalten, dass bei Frau Akay Wertschätzung und Empathie im Mittelpunkt des pädagogischen Handelns stehen. Angesichts ihres eigenen Migrationshintergrundes und Aufwachsen im sozialen Brennpunkt sowie ihren heilpädagogischen Qualifikationen präsentiert sie sich durchgängig förder- und ressourcenorientiert, insbesondere in Bezug auf Schüler*innen mit Migrationshintergrund und emotional und sozial auffälligen Schüler*innen.

Jedoch ist ihr Bild einer Herkunft, die sie als ähnlich zu ihrer eigenen zu erkennen glaubt, nicht ohne Einschränkungen zu verwenden. So ist fraglich, inwiefern tatsächlich ein gemeinsamer Erfahrungsraum zwischen Frau Akay und den Schüler*innen mit Migrationshintergrund an ihrer Schule besteht. Möglicherweise ist außer einem vage definierten Migrationshintergrund keine weitere Verbindung vorhanden. Das besondere empathische Empfinden von Frau Akay für Kinder und Eltern mit Migrationshintergrund würde sich demzufolge als ethnisierendes Konstrukt erweisen: Auch bei Vorliegen gleicher nationaler, ethnischer oder kultureller Herkunft können sich Lebens- und Sozialisationsbedingungen erheblich voneinander unterscheiden. Dies kann einerseits zur Folge haben, dass in Bezug auf Schüler*innen aus Einwandererfamilien mit nicht homologen Sozialisationsbedingungen Berührungspunkte – ebenso wie bei Lehrkräften ohne Migrationshintergrund – auf die Schule beschränkt sind und Frau Akay tiefergehende Einblicke in die spezifischen Lebensumstände dieser Schüler*innen fehlen. Dies deutet sich im Zusammenspiel mit der Differenzkategorie erschwerte Familienverhältnisse an: Zwar legt die Bezeichnung sozialer Brennpunkt als eigene Aufwachsensbedingung nahe, dass sie in einem Umfeld geprägt wurde, das durch Knappheit auf mehreren Ebenen gekennzeichnet war, jedoch scheint die von ihr wahrgenommene große Hilfsbedürftigkeit der Schüler*innen aus erschwerten Familienverhältnissen nicht ihren eigenen biografischen Erfahrungen zu entsprechen. Insgesamt besteht folglich die Gefahr, dass Frau Akay unüberlegt die eigenen mit der Migration in Verbindung stehenden Erfahrungen auf Schüler*innen mit Migrationshintergrund überträgt und somit für die Bedürfnisse und Probleme einzelner Kinder nicht offen und sensibel ist. In diesem Zusammenhang ist auch die Fokussierung auf deutschsprachliche Kompetenzen kritisch zu betrachten. Etwa konstruiert Frau Akay die Gruppe der geflüchteten Kinder ausschließlich anhand des Merkmals Sprachstand in der deutschen Sprache – die Gemeinsamkeit wird folglich über das Nichtvorhandensein der Deutschkenntnisse zu Beginn des Schuleintritts hergestellt. Anderer Merkmale wie Herkunftsstaat, Herkunftssprache, Familien- und Lebenssituation, Bildungsvoraussetzungen, psychische Belastungen und Traumatisierungen, Aufenthaltsstatus u. v. m. werden von Frau Akay nicht thematisiert.

Über das Interview hinweg können des Weiteren Zuschreibungen von Defiziten und Mangel an den familialen Hintergrund rekonstruiert werden. So beschreibt

Frau Akay, dass sich erschwerte Familienverhältnisse hinderlich auf die Lernvoraussetzungen und das Lernpotenzial der Kinder auswirken und eine Herausforderung für die pädagogische Arbeit darstellen. Negative stereotype Vorstellungen
beziehen sich hierbei vor allem auf die Erziehungsfähigkeit der Eltern: Zum einen
erhalten Kinder aus erschwerten Familienverhältnissen in Frau Akays Perspektive
wenig bis keine schulbildungsbezogene Förderung, zum anderen fehlen aus ihrer
Sicht Zuhause Regeln und Tagesstrukturen sowie darüber hinaus in vielen Fällen körperliche Zuneigung und emotionale Zuwendung. Diese problemorientierte
Sichtweise auf die Erziehungsfähigkeit der Eltern zieht eine entsprechend gela-
gerte pädagogische Praxis im Umgang mit einer als stark bedürftig konstruierten
Schüler*innen- und Elternschaft nach sich und geht zugleich mit der Einschätzung
über eine eher geringe Leistungs- und Lernfähigkeit der Schüler*innen einher.
Letztlich führen aus Sicht von Frau Akay erschwerte Familienverhältnisse zu
ungleichen Bildungschancen und eher geringen schulischen Erfolgsaussichten.

3.4   Frau Antonova

Die offene Ganztagsgrundschule, an der das 45 Minuten dauernde Gespräch mit
Frau Antonova stattfand, verlief ohne äußere Störungen. Die Grundschule liegt
in einer Kleinstadt im östlichen Nordrhein-Westfalen in einer strukturstarken,
ländlich geprägten Region. Die für die Grundschule zuständige Kommune weist
eine vergleichsweise günstige wirtschaftliche Lage auf, so ist das Einkommen
der privaten Haushalte höher und der Schuldenstand niedriger als der Durchschnitt aller Kommunen in Nordrhein-Westfalen. Zudem ist die Arbeitslosenquote
relativ gering und der Anteil an Einwohner*innen, die öffentliche Sozialleistungen beziehen, unterdurchschnittlich. Die Bevölkerungsdichte und der Anteil an
Einwohner*innen mit Migrationshintergrund ist im Vergleich der umliegenden
Landkreise sehr gering.

Insgesamt besuchen knapp 250 Schüler*innen die Grundschule und werden
hierbei von ca. 20 Lehrkräften sowie zwei Förderschullehrkräften unterrichtet.
Zum Interviewzeitpunkt ist Frau Antonova Anfang 30 Jahre alt und arbeitet
seit einem halben Jahr an der Grundschule. Ihr erfolgreich abgeschlossener
Vorbereitungsdienst liegt erst kurze Zeit zurück.

3.4.1 Konstruktion der Schüler*innen- und Elternklientel

Frau Antonova schildert im Kontext der Frage nach einem positiven Erlebnis in der Schule, dass ihre Schüler*innen bereits wenige Wochen nach der Einschulung lesen konnten:

> in der ersten Klasse da ähm kam irgendwie ein Mädchen an äh auch aus meiner Klasse kam dann morgens in die Klasse und sagte dann äh (.) [verstellt Stimme] Frau Antonova äh ich kann schon total gut lesen (.) und dann habe ich gesagt Mensch ja dann-dann zeig mir das doch mal ja ich hab das schon alles gelesen (.) und dann hat die mir wir-und das war äh ich weiß es war sechs Wochen glaube ich sechs sieben Wochen nachdem die Kinder eingeschult waren und ich hatte dann so eine Eingangsdiagnostik gemacht und wusste dass die halt (.) gar nicht bis ga-also fast gar nicht noch lesen können ne wirklich nur so Buchstaben erkennen und das auch noch nicht mal alle (.) und dann kam die wirklich so sechs sieben Wochen nachdem die Schule angefangen hatte (.) und hatte mir dann wirklich so ein Buch dahingelegt und hat dann so zwei drei Zeilen aus diesem Buch vorgelesen und dann habe ich gedacht Wahnsinn was ist denn da los? ne also dass die auf einmal so einen riesen Schwung gemacht hatte und ähm (.) und das hat so meinen Blick irgendwie darauf geschärft dass ich dann auch gemerkt habe ähm (.) dann habe ich das bei den anderen Kindern auch mal so ich sag mal abgeprüft ähm oder mal so überprüft und habe dann wirklich festgestellt dass die innerhalb von kürzester Zeit wirklich so äh w-wirklich teilweise echt schon richtig gut lesen konnten ne das war Wahnsinn also d-da habe ich echt gedacht (.) also ich hätte nicht gedacht dass-dass die Kinder das so schnell lernen (Fallstudie 2, Interview Frau Antonova, Z. 89–126)

Am Beispiel einer Schülerin, die innerhalb kurzer Zeit des Unterrichtens in der Lage war, einige Zeilen aus einem Buch vorzulesen, stellt Frau Antonova die rasche Lernfähigkeit der Kinder heraus. Ihrer Erzählung fügt sie hinzu, dass sie aufgrund der zu Schulbeginn durchgeführten Eingangsdiagnostik wusste, dass der Großteil der Kinder „fast gar nicht" (Z. 100) lesen kann. Der zügige Erwerb von Lesekompetenzen der Erstklässlerin habe dazu geführt, auch die anderen Kinder genauer zu beobachten und zu überprüfen. Hierbei habe sie festgestellt, dass die Schüler*innen teilweise innerhalb weniger Zeit „schon richtig gut" (Z. 120) lesen können. In der gesamten Passage bringt Frau Antonova ihr Erstaunen über das enorme Lernpotenzial der Schüler*innen zum Ausdruck. Insgesamt erscheint der schnelle Lernfortschritt der Kinder im Lesen als positiver Horizont ihres Schüler*innenbildes. Diese schulleistungsbezogene Perspektive wird im Zusammenhang der Frage nach ihrer Erwartungshaltung an die Kinder zu Schuleintritt elaboriert:

ja ich erwarte von denen dass-dass-dass die sich auf die Schule freuen ne also-also
eine gewisse Freude (.) ähm und auch eine <u>Lernfreude</u> oder-oder-s-oder so dieses-
dieses-dieses-diesen <u>Lernwillen</u> den finde ich auch ganz wichtig bei Kindern dass
die das haben ähm (3) weil alles andere ist ja im Grunde genommen äh das was
ich-was die auch lernen sollen und wo die auch Zeit haben sollen also (.) bei mir
müssen die Kinder nicht unbedingt äh ist nicht die Voraussetzung dass die eine
Stunde still auf dem Stuhl sitzen können denn das können die nicht ähm aber dass
die wirklich so-so sich auch-auch selber auf die Schule auch freuen so-so diese
intrinsischen Motivation irgendwo so da ist ich möchte was lernen und ich bin jetzt
da und ähm ja (Fallstudie 2, Interview Frau Antonova, Z. 149–177)

Frau Antonova spitzt in mehreren Schritten ihren Anspruch an die Schüler*innen
zu, so sind eine „gewisse Freude" (Z. 154) auf die Schule, „<u>Lernfreude</u>" (Z. 154),
„<u>Lernwillen</u>" (Z. 159) und „intrinsische Motivation" (Z. 176) zugleich positiver
Horizont ihres Schüler*innenbildes. Darüber hinaus stellen diese Eigenschaften
nach ihrer Einschätzung entscheidende Voraussetzungen für die pädagogische
Arbeit dar, für „alles andere" (Z. 164) erhalten die Kinder in der Schule Gelegen-
heit und Zeit zum Lernen. Als Beispiel führt sie an, dass es keine Grundbedingung
bei ihr sei, eine Stunde lang still auf dem Stuhl zu sitzen – denn das können die
Schüler*innen ihrer Ansicht nach ohnehin nicht. Eine grundlegende innere Motivation lernen zu wollen erscheint in dieser Perspektive als nicht im Laufe der
Schulzeit entwickelbar, sondern im Elternhaus angeboren bzw. anerzogen zu sein.

Alles in allem attestiert Frau Antonova den Schüler*innen eine hohe Wissbe-
gierde und Bildungsbeflissenheit im Schulkontext:

also die sind wirklich alle ich habe auch no-noch noch nie so eine Klasse gesehen
das ist Wahnsinn die sind wirklich auch alle angekommen und das war nach kürzester Zeit dass die (.) ähm (.) echt alle auch äh (.) auch Fragen gestellt haben sich
auch alle beteiligt haben und ähm (.) hm ja das auch irgendwie wollten und äh das
ist klar dass dann ähm oft oder ne dann-dann so nach-nach einigen Wochen war
das oft so dass man gemerkt hat die sind so ausgelaugt ne die-die können dann
nicht mehr aber das war auch einfach ähm ich habe immer versucht diese Punkte
auch-auch <u>im</u> Unterricht immer diese Punkte als Anlass dafür zu sehen nicht zu
sagen Mensch jetzt reißt euch mal zusammen sondern ich habe diese Punkte dann
immer genutzt um zu sagen ach komm wir machen eine Bewegungspause ne dann
habe ich immer ganz viele Be-ganz verschiedene Bewegungspausen die Kinder
kennen das eigentlich auch schon also ähm (.) dass ich (.) den Kindern das immer
zugestanden habe auch irgendwann nicht mehr zu machen und ne ähm dass ich
auch <u>dann</u> immer wieder versucht habe neue <u>Impulse</u> zu kriegen und immer wieder neue Motivationsanlässe zu kriegen und-und auch Übungsformate (.) auch so
abzuwechseln dass die Kinder immer wieder was Neues (.) so neuen Input kriegen und mal wieder ähm (2) ja was Neues zu schaffen ne oder dass-dass ich zum
Beispiel denen auch ganz oft ähm (.) auch einfach <u>bewusst</u> gemacht habe was die

schon alles gelernt haben [...] dann äh ja ist man ja auch <u>stolz</u> natürlich auch drauf
und man hat auch neue Motivation wo man dann wieder ansetzt ne (Fallstudie 2,
Interview Frau Antonova, Z. 194–271)

Abermals betont Frau Antonova die geringe Zeitspanne und hohe intrinsische
Motivation der Kinder, die sich mithin in einer eifrigen Beteiligung am Unter-
richtsgeschehen präsentiert. Diese Beschreibung ist ebenso der positive Horizont
ihres Schüler*innenbildes. Die Formulierung „ich habe auch no-noch noch nie
so eine Klasse gesehen das ist Wahnsinn" (Z. 194 f.) verweist darüber hinaus
auf die außergewöhnliche Lernfähigkeit der Schüler*innen, die bislang nicht zum
Erfahrungsraum von Frau Antonova zu gehören scheint. Als legitim erscheinende
Konsequenz der hohen Motivation und Lernfähigkeit seien die Kinder ferner nach
einigen Schulwochen erschöpft und „ausgelaugt" (Z. 203). Frau Antonova reagiert
entsprechend und gesteht den Schüler*innen eine Erholungsphase im Unterricht
zu, indem sie bewusst Bewegungspausen einplant. Darüber hinaus gestaltet sie
nach eigenen Aussagen die schulischen Lernprozesse derart, dass sie Übungsformate abwechselt und kontinuierlich neue Lernanstöße gibt. Zu Frau Antonovas
pädagogischem Handeln gehört auch das Aufzeigen des Lernfortschrittes, um den
Schüler*innen Erfolgserlebnisse zu vermitteln, die wiederum motivierend für den
weiteren Lernprozess sind. Demzufolge stellt selbstwirksames Lernen im Kontext
von Erfolgserfahrungen sowie abwechslungsreichen und kognitiv-aktivierenden
Aufgaben das Enaktierungspotenzial für gelingendes Lernen im Schulkontext dar.
    Grundsätzlich ist der Orientierungsrahmen des Schüler*innenbildes somit
durch eine wertschätzende und anerkennende Haltung gegenüber den Schü-
ler*innen geprägt. Als Kern der Orientierung erscheint, dass sich die Bil-
dungseinstellung respektive die Lernvoraussetzungen der Kinder und das daraus
resultierende hohe Lernpotenzial positiv auf die pädagogische Arbeit auswirken.

3.4.2 Berufsbezogenes Selbstkonzept

Im Zusammenhang der Frage nach beruflichen Stärken beschreibt Frau Antonova,
dass sie aufgrund eigener Migrationserfahrung mehr Verständnis für die herausfordernde Situation neu eingewanderter Kinder habe, andererseits Unverständnis
für geringe Integrationsbemühungen neu eingewanderter Eltern hege:

dieses Verständnis für die <u>Kinder</u> irgendwo ne (.) dass man sagt ähm ich weiß wie
es auf der ein-ja auf der einen Seite Verständnis dass man sagt ich weiß wie das
ist (.) ich weiß wie blöd das ist wenn man da steht ich stand-ich weiß damals
ich stand auf dem Schulhof und ich konnte nicht verstehen wie die Menschen

sich gegenseitig verstehen weil für mich klang das alles blabla blablablablabla bla blablabla bla blablabla für mich wa-ist alles gleich und ich-ich das ka-hat total lange gedauert bis ich (.) bis ich das so durchdrungen hatte dass die ne und auf d-also auf der einen Seite wirklich dieses Verständnis da zu stehen und gar nichts zu verstehen und da irgendwo ähm (.) aufgefangen zu werden (.) aber auf der anderen Seite dieses Nicht-Verstehen von den Eltern und äh dass die da nicht mehr tun für ihre Kinder ne dass-dass die da nicht-nicht versuchen ihr Kind zu integrieren und sich selber auch nicht integrieren (.) ich könnte nicht in einem Land leben ähm (.) äh wo ich nicht wo ich niemanden kenne wo ich Angst haben muss vor die Tür zu gehen weil ich mich da nicht verständigen kann (Fallstudie 2, Interview Frau Antonova, Z. 681–719)

Insgesamt zeichnet sich die Passage durch eine besondere metaphorische Dichte aus und gewinnt somit den Charakter einer Fokussierungsmetapher. Mit einem hohen Detaillierungsgrad schildert Frau Antonova retrospektiv ihre damalige Schulsituation kurz nach der Einwanderung („ich stand-ich weiß damals ich stand auf dem Schulhof und ich konnte nicht verstehen wie die Menschen sich gegenseitig verstehen weil für mich klang das alles blabla blablablablabla bla blablabla bla blablabla für mich wa-ist alles gleich", Z. 687 ff.). Die szenische Darstellung der vergangenen Erfahrung dokumentiert neben den wahrgenommenen Sprachbarrieren vor allem das Erleben von sozialer Ausgrenzung. Insgesamt erscheint die Fremdheitserfahrung aufgrund fehlender Deutschkenntnisse als negativer Gegenhorizont der Sichtweise auf neu eingewanderte Schüler*innen. Darüber verweist der bildhafte Ausdruck „aufgefangen zu werden" (Z. 707) vage auf Kompensationsmöglichkeiten von Verständigungsproblemen aufgrund der Sprache und dem Gefühl des Nicht-Dazugehörens. Hierbei impliziert die unmittelbar anschließende kritische Beurteilung von Eltern, „die da nicht mehr tun für ihre Kinder" und „die da nicht-nicht versuchen ihr Kind zu integrieren und sich selber auch nicht integrieren" (Z. 708 ff.), dass die Anstrengungen der neu eingewanderten Eltern im Hinblick auf den Erwerb von Deutschkenntnissen und den Aufbau sozialer Kontakte das Enaktierungspotenzial für das schulische Vorankommen dieser Kinder darstellen. Dementsprechend erscheinen die fehlende Verantwortungsübernahme und Bereitschaft zur Integration zugleich als negativer Gegenhorizont des Bildes von neu eingewanderten Eltern. Als Maßstab für die Kritik dient Frau Antonova unterdessen die eigene Einwanderungsgeschichte:

mir kann dann keiner erzählen dass ich es-dass-dass es nicht möglich ist so ne also mir kann keiner sagen es geht nicht (.) weil es geht (.) ich sitze hier ne und ich habe einen deutschen Mann und ich habe deutsche Freunde und ich habe überhaupt eigentli-außer meiner Verwandtschaft habe ich mit wenigen Aussiedlern überhaupt so in dem Sinne zu tun ne und mir kann keiner sagen ne oft sagen die ja auch die akzeptieren uns ja nicht und die gucken ja auch immer komisch und ne das wird dann ja auch oft aber es stimmt nicht es stimmt einfach nicht wenn ich das wirklich möchte und wenn ich auf die Leute zugehe (.) dann geht das auch (Fallstudie 2, Interview Frau Antonova, Z. 725–739)

Zunächst bewertet Frau Antonova die von ihr antizipierte Haltung einiger Einwander*innen, dass Integration nicht möglich sei, als abwegig – an ihrer Person sei die Realisierbarkeit schließlich ersichtlich. Weiter führt sie aus, dass sie einen „deutschen Mann" (Z. 730) und „deutsche Freunde" (Z. 730) habe und mit Ausnahme zu ihrer Verwandtschaft nur wenig Kontakt zu anderen „Aussiedlern" (Z. 732) bestehe. Unter diesem Blickwinkel erscheint Assimilation auf sozialer Ebene als positiver Horizont von Integration. Zugespitzt könnte auch formuliert werden, dass sich Frau Antonova durch die nachdrückliche Hervorhebung von Beziehungen zu Personen ohne Migrationshintergrund selbst als bestes Beispiel für gelungene Integration präsentiert. Ihrer Ansicht nach ermöglicht allein der Wille und die Bereitschaft, auf Menschen zuzugehen, soziale Integration. Diese Erwartungshaltung stellt zugleich das Enaktierungspotenzial für eine erfolgreiche gesellschaftliche Integration in Deutschland bereit. Darüber hinaus findet eine betonte Unterscheidung zwischen Personen mit Migrationshintergrund und Personen ohne Migrationshintergrund statt. Zwar lässt die Konstruktion eines geteilten Erfahrungsraumes prinzipiell den Schluss zu, dass sich Frau Antonova zu der Gruppe der Aussiedler*innen zählt, jedoch differenziert sie innerhalb der Gruppe der Einwander*innen zwischen denjenigen, die sich der Mehrheitsbevölkerung anpassen, und denjenigen, die nicht integriert bzw. nicht bemüht sind, sich zu integrieren. Hierbei grenzt sich Frau Antonova deutlich von letztgenannter Teilgruppe der ‚Integrationsunwilligen' ab. Ferner dokumentiert die von Frau Antonova vorgenommene Kategorisierung von ‚Integrationsverweiger*innen' versus ‚Integrationsbemühten' bzw. ‚Integrierten' eine Vorstellung von einer willentlichen und aktiven Separation mancher Einwander*innen.

Neben der besonderen Empathie für die herausfordernde Lage kürzlich eingewanderter Kinder beschreibt Frau Antonova im Kontext des Themenfeldes Zusammenarbeit mit den Eltern, dass ihrer Ansicht nach der eigene Migrationshintergrund auch die vertrauensvolle Zusammenarbeit mit Eltern mit Migrationshintergrund erleichtere:

also wa-was mir mal im Zusammenhang mit den Eltern (.) natürlich immer zugutekam dass ich einfach selber irgendwo diesen Migrationshintergrund habe also das war wirklich immer das war für ganz viele immer wie so eine Erleuchtung ne wenn ich dann wirklich gesagt habe (.) ähm ja ich bin ja selber oder habe selber diese Geschichte dann haben die (.) dann hat man wieder die so ein bisschen mehr auf ihrer Seite ich habe auch (.) oft Gespräche geführt wirklich ganz absichtlich (.) dass ich <u>nicht</u> gesagt habe (.) erstmal wirklich gar nicht verraten habe dass ich ähm (.) dass ich diesen Migrationshintergrund habe und ich (.) meine das merkt man ja aus jetzt nicht sofort ne wenn ich es nicht sofort sage das heißt die haben es auch nicht gemerkt ganz ganz lange Zeit und wenn man <u>dann</u> diesen Punkt so rein schmeißt (.) dann merkt man es ändert sich total diese ganze Situation ändert sich <u>total</u> ne weil die dann (.) das Gefühl haben (.) ähm (.) sie ist eine von uns vielleicht auch (.) ne also ich denke auch ganz oft so dieses Denken ach ne das ist ja auch eine von <u>uns</u> so denken die ja oft das ist ja echt total-total strange aber es ist (Fallstudie 2, Interview Frau Antonova, Z. 419–442)

Zunächst schätzt Frau Antonova den eigenen Migrationshintergrund als vorteilhaft für die Zusammenarbeit mit den Eltern ein und äußert, dass es „wie so eine Erleuchtung" (Z. 424) für Eltern mit Migrationshintergrund wäre, von ihrer Einwanderungsgeschichte zu erfahren. Prinzipiell stellt demnach die Verbundenheit infolge der Migrationserfahrung das Enaktierungspotenzial für die Zusammenarbeit mit Eltern mit Migrationshintergrund dar. Frau Antonova gibt jedoch an, nicht über ihr Aussehen als Einwanderin identifizierbar zu sein und Informationen zu ihrem Migrationshintergrund gezielt in Gesprächen mit Eltern einzusetzen. Auffällig an der Passage ist, dass eine vermeintliche Verbundenheit zwischen ihr und den Eltern mit Migrationshintergrund, die auf der Gemeinsamkeit Migrationserfahrung beruht, Frau Antonova befremdet („weil die dann (.) das Gefühl haben (.) ähm (.) sie ist eine von uns vielleicht auch (.) ne also ich denke auch ganz oft so dieses Denken ach ne das ist ja auch eine von <u>uns</u> so denken die ja oft das ist ja echt total-total strange aber es ist so", Z. 440 ff.). Gleichwohl leitet Frau Antonova wiederum aus der gemeinsam geteilten Erfahrung, als Schulkind in Deutschland neu eingewandert zu sein, ein besonderes Mitgefühl für eben diese Kinder ab. Generell offenbart die Passage im Kern Frau Antonovas Idealvorstellung von Integration. So erscheint die Ununterscheidbarkeit von Personen mit Migrationshintergrund und Personen ohne Migrationshintergrund als positiver Horizont von Integration. Insgesamt zeigt sich ein assimilierendes, einseitiges Verständnis von Integration, bei dem deutscher Sprachgebrauch, Äußerlichkeiten und soziale Beziehungen entscheidende Indikatoren darstellen.

Darüber hinaus präsentiert sich Frau Antonova aufgrund ihrer eigenen biografischen Erfahrungen als Rollenvorbild für Schüler*innen mit Migrationshintergrund:

ja dass man den Kindern immer wieder (2) ja (2) irgendwo ja auch ein Vorbild ist ne und dass man ja den Kindern auch immer wieder ähm auch aufzeigt dass man so eine (.) Geschichte hinter sich [...] ich habe das-diese Situation den Kinder genau so dargestellt und habe dann auch gesagt ne so und so einen Werdegang hatte ich auch und ich hatte die gleiche Geschichte und ich habe es auch geschafft und äh aber auch nur weil mich jemand unterstützt hat also immer wieder ja das auch zu thematisieren und auch ähm als Vorbild irgendwo dazustehen und zu sagen ähm man kann es schaffen (Fallstudie 2, Interview Frau Antonova, Z. 812–834)

Grundsätzlich erscheint in der Passage die Vorbildfunktion für Kinder mit Migrationshintergrund und das Aufzeigen der eigenen Einwanderungsgeschichte als positiver Horizont des berufsbezogenen Selbstbildes. Angesichts dessen, dass ihr Migrationshintergrund nach eigenen Aussagen nicht sichtbar ist (s. o.) wirkt das Thematisieren der eigenen Einwanderungsgeschichte mit Schüler*innen mit Migrationshintergrund, ähnlich der Zusammenarbeit mit Eltern mit Migrationshintergrund, abermals wie eine strategische Ressource für den Umgang mit Familien mit Migrationshintergrund. Es dokumentiert sich unter anderem anhand der Aussage „so eine Geschichte hinter sich zu haben" (Z. 818), dass der Migrationshintergrund zwar ein Hindernis darstellt und Schwierigkeiten birgt, diese aber überwunden werden können. Überdies nennt Frau Antonova die Unterstützung von außen als Gelingensbedingung für die eigene erfolgreiche Bildungslaufbahn („und ich habe es auch geschafft und äh aber auch nur weil mich jemand unterstützt hat", Z. 831 f.). ‚Aufgefangen' und unterstützt zu werden ist demnach ein zentraler Fluchtpunkt in der Perspektive auf neu eingewanderte Kinder und stellt das Enaktierungspotenzial für den Bildungserfolg von neu eingewanderten Schüler*innen dar.

Alles in allem tritt als zentrale Orientierung zu Tage, dass mit der Migration verbundene Herausforderungen, wie etwa geringe bzw. keine Kenntnisse der deutschen Sprache und das Gefühl von Fremdsein, zu bewältigen sind. Als Ressource für den Umgang mit neu eingewanderten Kindern und Eltern erscheint Frau Antonovas eigene Migrationserfahrung, angesichts dieser scheinbar gemeinsamen lebensgeschichtlichen Verbindung schreibt Frau Antonova sich selbst Kompetenzen wie beispielsweise besondere Empathie und eine Vorbildfunktion zu. Im Mittelpunkt dieser Perspektive stehen jedoch die Bemühungen der (neu) eingewanderten Eltern. Deren An- und Einpassungsleistung erscheint als unerlässliche Voraussetzung für die soziale Integration der Kinder.

3.4.3 Auseinandersetzung mit Spannungsfeldern der pädagogischen Arbeit

Das besondere Verständnis für neu eingewanderte Schüler*innen löst bei Frau Antonova ein starkes Verantwortungsgefühl für ein kürzlich eingewandertes polnisches Mädchen aus. Aufgrund des mangelnden Einsatzes der zuständigen Klassenleitung, so Frau Antonovas Kritik, initiiert sie selbst eine Deutschförderstunde, die sie indes an ihre persönliche Grenze bringt:

> bei diesem einen Mädchen jetzt die aus Polen gekommen ist ne muss ich auch sagen das ist äh unheimlich schwierig-ich bin (.) nicht in dieser Klasse drin (.) also ich habe nicht die Klassenleitung sie ist ja in der vierten Klasse (.) und ich habe da Englisch und Musikunterricht (.) in dieser ähm (.) in dieser Jahrgangsstufe und das ist ähm für mich einfach unheimlich schwierig ähm sie aufzufangen ne weil da kommt vom Klassenlei-also von der Klassenleitung kommt da einfach unheim- nicht so viel ne an-an Unterstützung und ich habe eine Zeit lang habe ich echt versucht sie (.) so-also ihr so viel Stoff zu geben dass sie eine ganze Woche ohne mich arbeiten kann quasi ne also ihr s-un-so viel Unterstützung zu geben dass sie das-dass sie-dass ich sie da weiterbringe hab dann aber echt gemerkt dass ich- da komme ich so ins Straucheln weil es mir unheimlich schwierig fällt das ist ja auch für mich eine totale Zusatzarbeit ne also ich habe ja sowieso mit dieser Klassenleitung das ist auch alles komplett neu für mich (.) habe ich einfach schon unheimlich viel zu tun und dann noch nebenbei und diese eine Stunde die ich mit ihr habe (.) in der Woche (.) das ist ne es ist sehr wenig und in dieser Stunde alles das vorzubereiten was sie die ganze Woche machen soll auch für mich das gedanklich vorher vorzubereiten ist ein riesen Arbeitsaufwand wo ich inzwischen so ein bisschen von weg bin (.) ich habe es am Anfang versucht zu stemmen ich habe es einfach nicht geschafft ich habe es einfach auch zeitlich nicht geschafft dass ich irgendwann mal sagen musste ich-ich kann es einfach nicht (.) ich muss (.) es tut mir total leid und ich würde sie so gerne (.) richtig unterstützen aber ich kann es nicht ich kann es alleine auch nicht stemmen (.) geht nicht (Fallstudie 2, Interview Frau Antonova, Z. 283–339)

Zunächst verweist Frau Antonova auf die Schwierigkeit, der Schülerin zu Hilfe zu kommen, da sie nicht die hauptverantwortliche Klassenlehrerin, sondern die Englisch- und Musiklehrerin dieser Jahrgangsstufe sei und die Klassenleitung wenig Einsatz zeige. Die mangelnde Unterstützung durch die Klassenleitung ist demzufolge negativer Horizont hinsichtlich der Förderung neu eingewanderter Kinder. Bemerkenswert ist die wiederkehrende Formulierung, es sei problematisch, die Schülerin „aufzufangen" (Z. 292) – diese Wortwahl trat bereits im Kontext des Verständnisses für neu eingewanderte Schüler*innen und des Unverständnisses gegenüber Eltern auf, die ihr Kind nicht unterstützen („also auf der einen Seite wirklich dieses Verständnis da zu stehen und gar nichts zu verstehen und da irgendwo ähm (.) aufgefangen zu werden (.) aber auf der anderen Seite dieses Nicht-Verstehen von den Eltern und äh dass die da nicht mehr tun für ihre Kinder", Z. 706 ff.). In der Passage zu Grenzen der Unterstützung sind jedoch nicht die Eltern diejenigen, die das Mädchen auffangen (sollen), sondern Frau Antonova selbst. Die Eltern des polnischen Mädchens werden von ihr nicht thematisiert. Vielmehr versucht Frau Antonova die neu eingewanderte Schülerin in einer wöchentlichen Deutschförderstunde durch entsprechendes Lernmaterial zu unterstützen. Aufgrund der mit viel Arbeit verbundenen eigenen Klassenleitung, die sie zum ersten Mal übernimmt, und dem hohen Vorbereitungsaufwand der Deutschförderstunde habe sie es jedoch zeitlich nicht mehr geschafft, dem Mädchen zu helfen. Generell erscheint die Deutschförderstunde als Enaktierungspotenzial für die schulische Unterstützung neu eingewanderter Kinder. Die Ausführungen dokumentieren insgesamt die fehlende kollegiale Unterstützung im Hinblick auf die Deutschförderung des kürzlich eingewanderten Mädchens und die hohe Eigeninitiative des pädagogischen Handelns („es tut mir total leid und ich würde sie so gerne (.) <u>richtig</u> unterstützen ab er ich kann es nicht ich kann es <u>alleine</u> auch nicht stemmen (.) geht nicht", Z. 334 ff.), die von Frau Antonova vor dem Hintergrund von wenig Berufserfahrung als Belastung erlebt werden („also ich habe ja sowieso mit dieser Klassenleitung das ist auch alles komplett neu für mich (.) habe ich einfach schon unheimlich <u>viel</u> zu tun", Z. 318 ff.). Dies führt dazu, dass Frau Antonova ihren pädagogischen (Selbst-)Anspruch reduziert, eine qualitativ hochwertige Deutschförderstunde anzubieten und die Deutschförderstunde entgegen ihrer Vorstellung von optimaler Unterstützung neu eingewanderter Kinder wieder der Klassenleitung übergibt.

Grundsätzlich verschiebt Frau Antonova das Thema der Handhabbarkeit von migrationsbedingten Herausforderungen weg von dem Erfordernis der elterlichen Unterstützung hin zu der schulischen Verantwortung. Die fehlende Unterstützung der Klassenleitung des Mädchens sowie der hohe Arbeitsaufwand der eigenen Klassenleitung und der Deutschförderstunde im Kontext des Berufseintritts stellen den negativen Horizont hinsichtlich der Förderung neu eingewanderter Kinder dar. Enaktierungspotenzial für die Unterstützung besteht in dieser Perspektive aus einer gut vorbereiteten, strukturierten Deutschförderstunde sowie in der Zusammenarbeit und Unterstützung im Kollegium. In groben Zügen zeichnet sich bei Frau Antonova ein kritisches Bewusstsein dafür ab, dass die inadäquate Deutschförderung der polnischen Schülerin durch die zuständige Klassenleitung ein Bildungsrisiko für das Mädchen darstellt. Die zuvor entfaltete Fokussierung auf die Verantwortlichkeit der neu eingewanderten Eltern für den Bildungserfolg der Schüler*innen wird an dieser Passage um den Aspekt institutioneller

Bedingungen erweitert: Dass Bildungsrisiko besteht nicht darin, dass es an Integrationsbereitschaft der polnischen Eltern mangelt, sondern dass die Schule nicht angemessen fördert.

3.4.4 Positionierung innerhalb der Schule bzw. des Kollegiums

Insgesamt sind Frau Antonovas pädagogische Orientierungen an Leistung und Anstrengung sowie an Eigenverantwortung und Selbstdisziplin kongruent mit der von ihr beschriebenen Lernhaltung und schulischen Performanz der Kinder. Etwa betont Frau Antonova allgemein das hohe Leistungspotenzial der Schüler*innen und beschreibt bestmögliche Lernvoraussetzungen, denn die Kinder sind aus ihrer Sicht durchweg intrinsisch motiviert und bildungseifrig. So erscheint nicht nur die Leistung, sondern auch die Einstellung der Kinder gegenüber der Schule beispielhaft. Frau Antonova vermittelt den Eindruck, dass sie in ihrer pädagogischen Arbeit an das Bildungsinteresse der Schüler*innen anschließen und aufbauen kann. Die scheinbar reibungslose pädagogische Arbeit und die Freude und Motivation der Kinder trägt insgesamt zur Stabilisierung der beruflichen Identität bei.

Eine Herausforderung für die berufliche Entwicklung und Aufrechterhaltung einer positiven Identität sind hingegen die Geschehnisse um das kürzlich eingewanderte Mädchen aus Polen. So kann Frau Antonova zwar die schwierige Lage angesichts mangelnder deutscher Sprachkenntnisse und des Gefühls des Ausgegrenztseins kürzlich eingewanderter Kinder aufgrund eigener Migrationserfahrung empathisch nachempfinden und sich mit diesen Kindern identifizieren. Ihr biografisch angelegtes Engagement und Verantwortungsgefühl für die kürzlich eingewanderte Schülerin scheint jedoch durch fehlende Teamstrukturen bzw. kollegiale Unterstützung gebremst zu werden. Im Kontext von beruflichen Anforderungen und Aufgabenstellungen in der Berufseinstiegsphase, wie zum Beispiel die zum ersten Mal übernommene Klassenleitung, wird die scheinbar alleinige Verantwortung für die neu eingewanderte Schülerin von Frau Antonova als Überforderung erlebt. Letztlich gibt sie zur Selbstentlastung die von ihr initiierte Deutschsprachförderstunde an die Klassenleitung der polnischen Schülerin ab.

Denkbar ist, dass aufgrund des geringen Anteils an Schüler*innen mit Migrationshintergrund an der Schule innerhalb des Kollegiums eine Distanz bzw. kaum Erfahrung zum Thema Umgang mit migrationsbedingter Vielfalt besteht. Der fehlende kollegiale Rückhalt kann entsprechend darauf verweisen, dass Frau Antonova in die Nischenposition der ‚Migrationsbeauftragten' gedrängt wird.

3.4.5 Zuschreibung von Verantwortung für Bildungschancen

Gleichwohl Frau Antonova im thematischen Kontext von Grenzen der Fördermöglichkeiten auch die schulische Verantwortung für die Unterstützung neu eingewanderter Kinder thematisiert (vgl. 3.4.3 Auseinandersetzung mit Spannungsfeldern der pädagogischen Arbeit) und aufgrund der eigenen Migrationserfahrung pädagogische Ressourcen für den Umgang mit eingewanderten Kindern und Eltern nennt (vgl. 3.4.2 Berufsbezogenes Selbstkonzept), hängen aus ihrer Sicht die Bildungschancen der Kinder mit Migrationshintergrund vor allem von den elterlichen Integrationsbemühungen ab:

> also ich glaube die Eltern (.) bei den Kindern mit Migrationshintergrund (.) die-die machen die-die können da (.) Berge versetzten also ich glaube <u>die</u> sind wirklich der a-allerwichtigste Anknüpfungspunkt (.) das (.) glaube ich das ist so-das ist so der Schlüssel der Schlüssel zum Ganzen glaube ich (Fallstudie 2, Interview Frau Antonova, Z. 295–302)

Die Metaphern „Berge versetzen" (Z. 296) und „Schlüssel zum Ganzen" (Z. 301 f.) dokumentieren die außergewöhnliche Leistungsfähigkeit der Eltern mit Migrationshintergrund, die über allem zu stehen scheint. Insgesamt wird deutlich, dass die Unterstützung der Eltern Dreh- und Angelpunkt in der Perspektive von Frau Antonova auf Schüler*innen mit Einwanderungsgeschichte ist und den Kern der Orientierung hinsichtlich des schulischen Erfolgs und der Herstellung von Bildungschancen bildet.

3.4.6 Gefahren und Fallstricke der handlungsleitenden Orientierungen

Zentral für Frau Antonovas pädagogische Arbeit ist Schüler*innen kognitiv zu aktivieren, zu unterstützen und herauszufordern. Im Hinblick auf (neu) eingewanderte Kinder zeigt sich Frau Antonova förderorientiert. So verweist sie angesichts eigener Migrationserfahrungen auf die besondere Empathie für Kinder aus Einwandererfamilien sowie auf die Vorbildfunktion und Rolle der Mutmacherin für Schüler*innen mit Migrationshintergrund. Ein spezielles Anliegen von Frau Antonova ist es, durch eine strukturierte deutsche Sprachförderung die Bildungschancen dieser Kinder zu erhöhen.

Ein vermuteter gemeinsamer Erfahrungsraum zwischen ihr und Schüler*innen mit Migrationshintergrund und die daraus abgeleiteten spezifischen Funktionen und Kompetenzen können hierbei jedoch eine kulturalistische Orientierungsfigur darstellen. Mit Blick auf das polnische Mädchen wird deutlich, dass die Vielfalt von Differenzlinien bei Frau Antonova unterbelichtet bleibt. Etwa können nicht zuletzt abweichende familiale Ressourcen ungleiche (schulische) Ausgangsbedingungen zur Folge haben. Problematisch kann mithin sein, dass in Folge individuelle Bedarfe neben dem Aufbau der deutschen Sprache aus Frau Antonovas Blick geraten.

Ferner fällt auf, dass über die Differenzkategorie ‚Migration' hinaus das Thema Bildungschancen bei Frau Antonova keine weitere Rolle spielt. Schichtgebundene Leistungsunterschiede und nach sozialer Herkunft variierende Bildungseinstellungen thematisiert Frau Antonova nicht bzw. konstruiert sie ausnahmslos eine schulleistungsstarke und intrinsisch motivierte Schüler*innenschaft. Angesichts des privilegierten, ländlichen Einzugsgebiets der Schule scheint Frau Antonova mit soziokultureller Vielfalt nur wenig Berührungspunkte zu haben und überwiegend Schüler*innen aus Familien mit hohem Sozialstatus und Schulbildungsniveau zu unterrichten. Die Wahrscheinlichkeit für diese Kinder, die Schule ohnehin erfolgreich zu durchlaufen, ist hierbei relativ groß. Die mutmaßlich privilegiertere soziale Herkunft der Schüler*innen scheint auch Frau Antonovas Erwartungshaltung an die Kinder im Hinblick auf intrinsische Motivation zu orientieren. Heikel an diesem leistungsbezogenen Anspruch ist, dass Interesse an Unterrichtsinhalten bereits Schulbildungsnähe voraussetzt. Kinder aus sozial benachteiligten und schulbildungsungewohnten Milieus verfügen jedoch qua Herkunft nicht in gleicher Weise über diese Einstellungsmuster. Die Gefahr besteht, dass Frau Antonova der Zugang zu diesen Kindern und Eltern fehlt. So muss Frau Antonova aufpassen, solidarisch genug gegenüber schulleistungsschwächeren Schüler*innen und denjenigen zu bleiben, die sich dem Leistungsprinzip nicht unterordnen wollen. Im Gegensatz zu dieser kritischen Betrachtungsweise können sich die positiven stereotypen Leistungsvorstellungen im Sinne einer selbsterfüllenden Prophezeiung aber auch positiv auf das Selbstkonzept sozial benachteiligter Schüler*innen auswirken und Raum für anregungsreiche Lern- und Entwicklungsmöglichkeiten schaffen.

Die vorliegenden Analysen zeigen, dass die mit der Migration verbundene eigene Anstrengungs- und Leistungsbereitschaft die tragende Hintergrundfolie ihrer berufsbezogenen Orientierung im Hinblick auf Schüler*innen und Eltern mit Migrationshintergrund bildet. Hierbei erfolgt ein undifferenzierter Blick von Frau Antonova, denn sie überträgt ihre eigenen Erfahrungen Eins-zu-eins auf alle anderen Einwander*innen. So erscheint soziale Integration in dieser Perspektive als meritokratisches Prinzip, wonach allein der Wille und die Selbstdisziplin ausschlaggebend für gleiche gesellschaftliche Teilhabechancen sind.

Hierbei blendet Frau Antonova jedoch aus, dass Eigeninitiative und Selbstanstrengung keine ausschließlich individuelle Anlage oder Entscheidung sind, sondern vielmehr gesellschaftliche Strukturen und diskriminierende Ausschlussmechanismen, wie z. B. politische und rechtliche Vorgaben, den Rahmen für Integration vorgeben. Die egozentrische Sichtweise kann zur Folge haben, dass ganz unterschiedliche Startbedingungen der Familien nicht wahrgenommen und Eltern mit Migrationshintergrund, die nicht dem Leistungsethos folgen und Bereitschaft zur Anstrengung vorweisen bzw. sozial integriert sind, von ihr als defizitär etikettiert werden.

3.5 Frau Kamper

Frau Kamper arbeitet an einer Grundschule im Süden von Nordrhein-Westfalen, an der auch das einstündige, ungestörte Interview stattfand. Die Kommune, in der sich die Schule befindet, ist ein ländlicher Ort fernab der großen Ballungszentren. Allgemein handelt es sich um ein eher strukturschwaches schulisches Einzugsgebiet. So ist die Bevölkerungsdichte für die Region relativ niedrig, mit der Tendenz zur stagnierenden Einwohner*innenzahl in den letzten Jahren. Die Gemeinde ist vorwiegend Wohnort und hat keine große Bedeutung als Wirtschaftsstandort. Insgesamt ist die finanzielle Situation der Kommune angespannt. Für ein ländliches, westliches Bundesland besteht zudem ein relativ großes Ausmaß sozialer Notlagen: Das Einkommensniveau der Einwohner*innen ist niedrig und die Anteile von Arbeitslosen und Sozialhilfeempfänger*innen ist hoch. Darüber hinaus werden im Verhältnis zu anderen Kommunen in der Region viele Geflüchtete der Ortschaft zugewiesen, sodass insgesamt ein hoher Anteil an Einwohner*innen mit Migrationshintergrund zu verzeichnen ist.

Die Grundschule umfasst knapp 180 Schüler*innen sowie ca. 15 Lehrkräfte und Sonderpädagog*innen. Frau Kamper ist zum Interviewzeitpunkt Anfang 30 Jahre alt. Bei dem derzeitigen Arbeitsverhältnis handelt es sich um die erste Anstellung nach dem Vorbereitungsdienst. Insgesamt unterrichtet sie seit drei Jahren an dieser Grundschule.

3.5.1 Konstruktion der Schüler*innen- und Elternklientel

Im Zusammenhang der Interviewfrage nach schulspezifischen Bedarfen schildert Frau Kamper zu Beginn des Interviews ihren Eindruck von der Schüler*innenschaft:

also ich würde sagen speziell für unsere Schule ähm die ich jetzt mal als Brennpunktschule bezeichne ähm viele Kinder aus ja bildungsfernen Elternhäusern sozial
schwachen Familien ähm (.) in allen möglichen Lebensbereichen (.) ähm und auch
in der Schule eigentlich einen sehr großen Bedarf haben an zusätzlicher Hilfe würde
ich sagen wir bräuchten viel mehr Personal (.) gerade was Sozialarbeiter angeht
ähm müsste eigentlich jeder Jahrgang einen eigenen haben (.) weil die Bedürfnisse
so: groß sind und die Unterstützung einfach durch Außenstehende dass ich sagen
würde dort bräuchte man viel mehr- auch viel mehr Förderlehrkräfte speziell für
unser Klientel (Fallstudie 3, Interview Frau Kamper, Z. 141–152)

An der Argumentation wird ersichtlich, dass das sozial benachteiligte Einzugsgebiet der Schule einen zentralen Faktor in der Perspektive von Frau Kamper
einnimmt. So charakterisiert sie ihre Schule als „Brennpunktschule" (Z. 142) und
verweist unmittelbar auf den hohen Anteil von Schüler*innen aus „bildungsfernen
Elternhäusern sozial schwachen Familien" (Z. 142 f.). Die Zusatzinformation „in
allen möglichen Lebensbereichen" (Z. 143) drückt hierbei die Vielfalt an individuellen Problemlagen aus. Aufgrund des damit in Verbindung zu stehenden
„sehr großen Bedarf[s] an zusätzlicher Hilfe" (Z. 144 f.) bräuchte die Schule
aus ihrer Sicht mehr Unterstützung von außen. Die Hilfsbedürftigkeit auf mehreren Ebenen ist demzufolge der negative Gegenhorizont Bildes von Schüler*innen
aus schulbildungsfernen Elternhäusern und sozial schwachen Familien. Der wahrgenommene personelle Mangel und der Wunsch nach Unterstützung speziell
in den Bereichen Schulsozialarbeit und sonderpädagogische Förderung unterstreicht zum einen die Hilfsbedürftigkeit der Schüler*innen in unterschiedlichen
Lebensbereichen. Zum anderen verweist die Differenzierung unterschiedlicher
Berufsgruppen auf spezifische Funktions- und Aufgabenbereiche innerhalb der
pädagogischen Arbeit. Die Formulierungen „zusätzliche Hilfe" (Z. 144 f.) und
„Unterstützung durch Außenstehende" (Z. 147 f.) implizieren überdies, dass ‚Regelschullehrkräfte' den ‚inneren Kern' des Systems Schule darstellen und Sozialarbeiter*innen und Förderschullehrkräfte ergänzend hinzukommen. Ausreichend
Personalressourcen in verschiedenen pädagogischen Handlungsfeldern bilden aus
dieser Perspektive das Enaktierungspotenzial, um soziale Benachteiligung zu
kompensieren.

Aufgrund der Wahrnehmung des großen Unterstützungsbedarfs orientiert Frau
Kamper ihre pädagogische Praxis vor allem an dem Ausgleich materieller
Bedürftigkeit der Kinder sowie an alltagspraktischer Beratung der Eltern:

ja das bezieht sich auf jeden Fall so auf die hm ja (.) materielle Ausstattung der
Kinder dass ich auch oft losgegangen bin und Sachen gekauft habe Hefte besorgt
habe wir haben zwar in der Schule auch einen Schrank äh für bedürftige Kinder
denen halt solche Dinge fehlen aber (.) der ist halt auch irgendwann aufgebraucht

da kam dann irgendwie aus Spenden oder irgendwelchen Restbeständen-stände hm
(2) ja bis hin dass ich mich darum gekümmert habe dass Kinder einen Schulran-
zen haben dass es Sportzeug gibt eine Federmappe ähm das habe ich jetzt nicht
selber gekauft sondern mich wirklich ge-o-also darum gekümmert ähm dass mit-
zusammen mit der Sozialarbeiterin wo bekommen wir diese Sachen her [...] oder
dass dann halt wirklich jemand was von zu Hause mitgebracht hat was noch übrig
gewesen ist hm (.) dass ich mit den Eltern über Sachen wie Körperpflege gespro-
chen habe und denen erklärt habe ihr Kind muss warm angezogen sein das muss
sich morgens die Zähne putzen die Haare kämmen ein Kind muss jeden Tag fri-
sche Unterwäsche anziehen die Kleidung muss regelmäßig in der Woche gewechselt
werden (Fallstudie 3, Interview Frau Kamper, Z. 957–988)

Zunächst berichtet Frau Kamper, dass sie „bedürftige Kinder" (Z. 963) unterstützt,
indem sie Schulmaterialien selbst kauft oder gemeinsam mit der Schulsozialarbeiterin mittels Spenden oder privaten Restbeständen organisiert. Ferner gebe es zwar
in der Schule auch einen Schrank mit Schulmaterialien für auf Hilfe angewie-
sene Kinder, dieser sei jedoch „auch irgendwann aufgebraucht" (Z. 964). Hieran
dokumentiert sich der enorme Unterstützungsbedarf der Schüler*innen, denen es
an materieller Ausstattung für die Schule mangelt. Aus Sicht von Frau Kamper reicht nicht einmal der Schrank mit Schulbedarf aus, um alle Schüler*innen
hinlänglich versorgen zu können. Des Weiteren bespricht Frau Kamper mit den
Eltern alltagspraktische Themen wie die tägliche Körperpflege und wetterange-
messene Kleidung. Die Ausführungen implizieren hierbei, dass Frau Kamper die
Körperpflege und die Kleidung der Kinder als unzureichend wahrnimmt. Grundsätzlich elaboriert Frau Kamper anhand dieser Passage den negativen Horizont
ihres Bildes von Schüler*innen aus schulbildungsfernen Elternhäusern und sozial
schwachen Familien. So besteht der Unterstützungsbedarf der Familien nicht
nur in finanzieller Hinsicht, sondern die Hilfsbedürftigkeit bezieht sich auch
auf grundlegende Lebensbereiche wie Körperpflege und Kleidung. Materielle
Unterstützung und alltagspraktische Beratung stellen in dieser Hinsicht weiteres
Enaktierungspotenzial für die Kompensation der sozialen Benachteiligungslage
dar.

   Der Orientierungsrahmen bezüglich Schüler*innen aus schulbildungsfernen
Elternhäusern und sozial schwachen Familien ist insgesamt gekennzeichnet durch
die Wahrnehmung der Schüler*innenschaft als in vielerlei Hinsicht hilfsbedürf-
tig. Der große Unterstützungsbedarf über das schulfachliche Lernen hinaus ist
der negative Gegenhorizont der Sichtweise auf diese Schüler*innen. Die Schule
stellt hierbei den positiven Horizont zu der sozialen Benachteiligungslage der
Familien dar. In der Perspektive von Frau Kamper treten ausreichend Personalressourcen in unterschiedlichen pädagogischen Handlungsfeldern sowie materielle

Unterstützung der Kinder und alltagspraktische Beratung der Eltern als Enaktierungspotenzial auf, um der sozialen Benachteiligung entgegenzuwirken. Als zentrale Orientierung erscheint, dass sich der sozial benachteiligte familiale Hintergrund erschwerend auf die Lernvoraussetzungen der Schüler*innen auswirkt und eine Herausforderung für die pädagogische Arbeit darstellt.

Einen thematisch anders gelagerten Diskurs zu dem Schüler*innenbild, in dessen Mittelpunkt die starke Bedürftigkeit steht, wirft Frau Kamper im Kontext der Frage zum subjektiven Verständnis von Problemschüler*innen auf:

> @(.)@ (4) ich würde jetzt als erstes sagen ähm die die sozusagen von der Norm abweichen was man selber so als normal empfindet (.) dass es so einen bestimmten Bereich (.) äh gibt in dem man sagt (.) so ein Verhalten ist irgendwie gesellschaftlich akzeptiert ähm (.) und Kinder die davon groß abweichen (.) nach oben oder [...] ja ich überl-denk jetzt mal an meine Klasse Kinder die zum Beispiel durch besonders aggressives oder gewalttätiges (.) Verhalten auffallen hm ja diese Gewalttätigkeit gegenüber Mitschülern oder auch den Lehrern (2) oder (.) Kinder die best- bestimmte Lernschwächen haben da w-wären ja einmal die Kinder mit dem sonderpädagogischen Förderbedarf oder (.) Kinder die (.) eine Lese-Rechtschreibschwäche haben eine Rechenschwäche (.) auf der anderen Seite auch Kinder die ähm eine besondere Begabung haben die (.) mehr geförd-gefordert werden müssen als andere (.) hm (4) ja (5) oder Kinder die halt von Zuhause einfach ähm (.) bestimmte Defizite mitbringen wie Körperpflege was dann im Schulkontext ähm halt zu Mobbing führen kann durch die Mitschüler und dadurch dass sie eben nicht angemessen gekleidet sind (.) und so diese Probleme von Zuhause halt mit in den Schulalltag bringen und dort- es dort zum Problem wird einfach durch (.) dadurch dass Mitschüler sie dann mobben ärgern (Fallstudie 3, Interview Frau Kamper, Z. 264–307)

An die Frage, was Frau Kamper unter einem Problemschüler bzw. einer Problemschülerin versteht, schließt sich zunächst ein Auflachen und eine mehrsekündige Gesprächspause an. Diese erste Reaktion kann im Zusammenhang der nachfolgenden Begriffsauslegung als Wissen über den suggestiven Gehalt der Fragestellung bzw. der Kategorie ‚Problemschüler*in' interpretiert werden. So beruft sich Frau Kamper zunächst auf Normabweichungen und subjektiven Normalitätsempfindungen („die sozusagen von der Norm abweichen was man selber so als normal empfindet", Z. 264 f.) Diese Bezugnahme scheint hierbei den Rahmen ihres Begriffsverständnisses abzustecken. Weiterhin bestehe ihrer Ansicht nach ein „bestimmter Bereich" (Z. 266), in dem Verhalten als „normal" (Z. 265) angesehen und „irgendwie gesellschaftlich akzeptiert" (Z. 267) werde. Schüler*innen, die in ihren Verhaltensweisen deutlich von dem gesellschaftlich akzeptierten Normbereich abweichen, sind unter diesem Blickwinkel Problemschüler*innen. Diese Definition verweist darauf, dass Abweichungen von der Norm nicht als solche

bestehen, sondern erst in sozialen Interaktionen hergestellt werden. Im Folgenden kommt Frau Kamper der Aufforderung der Interviewerin nach, die Kategorie
‚Problemschüler*in' inhaltlich zu füllen und konkretisiert ihr Verständnis exemplarisch an ihrer Klasse. Dazu gehören zum einen Kinder, die durch „besonders
aggressives oder gewalttätiges Verhalten auffallen" (Z. 282 ff.) und gewalttä-
tig gegenüber Mitschüler*innen und Lehrkräften sind. Zum anderen benennt
Frau Kamper als Problemschüler*innen Kinder mit „bestimmten Lernschwächen"
(Z. 287), wie z. B. Schüler*innen mit sonderpädagogischem Förderbedarf oder
Schüler*innen mit einer Leserechtschreib- oder Rechenschwäche. Dieser Dimension stellt sie Schüler*innen mit „besondere[r] Begabung" (Z. 293 f.) als weitere
Unterkategorie gegenüber, die „mehr geförd-gefordert werden müssen als andere" (Z. 298). Bemerkenswert ist, dass Lernschwächen und besondere Begabungen
hierbei wie zwei Seiten einer Medaille zu Tage treten und sich auszuschließen
scheinen. Darüber hinaus führt Frau Kamper Kinder als Problemschüler*innen an,
„die halt von Zuhause einfach ähm (.) bestimmte Defizite mitbringen wie Körperpflege" (Z. 299 f.) und daraufhin von ihren Mitschüler*innen gemobbt werden.
Interessant ist an dieser Stelle die Hervorhebung der Peers. So tangiert dieser Typ
von Problemschüler*in im Gegensatz zu den anderen Dimensionen ihr pädagogisches Handeln bzw. ihren Unterricht nur mittelbar, sondern rekurriert in erster
Linie auf schädigende Interaktionen zwischen Schüler*innen. Die differenzierte
Bezugnahme auf die Kategorie ‚Problemschüler*in' elaboriert Frau Kamper am
Beispiel einer vermeintlich ungepflegten Schülerin:

> es hängt natürlich auch von meiner Wahrnehmung ab Dinge die ich zum Beispiel-
> dass ich eine Schülerin hatte ähm die u-immer ungekämmt in die Schule gekommen
> ist mit ähm zerwühlten Haaren fand ich jetzt persönlich nicht so schlimm weil ich
> es von mir auch kenne dass ich mir manchmal vielleicht die Haare morgens nicht
> ordentlich (.) kämme aber eine andere Kollegin diese Situation ganz anders bewertet
> und mich angesprochen hat und gesagt hat Mensch guck mal wie die immer auf
> dem Kopf aussieht das ist ja wirklich verwahrlost ähm (.) da musst du der Mutter
> mal Bescheid sagen (Fallstudie 3, Interview Frau Kamper, Z. 333–340)

Die Passage kann insofern zusammengefasst werden, dass Frau Kamper aus eigener Erfahrung heraus das äußere Erscheinungsbild des Mädchens toleriert und die
„ungekämmt[en]" und „zerwühlten Haare" (Z. 334 f.) nicht als problematisch
einschätzt. Eine Kollegin bewertet die Angelegenheit hingegen „ganz anders"
(Z. 338) und schließt auf Verwahrlosung. Zudem fordert sie von Frau Kamper
die Bearbeitung des vermeintlichen Missstandes („da musst du der Mutter mal
Bescheid sagen", Z. 341 f.). Das von Frau Kamper genannte Beispiel demonstriert die große Spannweite der Definition von Problemschüler*innen bzw. der

Toleranzunterschiede von Lehrkräften: Für Frau Kamper ist es ein ‚normaler‘ Zustand, sich morgens nicht immer „ordentlich" (Z. 337) die Haare zu kämmen, für die Kollegin ein extremer Fall von körperlicher Vernachlässigung. In diesem Zusammenhang erscheint auch der Verweis auf Mobbing von Kindern, die familialbedingte „Defizite mitbringen" (Z. 299) plausibel, denn aus dem Blickwinkel von Frau Kamper sind (vermeintlich) ungepflegte Kinder nicht per se Problemschüler*innen.

Insgesamt dokumentieren die Ausführungen zu den subjektiven Bewertungen von Problemschüler*innen eine reflexive Perspektive auf schulische Klassifizierungen von sogenannten Problemschüler*innen. So lässt sich Frau Kamper nicht unmittelbar auf die Aufforderung der Interviewerin ein, Problemschüler*in zu definieren, sondern verweist zunächst auf perspektivgebundene Konstruktionen von Normen und Normabweichungen. Erst dann elaboriert Frau Kamper im Modus einer Exemplifizierung verschiedene Dimensionen von Problemschüler*innen. Am Beispiel einer Schülerin zeigt sich letztlich der Ermessensspielraum der Lehrkräfte. Sowohl die Maßstäbe, die herangezogen werden, um Normabweichungen zu erkennen und zu beschreiben, als auch die Wertung der Ergebnisse unterscheiden sich: Frau Kamper findet das äußere Erscheinungsbild des Mädchens „persönlich nicht so schlimm" (Z. 335 f.), die Kollegin dagegen nimmt die Schülerin als „wirklich verwahrlost" (Z. 339) wahr. Zugespitzt kann formuliert werden, dass im Fall von Frau Kamper zwei Konstruktionen der Schüler*innenschaft aufeinandertreffen: Einerseits wird das Schüler*innenbild entlang eigener Normvorstellungen entworfen, zum anderen reibt sich ihre Sichtweise an der Bewertung von Äußerlichkeiten einer Schülerin durch ihre Kollegin.

3.5.2 Berufsbezogenes Selbstkonzept

Im Kontext der Frage nach dem Einfluss eigener biografischer Erfahrungen auf die pädagogische Arbeit gibt Frau Kamper an, sich bereits im Vorfeld der Befragung mit dem Zusammenhang zwischen ihren Aufwachsensbedingungen und ihrem beruflichen Werdegang auseinandergesetzt zu haben:

> darüber habe ich mir auch schon Gedanken gemacht (.) dass ich mir überlegt habe warum habe ich mir diesen Beruf ausgesucht? warum möchte ich gerade Kinder unterrichten? ähm warum (.) möchte ich Kinder erziehen? warum ist es mir so wichtig sie auch zu <u>unterstützen</u> und mich da so aufzuopfern? was mich dann an meine Grenzen bringt (.) und ich würde schon sagen ähm dass ich da (.) Parallelen sehe aus meinem Leben zum Leben der Kinder (.) ähm ich denke das hat auch einen Grund warum ich gerade ähm zu Beginn (.) ähm meines Berufs mir eine F-eine

Schule ausgesucht habe in der gerade sozial schwache Kinder mit vielen Problemen
sind (.) und da würde ich ei-würde ich auch (.) einfach sagen ich komme halt auch
aus einer eher bildungsfernen Familie (.) hm (.) die Mutter (.) hat (.) keine Au-
Berufsausbildung gehabt zu Beginn (.) Kinder bekommen da lag der Schwerpunkt
dass ich ähm jetzt rückblickend auch beurteilen kann (.) ähm (.) ja (.) dass (.) wir
auch nicht besonders viel Geld hatten wir auch in einer kleinen Wohnung gewohnt
haben dass wir (2) ja dass hm wie soll ich das jetzt beschreiben? ja dass ich da
schon Ähnlichkeiten zu den Kindern sehe die ich jetzt habe (.) hm wo halt welche
sind die vernachlässigt worden sind wo die Mutter halt emotional ähm (.) nicht so
dagewesen ist das war eb-halt bei mir auch so (.) hm (.) oder vielleicht ein Vater der
sich nicht so kümmert wie ein Vater es sollte (.) das habe ich ja in der Schule auch
ja da schon viele Parallelen sehe (.) auch dass die Eltern oft überfordert sind den
Eindruck habe ich jetzt rückblickend von meinen Eltern auch hm (.) dass Bildung
zu Hause (.) nicht so eine große Rolle spielt bei diesen Kindern sondern eher so
das Überleben und ähm (.) dass ich das bei mir auch sehe wobei ich sagen muss
meine Mutter sich immer bemüht hat dass äh sie mal mit- mal mit uns in ein
Museum gegangen ist einfach um so (.) bestimmte Dinge die sie selber auch nicht
hatte weil sie auch aus einer bildungsfernen Familie kommt so aufzufangen (.) und
da sehe ich halt ähm (.) die Parallelen auf jeden Fall dass ich selber daraus komme
mich in den Kindern teilweise selbst sehe und weiß die brauchen einfach Hilfe und
Unterstützung (Fallstudie 3, Interview Frau Kamper, Z. 1285–1325)

Zunächst einmal stellt Frau Kamper Fragen in den Raum, die sich auf ihr
Berufswahlmotiv („warum habe ich mir diesen Beruf ausgesucht?", Z. 1286), die
Schulformwahl („warum möchte ich gerade Kinder unterrichten?", Z. 1286 f.)
und ihr außerordentliches Engagement für hilfsbedürftige Kinder („warum ist
es mir so wichtig sie auch zu unterstützen und mich da so aufzuopfern? was
mich dann an meine Grenzen bringt", Z. 1287 ff.) beziehen. Nachfolgend wirft
Frau Kamper eine Argumentationslinie auf, die die vermuteten Gemeinsamkeiten zwischen ihrem Leben und dem Leben der Kinder in den Mittelpunkt rückt.
Diese scheinbaren lebensgeschichtlichen „Parallelen" (Z. 1289) sind aus ihrer
Sicht auch ein Grund dafür, dass sie sich zu Berufsbeginn eine Schule mit „sozial schwache[n] Kinder[n] mit vielen Problemen" (Z. 1292) ausgesucht habe.
Hierbei betont Frau Kamper die gezielte Entscheidung für eine Schule mit einer
ausdrücklich hilfsbedürftigen Schüler*innenschaft. Anscheinende Ähnlichkeiten
zwischen ihr und den Schüler*innen bestehen Frau Kamper zufolge hinsichtlich der Aufwachsensbedingungen. So verortet Frau Kamper sich selbst in einer
„eher bildungsfernen Familie" (Z. 1294) und begründet dies mit der zunächst fehlenden Berufsausbildung[2] und der frühen Mutterschaft ihrer Mutter, finanzieller

---

[2]Im Nachgang des Interviews erzählt Frau Kamper, dass ihre Mutter mit Ende Dreißig
eine Berufsausbildung in der Altenpflege absolviert habe.

Knappheit und bescheidenen Wohnverhältnissen („die Mutter (.) hat (.) keine Au-Berufsausbildung gehabt zu Beginn (.) Kinder bekommen da lag der Schwerpunkt dass ich ähm jetzt rückblickend auch beurteilen kann (.) ähm (.) ja (.) dass (.) wir auch nicht besonders viel Geld hatten wir auch in einer kleinen Wohnung gewohnt haben", Z. 1294–1301). Neben den sozioökonomisch schwächeren Lebensbedingungen kommt Frau Kamper darüber hinaus zu der Einschätzung, dass ihre Eltern mit der Kindererziehung überfordert gewesen waren. Etwa vergleicht sie Schüler*innen, „die vernachlässigt worden sind wo die Mutter halt emotional ähm (.) nicht so dagewesen ist" (Z. 1307 f.) mit ihrer Mutter. Ihr Vater habe „sich nicht so kümmert wie ein Vater es sollte" (Z. 1308 f.). Die Ausführungen lassen hierbei offen, inwiefern ihre Eltern den kindlichen Bedürfnissen und Anforderungen nicht gerecht werden konnten, lediglich in Bezug auf die Mutter deutet sie Vernachlässigung auf emotionaler Ebene an. Eine weitere Gemeinsamkeit zwischen ihr und den Schüler*innen besteht ihrer Ansicht nach darin, dass „Bildung zu Hause (.) nicht so eine große Rolle" (Z. 1315) spielt, sondern vielmehr das „Überleben" (Z. 1316) im Vordergrund steht. Die Verwendung des Begriffs ‚Überleben' drückt hierbei die Schwere der damaligen Lebenssituation aus und impliziert eine permanente Existenzgefährdung, die es zu überstehen galt. Gleichwohl würdigt Frau Kamper die Bildungsbemühungen der eigenen Mutter, die nach ihren Aussagen ebenfalls aus einer „bildungsfernen Familie" (Z. 1323) stammt und mit kulturellen Praktiken wie dem Museumsbesuch nicht vertraut zu sein schien. Zusammenfassend hält Frau Kamper fest, dass sie sich „in den Kindern teilweise selbst [sieht] und weiß die brauchen einfach Hilfe und Unterstützung" (Z. 1324 f.).

Im Zentrum von Frau Kampers berufsbezogenen Selbstbild steht infolgedessen das besondere Einfühlungsvermögen für Familien, „die Probleme haben sich nicht so gut kümmern können" (Z. 1398):

> ich denke dass (.) ähm (.) ich mich (.) besonders in solche Familien einfühlen kann die Probleme haben die sich nicht so gut kümmern können (.) dass ich besonders empathisch bin so ein Gespür habe ähm für den Umgang mit diesen Kindern und Eltern (.) ähm (4) dass ich nachvollziehen kann dass (.) Kinder (.) nicht (.) ähm (.) so einen graden Weg gehen sondern dass halt bestimmte Lebensumstände (.) ähm dazu führen (.) dass Kinder (.) halt besch-Auffälligkeiten haben oder dass die ja wie soll ich das sagen dass die Schullaufbahn nicht gerade verläuft sondern dass es halt mal Einbrüche gibt mhm (.) so wie es bei mir halt auch gewesen ist ich hatte häufige Schulwechsel (.) ähm (.) hatte dann wirklich Leistungshochs und dann kamen wieder extreme Tiefs aus denen ich mich hochgezogen habe und dass ich denke (.) d-dass (.) also dass ich es gut nachvollziehen (.) kann (.) hm (.) wenn Kinder (.) ja ähm so- so eine Schullaufbahn haben und dass ich daran denke es ist ja auch kein Wunder wenn man sich mal die Familie dahinter anguckt und die Sorgen (Fallstudie 3, Interview Frau Kamper, Z. 1397–1417)

Frau Kampers berufliches Selbstverständnis zeichnet sich zum einen durch eine besondere Empathiefähigkeit für Familien, „die Probleme haben sich nicht so gut kümmern können" (Z. 1398) und zum anderen durch ein „Gespür" (Z. 1399) für den Umgang mit diesen Kindern und Eltern aus. Dieser besondere Zugang zu Schüler*innen und Eltern in vermeintlich problematischen Lebenslagen stellt zugleich den positiven Horizont des berufsbezogenen Selbstkonzepts dar. Auffallend ist hierbei die vage Beschreibung des familialen Hintergrundes – weder werden die Probleme konkretisiert, die die Familien in der Wahrnehmung von Frau Kamper haben, noch führt Frau Kamper aus, inwiefern sich die Eltern ‚nicht so gut' kümmern können. Ihr eigener schulischer Werdegang, der aus ihrer Sicht durch „häufige Schulwechsel" (Z. 1408 f.) sowie „Leistungshochs" und „extreme Tiefs" (Z. 1409 f.) gekennzeichnet ist, führt darüber hinaus zu mehr Verständnis dafür, dass Kinder nicht immer einen „geraden Weg" (Z. 1401) gehen, sondern aufgrund bestimmter Lebensumstände Auffälligkeiten zeigen und die Schullaufbahn „Einbrüche" (Z. 1404) aufweist. Sie konkludiert ihre Ausführungen zum empathischen Umgang mit diesen Kindern, indem sie auf die scheinbare Erwartbarkeit schulischer Brüche angesichts des familialen Hintergrunds verweist („es ist ja auch kein Wunder wenn man sich mal die Familie dahinter anguckt und die Sorgen", Z. 1416 f.).

Grundsätzlich dokumentiert die Passage zu Familien in vermuteten problematischen Lebenslagen zum einen auf emotionaler Ebene Frau Kampers Mitgefühl für diese Kinder und Eltern, zum anderen zeigt sich auf kognitiver Ebene ihre Fähigkeit zur Perspektivenübernahme. So kann Frau Kamper nicht nur aufgrund ihrer eigenen Schulzeit, sondern auch angesichts der „Sorgen" (Z. 1417) der Familien nachvollziehen, dass Lernbiografien nicht ausschließlich positiv verlaufen. Durch die Argumentation tritt die bereits im Kontext des subjektiven Verständnisses von Problemschüler*innen aufgeworfene Orientierung konturierter hervor: Infolge eigener Erfahrungen ist Frau Kamper sensibel und aufgeschlossen für Abweichungen von Normalitätsvorstellungen und Verhaltenserwartungen im Schulkontext.

Auf die Nachfrage, welche Stärken die Schüler*innen ihrer Klasse auszeichnen, nennt Frau Kamper darüber hinaus ein vertrauensvolles Verhältnis zu den Schüler*innen:

> dass die Kinder auch sehr offen zu mir sind ist eine Stärke also wirklich mit ihren Sorgen zu mir kommen das auch ansprechen können egal ob es jetzt ähm (.) den Raum Schule oder das Zuhause betrifft also d-das ist-haben auch schon andere Lehrer gesagt dass die Kinder wirklich mit vielen Dingen zu mir kommen und mir anvertrauen (.) ähm was die zum Beispiel aus ihrer Klasse nicht kennen aber

nicht nur die Kinder auch die Eltern auf mich zukommen und mich um Rat fragen (Fallstudie 3, Interview Frau Kamper, Z. 568–582)

Als positiv hebt Frau Kamper die Offenheit der Kinder hervor, sich mit ihren Sorgen anvertrauen zu können. Hierbei treten die Kinder sowohl mit schulischen als auch mit familialen Belangen an sie heran. Frau Kamper betont, dass bereits Kolleg*innen auf das große Vertrauen der Kinder in Frau Kampers Person aufmerksam geworden seien und selbst diese Erfahrung mit Schüler*innen nicht gemacht hätten. Darüber hinaus kommen aber nicht nur die Kinder auf Frau Kamper zu, sondern auch die Eltern suchen bei ihr Rat. Die Rolle als Vertrauensperson für Schüler*innen und Eltern in von ihr wahrgenommenen problematischen Lebenslagen erscheint demzufolge als positiver Horizont des berufsbezogenen Selbstverständnisses. Zudem grenzt sich Frau Kamper durch die Ausführungen von ihren Kolleg*innen ab, die kein vertrauensvolles Verhältnis zu ihren Schüler*innen pflegen, und markiert ihren Status als außergewöhnlich im Kollegium.

Insgesamt ist Frau Kampers Orientierungsrahmen bezüglich Familien in anscheinend problematischen Lebenslagen durch eine mitfühlende und wohlwollende Haltung aufgrund vermeintlich homologer eigener Erfahrungen gekennzeichnet. Darüber hinaus scheint sie eine vertrauensvolle Beziehung zu den Kindern herzustellen und wird sowohl für ihre Schüler*innen als auch für deren Eltern bei biografischen Krisen zu einer Vertrauensperson und Beraterin.

3.5.3 Auseinandersetzung mit Spannungsfeldern der pädagogischen Arbeit

Bereits im Rahmen der Dimension Konstruktion der Schüler*innen- und Elternklientel wurde dargestellt, dass Frau Kamper bemüht ist, aus ihrer Sicht bedürftige Kinder mit Schulmaterialien auszustatten und Eltern in grundlegenden Lebensbereichen wie Körperpflege und Kleidung zu beraten. An diese Beschreibung unmittelbar anschließend hinterfragt Frau Kamper kritisch ihre Befugnis, in die Privatsphäre der Familie einzudringen:

> das sind ja auch so sehr <u>private</u> Bereiche in die ich dann <u>eingreife</u> wo ich mich immer gefragt habe darf ich das auch überhaupt? weil ich eine Auseinandersetzung mit einer Mutter hatte die meinte es würde uns ja gar nichts angehen wie ihr Kind angezogen ist (.) und sie hätte halt nicht viel Geld um gute Kleidung zu kaufen und da war ich dann halt <u>auch</u> verunsichert (.) bin ich da jetzt in einen <u>Bereich</u> gekommen der mich nichts mehr angeht? hm wobei ich dann immer (.) denke (.)

ja wenn das Kind darunter <u>leidet</u> oder es <u>friert</u> oder es gemobbt wird dann <u>muss</u>
ich ja was tun und mir das dann auch nicht verbieten lasse (Fallstudie 3, Interview
Frau Kamper, Z. 989–1010)

Infolge einer Auseinandersetzung mit einer Mutter, die sich über den Eingriff in
ihren persönlichen Lebensbereich beschwert, ist Frau Kamper hinsichtlich ihrer
Zuständigkeit für die vermeintlichen familialen Probleme verunsichert. So zwei-
felt Frau Kamper daran, ob sie überhaupt in „so sehr <u>private</u> Bereiche [...]
eingreife[n]" (Z. 989) dürfe bzw. ob es sich nicht um Bereiche handle, die sie
nichts mehr „angehen" (Z. 991). Hieran dokumentiert sich zunächst einmal, dass
Frau Kamper den Einwand der Mutter ernst nimmt und mit der Kritik in Bezug
auf ihre eigene Rolle als Lehrerin reflektierend umgeht. Sobald das Kind jedoch
„<u>leidet</u>", „<u>friert</u>" oder „gemobbt wird" (Z. 1001 ff.) fühlt sich Frau Kamper hingegen zum Handeln verpflichtet. Das Wohlergehen des Kindes steht demnach an
erster Stelle; diesfalls lasse sich Frau Kamper auch nichts „verbieten" (Z. 1010).
In dieser Perspektive tritt der wahrgenommene Handlungsbedarf als positiver
Horizont des Rechts zum Handeln zutage – die Missachtung der Privatsphäre der
Familie erscheint hingegen als negativer Horizont. Das Spannungsfeld von Handlungsbedarf und Handlungsberechtigung löst Frau Kamper für sich auf, indem sie
die Beeinträchtigung von kindlichen Grundbedürfnissen in den Vordergrund ihrer
pädagogischen Arbeit stellt. Die Wortwahl ‚sich nichts verbieten lassen' schließt
hierbei jegliche Unsicherheit über die Pflicht und das Recht in die elterliche Erziehung einzugreifen aus. Der von ihr markierte Handlungsdruck führt letztlich dazu,
trotz möglichen Widerstands der Eltern zu intervenieren.
    Ein weiteres Thema, zu dem Frau Kamper in einem kritischen Verhältnis zu
stehen scheint, ist die institutionelle Zuständigkeit für Kinder in problematischen
Lebenslagen. So entfaltet Frau Kamper auf die Frage nach der Verantwortung der
Schule ihre Sichtweise auf ungleiche Umgangsweisen der Lehrkräfte mit diesen
Kindern:

also ich (.) hab wirklich <u>Kollegen</u> gesehen die ähm ihren Unterricht halt durchziehen
(.) und alles was irgendwie darüber hinausgeht w-was für Probleme die Kinder
mitbringen darauf gar nicht groß eingegangen wird (.) dass ich dann aber auch
Kollegen sehe die sich wirklich aufopfern und ähm Sachen für die Kinder kaufen
ähm Material selber besorgen also die wirklich bis an ihre Grenzen gehen (.) und
ähm ich glaube da ist (.) nie ein Ende in <u>Sicht</u> bei den großen Bedürfnissen die
da (.) bestehen (.) ja das Problem ist halt es ist nirgendswo (.) hm geschrieben
wie-wo die Grenzen sind also unsere Aufgabe ist ja schon zu (.) also Bildung
<u>und</u> Erziehung (.) aber wie weit der Rahmen des Erziehens geht ist nirgends ähm
festgelegt (Fallstudie 3, Interview Frau Kamper, Z. 922–935)

Auf der einen Seite führt Frau Kamper Kolleg*innen an, die ihren Unterricht „durchziehen" (Z. 924) und auf Probleme der Kinder „nicht groß" (Z. 925) eingehen. Auf der anderen Seite gibt es Lehrkräfte, die sich „aufopfern" (Z. 926) und Material für die Kinder kaufen bzw. besorgen und „bis an ihre Grenzen gehen" (Z. 927). Hieran dokumentiert sich, dass der Einsatz für bedürftige Kinder eine bedeutsame Differenzlinie zwischen den Lehrkräften darstellt. Frau Kamper unterscheidet zwischen ‚ignoranten' und ‚aufopferungsvollen' Lehrkräften, wobei sie sich offenbar zu den ‚aufopferungsvollen' Lehrkräften zählt. Die Formulierungen ‚aufopfern' und ‚bis an die Grenze gehen' sind von hoher Emotionalität gekennzeichnet, weisen sie doch auf eine Hingabe ohne Rücksicht auf die eigene Person hin. Resümierend hält Frau Kamper fest, dass aufgrund der „großen Bedürfnisse" (Z. 928) der Kinder der Unterstützungsbedarf niemals endet. Für problematisch erachtet sie hierbei fehlende formale Richtlinien für die Förderung bedürftiger Schüler*innen, insbesondere das Fehlen von festgelegten Grenzen des schulischen Erziehungsauftrages. Keine institutionell verankerte Zuständigkeit und keine Verbindlichkeiten bilden entsprechend ihren negativen Gegenhorizont von der schulischen Verantwortung für unterstützungsbedürftige Kinder. So erscheint als Kern der Orientierung, dass sich ‚ignorante' Lehrkräfte entziehen (können) und sich allein die ‚aufopferungsvollen' Lehrkräfte mit den Spannungsfeldern und Unsicherheiten von Handlungsberechtigung, -bedarf und -druck auseinandersetzen und die Verantwortung für diese Kinder übernehmen. Die Kritik an ‚ignorante' Lehrkräfte, die sich für die Probleme der Schüler*innen nicht zu interessieren scheinen, tritt hierbei offen zutage.

3.5.4 Positionierung innerhalb der Schule bzw. im Kollegium

Frau Kamper schreibt sich selbst ein spezifisches Kompetenzprofil zu, das aus einer besonderen Empathiefähigkeit für Schüler*innen aus Familien in problematischen Lebenslagen sowie einem „Gespür" (Z. 1399) für den Umgang mit diesen Kindern und Eltern besteht. Hierbei leitet Frau Kamper ihren besonderen Zugang zu Schüler*innen aus vermeintlich schwierigen Familienverhältnissen aus eigenen biografischen Erfahrungen ab. Angenommene Gemeinsamkeiten des Erfahrungshintergrundes bestehen aus ihrer Sicht hinsichtlich bescheidener Lebensverhältnisse und (emotionaler) Vernachlässigung durch die Eltern. Die eigene belastete Familiensituation und die erschwerten Bedingungen des eigenen Aufwachsens führen aus der Perspektive von Frau Kamper zu mehr Verständnis für die herausfordernde Lebenssituation der Schüler*innen und deren Auswirkung auf die Lern- und Leistungsfähigkeit und versetzen sie darüber hinaus offenbar in die Position einer Vertrauensperson. Der besondere Zugang und die Rolle einer ‚natürlichen Verbündeten' für Schüler*innen und Eltern in problematischen Lebenslagen unterscheide sie ferner von den Kolleg*innen. So hebt Frau Kamper die Rückmeldung der Kolleg*innen hervor, dass die vertrauensvolle Beziehung zwischen ihr und den Kindern außergewöhnlich sei (vgl. 3.5.2 Berufsbezogenes Selbstkonzept). In Bezug auf ihr Engagement für bedürftige Schüler*innen scheint Frau Kamper auch aus dem Rahmen des ‚Stammkollegiums' herauszuragen. So beschreibt sie im Zusammenhang des Fort- und Weiterbildungsbedarfs, dass erfahrene und mit den lokalen Gegebenheiten vertraute Kolleg*innen Informationen zu weiteren unterstützenden Institutionen und Einrichtungen fehlen:

> als mein Berufseinstieg war (.) wusste ich überhaupt gar nicht (.) wo schicke ich diese Eltern hin? wo bekommen die welche Hilfe? dass ich puh zum Beispiel (.) hm (.) bei einer Schülerin gleich von Anfang an ähm große Defizite in Mathematik aufgefallen sind und ich gar nicht wusste wo kann ich jetzt diese Mutter überhaupt hinschicken? wo kann die das überprüfen lassen? welche Hilfen stehen ihr dann zu? wo bekommt man welche Hilfe (.) ähm (.) dass mir das einfach gefehlt hat und selbst Kolleginnen die schon seit äh fast dreißig Jahren im Beruf sind erstaunt waren dass ich die dann ähm in [Stadt B] zu einem Institut zur Überprüfung geschickt hatte nicht mal die alte Kollegin wusste das und hat mich dann nach der Nummer gefragt dass sie das auch weitergeben konnte (Fallstudie 3, Interview Frau Kamper, Z. 1039–1052)

Am Beispiel einer Schülerin, die „große Defizite in Mathematik" (Z. 1046) aufweist, schildert Frau Kamper ihre anfängliche Unkenntnis über außerschulische Hilfsangebote. Bemerkenswert ist aus ihrer Sicht, dass sogar Kolleg*innen, die seit langer Zeit im Beruf stehen, das von ihr recherchierte Institut nicht zu kennen scheinen und Frau Kamper um die Kontaktdaten bitten. In der Erzählung ist die Auseinandersetzung mit Unterstützungsangeboten anderer Einrichtungen bereits zum „Berufseinstieg" (Z. 1039) positiver Horizont für den Umgang mit unterstützungsbedürftigen Schüler*innen und Eltern, wohingegen die Unwissenheit der Kolleg*innen mit jahrzehntelanger Berufserfahrung als negativer Gegenhorizont hervortritt. Grundsätzlich zeichnet sich in dieser Passage dieselbe Orientierung ab, wie sie bereits in der Auseinandersetzung mit Spannungsfeldern der pädagogischen Arbeit herausgearbeitet wurde: Frau Kamper differenziert zwischen Lehrkräften, die interessiert und bemüht sind, Kinder und Eltern in problematischen Lebenslagen bestmöglich zu unterstützen und Lehrkräften, die eher desinteressiert sind und nicht eigenständig tätig werden.

Insgesamt scheint Frau Kamper die Rolle einer Vertrauensperson als persönliche Auszeichnung wahrzunehmen und ihre lebensgeschichtlichen Erfahrungen als Ressource für den Umgang mit Familien in problematischen Lebenslagen zu werten. Gleichwohl sich Frau Kamper nach dem Vorbereitungsdienst gezielt eine Schule ausgesucht hat, „in der gerade sozial schwache Kinder mit vielen Problemen sind" (Z. 1292) zeigt sich, dass die ‚aufopferungsvolle' pädagogische Arbeit als Belastung erlebt wird, die sie scheinbar bis an ihre Grenzen bringt. Hierbei deutet sich an, dass Frau Kamper die im eigenen biografischen Hintergrund angelegte Eigenständigkeit hinsichtlich der Bewertung und Förderung von Kindern aus problematischen Familienverhältnissen im Zuge beruflicher Sozialisation einbüßen könnte. Dies dokumentiert sich am Beispiel der Schülerin mit „ungekämmt[en]" und „zerwühlten Haare[n]" (Z. 334 f.), bei der ihre Kollegin das äußere Erscheinungsbild des Mädchens als Hinweis für Verwahrlosung interpretiert und Frau Kamper auffordert, das Gespräch mit der Mutter zu suchen (vgl. 3.5.1 Konstruktion der Schüler*innen- und Elternklientel). Letzten Endes scheinen ihre Empathiefähigkeit und ihr besonderes Verständnis für diese Kinder in der Nische der Vertrauensperson Geltung zu finden. Die einseitige Rollenübernahme bzw. die informelle Zuständigkeit und Verantwortungsübernahme führt bei Frau Kamper zu Enttäuschung und Unzufriedenheit.

3.5.5 Zuschreibung von Verantwortung für Bildungschancen

Über das gesamte Interview hinweg kann die Auseinandersetzung mit Funktionen, Aufgaben, Rechten und Pflichten von Lehrkräften nachgezeichnet werden. So differenziert Frau Kamper immer wieder zwischen den Berufsgruppen ‚Regel'- und Förderschullehrkräften sowie Schulsozialarbeiter*innen, denen sie spezifische Aufgaben- und Funktionsbereiche zuschreibt. Etwa seien aus ihrer Sicht die Förderschullehrkräfte aufgrund ihrer „ganz andere[n] Ausbildung" (Z. 835) hauptverantwortlich für Kinder mit sonderpädagogischem Förderbedarf. Die Sozialpädagog*innen bilden das Bindeglied zwischen Elternhaus, Schule und sozialen Institutionen und setzen sich für „die Belange der Kinder und Eltern ein" (Z. 124 f.). Wie bereits in der Auseinandersetzung mit Spannungsfeldern der pädagogischen Arbeit herausgearbeitet, besteht für Frau Kamper ein generelles Problem darin, dass Zuständigkeiten für Schüler*innen in problematischen Lebenslagen auf institutioneller Ebene nicht klar geregelt sind („ja das Problem ist halt es ist nirgendswo (.) hmm geschrieben wie- wo die Grenzen sind also unsere Aufgabe ist ja schon zu (.) also Bildung und Erziehung (.) aber

wie weit der Rahmen des Erziehens geht ist nirgends ähm festgelegt", Z. 929–
935). Die Offenheit der Erziehungsarbeit von Lehrkräften führt aus ihrer Sicht
dazu, dass sich ‚ignorante' Lehrkräfte der Verantwortung für Schüler*innen aus
problematischen Lebensverhältnissen entziehen können. Es dokumentiert sich,
dass formale Richtlinien für die Erziehungsarbeit bzw. eine institutionelle Strukturierung von Verantwortlichkeiten aus der Perspektive von Frau Kamper als
handlungsentlastend wahrgenommen werden. Beispielsweise wünscht sich Frau
Kamper für den Umgang mit Schüler*innen aus problematischen Familienverhältnissen obligatorische Hausbesuche, die prinzipiell im Zuständigkeitsbereich
der Schulsozialarbeiterin zu liegen scheinen:

> was ich noch gut finden (.) würde wenn es sozusagen verpflichtend ist (.) und die
> Zeit dafür da ist wirklich auch (.) so Hausbesuche zu machen also das gibt's an
> unserer Schule auch dass manche Kollegen das dann machen mit der Sozialarbeite-
> rin in speziellen Fällen Hausbesuche sich dann auch mal umgucken wie sieht es so
> aus (.) mit den Eltern sprechen hm (.) das hab ich jetzt nicht gemacht dass ich dort
> nach Hause gefahren bin (.) weil ich gar nicht den Anlass dafür gesehen habe und
> mir auch immer gesagt worden ist dafür ist die Sozialarbeiterin zuständig dort mal
> hinzufahren und zu gucken und nachzufragen (Fallstudie 3, Interview Frau Kamper,
> Z. 747–761)

Anhand dieser Passage wird die für Frau Kamper grundlegende Schwierigkeit des
pädagogischen Handelns erneut deutlich: Es gibt scheinbar keine klare Zuordnung
von Verantwortung bzw. besteht Handlungsspielraum bei Hausbesuchen. So unternehmen „manche Kollegen […] in speziellen Fällen" (Z. 749 f.) gemeinsam mit
der Sozialarbeiterin Hausbesuche, um sich von der Wohnsituation einen Eindruck
zu bilden und mit den Eltern zu sprechen. Frau Kamper hingegen habe noch keinen Hausbesuch selbst gemacht, da sie aus ihrer Sicht bislang keinen Anlass sah
und ihr gesagt wurde, dass dafür die Sozialarbeiterin zuständig sei.

Insgesamt scheint Frau Kamper die Bearbeitung von Bildungsungleichheit als
relevante Aufgabe ihrer eigenen pädagogischen Arbeit zu werten. So kann ihr
großes Interesse und Engagement für Schüler*innen aus schwierigen Lebensverhältnissen im gesamten Interview rekonstruiert werden. Es zeichnet sich jedoch
ab, dass die fehlende bzw. unklare Zuordnung von Verantwortung hierbei zur
Verantwortungsdiffusion führt: Nicht alle Lehrkräfte übernehmen Verantwortung für unterstützungsbedürftige Kinder. Auch scheinen die unterschiedlichen
pädagogischen Handlungsfelder der ‚Regel'-, Förderschullehrkräften und Schulsozialarbeiter*innen aus dem Blickwinkel von Frau Kamper wenig miteinander
verbunden zu sein und vor allem der Entlastung von Verantwortlichkeit für
‚Regelschullehrkräfte' zu dienen.

3.5.6 Gefahren und Fallstricke der handlungsleitenden Orientierungen

Die Erfahrungen von bescheidenen und restriktiven Lebensumständen, von (emotionaler) Vernachlässigung durch die Eltern sowie der Entwurf einer mühevollen, durch Brüche gezeichneten Schulbiografie sind konstitutiv für ihr berufliches Selbstverständnis. So erscheint ihr eigener biografischer Hintergrund als Ressource im Hinblick auf Empathiefähigkeit und Verständnis für Kinder aus vermeintlich ähnlichen Lebensbedingungen. Ihre herkunftsbedingte Perspektive mag sich positiv auf Kinder aus problematischen Familienverhältnissen auswirken, indem diese Schüler*innen mit Frau Kamper auf eine verständnisvolle Vertrauensperson treffen, die eventuell mehr kritisches Bewusstsein für die Auswirkungen von Lebensbedingungen auf schulische Lernvoraussetzungen zeigt als Lehrkräfte aus sozial privilegierten Herkunftsverhältnissen (vgl. 3.5.2 Berufsbezogenes Selbstkonzept). Problematisch kann hierbei sein, dass eigene biografische Erfahrungen der Vernachlässigung und bescheidener Lebensumstände zu unreflektierten Identifizierungsprozessen mit Kindern, denen sie ähnliche Aufwachsensbedingungen unterstellt, führen können. Zudem scheint die Reichweite der Empathiefähigkeit auf vermeintlich homologen lebensgeschichtlichen Erfahrungen beschränkt zu sein. Mit Blick auf den eingangs erwähnten hohen Anteil an Einwohner*innen mit Migrationshintergrund im Einzugsbereich der Schule fällt der fehlende Bezug zu Schüler*innen ungleicher ethnischer, kultureller und sozialer Herkunft auf. So spielt das Thema Migration in dem Interview mit Frau Kamper kaum eine Rolle. Zwar berichtet sie ganz zu Beginn des Interviews von einer „Sprachlernklasse" (Z. 32) in der Kinder, „die die deutsche Sprache nicht so gut beherrschen weil sie zum Beispiel erst vor Kurzem aus dem Ausland nach Deutschland gekommen sind [...] oder schon seit ein paar Jahren in Deutschland leben aber immer noch nicht so gut die deutsche Bildungssprache beherrschen" (Z. 32–37), speziell gefördert werden. Zu diesem institutionalisierten Förderangebot für deutschsprachliche Kompetenzen scheint Frau Kamper aber in keiner weiteren Beziehung zu stehen. Im Zusammenhang mit ihrem subjektiven Verständnis von besonderen Lebenslagen kommt Frau Kamper darüber hinaus auf Kinder zu sprechen, „die hier in Deutschland ähm (.) nur geduldet sind keine richtige Aufenthaltsgenehmigung haben also nie wissen ob sie ausreisen müssen wie lange sie noch da sind" (Z. 215 ff.). Im weiteren Interviewverlauf werden die mit der Migration verbundenen Herausforderungen wie geringe Deutschkenntnisse und ein ungeklärter Aufenthaltsstatus nicht weiter thematisiert. Eine ähnliche Bezugnahme kann bei Schüler*innen mit sonderpädagogischem Förderbedarf festgestellt werden. So erwähnt Frau Kamper eingangs die „Integrationsklasse"

(Z. 104), in der „immer eine Förderschullehrerin mit drin" (Z. 105) ist. Darüber hinaus wird laut ihrer Aussage eine bestimmte Anzahl von „Förderschulkinder" (Z. 89) in den ‚Regelklassen' unterrichtet und von einer Förderschullehrerin betreut. Hierbei scheint sie wenig mit der Arbeit der sonderpädagogischen Lehrkräfte verbunden zu sein. Nach eigenen Aussagen kommt Frau Kamper ferner mit Schüler*innen aus nicht benachteiligten Lebensverhältnissen wenig in Kontakt. So beschreibt sie, dass in dem Einzugsgebiet der Schule größtenteils „sozial schwache Familien" (Z. 159) leben und nur sehr wenige Eltern in ihrer Wahrnehmung aus der „mittleren Bildungsschicht" (Z. 162) stammen. Kinder aus der „oberen Bildungsschicht" (Z. 239 f.) gebe es an ihrer Schule überhaupt nicht.

Kritisch zu betrachten ist des Weiteren, dass der besondere Zugang zu unterstützungsbedürftigen Familien bei Frau Kamper nicht in einer selbstbewussten Bewertung von Rollenerwartungen mündet. So problematisiert Frau Kamper, dass es keine formalen Vorgaben für die Verantwortlichkeit für bedürftige Schüler*innen und Eltern gebe, die Zuständigkeiten regeln und einfordern, sondern die Umgangsweise im Ermessens- und Willkürspielraum der Lehrkräfte liege. Angesichts der fehlenden formalen Verpflichtung können sich ‚ignorante' Lehrkräfte entziehen, sodass sich allein die ‚aufopferungsvollen' Lehrkräfte mit den Spannungsfeldern von Handlungsberechtigung, -bedarf und -druck auseinandersetzen. So ist Frau Kamper im Hinblick auf Recht und Anlass des Eingreifens in den Privatraum ‚Familie' sowie hinsichtlich des Rechts der Eltern auf Eigenwille verunsichert (vgl. 3.5.3 Auseinandersetzung mit Spannungsfeldern der pädagogischen Arbeit).

Zusammenfassend scheint Frau Kamper in einem ambivalenten Verhältnis gegenüber ihrer eingenommenen Rolle zu stehen. Auf der einen Seite schreibt sie sich selbst eine besondere Empathiefähigkeit und ein gewisses „Gespür" (Z. 1399) für den Umgang mit Kindern und Eltern in problematischen Lebenslagen zu. Sie zeigt sich angesichts der Sorgen der Familien verständnisvoll gegenüber schulischen Krisen und berichtet von einem vertrauensvollen Verhältnis zu den Schüler*innen und Eltern. Ferner zählt sie sich selbst zu den ‚aufopferungsvollen' Lehrkräften, die sich engagiert für das Wohlergehen der Kinder einsetzen. Dieses besondere Rollenverständnis ist ihr positiver Horizont des berufsbezogenen Selbstkonzepts, das sie auch von anderen Lehrkräften unterscheidet. Als negativer Gegenhorizont zeichnet sich zugleich Frust über diese einseitige Rollenübernahme ab. Etwa problematisiert sie das Fehlen von Verbindlichkeiten und obligatorischer Zuständigkeit in Bezug auf Kindern in problematischen Lebenslagen. Brisant im Hinblick auf die Entwicklung gleicher Bildungschancen dieser Schüler*innen erscheint, dass sich die ‚Regel'- und Förderschullehrkräfte sowie die Sozialpädagog*innen nicht als pädagogische Handlungseinheit verstehen und sich nicht gleichermaßen aktiv in die Bildungs- und Erziehungsarbeit einbringen.

3.6   Herr Jansen

Das fast zweistündige Gespräch mit Herrn Jansen verlief ohne äußere Störungen und fand an der kleinstädtischen Grundschule im nördlichen Teil Nordrhein-Westfalens statt. Die Kommune der Schule befindet sich in einer eher struktur-starken Region. Aufgrund ortsansässiger Wirtschaftsunternehmen, die die größten Arbeitgeber der Region darstellen, ist die Arbeitslosenquote vergleichsweise gering und das Einkommensniveau der Bevölkerung relativ hoch. Die Anteile der Einwohner*innen, die öffentliche Sozialleistungen beziehen, ist unterdurch-schnittlich für die Region. Insgesamt zeichnet sich die Kommune im Vergleich zu anderen Kommunen in Nordrhein-Westfalen durch eine verhältnismäßig wohlha-bende Bevölkerung aus. Das gute Arbeitsplatzangebot in der Region führt ferner zu einem tendenziellen Bevölkerungswachstum, vor allem steigt der Anteil der Einwohner*innen mit Migrationshintergrund. Angesichts dieser Bevölkerungsent-wicklung und der guten wirtschaftlichen Lage fällt der vergleichsweise schwache sozioökonomische Status von Einwohner*innen mit Migrationshintergrund umso schwerer ins Gewicht.

Die Grundschule, an der Herr Jansen unterrichtet, umfasst knapp 300 Schü-ler*innen sowie ungefähr 25 Lehrkräfte und Förderschullehrkräfte. Seit dem vergangenen Schuljahr werden Schüler*innen mit dem Förderschwerpunkt Hören und Kommunikation an der Schule aufgenommen. Herr Jansen ist zum Zeitpunkt des Interviews Anfang 30 Jahre alt. Unmittelbar nach dem Lehramtsstudium nahm er seinen Vorbereitungsdienst an der Grundschule auf, an der auch das Gespräch stattfand. Im Anschluss daran bot sich die Möglichkeit, an der Schule mit einer Festanstellung zu bleiben. Zum Interviewzeitpunkt unterrichtet er dort seit nunmehr anderthalb Jahren.

3.6.1   Konstruktion der Schüler*innen- und Elternklientel

Auf die Frage nach dem Einzugsgebiet der Schule beschreibt Herr Jansen eine vielfältige Schüler*innenschaft:

> es ist bunt gemischt (.) also wir haben tatsächlich Kinder von den Ärzten oben aus dem Krankenhaus ne eine Bankerin hab ich da als Mutter drin und so weiter ich

hab aber auch (.) ähm Hartz IV-Empfänger-Eltern (.) also wirklich bunt gemischt
[...] ja und also wir gelten laut den Zahlen sogar teilweise als Problemschule
wir haben Migrations- Kinder mit Migrationshintergrund von fünfundzwanzig bis
zweiunddreißig Prozent je nachdem hat unser Chef mal gesagt (.) empfinden wir
aber noch nicht so (Fallstudie 4, Interview Herr Jansen, Z. 657–682)

Aus Sicht von Herrn Jansen sind die Schüler*innen „bunt gemischt" (Z. 657).
So unterrichte er Kinder von Ärzt*innen und Bankangestellten sowie Kinder,
deren Eltern Arbeitslosengeld II beziehen. Neben den unterschiedlichen sozioökonomischen Hintergründen nennt Herr Jansen einen Anteil an Kindern mit
Migrationshintergrund von 25 bis 32 Prozent. „Laut den Zahlen" (Z. 676) gelte
die Schule „sogar teilweise als Problemschule" (Z. 676). Das Kollegium schätze
die Schulsituation „aber noch nicht" (Z. 682) als problematisch ein. Hieran dokumentiert sich, dass ein hoher Anteil an Schüler*innen mit Migrationshintergrund
von Herrn Jansen (und dem Kollegium) nicht per se als Problem wahrgenommen
wird und Herr Jansen negative Fremdzuschreibungen zurückweist.

Ein ähnliches Orientierungsmuster lässt sich im Hinblick auf das subjektive Verständnis von Problemschüler*in rekonstruieren. So antwortet Herr Jansen
auf die Frage, was er unter einem Problemschüler' bzw. einer Problemschülerin
versteht, folgendermaßen:

Herr Jansen: gewalttätige Kinder und solche wie ich sie gerade beschrieben habe
die wirklich psychische Erkrankungen haben und vielleicht auch schwere Fälle von
ADHS (.) aber würde ich erst mal generell gar nicht als Problemkinder bezeichnen

Interviewerin: mhm (.) wie meinst du das? also warum sind das nicht per se
Problemkinder?

Herr Jansen: man kann die eigentlich bekommen nicht alle je nach Schweregrad
oder je nach ähm (.) Erscheinungsbild der Krankheit (.) ähm (.) also ich würde
sie erst mal nicht dazu zählen aber es gibt sicherlich welche die dazu zählen weil
man ist-nicht immer so einfach manchmal sind nämlich Kinder mit ADHS auch
ein bisschen mehr aggressiv und dann sind die schon ein Problemkind ne aber sie
müssen es nicht zwingend sein ich hab zum Beispiel einen in der Klasse der ist
super lieb der würde vielleicht als Problemkind gelten bei vielen Lehrern aber für
mich ist das kein Problemkind (.) der hat zwar-ach so das ist eine krasse Story der
w-die Mutter wollte den umbringen (.) die ähm der wohnt jetzt beim Vater [...] der
hat sich getrennt und in diesem-und als der Mann sich getrennt hat dann hat sie
irgendwie einen Tötungsversuch vorgenommen und (.) hat sich aber während des
Vorgangs das-hat sie die Polizei und einen Krankenwagen gerufen (.) sich selbst
angezeigt der kam in meine Klasse (.) der war vorher auf einer anderen Schule
und ist jetzt seit zwei Jahren bei uns und äh ka-wiederholte bei mir die dritte
Klasse (.) ähm der hat halt schwer ADHS aber für mich gilt der trotzdem nicht
als Problemkind weil sein Vater super engagiert ist das mit der Mutter sich wieder

halbwegs eingerenkt (.) hat sie sogar Besuchsrecht hat oder er auch bei ihr ist (.) und dem geht es so ganz gut der ist kein Problemkind mehr das war er vielleicht mal ein Problemkind ist für mich wirklich ein Kind was täglich aneckt (.) so wie Anna oder bei mir der ein oder andere Junge die wirklich verhaltensauffällig sind in ihren Aggressionen (Fallstudie 4, Interview Herr Jansen, Z. 820–888)

Zunächst einmal kommt Herr Jansen der Aufforderung der Interviewerin im Sinne der Fragestellung nach und ordnet „gewalttätige Kinder" (Z. 820) sowie Kinder mit „psychische[n] Erkrankungen" (Z. 824 f.) der Kategorie ‚Problemschüler*innen' zu. Letztere Dimension bezieht sich auf eine vorangegangene exemplarische Illustration eines vermutlich psychisch kranken Mädchens namens Anna. Hinzu kommen „vielleicht auch schwere Fälle von ADHS[3] " (Z. 829), wobei diese Kinder aus seiner Sicht nicht generell als Problemschüler*innen zu bezeichnen sind. Auf die Nachfrage, warum schwere Fälle von ADHS aus seiner Perspektive an sich kein Problem darstellen, argumentiert Herr Jansen, dass man Schüler*innen mit ADHS „eigentlich bekommen" (Z. 835) im Sinne von erreichen kann. Diese Auffassung, die zugleich seinen positiven Horizont von Schüler*innen mit ADHS darstellt, schränkt er durch den „Schweregrad" oder „Erscheinungsbild der Krankheit" (Z. 835 f.) ein, da Kinder mit ADHS „manchmal [...] ein bisschen mehr aggressiv" (Z. 842) und in diesem Fall ein „Problemkind" (Z. 843) seien. Aggressiveres Verhalten erscheint entsprechend als negativer Gegenhorizont seines Bildes von Kindern mit ADHS. Daran anschließend erzählt Herr Jansen von einem an ADHS erkrankten Schüler seiner Klasse. Die Betonung der positiven Charaktereigenschaft des Jungen („ich hab zum Beispiel einen in der Klasse der ist super lieb", Z. 847) kann hierbei als Opposition zu der antizipierten Sichtweise der Kolleg*innen gedeutet werden. So würde der Schüler „vielleicht als Problemkind gelten bei vielen Lehrern" (Z. 851), für ihn sei es aber kein Problemschüler. Herr Jansen ergänzt, dass der Junge angesichts seiner ADHS-Erkrankung und seiner „krasse[n] Story" (Z. 852) „vielleicht mal ein Problemkind" (Z. 882 ff.) gewesen sei. Hierbei bringt er seine Eindrücke zu den kritischen Lebensereignissen des Schülers wie die Trennung der Eltern, dem Tötungsversuch an dem Jungen durch die Mutter, der Trennung von der Mutter, dem Schulwechsel und der Klassenwiederholung in eine zeitliche und (suggerierte) kausale Ordnung, die auf den Befund ‚schwerer Fall von ADHS' hinausläuft. Für Herrn Jansen zähle der Schüler „trotzdem nicht als Problemkind" (Z. 875 f.). Etwa haben sich mittlerweile die Familienverhältnisse stabilisiert („weil sein Vater super engagiert ist das mit der Mutter sich wieder halbwegs eingerenkt (.) hat sie sogar Besuchsrecht hat oder er auch bei ihr ist", Z. 880 f.)

---

[3]Die Abkürzung ADHS steht für Aufmerksamkeitsdefizit-Hyperaktivitätsstörung.

und dem Schüler gehe „es so ganz gut" (Z. 881 f.). Solide Familienverhältnisse, inklusive Engagement der Eltern bzw. in diesem Fall des Vaters, erscheinen unter diesem Blickwinkel als Enaktierungspotenzial für den pädagogischen Umgang mit diesen Schüler*innen. Nachfolgend definiert Herr Jansen einen Problemschüler bzw. eine Problemschülerin als „ein Kind was täglich aneckt" (Z. 886) wie zum Beispiel das vermeintlich psychisch kranke Mädchen in seiner Klasse oder Kinder, die „wirklich verhaltensauffällig sind in ihren Aggressionen" (Z. 887 f.). Mit ‚täglich anecken' und aggressivem Verhalten nennt Herr Jansen demnach zusätzliche notwendige Bedingungen für den Status ‚Problemschüler*innen' und markiert, dass diese Kriterien temporär, graduell oder auch gar nicht zutreffen können („manchmal sind nämlich Kinder mit ADHS auch ein bisschen mehr aggressiv und dann sind die schon ein Problemkind ne aber sie müssen es nicht zwingend sein", Z. 842 f.). Zugleich kontrastieren die Kennzeichen ‚täglich anecken' und aggressives Verhalten das Beispiel von dem an ADHS erkrankten Jungen, denn der Schüler wird von Herrn Jansen weder als permanent auffällig noch als besonders aggressiv dargestellt.

Grundsätzlich wird in der Passage zum subjektiven Verständnis von Problemschüler*innen und auch anhand der Einschätzung, dass der scheinbar hohe Anteil an Schüler*innen mit Migrationshintergrund nicht per se problematisch sei, die Auseinandersetzung mit in Schule wirksamen Kategorisierungen deutlich. So distanziert sich Herr Jansen von einer pauschalen, problemorientierten Fremdzuschreibung im Hinblick auf den hohen Anteil an Schüler*innen mit Migrationshintergrund sowie von dem im Interview vorgegebenen Begriff ‚Problemschüler*in'. Indem er angibt, dass Schüler*innen mit ADHS aus seiner Sicht nicht notwendigerweise als Problemschüler*innen gelten, löst er die Kategorie ‚Problemschüler*in' von der Dimension ADHS. Allerdings können je nach „Schweregrad" oder „Erscheinungsbild der Krankheit" (Z. 835 f.) bzw. aufgrund auffälliger Aggressionen Schüler*innen mit ADHS unter die Kategorie Problemschüler*in fallen. Am Beispiel eines an ADHS erkrankten Schülers veranschaulicht Herr Jansen, dass der Status zudem keine Eigenschaft, sondern vielmehr ein temporärer Zustand bzw. eine Lebensphase sein kann und veränderbar ist. Hierbei scheint sich die potenzielle Fremdzuschreibung als Problemkind durch andere Lehrkräfte an seiner eigenen Bewertung zu reiben. Generell stellt Herr Jansen das Beispiel von dem Schüler mit ADHS in den Kontext der Argumentation zur Differenz zwischen ihm und Kolleg*innen bei der Bewertung bestimmter Fälle: Der Junge sei für ihn trotz aller Umstände kein Problemschüler, was er mit einem Prozess der Stabilisierung von Familienverhältnissen begründet.

Hier bestätigt Herr Jansen, dass der temporäre Charakter und die unterschiedlichen Ursachen und Ausprägungen von Verhaltensproblemen bei ADHS für ihn gegen die verallgemeinerte Zuschreibung ‚Problemschüler*in' sprechen. Im Kontext des Themas Zusammenarbeit mit dem Jugendamt führt Herr Jansen das im ganzen Interview präsente Beispiel der scheinbar psychisch kranken Schülerin ein, die er auch unter die Kategorie ‚Problemschüler*in' subsumiert. Auf die Nachfrage, ob eine psychische Störung offiziell festgestellt wurde, illustriert Herr Jansen anhand der Schülerin die unmittelbaren Auswirkungen von problematischen Lebensverhältnissen und der nicht diagnostizierten psychischen Erkrankung auf Lernvoraussetzungen, das Lehrer*innen-Schüler*innen-Verhältnis sowie auf den Alltag pädagogischen Handelns:

> also sie ist relativ clever ne sie fordert aber ständig ein ähm dass du bei ihr stehst am Platz (.) und nur dann macht sie was und wenn du dann weggehst und wem anders hilfst oder so dann macht sie nichts mehr und sie wohnt halt bei Oma und das ist halt offensichtlich dass sie psychisch krank ist dazu braucht man kein Psychologe sein ähm und es kommt jetzt darauf an <u>wie</u> Oma jetzt da vorgeht und wie das so alles ist dass sie da wirklich Unterstützung bekommt sie hat auch schon die Klasse gewechselt weil sie einfach-es war kein Unterrichten mehr in der alten Klasse möglich (.) wir haben es jetzt so weit hingekriegt dass wir ähm sie handhaben können heißt ich in Mathe und in Deutsch die Klassenlehrerin <u>aber</u> vom Schwimm-Schwimmunterricht musste sie jetzt ausgeschlossen werden weil sie wieder ausgerastet ist und nicht aus dem Becken kommen wollte (.) da musste der Lehrer da äh da rein springen und und und also es ist immer ein riesen Theater gerade wenn es so wirklich um Sport Schwimmen ja und jetzt ist es so die Lehrerin hat gesagt ich kann das nicht verantworten und jetzt wird sie ausgeschlossen also so weit ist es schon (.) aber wir haben <u>keine andere Möglichkeit</u> wir kriegen dafür keine Förderstunden weil es noch <u>nicht</u> diagnostiziert ist ja und wir müssen mit der Situation so irgendwie umgehen und das ist einfach unser (.) Schulrecht und wir können es nicht machen wir müssen mit dem arbeiten was wir haben (.) also ja versuchen einfühlsam zu sein also ähm ja (.) die ja die ist zum Beispiel die erste morgens äh auf dem Schulhof die am-einem am Bein hängt und aber im Unterricht ist es oft sehr sehr anstrengend mit ihr und sie ist su-auch manchmal sehr fröhlich naja und wir vermuten halt dass sie sehr darunter leidet dass sie bei ihrer Oma wohnt (.) mit je-ähm sie hat zwei Schw-Geschwister die wohnen bei der Mutter und sie darf da irgendwie nicht warum keine Ahnung [...] und die musste jetzt vorher die Klasse wechseln weil es da mit einem Kind ständig Stress gab und die haben sich förmlich geprügelt (.) aber richtig (.) da sind Stühle geflogen und alles (Fallstudie 4, Interview Herr Jansen, Z. 492–575)

Zunächst leitet Herr Jansen seine Erzählung mit einer positiven Beschreibung der Schülerin ein („relativ clever", Z. 492) und geht dann zu Verhaltensweisen über, die eine Herausforderung für die pädagogische Arbeit darstellen („sie

fordert aber ständig ein ähm dass du bei ihr stehst am Platz (.) und nur dann
macht sie was und wenn du dann weggehst und wem anders hilfst oder so dann
macht sie nichts mehr", Z. 496 ff.). Vergleichbar mit der Einführung des Beispiels des an ADHS erkrankten Schülers deutet auch hier die anfängliche positive
Charakterisierung des Mädchens eine Gegenpositionierung zu einer ausschließlich problemorientierten Sichtweise seiner Kolleg*innen an. Direkt anschließend
thematisiert Herr Jansen die besondere Lebenssituation der Schülerin. So lebt die
Schülerin bei ihrer Großmutter, die die Rolle der Erziehungsberechtigten einzunehmen scheint („es kommt jetzt darauf an wie Oma jetzt da vorgeht und wie das
so alles ist dass sie da wirklich Unterstützung bekommt", Z. 511 f.). An späterer
Stelle der Passage ergänzt Herr Jansen, dass das Mädchen womöglich darunter
leide, bei der Großmutter wohnen zu müssen, wohingegen weitere Geschwister
bei der Mutter leben dürfen. Herr Jansen argumentiert in Folge, dass die Schülerin aufgrund ausstehender Diagnostik nicht die notwendige schulische Förderung
erhalte („wir kriegen dafür keine Förderstunden weil es noch nicht diagnostiziert
ist", Z. 538 f.). An dieser Stelle nimmt Herr Jansen Bezug auf das Verfahren zur
Feststellung des sonderpädagogischen Unterstützungsbedarfs, das auf Antrag der
Erziehungsberechtigten eröffnet wird. Nur in Ausnahmefällen kann die Schule
nach Prüfung durch die Schulaufsicht einen Antrag stellen[4]. Insofern erklärt
sich sein Einwand, dass es darauf ankommt, wie die Großmutter weiter vorgeht.
Ähnlich wie bei dem Schüler mit ADHS erscheinen auch hier stabile Famili-
enverhältnisse und das Engagement der Eltern bzw. Erziehungsberechtigten als
Enaktierungspotenzial für das pädagogische Handeln. Mittlerweile können Herr
Jansen im Mathematikunterricht und die Klassenlehrerin im Deutschunterricht das
Mädchen zwar „handhaben" (Z. 518), jedoch bleiben schulische Ordnungs- bzw.
Disziplinarmaßnahmen wie ein Klassenwechsel und der Ausschluss vom Schwim-
munterricht aufgrund ihres auffälligen Verhaltens nicht aus. An der Aussage „wir
müssen mit der Situation so irgendwie umgehen und das ist einfach unser (.)
Schulrecht und wir können es nicht machen wir müssen mit dem arbeiten was
wir haben" (Z. 543 ff.) dokumentiert sich Herr Jansens Unmut über die fehlende
Unterstützung und die unbefriedigende Situation für alle Beteiligten. So versuchen Herr Jansen und seine Kollegin „einfühlsam zu sein" (Z. 553), wenngleich

---

[4]„Auf Antrag der Eltern entscheidet die Schulaufsichtsbehörde über den Bedarf an
sonderpädagogischer Unterstützung und die Förderschwerpunkte. Vorher holt sie ein son-
derpädagogisches Gutachten sowie, sofern erforderlich, ein medizinisches Gutachten der
unteren Gesundheitsbehörde ein und beteiligt die Eltern. Besteht ein Bedarf an sonderpädagogischer Unterstützung, schlägt sie den Eltern mit Zustimmung des Schulträgers
mindestens eine allgemeine Schule vor, an der ein Angebot zum Gemeinsamen Lernen
eingerichtet ist. § 20 Absätze 4 und 5 bleiben unberührt." (§ 19 Abs. 5 SchulG NRW).

es im Unterricht mit ihr „oft sehr sehr anstrengend" sei (Z. 562). Der empathische
Umgang stellt demzufolge weiteres Enaktierungspotenzial für die pädagogische
Arbeit mit Problemschüler*innen bereit.

Prinzipiell tritt anhand der Passage die bereits herausgearbeitete Orientierung
der Abgrenzung von einer individualisierenden Defizitperspektive auf Problemschüler*innen konturierter hervor. So stellen sowohl bei dem Schüler mit ADHS
als auch bei der anscheinend psychisch kranken Schülerin problematische Familienverhältnisse den negativen Gegenhorizont von Problemschüler*innen dar. Die
ausstehende sonderpädagogische Diagnostik hinsichtlich der mutmaßlich psychisch kranken Schülerin belastet darüber hinaus die pädagogische Arbeit – etwa
bestehe bislang kein Rechtsanspruch auf Förderstunden. Das anhaltend auffällige Verhalten und die fehlenden schulischen Unterstützungsmöglichkeiten führen
letztlich zu Disziplinierungsmaßnahmen wie Klassenwechsel und Ausschluss
vom Schwimmunterricht. Keine vertretbare Möglichkeit der Einflussnahme bzw.
eingeschränkte Handlungsfähigkeit bilden entsprechend den negativen Gegenhorizont der pädagogischen Arbeit mit Problemschüler*innen. Im Umkehrschluss
stellt die offizielle Feststellung des sonderpädagogischen Förderbedarfs neben
dem Engagement der Eltern bzw. der Erziehungsberechtigten und verlässliche
Familienverhältnisse sowie ein einfühlsamer Umgang der Lehrkräfte weiteres
Enaktierungspotenzial für das pädagogische Handeln dar. Zusammenfassend
erscheint ein grundlegender Anspruch von bestmöglicher Unterstützung und Förderung auch von sogenannten Problemschüler*innen als Kern von Herrn Jansens
Orientierung.

Dieser Anspruch führt mitunter zu Widerstand gegen die Schulleitung und
Elternschaft. So fordern Eltern im Zuge eines Konflikts mit einem anderen Kind
den Schulverweis des scheinbar psychisch kranken Mädchens. Herr Jansens tritt
erfolgreich für den Verbleib des Mädchens an der Schule ein:

> mit Anna gab es viel Stress mit den einen Eltern und da war ich derjenige der
> sich für Anna eingesetzt hat (.) ich habe mich aber nicht gegen das andere Kind
> entschieden (.) ich habe mich einfach nur (.) ich sag mal (.) der Herausforderung
> gestellt und es kann ja nicht sein dass die Eltern uns sagen welche Kinder wir
> von der Schule schmeißen oder nicht dass die ähm offensichtlich ein Rad ab hat
> das hat jeder gecheckt (.) aber deswegen kann ich es doch als Herausforderung-
> forderung sehen als Mathelehrer ihr irgendwie eine Chance zu ermöglichen sie mit
> ins Boot zu holen (.) das ging mir da so ein bisschen schnell und da wollten die
> Eltern die raus mobben (.) und da gab es einen Elternabend da haben die meine
> Kollegin fertig gemacht die hat geweint (.) die hat gesagt (.) ähm wie kann man so
> (.) asozial sein? nur an sich denken und ähm dieses Mädchen (.) einfach abschieben
> wollen (.) vor allem wo hin naja (.) und das war halt schon wirklich Hammer hart
> (.) und (.) da war es aber so aber ich (.) sag mal ich habe auf der Elternfront (.)

[?habe ich keinerlei Stress?] (.) und das ist das Gute (.) selbst die (.) Eltern die da vielleicht ein bisschen mehr von mir erwartet hätten die wissen nicht wie ich in der Konferenz gestimmt habe das ist erst mal auch gut so (.) weil die vielleicht dafür erwartet hätten dass ich dafür stimme dass Anna rausfliegt (.) also wer mich genau kennt ähm der wü-äh wusste so oder so-auch mein Chef wusste da hab ich auch gesagt (.) wenn du die von der Schule schmeißen willst (.) dann <u>mach</u> das (.) dann <u>sag</u> das aber auch so <u>wir</u> reißen uns hier seit drei Monaten den Hintern auf für dieses Kind und es kann jetzt nicht sein ähm dass die geht ja und dann haben wir uns auch <u>in</u> der Konferenz-er hat sich enthalten als Schulleiter und wir haben dann (.) also <u>wir</u> haben die Elternvertretung bearbeitet und dann haben die das gestimmt was wir wollten (Fallstudie 4, Interview Herr Jansen, Z. 2543–2599)

Herr Jansen bezieht zunächst Stellung gegen das ‚Abschieben' der vermeintlich psychisch kranken Schülerin und markiert zugleich, dass er sich hierbei „nicht gegen das andere Kind entschieden" (Z. 2549) habe. Vielmehr habe er sich als Mathelehrer der „Herausforderung gestellt" (Z. 2550), dem Mädchen „irgendwie eine Chance zu ermöglichen sie mit ins Boot zu holen" (Z. 2557). An der Argumentation dokumentiert sich, dass die Unterstützung einer verhaltensauffälligen Schülerin aus Herrn Jansens Sicht auch eine pädagogische resp. institutionelle Aufgabe für ‚Regelschullehrkräfte' darstellt. Hierbei fällt die negative Zuschreibung und Etikettierung der Schülerin („dass die ähm offensichtlich ein Rad ab hat das hat jeder gecheckt", Z. 2555 f.) auf. Es kommt für Herrn Jansen ferner nicht in Frage, der Forderung des Schulverweises seitens der Elternschaft nachzugeben („es kann ja nicht sein dass die Eltern uns sagen welche Kinder wir von der Schule schmeißen", Z. 2550 f.). Aus seinem Blickwinkel reagieren die Eltern vorschnell und unangemessen („das ging mir da so ein bisschen schnell und da wollten die Eltern die raus mobben (.) und da gab es einen Elternabend da haben die meine Kollegin fertig gemacht die hat geweint", Z. 2557 ff.). Im Gegensatz zu seiner Kollegin, die die Klassenlehrerin der scheinbar psychisch kranken Schülerin ist (vgl. o. g. Passage, Z. 492–575), habe er „auf der Elternfront [...] keinerlei Stress " (Z. 2570). Etwa wissen die Eltern nicht, dass er auf der Klassenkonferenz für das Bleiben des Mädchens auf der Schule gestimmt habe. Es deutet sich an, dass eine reibungslose Zusammenarbeit mit den Eltern relevant für die pädagogische Arbeit ist, wobei die Formulierung „Elternfront" (Z. 2570) eine Grenzziehung zwischen den Eltern und den Lehrkräften impliziert. Zwar kritisiert Herr Jansen die Erwartungshaltung bestimmter Eltern, löst aber innerhalb der entscheidenden Schulkonferenz die Interessenskonflikte strategisch auf („selbst die (.) Eltern die da vielleicht ein bisschen mehr von mir erwartet hätten „die wissen nicht wie ich in der Konferenz gestimmt habe das ist erst mal auch gut so", Z. 2572 f.). Bei einem Gespräch mit dem Schulleiter über die Auseinandersetzungen mit den

Eltern führt Herr Jansen die harte Arbeit an dem Mädchen als Argument für ihr Bleiben an („wir reißen uns hier seit drei Monaten den Hintern auf für dieses Kind und es kann jetzt nicht sein ähm dass die geht", Z. 2585 f.). Insgesamt zeigt sich, dass Herr Jansen eine Haltung vertritt, der zufolge ein offensichtlich und auf unbestimmte Zeit schwieriges Kind und der entsprechende Einsatz der Lehrkräfte Gründe für eine gemeinsame Beschulung sind. Dadurch, dass die Eltern unwissend hinsichtlich seines Wahlverhalten sind, enttäuscht Herr Jansen darüber hinaus keine Erwartungen. Letztlich setzt Herr Jansen seine Forderung durch, ohne die Gunst der Eltern einzubüßen ("wir haben dann (.) also wir haben die Elternvertretung bearbeitet und dann haben die das gestimmt was wir wollten", Z. 2594 ff.). Hieran dokumentiert sich, dass Herr Jansen grundsätzlich solidarisch handelt und bemüht ist, möglichst einvernehmlich Verantwortung für sogenannte Problemschüler*innen zu übernehmen.

Aus Sicht von Herrn Jansen gibt es aber auch Fälle, in denen eine gemeinsame Beschulung nicht tragbar ist. Im Zusammenhang des Themas Bewilligung von Förderstunden von Schüler*innen mit sonderpädagogischem Unterstützungsbedarf befürwortet Herr Jansen anhand des Beispiels eines offensichtlich autistischen Schülers das besondere Setting einer Förderschule und begründet, dass unter inadäquaten Bedingungen die gemeinsame Beschulung an allgemeinbildenden Schulen zu Diskriminierung führt:

> wir haben scheinbar einen Autisten aber die Eltern lassen das schleifen (.) gilt aber nicht als Inklusionskind ne zählt nicht doppelt und gar nichts (.) ist in normalen Klassen (.) malt Rechenaufgaben an die Wand ne (.) und (.) dieses Kind ich weiß nicht woran es liegt wirklich kann auch an unserer Schulleitung liegen auf jeden Fall dieses Kind kann bei uns nicht beschult werden (.) nur mit einem Einzelfallhelfer (.) den Einzelfallhelfer bekommen wir nicht frag mich nicht warum (.) ich weiß nicht ob es an unserer Schulleitung liegt oder an den Eltern dass die da irgendwas schleifen lassen auf jeden Fall (.) ähm ist es (.) nicht (.) also wir können es nicht wir können es nicht und natürlich kann man es nicht (.) ganz ehrlich das wäre jemand für eine Förderschule in Kl-(.) wo zwölf dreizehn Kinder sind ne und der hat sowas von einen am Sender dass man- das geht in Richtung Diskriminierung (.) und da sprechen wir nicht mehr von (.) ähm (.) da sprechen wir nicht mehr von Inklusion sondern wir gehen da richtig von Menschenrechtsverletzung aus und wir können nichts dagegen machen wir müssen das machen wir müssen den auf den Schulhof schicken und dann wird er gehänselt und wir können nichts dagegen machen der läuft durch die Gegend tutut Mama mach mal Platz tutut tutut völlig abgedreht ne und wir müssen den beschulen der hat (.) also (.) es ist unglaublich was da (.) gerade ab geht und (.) dann heißt es (.) also das hat schon nichts mehr mit Chancengleichheit zu tun ähm das ist Diskriminierung und (.) wir diskriminieren ihn weil wir es machen müssen weil das unser Schulrecht ist (Fallstudie 4, Interview Herr Jansen, Z. 1623–1664)

Auch im Fall des vermeintlich autistischen Jungens scheint noch keine sonderpäd-agogische Diagnostik erfolgt zu sein, sodass er nicht offiziell als „Inklusionskind" (Z. 1628) gilt und „in normalen Klassen" (Z. 1629) unterrichtet wird. Herr Jansen markiert deutlich, dass eine gemeinsame Beschulung unter diesen Voraussetzungen nicht möglich sei („malt Rechenaufgaben an die Wand", Z. 1629 f.) und das gemeinsame Lernen nur mit Unterstützung durch eine Einzelfallhilfe gewährleistet werden könne. Analog zu der Beschreibung des scheinbar psychisch kranken Mädchens ist auch hier eine negative Wertung und Kategorisierung des Jungen („der hat sowas von einen am Sender", Z. 1655) auffällig. Ein Rechtsanspruch auf pädagogische Hilfe besteht in diesem Fall, genau wie Förderstunden, ausschließlich bei anerkannten sonderpädagogischen Unterstützungsbedarf. Nach Meinung von Herrn Jansen sind entweder die Eltern oder die Schulleitung nachlässig hinsichtlich der Feststellung des sonderpädagogischen Unterstützungsbedarfs („ich weiß nicht ob es an unserer Schulleitung liegt oder an den Eltern dass die da irgendwas schleifen lassen", Z. 1634 f.). Eine Förderschule würde ihm zufolge bessere Rahmenbedingungen bieten („ganz ehrlich das wäre jemand für eine Förderschule in Kl-(.) wo zwölf dreizehn Kinder sind", Z. 1643 f.). Angesichts mangelnder pädagogischer Unterstützung von außen und ausgeprägten Verhaltensauffälligkeiten („der läuft durch die Gegend tutut Mama mach mal Platz tutut tutut völlig abgedreht", Z. 1653) führt die gemeinsame Beschulung aus Sicht von Herrn Jansen zu schulischer Diskriminierung und stellt eine „Menschenrechtsverletzung" (Z. 1650) dar. An der Aussage „wir können nichts dagegen machen wir müssen das machen wir müssen den auf den Schulhof schicken und dann wird er gehänselt und wir können nichts dagegen machen" (Z. 1651 f.) dokumentiert sich zum einen, dass dem scheinbar autistischen Jungen Diskriminierungserfahrungen zu ersparen sind. Zum anderen kritisiert Herr Jansen hierbei die fehlende Handhabe seitens der Schule, um gegen die widrigen Verhältnisse in der allgemeinbildenden Schule anzugehen. Herr Jansen legt schlussendlich sehr explizit dar, dass die Schule wider Willen zur Diskriminierung gezwungen sei („wir diskriminieren ihn weil wir es machen müssen weil das unser Schulrecht ist", Z. 1663 f.).

Die Passage zusammenfassend kann festgehalten werden, dass das gefährdete Wohlergehen des wahrscheinlich autistischen Jungens ausschlaggebend für Herrn Jansens fallweise Ablehnung einer gemeinsamen Beschulung ist. So beeinträchtigt aus seiner Perspektive die mangelnde pädagogische Unterstützung aufgrund ausstehender sonderpädagogischer Diagnostik die Lernbedingungen für den Schüler. Letztlich führen die unzureichenden Möglichkeiten und Rahmenbedingungen an der allgemeinbildenden Schule zu Diskriminierung. Die schulische Ausgrenzung des Jungen markiert zugleich den negativen Gegenhorizont seines Anspruchs, alle

Kinder bestmöglich zu unterstützen und zu fördern, so dass unter diesem Blickwinkel die Sonderbeschulung als geringerer Nachteil für den Jungen erscheint. Im
Mittelpunkt von Herrn Jansen Argumentation stehen demnach Fragen der pädagogischen Bearbeitbarkeit und Realisierbarkeit von gemeinsamem Lernen. Ein
weiteres Kriterium, welches den grundlegenden Anspruch von optimaler Unterstützung aller Schüler*innen eingrenzt, ist die Trennung zwischen temporärem
und dauerhaftem hohen sonderpädagogischen Förderbedarf. An diesem Unterscheidungsmerkmal platziert Herr Jansen auch den Begriff Problemschüler*in.
So scheint der offenkundig autistische Junge im Gegensatz zu dem anscheinend psychisch kranken Mädchen und dem Jungen mit ADHS anhaltend schwere
Verhaltensauffälligkeiten aufzuweisen, die von den ‚Regelschullehrkräften' nicht
handhabbar sind. Die vermeintliche Entwicklungsstörung scheint auch nicht in
Verbindung mit besonderen Lebensumständen zu stehen, zumindest thematisiert Herr Jansen abweichend von den beiden anderen exemplarisch angeführten
Problemschüler*innen nicht die Familienverhältnisse des Jungen.

3.6.2 Berufsbezogenes Selbstkonzept

Im Hinblick auf eine Schüler*innenschaft mit ganz unterschiedlichen Bedürfnissen legt Herr Jansen im Kontext der Interviewfrage nach schulischen Richtlinien
für den Umgang mit verhaltensauffälligen Schüler*innen dar, dass es sich hierbei
um einen fortwährenden Lern- und Entwicklungsprozess für Lehrkräfte handelt:

> das ist einfach learning by doing und ähm da haben wir (.) es gibt sicherlich
> Kollegen die: wenn man damit nicht zufällig irgendwelche Berührungspunkte hat
> dass das denen gar nicht so auffällt (.) oft haben (.) also (.) was mein Eindruck ist
> viele haben heutzutage ADHS und ich hab zum Beispiel (.) eins dieser Kinder war
> sehr aggressiv und hat andere geschlagen und hier und da (.) und da haben viele
> gesagt ähm oh hat der ADHS oder so (.) und im Endeffekt hat sich nach zwei Jahren
> herausgestellt dass der tatsächlich diese Wahrnehmungsstörung hat und deswegen
> höchstwahrscheinlich so oft überreagiert hat weil oft einfach vieles nicht bei ihm
> angekommen ist so und ähm das wäre dann so erst mal Verhaltensauffälligkeit (.)
> oder wenn die Kinder (.) oft mit dem Kopf hin und her sie wissen nicht genau wo
> sie hingucken sollen das sind halt alles so Dinge die müssen wir aber lernen (.)
> durch ähm einfach private Weiterbildung und sonst was ob man liest oder zufällig
> gerade mit einer guten Kollegin da in einer Klasse zusammenarbeitet oder oder
> oder (Fallstudie 4, Interview Herr Jansen, Z. 293–326)

Insgesamt beschreibt Herr Jansen, dass Ursachen und Symptome von Verhaltensauffälligkeiten von einigen Kolleg*innen zum Teil gar nicht erst wahrgenommen

bzw. fehlgedeutet werden. So wurde das aggressive Verhalten eines Schülers zunächst als Anzeichen für ADHS interpretiert, bis sich zwei Jahre später herausstellte, dass der Junge an einer Wahrnehmungsstörung leidet, die mitunter zur Überreaktion führt. Den Lehrkräften fehlen aus seiner Sicht diagnostische Kompetenzen und Fachwissen, welches eher zufällig aufgegriffen bzw. im Laufe der Praxis erworben wird. Missdeutungen aufgrund unzureichenden Wissens über Verhaltensauffälligkeiten erscheinen demgemäß als negativer Horizont für die pädagogische Arbeit. Der Lern- und Entwicklungsprozess, in dem sich Lehrkräfte systematisch diagnostische Kompetenzen und Fachwissen zu Ursachen und Symptomen von Verhaltensauffälligkeiten aneignen, bildet entsprechend das Enaktierungspotenzial für den Umgang mit diesen Kindern. Darüber hinaus mobilisiert Herr Jansen im Wechselspiel mit zunehmender Berufserfahrung externe Fachkräfte zur Unterstützung im Umgang mit hör- und kommunikationsgeschädigten Kindern. Beispielsweise kontaktiert Herr Jansen bei Verdacht auf eine Wahrnehmungsstörung ein Beratungs- und Förderzentrum für Hörgeschädigte und veranlasst, dass eine Mitarbeiterin zur Begutachtung des Kindes in seinen Unterricht kommt: „die ist die Expertin die guckt dann ob ähm diese Symptome da sind und dann verfolgt sie das weiter (.) dann wir er durchgecheckt also ich kann ja nur (.) ähm ich kann mir dann quasi die Hilfe holen die war schon bei mir im Unterricht und die würde auch wiederkommen" (Z. 275 ff.). Die Zuhilfenahme externer Unterstützungsangebote stellt folglich weiteres Enaktierungspotenzial für den Umgang mit verhaltensauffälligen Kindern dar.

Zur Entwicklung von Handlungssicherheit im Umgang mit verhaltensauffälligen Kindern gehören des Weiteren Angewohnheiten praktischer Empathie. Etwa stellt Herr Jansen im Kontext der Frage nach sozialen Kompetenzen von Lehrkräften sein Bemühen heraus, die Perspektiven der Kinder einzunehmen:

> ja Sozialkompetenzen von Lehrkräften wie gehe ich auf meine einzelnen Individuen ein ne wie schaffe ich es (.) ich sag immer ähm ich kann meinen Job nur richtig machen also das ist so ein Motto von mir ne die Welt mit Kinderaugen sehen (.) halt sich in die ver-in die Lage des Gegenübers hineinzuversetzen wenn jemand jetzt ausrastet (.) was könnte ihn geritten haben um jetzt so zu reagieren? mm naja ok (.) ne das liegt dann wirklich-also ich mache es dann immer an Beispielen-also ist ja jetzt so ne viel mache ich an Beispielen der Kinder fest das jetzt zum Beispiel dieses eine Inklusionskind habe ich kurz (.) vertreten in der Halle war es natürlich ein bisschen laut und da hat ihr Hörgerät ihr Knopf im Ohr irgendwie überfrequentiert sie ist einfach stehen geblieben und hat ganz schrill geschrien aber ganz laut (.) ne und das sind dann so soziale Kompetenzen die kann man auch nicht richtig lernen nur durch Erfahrungswerte und so (.) was habe ich gemacht? ich habe die Kinder in die Kabine geschickt und ich hab sie mir genommen und sie versucht zu beruhigen ne und dann hab ihr dieses Ding da aus dem Ohr-aus

dem Ohr genommen so (.) so das ging dann auch aber man muss immer so (.)
ja soziale Kompetenzen von Lehrkräften man muss halt immer von Fall zu Fall
und ich sag immer in die La-(.) man müsste sich mal in die Lage des Gegenübers
hineinversetzen (.) so und wenn ich ein (.) superlautes Fiepen auf dem Ohr hätte
dann würde ich auch ganz anders reagieren und auch ganz anders reden als wenn
ich jetzt hier so mit dir ganz normal spreche (Fallstudie 4, Interview Herr Jansen,
Z. 1948–1994)

Aus Sicht von Herrn Jansen zählt zu den Sozialkompetenzen von Lehrkräften
die Fähigkeit, sich „in die Lage des Gegenübers hineinzuversetzen" (Z. 1958 f.).
Sein Leitspruch ist hierbei „die Welt mit Kinderaugen sehen" (Z. 1958). Dazu
gehört für ihn, die Ursachen für auffälliges Verhalten zu ermitteln („was könnte
ihn geritten haben um jetzt so zu reagieren?", Z. 1959 f.). Hierbei illustriert Herr
Jansen am Beispiel eines „Inklusionskind[es]" (Z. 1969) die bedeutsame Rolle der
Perspektivenübernahme für den Umgang mit verhaltensauffälligen Kindern. Nach
seiner Schilderung verliert das Mädchen aufgrund eines lauten Pfeifens des Hör-
geräts die Beherrschung („in der Halle war es natürlich ein bisschen laut und da
hat ihr Hörgerät ihr Knopf im Ohr irgendwie überfrequentiert sie ist einfach stehen
geblieben und hat ganz schrill geschrien aber ganz laut", Z. 1970 ff.). Herr Jansen
kann die Reaktion der hörgeschädigten Schülerin empathisch nachvollziehen und
zeigt Verständnis für ihre Situation („wenn ich ein (.) superlautes Fiepen auf dem
Ohr hätte dann würde ich auch ganz anders reagieren und auch ganz anders reden
als wenn ich jetzt hier so mit dir ganz normal spreche", Z. 1992 ff.). Die Fähigkeit
zur Perspektivenübernahme erscheint folglich als Enaktierungspotenzial für den
Umgang mit verhaltensauffälligen Kindern.

Ein weiteres wichtiges Element seiner pädagogischen Arbeit ist, wie bereits
in der Dimension Konstruktion der Schüler*innen- und Elternklientel angedeutet,
die Gestaltung einer gelingenden Zusammenarbeit mit den Eltern:

generell denke ich muss man sich die Elternfront immer schön frei haben ähm
halten weil ich sag mal wenn ich das Vertrauen der Eltern verliere oder wenn sie
denken ich bin ein Idiot mit dem was er sagt dann hab ich eigentlich gar keine
Chance (.) das heißt egal wie (.) doof in meinen Augen die Eltern sind ähm bringt
es nichts die dann irgendwie anzumotzen oder so wenn sie jetzt was weiß ich
offensichtlich irgendwelche komischen Sachen machen (.) keine Schulhefte kaufen
oder oder oder dann versuch ich halt immer möglichst nett und freundlich zu sein
egal wie mich die Situation gerade aufregt ähm weil ich sonst nichts erreichen kann
für die Kinder das ist wirklich so (Fallstudie 4, Interview Herr Jansen, Z. 733–751)

Ohne detaillierte Interpretation kann eine gelingende Zusammenarbeit mit den
Eltern als Enaktierungspotenzial für das pädagogische Handeln herausgearbeitet

werden: Aus dieser Perspektive kann Herr Jansen für die Kinder nur etwas erreichen, wenn die Kooperation mit den Eltern möglichst problemlos verläuft und auf Vertrauen basiert. Indem er Schuldzuweisungen und Vorwürfe an die Eltern vermeidet und die eigene Meinung in den Hintergrund stellt, schafft Herr Jansen die Basis einer konstruktiven Kommunikation („das heißt egal wie (.) doof in meinen Augen die Eltern sind ähm bringt es nichts die dann irgendwie anzumotzen [...] dann versuch ich halt immer möglichst nett und freundlich zu sein egal wie mich die Situation gerade aufregt"; Z. 739 ff.). Bemerkenswert ist hierbei die erneute Formulierung „Elternfront" (Z.), die eine Abgrenzung der Eltern gegenüber den Lehrkräften nahelegt.

Neben der Ausbildung von Handlungskompetenzen bezüglich des Umgangs mit verhaltensauffälligen Schüler*innen gehört zu seinem beruflichen Selbstbild auch die „Leistungsspitze" (Z. 1870) der Klasse zu fördern. So legt Herr Jansen im Zusammenhang des Themas Weiterbildungsbedarf dar, dass er nicht nur den leistungsschwächeren, sondern auch den leistungsstärkeren Schüler*innen erfolgreiches schulisches Lernen ermöglicht:

> es geht immer nur darum irgendwie die Schwächeren mit ins Boot zu holen und die noch mit aufzufangen und die noch mit aufzufangen und (.) ich nehme mir zum Beispiel auch bewusst für Einserschüler Zeit und mache mit denen Knobelaufgaben weil die haben das gleiche Recht für mich (.) auf mich als (.) Lehrer wie das Kind mit ADHS und das bekommt sowieso schon viel mehr Aufmerksamkeit als die anderen (.) und dann muss ich finde ich um meinen Job richtig zu machen als Lehrer immer dran denken dass die Guten ja auch noch da sind und dass ich auch mal bei denen bin (.) und ähm da besteht eine riesen Gefahr was ich auch weiß von Kollegen ähm die sind am Machen und am Tun super bemüht aber immer nur mit den ganzen Schwächeren ne [...] ja das kann ja auch (.) ähm durchaus eine aber Chancengleichheit heißt für mich <u>auch</u> an die anderen zu denken (.) und das passiert <u>überhaupt</u> nicht in der Bildungspolitik nirgendwo an keiner Stelle (Fallstudie 4, Interview Herr Jansen, Z. 1902–1925)

Inhaltlicher Rahmen seiner Argumentation ist die Kritik an die Bildungspolitik, die Gruppe der leistungsstärkeren Schüler*innen zu Gunsten der leistungsschwächeren Schüler*innen zu vernachlässigen. Diese Ansicht stellt zugleich seinen negativen Gegenhorizont von individueller Förderung aller Schüler*innen dar. Aus Herrn Jansens Perspektive müssen auch die leistungsstarken Schüler*innen gezielt gefordert werden, etwa nimmt er sich „bewusst für Einserschüler Zeit und mach[t] mit denen Knobelaufgaben" (Z. 1904 f.). Als Begründung hierzu führt er an, dass die leistungsstärkeren Schüler*innen „das gleiche Recht" (Z. 1905) auf ihn als Lehrer haben wie die leistungsschwächeren Schüler*innen und er seinen Beruf nur ordnungsgemäß ausüben kann, wenn er auch die Leistungsstarken im

Blick habe. Insgesamt erscheint die konsequente Verwirklichung der individuellen und bestmöglichen Förderung aller Schüler*innen als Orientierungsrahmen seiner pädagogischen Praxis.

3.6.3 Auseinandersetzung mit Spannungsfeldern der pädagogischen Arbeit

Wie bereits in den vorangegangenen Dimensionen herausgearbeitet, interpretiert Herr Jansen seine pädagogische Aufgabe ganz praktisch als möglichst weitgehende Unterstützung und Förderung aller Schüler*innen. Am Beispiel eines scheinbar autistischen Jungens stellt Herr Jansen jedoch auch dar, dass die gemeinsame Beschulung in der aktuellen Praxis dazu führen kann, dass bestimmte Schüler*innen an allgemeinbildenden Schulen keine angemessene Förderung erhalten („dieses Kind kann bei uns nicht beschult werden (.) nur mit einem Einzelfallhelfer (.) den Einzelfallhelfer bekommen wir nicht", Z. 1635) und von anderen Kindern verspottet werden („wir müssen den auf den Schulhof schicken und dann wird er gehänselt und wir können nichts dagegen machen", Z. 1651 f.). Aus seiner Sicht führt in so einem Fall die gemeinsame Beschulung nicht zu Chancengleichheit, sondern zu schulischer Diskriminierung (vgl. 3.6.1 Konstruktion der Schüler*innen- und Elternklientel).

Eine gemeinsame Beschulung erfordere ihm nach ein tiefgreifendes Umdenken und eine Neugestaltung des Schulsystems. Ein zentraler Kritikpunkt betrifft die Entscheidung über den sonderpädagogischen Förderbedarf:

> ja ich weiß ja auch nicht ob es am Dezernenten liegt oder am Gesetz weil letztendlich ist er ja der Paragraphenreiter der sich nur (.) an die Vorgaben hält ne wo ich sage oh Gott zum Glück muss ich mich nicht an solche Vorgaben halten das ist ja echt (.) schlimm also diesen Job könnte ich nicht machen ne (.) er entscheidet halt knallhart über dieses Kind kriegt Förderstunden dieses Kind nicht (.) ohne das Kind zu kennen (.) nur weil er sich an irgendeinem Paragraphen langhangelt also das geht für mich gar nicht was da los ist wirklich (Fallstudie 4, Interview Herr Jansen, Z. 1586–1600)

Zusammenfassend erscheint eine pedantische Vorgehensweise, die sich ausschließlich nach Vorgaben und Gesetzen richtet ohne den Einzelfall zu berücksichtigen, als negativer Gegenhorizont einer gemeinsamen Beschulung.

Im Widerspruch zu seiner handlungsleitenden Orientierung, möglichst alle Schüler*innen zu unterstützen und zu fördern steht auch, dass der scheinbar autistische Schüler mitunter nicht im Klassenverband unterrichtet werden kann, sondern von der Förderschullehrerin einzelbeschult wird:

> aber dass wir ihn auch teilweise in die anderen Klassen nicht sch-schicken können oder dass es teilweise nicht mehr ging selbst mit der Förderschullehrerin (.) ähm die hat ihn dann einzeln beschult das kann doch nicht sein dass Inklusion heißt sie nimmt ihn aus dem Unterricht raus und beschult ihn einzeln der kann gleich auf eine Förderschule gehen und in eine Gruppe integriert werden aber in eine kleinere oder so aber also es-es läuft hier überhaupt nicht (Fallstudie 4, Interview Herr Jansen, Z. 1705–1717)

Aus der Perspektive von Herrn Jansen kann „Inklusion" (Z. 1707) nicht bedeuten, Schüler*innen aus dem Unterricht herauszunehmen und einzeln zu beschulen. Im Hinblick auf derartige unpassende Bildungsangebote, die weder das Wohlbefinden noch die Lern- und Leistungsentwicklung der Kinder stärken, wären diese Schüler*innen aufgrund adäquater Rahmenbedingungen auf einer Förderschule besser aufgehoben („der kann gleich auf eine Förderschule gehen und in eine Gruppe integriert werden aber in eine kleinere", Z. 1712 ff.) Die Ausgrenzung einzelner Kinder stellt demnach den negativen Gegenhorizont seines Inklusionsverständnisses dar.

3.6.4 Positionierung innerhalb der Schule bzw. im Kollegium

Im gesamten Interview wird deutlich, dass Herr Jansen seine pädagogische Praxis prinzipiell an dem Anspruch von weitestgehender Unterstützung und Förderung aller Schüler*innen orientiert und Möglichkeiten für Teilhabe zu eröffnen versucht. Dieses pädagogische Ideal umfasst zum einen die Distanznahme von einer generellen, problemorientierten Sichtweise auf vermeintlich schwierige Schüler*innen. Hierbei grenzt sich Herr Jansen von negativen Stereotypen anderer Lehrkräfte ab und entfaltet zugleich ein differenziertes Verständnis von sogenannten Problemschüler*innen. Zum anderen setzt er sich aktiv für unterstützungsbedürftige und als problematisch geltende Schüler*innen ein und leistet in diesem Kontext Widerstand gegen Schulleitung und Elternschaft. Als Teil einer scheinbar kleinen Minderheit im Kollegium handelt Herr Jansen zugunsten des Verbleibs eines mutmaßlich psychisch kranken Mädchens, wobei eine möglichst konfliktfreie Kommunikation mit allen beteiligten Akteuren (Eltern, Kinder, Kollegium, Schulleitung) aus Sicht von Herr Jansen ausschlaggebend für eine gemeinsame Beschulung ist (vgl. 3.6.1 Konstruktion der Schüler*innen- und Elternklientel).

Für Herrn Jansen stehen grundsätzlich bestmögliche Lernbedingungen im Vordergrund seiner pädagogischen Arbeit. Dies betrifft nicht nur verhaltensauffällige und leistungsschwächere Schüler*innen, sondern auch leistungsstärkere Schüler*innen, die er individuell herauszufordern versucht. Unter das pädagogische Selbstverständnis, allen Schüler*innen optimale Lernbedingungen zu ermöglichen, kann auch die fallweise Ablehnung der gemeinsamen Beschulung eines scheinbar autistischen Jungen verortet werden. So entsprechen die inadäquaten Bedingungen an der Grundschule nicht seinem Verständnis von Inklusion, sondern führen aus der Perspektive von Herrn Jansen vielmehr zu Diskriminierung des Jungens (vgl. 3.6.1 Konstruktion der Schüler*innen- und Elternklientel; 3.6.3 Auseinandersetzung mit Spannungsfeldern der pädagogischen Arbeit).

Insgesamt spiegelt sich in den Bezugnahmen und Darstellungen zur Unterstützung und Förderung möglichst aller Schüler*innen das persönliche Engagement und die hohe Eigeninitiative von Herrn Jansen wider. Das pädagogische Handeln scheint hierbei die gesamte Schule zu betreffen. Etwa verdeutlicht er, dass das gemeinsame Unterrichten von Schüler*innen mit zum Lern- und Entwicklungsprozess eines jeden Lehrers bzw. einer jeden Lehrerin gehört. Im Zuge dessen nutzt er alle Optionen schulinterner und schulexterner Kooperationen und gestaltet selbst die Zusammenarbeit mit anderen Professionen. Überdies formuliert er im Interview Forderungen an andere Beteiligte – auch gegenüber der Schulleitung – und leistet Überzeugungsarbeit, wenn es der Unterstützung schwieriger Kinder dient. Seine eigene Position zugunsten einer Anpassung an die Mehrheitsmeinung der Elternschaft aufzugeben, stellt für Herrn Jansen offenbar keine Option dar.

3.6.5 Zuschreibung von Verantwortung für Bildungschancen

Aus den unternommenen Rekonstruktionen wird deutlich, dass Herr Jansen grundsätzlich für die Herstellung gleicher Bildungschancen Verantwortung übernimmt und aktiv an der Entwicklung von Chancengleichheit arbeitet. Etwa tritt Herr Jansen erfolgreich für den Verbleib der vermeintlich psychisch kranken Schülerin an der Schule ein und sieht es als pädagogische „Herausforderung" (Z. 2556) an, ihr Teilhabe im Zusammenhang von Schule und Unterricht zu ermöglichen. Am Beispiel eines wahrscheinlich autistischen Schülers markiert Herr Jansen aber auch, dass unangemessene Rahmenbedingungen aus seiner Sicht nicht zu Chancengleichheit, sondern im Gegenteil zu Diskriminierung führen können (vgl. 3.6.1 Konstruktion der Schüler*innen- und Elternklientel).

An die Frage nach der schulischen Verantwortung für die Kompensation scheinbarer familialer Probleme schließt Herr Jansen eine Argumentation zu Grenzen des pädagogischen Handelns an:

> ja schon (.) das gehört nun mal dazu also das ist immer schwierig ne (.) also man muss halt noch den Cut finden immer dann- dass man auch zum Unterrichten kommt man kann da nicht hier den (.) ähm ich verbessere die Welt (.) das geht halt auch nicht ne wir müssen mit dem arbeiten was wir da haben (.) und also wer als Lehrer denkt ich kann jetzt die Welt verbessern (.) also fü-jeden Tag ein ganz ganz kleines Stückchen aber ich kann die Gesellschaft nicht ändern ich kann (.) ich kann einen ganz kleinen Teil bei mir in der Klasse beitragen aber (.) ähm ich kann ja die Gesellschaft und die Eltern nicht verändern (Fallstudie 4, Interview Herr Jansen, Z. 2489–2507)

Unter dem Vorbehalt, dass auch die Vermittlung von Unterrichtsinhalten stattfinden muss, bestätigt Herr Jansen prinzipiell die Zuständigkeit der Schule. Die Vorstellung, mit der pädagogischen Arbeit „die Welt verbessern" (Z. 2500) zu können, schätzt Herr Jansen als unrealistisch ein. Weder die Gesellschaft noch die Eltern seien veränderbar. Aus seinem Blickwinkel müssen sich Lehrkräfte vielmehr mit den vorliegenden Gegebenheiten auseinandersetzen („wir müssen mit dem arbeiten was wir da haben", Z. 2499) und können somit einen „ganz kleinen Teil" (Z. 2505) zur Kompensation vermeintlich familialer Probleme auf Klassenebene beitragen. Hieran dokumentiert sich, dass Herr Jansen die Herstellung von gleichen Bildungschancen als eine gesamtgesellschaftliche Aufgabe begreift – Lehrkräfte resp. Schule eingeschlossen.

3.6.6 Gefahren und Fallstricke der handlungsleitenden Orientierungen

Herr Jansen startet seine berufliche Laufbahn in einer Phase der praktischen Einführung des Förderschwerpunktes Hören und Kommunikation in einer allgemeinbildenden Schule. Die gemeinsame Beschulung stellt aus seiner Perspektive einen lehrkraftseitigen Lern- und Entwicklungsprozess im Hinblick auf den pädagogischen Umgang mit Schüler*innen mit verschiedenen Bedürfnissen sowie der Gestaltung von Lehr-Lern-Prozessen dar. In diesem Sinn arbeitet Herr Jansen aktiv an einer schulinternen Kooperation und bezieht darüber hinaus externe Einrichtungen und Akteure in sein pädagogisches Handeln mit ein. Ausschlaggebend für die Umsetzung einer gemeinsamen Beschulung ist für ihn eine möglichst konfliktfreie Kommunikation aller an Schule Beteiligten sowie eine gemeinsame pädagogische Strategie im Kollegium. In den Bezugnahmen auf die Schüler*innenklientel kommt zum Ausdruck, dass Herr Jansen grundsätzlich gegen Ausgrenzung ist und möglichst allen Kindern einen gleichberechtigten Zugang zu Angeboten des Unterrichts und des Schullebens zu eröffnen versucht. Unter diese Zielvorstellung kann auch die kritische Haltung gegenüber der gemeinsamen Beschulung des offensichtlich autistischen Jungens gefasst werden: Aus Sicht von Herrn Jansen sind dem Schüler Diskriminierungserfahrungen infolge inadäquater institutioneller Strukturen an allgemeinbildenden Schulen zu ersparen.

Herr Jansen verwendet an mehreren Stellen im Interview explizit den Begriff ‚Inklusion'. Es ist jedoch kritisch zu hinterfragen, welches Verständnis von Inklusion den Darstellungen von Herrn Jansen zugrunde liegt. So bleibt zum einen unklar, welche Schüler*innengruppen Herr Jansen im Rahmen seines Inklusionsverständnisses adressiert. Im Mittelpunkt seiner Darstellungen stehen Kinder mit diagnostiziertem sonderpädagogischen Förderbedarf sowie Kinder mit Verhaltensauffälligkeiten. Weitere Aspekte, die bei Schüler*innen zu unterschiedlichen Lernvoraussetzungen und Entwicklungsbedingungen in der Schule sowie zu einem erhöhten Risiko für eine schulische Ungleichbehandlung führen können, wie zum Beispiel die ethnische, kulturelle und soziale Herkunft, aber auch Interessen, Motivation und Leistungsfähigkeit werden kaum thematisiert. Insbesondere vor dem Hintergrund, dass ein überdurchschnittlich hoher Anteil an Schüler*innen mit Migrationshintergrund an der Schule vertreten ist, ist bemerkenswert, dass Herr Jansen keinen Bezug auf Vielfalt von Sprachen, biografische Erfahrungen sowie Lebensentwürfe, unterschiedliche aufenthaltsrechtliche Bedingungen, religiöse Orientierungen u. v. m. nimmt. Neben der unterbelichteten Thematisierung der Verschiedenheit der Schüler*innen fallen überdies die negative Wertung und Stereotypisierung des scheinbar psychisch kranken Mädchens („dass die ähm offensichtlich ein Rad ab hat das hat jeder gecheckt", Z. 2555 f.) und des mutmaßlich autistischen Schülers („der hat sowas von einen am Sender", Z. 1655) auf. Die abwertende Charakterisierung der beiden Schüler*innen steht im Widerspruch zu den wesentlichen Prinzipien inklusiver Pädagogik: Akzeptanz des Andersseins und Wertschätzung von Vielfalt. Die Bezugnahmen auf das anscheinend psychisch kranke Mädchen und den autistischen Jungen dokumentieren ferner, dass aus der Perspektive von Herrn Jansen nicht alle Kinder von vornherein selbstverständlich dazugehören und die Verschiedenheit der Schüler*innen als Normalität begriffen wird. Vielmehr differenziert Herr Jansen zwischen unterschiedlichen Schüler*innengruppen, die entweder in allgemeinbildenden Schulen ‚integrierbar' sind und teilnehmen dürfen (wie z. B. das psychisch kranke Mädchen), oder die in allgemeinbildenden Schulen (noch) nicht ‚integrierbar' sind und sonderbeschult werden müssen (wie z. B. der autistische Junge).

Fallübergreifende Analysen der habituellen Dispositionen von Lehrkräften zur Unterstützung sozial benachteiligter Schüler*innen sowie milieuspezifische Einbettung der handlungsleitenden Orientierungen

4

In diesem Kapitel sollen zunächst in Anlehnung an eine sinngenetische Interpretation die Ergebnisse aus den Einzelfallanalysen zusammengeführt und miteinander verglichen werden. Tertium comparationis sind hierbei die sechs modifizierten Analysedimensionen (Abschnitt 4.1). Anschließend werden im Sinne einer soziogenetischen Interpretation die milieuspezifischen Erfahrungshintergründe der interviewten Lehrkräfte analysiert. Die sozialen Zusammenhänge der Orientierungsrahmen werden für jede Lehrperson einzeln herausgearbeitet (Abschnitt 4.2).

4.1 Fallübergreifende Analysen

Analog zu der Systematisierung des fallinternen Vergleichs im vorherigen Kapitel, erfolgt in diesem Teilkapitel eine fallübergreifende Analyse der habituellen Dispositionen der vier Lehrkräfte anhand der Dimensionen Konstruktion der Schüler*innen- und Elternklientel (Abschnitt 4.1.1), berufsbezogenes Selbstkonzept (Abschnitt 4.1.2), Auseinandersetzung mit Spannungsfeldern der pädagogischen Arbeit (4.1.3), Positionierung innerhalb der Schule bzw. im Kollegium (Abschnitt 4.1.4), Zuschreibung von Verantwortung für Bildungschancen (Abschnitt 4.1.5) sowie Gefahren und Fallstricke der handlungsleitenden Orientierungen (Abschnitt 4.1.6). Hierbei gilt es, gemeinsame und unterschiedliche Formen der Unterstützung sozial benachteiligter Schüler*innen herauszuarbeiten.

4.1.1 Konstruktion der Schüler*innen- und Elternklientel

Die befragten Lehrkräfte nehmen in den Interviews Kategorisierungen von Schüler*innengruppen vor bzw. greifen auf bestimmte Differenzkategorien zurück

© Der/die Autor(en) 2021
S. Rutter, *Sozioanalyse in der pädagogischen Arbeit*, Bildung und Gesellschaft,
https://doi.org/10.1007/978-3-658-32065-2_4

und setzen sich mit Fragen zum pädagogischen Umgang mit spezifischen Herausforderungen auseinander. Die Bezugnahmen tendieren zu den Diskursfeldern Schüler*innen mit Migrationshintergrund, sozioökonomisch benachteiligte Kinder und verhaltensauffällige Schüler*innen. Grundsätzlich zeigen die Analysen, dass die Lehrkräfte in der Regel jeweils zu den Themen wechseln, in denen sie sich Handlungskompetenzen zuschreiben respektive in denen sie aus ihrer Sicht über pragmatisches Handlungswissen verfügen. So thematisiert Frau Akay vorwiegend den Umgang mit Schüler*innen mit Migrationshintergrund und unterstellt hierbei aufgrund des eigenen Migrationshintergrundes und Aufwachsens im sozialen Brennpunkt eine besondere Verbundenheit zu Schüler*innen mit Migrationshintergrund, die auf einen konjunktiven Erfahrungsraum zurückzuführen ist. Darüber hinaus schreibt sich Frau Akay aufgrund des Fach- und Methodenwissens in der Heilpädagogik und der mehrjährigen Berufserfahrung in der Kinder- und Jugendpsychiatrie besondere Kompetenzen im Umgang mit sozial und emotional auffälligen Schüler*innen zu.

Frau Antonova behandelt ähnlich wie Frau Akay schwerpunktmäßig das Thema Migration, allerdings differenziert sie nicht in gleicher Weise wie Frau Akay zwischen unterschiedlichen Migrationskontexten. Etwa grenzt Frau Akay die Gruppe der geflüchteten Schüler*innen von der Gruppe der Schüler*innen mit Migrationshintergrund ab. Relevante Unterscheidungskriterien dieser beiden Schüler*inngruppen sind aus ihrer Perspektive eigene Einwanderungserfahrungen und deutschsprachliche Kompetenzen. Spricht Frau Antonova hingegen von neu eingewanderten Schüler*innen, meint sie nicht wie Frau Akay geflüchtete Schüler*innen. Flucht wird von ihr nicht thematisiert. Vielmehr geht es Frau Antonova bei neu eingewanderten Schüler*innen um die mit Migration einhergehende Fremdheitserfahrung aufgrund geringer oder fehlender Kenntnisse der deutschen Sprache. An einigen Stellen des Interviews verwendet Frau Antonova zudem den Begriff Schüler*innen mit Migrationshintergrund – auch hier ist das Gefühl des Fremdseins und Ausgegrenztseins aufgrund geringer oder fehlender Deutschkenntnisse in der Anfangsphase der Einwanderung im Fokus. Diese thematische Schwerpunktsetzung steht in einem engen Zusammenhang mit der persönlichen Lebensgeschichte, so beschreibt Frau Antonova eigene Fremdheitserfahrungen im Zuge ihrer Einwanderung nach Deutschland. Infolge dieser konjunktiven Erfahrungen, die Frau Antonova und die neu eingewanderten Schüler*innen aus ihrer Sicht teilen, schreibt sich Frau Antonova eine besondere Empathiefähigkeit und Vorbildfunktion für diese Kinder zu.

Im Vordergrund des Interviews mit Frau Kamper steht hingegen der Umgang mit sozioökonomisch benachteiligten Schüler*innen. Hierbei spricht sie von Schüler*innen aus „bildungsfernen Elternhäusern sozial schwachen Familien"

(Z. 142 f.), „bedürftige[n] Kinder[n]" (Z. 963) sowie Schüler*innen aus Familien, „die Probleme haben die sich nicht so gut kümmern können" (Z. 1398). Auch in diesem Fall ist die Relevanzsetzung des Themas nicht zufällig, sondern steht mit eigenen biografischen Erfahrungen in Verbindung. Etwa berichtet Frau Kamper, selbst aus einer „bildungsfernen Familie" (Z. 1294) zu stammen und in bescheidenen, restriktiven Lebensverhältnissen aufgewachsen zu sein. Zudem schildert sie, dass ihre Eltern mit der Erziehung überfordert gewesen seien. Die eigenen lebensgeschichtlichen Erfahrungen gleichen aus Frau Kampers Sicht den Aufwachsensbedingungen ihrer Schüler*innen. Aufgrund dieser mutmaßlichen konjunktiven Erfahrungen nimmt Frau Kamper einen besonderen Zugang zu sozioökonomisch benachteiligten Schüler*innen und Eltern an.

Herr Jansen geht primär auf das Thema der Integration einzelner verhaltensauffälliger Schüler*innen in den Klassenverband ein. So stehen im Fokus seiner Ausführungen Schüler*innen mit sonderpädagogischem Förderbedarf sowie Schüler*innen mit Verhaltensauffälligkeiten. Im Unterschied zu Frau Akay, Frau Antonova und Frau Kamper scheint bei Herrn Jansen die Konzentration auf den Themenbereich nicht mit der eigenen Biografie einherzugehen. Vielmehr beschäftigt sich Herr Jansen im Zuge seines Berufseintritts mit dem (Selbst-)Anspruch, möglichst viele Schüler*innen zu unterstützen. Hierbei präsentiert Herr Jansen sich selbst als handlungskompetent im Umgang mit verhaltensauffälligen Schüler*innen – jedoch nicht wie bei Frau Akay, Frau Antonova und Frau Kamper aufgrund unterstellter gemeinsamer biografischer Erfahrungshintergründe, sondern infolge eines beruflichen Lern- und Entwicklungsprozesses, in dem er sich systematisch Fachwissen zum Umgang mit verhaltensauffälligen Schüler*innen aneignet.

Festzuhalten ist, dass die wirtschaftlichen, sozialen und kulturellen Rahmenbedingungen im Einzugsbereich der Schulen der interviewten Lehrkräfte deutlich voneinander abweichen. So kommen die interviewten Lehrkräfte mit Themen wie Migration und sozialer Ungleichheit in unterschiedlicher Weise und Intensität in Berührung. Frau Akay und Frau Kamper unterrichten in Schulen, in denen Schüler*innen mit Migrationshintergrund sowie sozioökonomisch benachteiligte Schüler*innen überrepräsentiert sind. Die Schule von Herrn Jansen befindet sich in einer sozialräumlich durchmischten Lage, wobei ein hoher Anteil an Schüler*innen mit Migrationshintergrund zu verzeichnen ist. Frau Antonova hingegen arbeitet an einer Schule in privilegierter sozialräumlicher Lage mit einem geringen Anteil an Schüler*innen mit Migrationshintergrund sowie sozioökonomisch benachteiligten Schüler*innen. Die Analysen zeigen, dass mit dem sozialräumlichen Kontext der Schule aufseiten der interviewten Lehrkräfte die Herausbildung handlungsleitender Orientierungen und Klientelbilder einhergeht. So können in

der Untersuchung verschiedene Perspektiven herausgearbeitet werden, die Lehrkräfte bezüglich der Schüler*innen einnehmen: Frau Akay und Frau Kamper
entwerfen insgesamt eine auf mehreren Ebenen außergewöhnlich hilfsbedürftige Schüler*innenschaft. Beide Lehrerinnen berichten davon, dass die Kinder
sowohl im Unterricht als auch in lebenspraktischen Angelegenheiten auffallend
viel pädagogische Unterstützung benötigen. Aus Frau Akays Sicht mangelt es bei
Schüler*innen aus erschwerten Familienverhältnissen an familialer Unterstützung
und Förderung sowie häufig an körperlicher Zuneigung und emotionaler Zuwendung durch die Eltern. Darüber hinaus scheinen Rituale, Strukturen und Regeln
im Elternhaus zu fehlen. Im Zusammenhang mit Schüler*innen aus sozioökonomisch benachteiligten Familien betont Frau Kamper vor allem die finanzielle
Bedürftigkeit und Defizite in grundlegenden Lebensbereichen wie Körperpflege
und Kleidung. Im Gegensatz dazu konstruiert Frau Antonova eine besonders
schulleistungsstarke und schulbildungseifrige Schüler*innenschaft. Hierbei stellt
sie insbesondere die enorme Leistungsfähigkeit und die intrinsische Motivation
zu lernen heraus. In der kontrastiven Analyse zu Frau Akay, Frau Antonova und
Frau Kamper fällt auf, dass Herr Jansen kaum die schulischen Leistungen bzw.
die Schüler*innenschaft als Ganzes thematisiert, sondern vor allem die Fragestellung behandelt, inwiefern Herausforderungen, die mit Verhaltensauffälligkeiten in
Verbindung stehen, in der pädagogischen Arbeit zu bewältigen sind bzw. inwiefern allgemeinbildende Schulen unter derzeitigen Rahmenbedingungen auf die
Unterstützungsbedürfnisse dieser Schüler*innen eingehen (können). Aufgrund der
soziokulturell „bunt gemischt[en]" (Z. 657) Schüler*innenschaft scheint es auch
ein breites Spektrum an Schulleistungen zu geben. So beschreibt Herr Jansen,
dass er sich nicht nur für die leistungsschwächeren, sondern auch für die leistungsstärkeren Schüler*innen Zeit nimmt und diese herausfordert. Im Vergleich
dazu kommen Frau Akay und Frau Kamper während des gesamten Interviews
nicht auf leistungsstärkere Schüler*innen zu sprechen.

   Die Sichtweisen auf die Schüler*innen- und Elternschaft entfalten darüber hinaus ihre Wirkung im Hinblick auf verschiedenste Aspekte des Umgangs mit den
Schüler*innen und scheinen diesen maßgeblich zu strukturieren. Bei Frau Akay
und Frau Kamper stehen Praktiken des Ausgleichs der angenommenen sozioökonomischen Benachteiligungslage im Mittelpunkt der pädagogischen Arbeit,
beispielsweise die Einführung von Strukturen und Ritualen in der Schule sowie
die materielle Unterstützung und alltagspraktische Beratung der Eltern. Im Gegensatz zu Frau Akay und Frau Kamper berichtet Frau Anotonova, dass sie ihren
Unterricht abwechslungsreich gestaltet und kontinuierlich neue Lernanstöße gibt,
sodass die Schüler*innen ihr Potenzial optimal entfalten können. Herr Jansen
setzt sich im Sinne des (Selbst-)Anspruchs von weitestgehender Unterstützung

aller Schüler*innen aktiv für die Integration von verhaltensauffälligen Schüler*innen bzw. von vermeintlichen Problemschüler*innen ein. Bemerkenswert ist in diesem Zusammenhang, dass das Thema Lehren und Lernen bei den interviewten Lehrkräften ungleich zur Sprache kommt. Bei Frau Antonova spielen die Unterrichtsgestaltung bzw. die Gestaltung schulischer Lernprozesse eine zentrale Rolle im Interview. So beschreibt sie ausführlich ihr Anliegen, den Kindern einen möglichst anregungsreichen, interessanten und motivierenden Unterricht zu bieten. Die Schüler*innen sollen aus ihrer Sicht Spaß haben und gerne zur Schule kommen. Darüber hinaus scheint das intrinsisch motivierte Arbeiten und gelingende Lernen Frau Antonova mit Stolz und Freude zu erfüllen und eine Bestätigung für ihre pädagogische Arbeit zu sein. Im Vergleich dazu unterstreicht Herr Jansen, dass es ihm wichtig ist, allen Kindern gerecht zu werden und niemanden zu vernachlässigen. So unterstütze er nicht nur leistungsschwächere Kinder und Schüler*innen mit sonderpädagogischem Förderbedarf bzw. Verhaltensauffälligkeiten, sondern fördere darüber hinaus gezielt leistungsstärkere Schüler*innen. Im Kontext des Themas schulische Verantwortung für die Kompensation vermuteter familialer Probleme betont Herr Jansen ferner, dass auch die Behandlung von Unterrichtsinhalten nicht zu kurz kommen darf. Inwiefern Frau Akay und Frau Kamper einen interessanten, anspruchsvollen Unterricht gestalten, der für Freude und Motivation und eine optimale Entfaltung des individuellen Leistungspotenzials sorgt, bleibt hingegen offen. Die problemorientierte Sichtweise auf die Schüler*innenschaft legt nahe, dass die beiden Lehrerinnen vorrangig ihre pädagogische Arbeit an der Kompensation von scheinbarer sozioökonomischer Benachteiligung ausrichten. So beziehen sich Frau Akay und Frau Kamper vor allem auf die alltägliche Auseinandersetzung mit den vermeintlichen Defiziten ihrer Schüler*innen. Die schulische Leistungsvermittlung, die Kompetenzorientierung sowie die kognitive Aktivierung bleiben bei beiden Lehrerinnen unerwähnt bzw. scheinen die Erwartungen an die Lern- und Leistungsfähigkeit der Schüler*innen eher gering zu sein.

Ergänzend soll Erwähnung finden, dass auch bei ähnlicher Umgebungslage unterschiedliche Wahrnehmungen und Bezugnahmen auf die Schüler*innenschaft rekonstruiert werden können. So bezeichnet Frau Akay den Stadtteil, in dem sich ihre Schule befindet, als sozialen Brennpunkt und nimmt hierbei Bezug auf einen hohen Anteil an Schüler*innen mit Migrationshintergrund und Fluchterfahrung. Frau Kamper charakterisiert ihre Schule ebenfalls als Brennpunktschule, bezieht sich hierbei jedoch auf Kinder aus schulbildungsfernen Elternhäusern und sozioökonomisch benachteiligten Familien. Vor dem Hintergrund, dass soziale Ungleichheit sowie Bildungsungleichheit mehrdimensional zu betrachten sind, ist bemerkenswert, dass sich Frau Kamper im Zusammenhang einer sogenannten

Brennpunktschule nicht mit dem Themenfeld Migration auseinandersetzt. Auffallend ist zudem, dass sowohl Frau Akay als auch Frau Kamper den Begriff sozialer Brennpunkt bzw. Brennpunktschule nicht näher ausführen. Dies deutet auf den kommunikativ-generalisierenden Wissensbestand der ‚Brennpunkt'-Metapher hin.

4.1.2 Berufsbezogenes Selbstkonzept

Im beruflichen Selbstverständnis kommt zum Ausdruck, wie die befragten Lehrkräfte sich selbst, ihr Handeln und damit einhergehend die Schüler*innenschaft begreifen. Die Analysen zeigen, dass sich die befragten Lehrkräfte mit den schulspezifischen Voraussetzungen auseinandersetzen, ihnen Bedeutung zuschreiben und sich mit eigenen Erfahrungen einbringen. Hierbei verweisen die vorgenommenen Rekonstruktionen darauf, dass für das berufliche Selbstbild eigene biografische Erfahrungen wichtige, aber nicht ausschließliche Bestandteile sind, aus denen die befragten Lehrkräfte spezifische Kompetenzen für den Umgang mit der von ihnen konstruierten Klientel ableiten. So stellen Frau Akay und Frau Antonova in der pädagogischen Arbeit mit Schüler*innen mit Migrationshintergrund einen konjunktiven Erfahrungsraum zu diesen Kindern her. Hierbei verengen die beiden Lehrerinnen die scheinbar kollektiven biografischen Erfahrungen auf möglichst gleichartige Herkunftsbedingungen: bei Frau Akay anhand der Merkmale Aufwachsen im sozialen Brennpunkt und türkischer Migrationshintergrund, bei Frau Antonova anhand fehlender deutscher Sprachkenntnisse und Erfahrungen von sozialer Ausgrenzung zu Beginn der Einwanderung. Der eigene Migrationshintergrund ist bei beiden Lehrerinnen darüber hinaus nicht alleiniger Bestandteil des beruflichen Selbstkonzepts. So verweist Frau Akay dezidiert auf ihre Qualifikationen als Heilpädagogin, die sie im Vergleich zu Kolleg*innen mit mehr Handlungskompetenz im Umgang mit verhaltensauffälligen Schüler*innen ausstatten. Frau Antonova präsentiert sich selbst vor allem als ‚Wissensvermittlerin' und beschreibt eine abwechslungsreiche und kognitiv aktivierende Unterrichtsgestaltung.

Wenngleich Frau Antonova und Frau Akay hinsichtlich ihres Einwanderungskontextes deutlich voneinander abweichen – Frau Akay stammt aus einer türkeistämmigen Gastarbeiter*innen-Familie und ist in Deutschland geboren und aufgewachsen, Frau Antonova hingegen ist im Grundschulalter von Russland nach Deutschland migriert – weisen sie in ihrem beruflichen Selbstverständnis ähnliche handlungsleitende Orientierungen in Bezug auf den Umgang mit Schüler*innen und Eltern mit Migrationshintergrund auf. Aufgrund angenommener gemeinsamer lebensgeschichtlicher Erfahrungen schreiben beide Lehrerinnen sich selbst einen besonderen Zugang zu Schüler*innen mit Migrationshintergrund zu. Aus ihrer Perspektive führen die scheinbar homologen biografischen Erfahrungen zu einer besonderen Empathie und einem besonderen Vertrauensverhältnis zu diesen Schüler*innen. Darüber hinaus nehmen Frau Akay und Frau Antonova eigenhändig eine Vorbildfunktion für Kinder mit Migrationshintergrund ein. Neben diesen genannten übereinstimmenden handlungsleitenden Orientierungen bestehen aber auch Unterschiede in der Sichtweise und im Umgang mit Schüler*innen mit Migrationshintergrund. Etwa nimmt Frau Akay die migrationsbedingte Vielfalt an ihrer Schule als Potenzial für alle Schüler*innen wahr und misst ihr einen bedeutsamen Stellenwert für die pädagogische Arbeit bei. Auf gesamtschulischer Ebene scheint es Bemühungen zu geben, das schulische Wohlbefinden von Schüler*innen mit Migrationshintergrund zu steigern. Zur Konstruktion des berufsbezogenen Selbstkonzepts und damit auch zur Selbstpositionierung im schulischen Kontext nimmt sie eine eindeutige Relevanzsetzung des Migrationshintergrundes vor. Den eigenen Migrationshintergrund begreift sie als bedeutsame Differenzlinie zu Kolleg*innen ohne Migrationshintergrund. Unterschiede zwischen Lehrkräften ohne Migrationshintergrund und ihr bestehen aus ihrer Sicht bezüglich der besonderen Empathie für Schüler*innen mit Migrationshintergrund sowie der vertrauensvollen Beziehung zu Schüler*innen und Eltern mit Migrationshintergrund. Frau Antonova hingegen ist bemüht und fokussiert, durch eine strukturierte Deutschsprachförderung die schulischen Chancen einer neu eingewanderten Schülerin zu erhöhen. Ihr Engagement für die polnische Schülerin beruht auf Eigeninitiative. Die fehlende kollegiale Unterstützung nimmt sie vor dem Hintergrund von wenig Berufserfahrung als Belastung wahr. Zudem fällt in der kontrastiven Analyse auf, dass die Relevanzsetzung des eigenen Migrationshintergrundes zur Konstruktion des beruflichen Selbstkonzepts und damit auch zur Positionierung innerhalb der Schule bzw. des Kollegiums durch Ambivalenz gekennzeichnet ist und je nach spezifischer Situation unterschiedlich von Frau Antonova aufgelöst wird. Zwar benennt sie ebenfalls Vorteile in der Zusammenarbeit mit Eltern mit Migrationshintergrund und schreibt sich selbst besondere Empathie und eine Vorbildfunktion für Kinder aus Einwandererfamilien zu, der Migrationshintergrund tritt hierbei aber nicht wie bei Frau Akay als bedeutsame Differenzlinie zu Kolleg*innen ohne Migrationshintergrund hervor. Darüber hinaus erscheint das ‚Preisgeben' der eigenen Migrationserfahrung eine strategische Entscheidung: Um Vertrauen zu schaffen setzt Frau Antonova in Elterngesprächen gezielt die Information ein, selbst einen Migrationshintergrund zu haben.

Frau Kamper nimmt in der Darstellung ihrer pädagogischen Arbeit hauptsächlich Bezug auf sozioökonomisch benachteiligte Schüler*innen. Hierbei schreibt sie sich selbst eine besondere Empathiefähigkeit für Familien, „die Probleme

haben sich nicht so gut kümmern können" (Z. 1398) sowie ein „Gespür"
(Z. 1399) für den Umgang mit diesen Kindern und Eltern zu. Ihr eigener,
nicht geradlinig verlaufender schulischer Werdegang führt aus ihrer Sicht des
Weiteren zu mehr Verständnis dafür, dass Lernbiografien dieser Kinder nicht
immer positiv verlaufen, sondern von Brüchen gekennzeichnet sein können. Überdies hebt Frau Kamper eine im Vergleich zu Kolleg*innen außergewöhnlich
offene, vertrauensvolle Beziehung zu Kindern und Eltern in von ihr wahrgenommen problematischen Lebenslagen hervor. In der Gesamtschau weisen die
unternommenen Analysen zu Frau Kampers beruflichem Selbstkonzept ähnliche
Orientierungsmuster auf, die auch bei Frau Akay und Frau Antonova in Bezug auf
Schüler*innen mit Migrationshintergrund rekonstruiert werden können. So führen
vermeintlich homologe lebensgeschichtliche Erfahrungen zu einem besonderen
Zugang zu Schüler*innen, die sie als ähnlich zu sich selbst zu erkennen glaubt.
Die konjunktiven Erfahrungen bestehen in diesem Fall aus schulischen Krisen
und benachteiligten Lebensverhältnissen. Eine weitere Gemeinsamkeit mit Frau
Akay ist, dass Frau Kamper die Rolle als Vertraute als Alleinstellungsmerkmal
im Kollegium markiert und sowohl bedürftige Schüler*innen als auch Eltern auf
sie zukommen und ihren Rat suchen.

Herr Jansen bezieht sich im Interview maßgeblich auf das Thema Umgang
mit verhaltensauffälligen Schüler*innen. Hierbei bewegen sich die Bezugnahmen an der Schnittstelle zu der Differenzlinie sonderpädagogischer Förderbedarf.
Den Umgang mit verhaltensauffälligen Schüler*innen markiert er als einen Lern-
und Entwicklungsprozess, in dem sich Lehrkräfte systematisch diagnostische
Kompetenzen und Fachwissen zu Ursachen und Symptomen von Verhaltensauffälligkeiten aneignen müssen. Empathie stellt aus seiner Sicht hierbei die
Schlüsselkompetenzen für die pädagogische Arbeit dar. Darüber hinaus gestaltet
Herr Jansen aktiv die Zusammenarbeit mit externen Fachkräften und Institutio-
nen sowie schulintern mit der Schulleitung, Kolleg*innen, sonderpädagogischen
Lehrkräften sowie Eltern. Im Gegensatz zu Frau Akay, Frau Antonova und Frau
Kamper gibt es keinen Hinweis darauf, dass das Engagement von Herrn Jansen
seinen Ursprung in homologen biografischen Erfahrungen hat. So ist beispielsweise die Perspektivenübernahme der Kinder nicht auf einen emotionalen Prozess,
d. h. auf das vermeintliche Selbsterleben der Emotionen der Kinder wie bei
Frau Akay, Frau Antonova und Frau Kamper beschränkt, sondern wird mit einer
professionellen Haltung begründet.

Gemeinsam ist allen vier Fällen, dass die befragten Lehrkräfte gezielt ver-
suchen, eine gute Beziehung zu den Schüler*innen herzustellen, die sich durch
Empathie, Nähe und Vertrauen auszeichnet. Im Hinblick auf Schüler*innen mit
Migrationshintergrund gelingt dies aus der Perspektive von Frau Akay und

Frau Antonova aufgrund unterstellter gemeinsamer biografischer Erfahrungen von selbst: Qua ihrer eigenen Einwanderungsgeschichte verfügen sie über einen besonderen Zugang zu Schüler*innen und Eltern mit Migrationshintergrund und können infolgedessen eine vertrauensvolle Beziehung aufbauen. Darüber hinaus kann eine förder- und ressourcenorientierte Haltung der beiden interviewten Lehrerinnen hinsichtlich Schüler*innen mit Migrationshintergrund herausgearbeitet werden. Frau Akay und Frau Antonova bemühen sich überdies, das schulische Wohlbefinden dieser Schüler*innen zu steigern, indem sie die sprachliche Vielfalt anerkennen und wertschätzen. Eine ähnliche Orientierung zeichnet sich bei Frau Kamper im Hinblick auf Schüler*innen in scheinbar schwierigen Lebenslagen ab: Auf Basis einer konstatierten gemeinsamen Problembetroffenheit und angenommener ähnlicher biografischer Erfahrungen kann sie eine vertrauensvolle Lehrer*innen-Schüler*innen-Beziehung aufbauen und die speziellen Problemlagen sensibler deuten und bearbeiten. Frau Kamper misst dem Wohlergehen der Kinder einen großen Stellenwert bei und übernimmt Verantwortung dafür, dass es den Kindern im Klassenverband gut geht und dass von dieser Seite her günstige Voraussetzungen geschaffen werden, damit erfolgreich gelernt werden kann. Die Kinder werden von ihr nicht nur in der Rolle als Schüler*innen wahrgenommen, sondern die familialen Probleme und damit verbundene schulische Krisen rücken ebenfalls in den Blick. Herr Jansen scheint generell dafür zu sorgen, dass in der Klasse ein angemessenes Arbeitsklima herrscht, dass Konflikte für alle Beteiligten zufriedenstellend gelöst werden und die Kinder möglichst effizient lernen können. So hebt er insbesondere hervor, dass es ihm gelungen ist, sogenannte Problemschüler*innen wie das scheinbar psychisch kranke Mädchen und den Jungen mit ADHS in den Klassenverbund zu integrieren.

4.1.3 Auseinandersetzung mit Spannungsfeldern der pädagogischen Arbeit

Die befragten Lehrkräfte setzten sich in den Interviews mit divergierenden Handlungsanforderungen auf unterschiedlichen Ebenen auseinander, die sie als bedeutsam erachten und die nicht zugleich oder nicht in gleicher Intensität realisiert werden können. Der Umgang mit gegensätzlichen Handlungsanforderungen erfolgt hierbei von Lehrkraft zu Lehrkraft unterschiedlich. So thematisiert Frau Akay im Kontext der Darstellung, dass Kinder aus erschwerten Familienverhältnissen ein gesteigertes Bedürfnis nach Aufmerksamkeit und Zuneigung aufweisen, die Relevanz von der Herstellung einer Balance von Nähe und Distanz in Lehrenden-Lernenden-Beziehungen. Aus ihrer Sicht ist es wichtig, professionelle Distanz und Grenzen in der Gestaltung der Lehrer*innen-Schüler*innen-Beziehungen zu wahren.

Frau Antonova hingegen problematisiert im Zusammenhang mit dem besonderen Verständnis für die herausfordernde Situation neu eingewanderter Kinder, wie die unzureichende schulische Deutschsprachförderung und die mangelnde Zusammenarbeit bzw. Unterstützung im Kollegium ein Bildungsrisiko für ein kürzlich eingewandertes polnisches Mädchen darstellt. Vor dem Hintergrund eines eigenverantwortlichen Umgangs mit beruflichen Anforderungen und individuellen Ressourcen im Zuge des Berufseintritts steht auf der einen Seite die Bereitschaft von Frau Antonova, das Mädchen in ihren deutschsprachlichen Kompetenzen zu fördern, und auf der anderen Seite die wahrgenommene eingeschränkte Möglichkeit, den Anspruch auch umzusetzen. In dieser konkreten Situation setzt Frau Antonova die Priorität auf die Leitung ihrer eigenen Klasse als neue berufliche Anforderung und übergibt die Deutschförderstunde wieder an die zuständige Klassenleitung, die aus ihrer Sicht das Mädchen nicht angemessen unterstützt.

Im Kontext des Themas Umgang mit und Zuständigkeit für Kinder in problematischen Lebenslagen unterscheidet Frau Kamper zwischen ‚ignoranten‘ und ‚aufopferungsvollen‘ Lehrkräften, wobei sie sich offenkundig zu den ‚aufopferungsvollen‘ Lehrkräften zählt. Problematisch sind aus ihrer Sicht fehlende formale Richtlinien für die Förderung bedürftiger Schüler*innen, insbesondere das Fehlen von festgelegten Grenzen des schulischen Erziehungsauftrages. So besteht aus ihrer Perspektive die Möglichkeit, dass sich ‚ignorante‘ Lehrkräfte entziehen (können) und sich allein die ‚aufopferungsvollen‘ Lehrkräfte mit den Spannungsfeldern und Unsicherheiten von Handlungsberechtigung, -bedarf und -druck auseinandersetzen und die Verantwortung für diese Kinder übernehmen.

Im Gegensatz zu Frau Akay, bei der es um ein Spannungsfeld auf Mikroebene geht, die widersprüchlichen Handlungsanforderungen also unmittelbar Interaktionen zwischen Lehrkräften und Schüler*innen betreffen, geht es bei Frau Antonova und Frau Kamper eher um Spannungsfelder auf Mesoebene, das heißt um die formelle Organisation der Schule, die auch Aufgaben-, Funktions- und Verantwortungsbereiche von Lehrkräften umfasst. Herr Jansen beschäftigt sich im Rahmen des Spannungsfelds von sonderpädagogischer Förderung und inklusiver Bildung auf einer Makroebene mit den scheinbar widersprüchlichen Handlungsanforderungen. So skizziert Herr Jansen am Beispiel eines vermutlich autistischen Schülers, dass inklusiver Unterricht unter derzeitigen Rahmenbedingungen an allgemeinbildenden Schulen keine angemessene Förderung für alle Kinder ermöglicht und vielmehr zu Diskriminierung führt. Ein zentraler Kritikpunkt bezieht sich auf den bürokratischen Entscheidungsprozess über den sonderpädagogischen Förderbedarf sowie auf die bildungspolitischen Vorgaben der Umsetzung.

4.1.4 Positionierung innerhalb der Schule bzw. im Kollegium

Tendenziell scheint das berufliche Selbstkonzept in den Darstellungen der interviewten Lehrkräfte passgenau zu den wahrgenommenen schulspezifischen Anforderungen und Voraussetzungen. Besonders deutlich wird dies im Fall von Frau Akay und Frau Kamper, die die eigenen Stärken und Ressourcen im Umgang mit der für die jeweilige Schule ‚charakteristischen' Schüler*innenschaft betonen. Frau Akay zufolge sind Schüler*innen mit Migrationshintergrund und Fluchterfahrung an der Schule überrepräsentiert, darüber hinaus weisen aus ihrer Sicht „die meisten Kinder" (Z. 1270) Auffälligkeiten im emotionalen und sozialen Bereich auf. Aufgrund ihres eigenen Migrationshintergrundes und Aufwachsens im sozialen Brennpunkt sowie infolge des Fach- und Methodenwissens in der Heilpädagogik und der mehrjährigen Berufserfahrung in der Kinder- und Jugendpsychiatrie schreibt sich Frau Akay besondere Handlungskompetenzen im Umgang mit den besonderen Bedürfnissen dieser Schüler*innen zu. Eine ähnliche Orientierung zeigt sich bei Frau Kamper: Ihrer Einschätzung nach sind überdurchschnittlich viele Kinder aus „bildungsfernen Elternhäusern sozial schwachen Familien" (Z. 142 f.) an ihrer Schule vertreten. Begründet durch ihre eigenen erschwerten Aufwachsensbedingungen fühlt sich Frau Kamper verbunden mit Kindern in scheinbar problematischen Lebenslagen und beteuert, besonders empathisch mit ihnen umgehen zu können.

Die Analysen verweisen darüber hinaus auf sehr unterschiedliche Einschätzungen im Kollegium, welche Schüler*innen als ‚Problemfall' bzw. als auffällig gelten. Die Kategorisierungsprozesse und Zuordnungspraktiken können hierbei als Machtkämpfe im schulischen Feld interpretiert werden. So bestehen zwischen Frau Kamper und ihrer Kollegin im Kontext der vermeintlich ungepflegten Schülerin erhebliche Meinungsunterschiede darüber, ob das äußere Erscheinungsbild der Schülerin „nicht so schlimm" (Z. 335 f.) oder „wirklich verwahrlost" (Z. 339) ist. Die Formulierung der Kollegin, die Schülerin sei ‚wirklich verwahrlost' gleicht hierbei einer Tatsachenbehauptung, wohingegen Frau Kampers Wortwahl ‚nicht so schlimm' Raum für einen argumentativen Austausch lässt. Die Kollegin scheint konkrete Vorstellungen von Normen und Normabweichungen in schulischen Zusammenhängen zu haben und setzt ihre Normalitätsvorstellungen im Folgenden als Maßstab für die pädagogische Arbeit, indem sie Frau Kamper auffordert, den vermeintlichen Missstand zu bearbeiten („da musst du der Mutter mal Bescheid sagen", Z. 341 f.). Ein Aushandlungsprozess zwischen den beiden Lehrerinnen über die Definition von Verwahrlosung und über das weitere Vorgehen findet anscheinend nicht statt bzw. thematisiert Frau Kamper nicht. Durch das bestimmte Auftreten und die klare Vorgabe stellt die Kollegin eine Asymmetrie zwischen sich und Frau Kamper her. Damit weist die Kollegin Frau Kamper eine unterlegene Position zu. Die Auseinandersetzungen im Zusammenhang mit der scheinbar psychisch kranken Schülerin deuten ebenfalls auf einen schulischen Machtkampf hin. So setzt sich Herr Jansen trotz der Forderung des Schulverweises seitens der Elternschaft sehr deutlich für den Verbleib der Schülerin ein und bezieht überdies Stellung gegenüber der Schulleitung. Den Konflikt löst Herr Jansen strategisch auf, indem er die Elternvertretung überzeugt, gegen die Ausgrenzung der Schülerin zu stimmen, ohne hierbei sein eigenes Wahlverhalten offen zu legen. Die Darstellungen verweisen insgesamt auf eine selbstbewusste Platzierung innerhalb des Kollegiums. Sein zielgerichtetes und selbstbestimmtes Handeln trägt zu der Konstruktion eines gleichwertigen Verhältnisses zu seinen berufserfahrenen Kolleg*innen und dem Vorgesetzten bei.

Des Weiteren ist der Eintritt in den Lehrberuf mit großen Herausforderungen verbunden. Beispielsweise kann eine große Belastung dadurch entstehen, dass es keine klaren Standards für die pädagogische Arbeit gibt, an denen sich die berufseinsteigenden Lehrkräfte orientieren können. Bei Frau Kamper führt der fehlende Referenzrahmen für den Umgang mit hilfsbedürftigen Schüler*innen und der unklare Erziehungsauftrag aus ihrer Sicht dazu, dass sich ‚ignorante‘ Lehrkräfte entziehen (können) und sich allein die ‚aufopferungsvollen‘ Lehrkräfte mit der Unsicherheit von Handlungsberechtigung, -bedarf und -druck auseinandersetzen und die Verantwortung für diese Kinder übernehmen. Es deutet sich bereits an, dass Frau Kamper als ‚aufopferungsvolle‘ Lehrerin unzufrieden mit der Situation und auf der Suche nach Orientierung ist. Am Beispiel der kürzlich eingewanderten polnischen Schülerin zeigt sich, dass Frau Antonova vor dem Hintergrund geringer Berufserfahrung und der neuen beruflichen Anforderungen wie die eigenständige Klassenführung die Deutschförderstunde für die Schülerin als Überlastung wahrnimmt. Infolgedessen reduziert Frau Antonova ihren pädagogischen Anspruch, eine qualitativ hochwertige Deutschförderstunde anzubieten und übergibt die Deutschförderstunde entgegen ihrer Vorstellung von optimaler Unterstützung neu eingewanderter Schüler*innen wieder der Klassenleitung.

In diesem Zusammenhang ist auf die Rolle der Zusammenarbeit mit den Kolleg*innen für die Förderung sozial benachteiligter bzw. bislang im Bildungssystem ausgegrenzter Schüler*innen hinzuweisen. So berichten Frau Kamper und Frau Antonova beide mehr oder weniger enttäuscht von einem Mangel an Kooperation und Unterstützung seitens der Kolleg*innen. Das pädagogische Handeln beider Lehrerinnen scheint vor allem von persönlichem Engagement und

Eigeninitiative gekennzeichnet und weniger in teamorientierten Maßnahmen eingebunden zu sein. Dadurch besteht die Gefahr, dass mit der Zeit gegebenenfalls das Engagement für die Unterstützung der Kinder abnimmt.

4.1.5 Zuschreibung von Verantwortung für Bildungschancen

Im Allgemeinen nehmen die interviewten Lehrkräfte wahr, dass Chancengleichheit im Bildungssystem nur eingeschränkt gegeben ist. Die Ursachen für die geringeren Bildungschancen einiger Schüler*innen verorten die befragten Lehrkräfte tendenziell in der Familie. Eltern spielen aus Sicht der befragten Lehrkräfte eine entscheidende Rolle für den erfolgreichen Verlauf der Bildungsbiografie der Kinder. So ist Frau Akay der Meinung, dass sich ‚letztendlich zu Hause das Meiste dreht' (vgl. Z. 1536). Ihr zufolge werden in der Familie die Grundstrukturen der Erziehung gelegt, die sie auch als „starkes Fundament" (Z. 1534) bezeichnet. An diese grundlegenden sozialisatorischen Voraussetzungen könne die Schule anknüpfen und auf ihnen aufbauen. Bei vielen Schüler*innen denkt sie, „wenn die aus anderen familiären Verhältnissen kämen hätten die viel mehr Chancen" (Z. 1542 f.). Den maximal zu erreichenden Schulabschluss stellt aus ihrer Sicht die Fachhochschulreife dar – und auch das nur für einige wenige Schüler*innen. Das Erlangen der allgemeinen Hochschulreife hält sie für ihre Schüler*innenklientel für nahezu ausgeschlossen. Für die meisten Schüler*innen scheint das Äußerste, was sie erreichen können, überhaupt ein Schulabschluss und eine anschließende Ausbildung zu sein. Im Zusammenhang von Schüler*innen aus erschwerten Familienverhältnissen problematisiert Frau Akay darüber hinaus die unzureichende schulbildungsbezogene Unterstützung und Förderung durch die Eltern sowie das Fehlen von Regeln und Tagesstrukturen in der Familie. Eine ähnliche Orientierung kann bei Frau Kamper hinsichtlich Schüler*innen aus „bildungsfernen Elternhäusern sozial schwachen Familien" (Z. 142 f.) herausgearbeitet werden. Ebenso wie Frau Akay stellt Frau Kamper die starke Bedürftigkeit der Schüler*innen „in allen möglichen Lebensbereichen" (Z. 143) heraus. Ihrer Ansicht nach besteht nicht nur in finanzieller Hinsicht Unterstützungsbedarf, sondern die Hilfsbedürftigkeit bezieht sich auch auf grundlegende Lebensbereiche wie Körperpflege und Kleidung. Bessere Chancen für diese Kinder versprechen sich Frau Akay und Frau Kamper vor allem durch die kostenfreie Bereitstellung von Unterrichtsmaterialien, die Einführung von Strukturen, Ritualen und Regeln in der Schule sowie die alltagspraktische Beratung der Eltern. An späterer Stelle im Interview erläutert Frau Kamper ferner, dass „bestimmte Lebensumstände" (Z. 1401) dazu führen können, dass Schüler*innen Auffälligkeiten und schulische

Krisen aufweisen, die sich wiederum auf die Bildungserfolgsaussichten auswirken. Ähnlich argumentiert Herr Jansen im Kontext des an ADHS erkrankten Schülers, der aufgrund dramatischer Lebensereignisse (Trennung der Eltern mit anschließendem Tötungsversuch durch die Mutter) schulische Einbrüche erlitt. Aus seiner Sicht sei der Schüler „vielleicht mal ein Problemkind" (Z. 882 ff.) gewesen, mittlerweile aber nicht mehr, denn die Familienverhältnisse haben sich wieder stabilisiert und dem Schüler gehe „es so ganz gut" (Z. 881 f.). Weiterhin betont Frau Antonova in Bezug auf Schüler*innen mit Migrationshintergrund über das gesamte Interviewmaterial hinweg die Bedeutsamkeit der Integrationsbemühungen eingewanderter Eltern für die Bildungschancen der Schüler*innen. Aus ihrer Perspektive können die Eltern „Berge versetzen" (Z. 296) und seien der „Schlüssel zum Ganzen" (Z. 301 f.).

Grundsätzlich besteht die Gemeinsamkeit der Fälle darin, dass aus der Perspektive der Lehrkräfte die sozioökonomische Benachteiligungslage der Familien bzw. schwierige familiale Verhältnisse einen negativen Einfluss auf den schulischen Alltag, das Schulleistungsniveau und den Bildungsverlauf der Kinder haben. Insgesamt können die Darstellungen der befragten Lehrkräfte auch als diskursive Entlastungsstrategie für schulische Misserfolge gedeutet werden. So dienen die negativen Stereotype über die Erziehungsfähigkeit der Eltern beziehungsweise die Relevanzsetzung des elterlichen Engagements in dieser Perspektive als externale Kausalattribuierung für eine ungleiche Chancenverteilung, die durch pädagogische Arbeit nur begrenzt ausgeglichen werden kann.

Die Analysen zeigen darüber hinaus, dass die Lehrkräfte auch institutionelle Rahmenbedingungen als ursächlich für ungleiche Bildungschancen ansehen. Etwa illustriert Herr Jansen am Beispiel eines offensichtlich autistischen Schülers, dass unter den derzeitigen Voraussetzungen an allgemeinbildenden Schulen das gemeinsame Lernen aller Kinder „nichts mehr mit Chancengleichheit zu tun" (Z. 1658 f.) habe, sondern zu Diskriminierung führe. In diesem speziellen Fall sei der Schüler besser an einer Förderschule aufgehoben. Geeignete Fördermöglichkeiten stellen in dieser Perspektive kleinere Klassen bei gleichzeitig mehr (speziell ausgebildetem) Lehrpersonal dar. Bezüglich der Strukturen und Möglichkeiten an allgemeinbildenden Schulen scheint Herr Jansen die offizielle Feststellung des sonderpädagogischen Förderbedarfs im Hinblick auf die Bildungschancen der Schüler*innen zu befürworten, da dadurch die Rechtsgrundlagen für eine individuelle, an den spezifischen Bedürfnissen ausgerichtete Förderung geschaffen ist. Dass es sich bei der Feststellung des sonderpädagogischen Förderbedarfs oftmals um einen Verwaltungsakt handelt, bei dem rechtliche Vorgaben über dem Einzelfall stehen, kritisiert Herr Jansen. Unter diese Perspektive lässt sich ebenfalls Frau Kampers Einschätzung fassen, dass aufgrund der enormen Hilfsbedürftigkeit der Schüler*innen in unterschiedlichen Lebensbereichen mehr personelle Unterstützung in den Bereichen Schulsozialarbeit und sonderpädagogische Förderung notwendig sei. Ausreichend Personalressourcen in verschiedenen pädagogischen Handlungsfeldern stellen aus ihrer Sicht Möglichkeiten dar, um der sozialen Benachteiligungslage der Schüler*innen entgegenzuwirken. In dem thematischen Zusammenhang von Aufgaben-, Funktions- und Verantwortungsbereichen der Lehrkräfte ist Frau Antonovas Kritik an der unzureichenden Deutschförderung der neu eingewanderten polnischen Schülerin durch die zuständige Klassenleitung einzuordnen, die die schulischen Erfolgschancen des Mädchens verringere. In Übereinstimmung mit Frau Akay stellt eine strukturierte Deutschförderung eine geeignete Möglichkeit dar, Schüler*innen mit geringen oder keinen Deutschkenntnissen institutionell zu unterstützen und schulische Integration zu erleichtern.

Die Vorstellungen der befragten Lehrkräfte darüber, wie sie selbst einen Beitrag zur Bearbeitung von Bildungsungleichheit leisten können und sozial benachteiligte und bisher im Bildungssystem ausgegrenzte Schüler*innen am besten fördern können, scheinen im Grundsatz ähnlich zu sein. Wie bereits im Kontext des beruflichen Selbstverständnisses erläutert, sind die interviewten Lehrkräfte bemüht, atmosphärische Voraussetzungen in der Klasse zu schaffen, die dafür sorgen, dass sich die Schüler*innen wohl und aufgehoben fühlen und optimal lernen können. Dazu gehört vor allem die Gestaltung eines vertrauensvollen Verhältnisses zu den Schüler*innen, wobei jede Lehrperson eine eigene Art und Weise hat, auf die Schüler*innen zuzugehen. Etwa besprechen Frau Akay und Frau Antonova bewusst ihre eigene Einwanderungsgeschichte mit den Schüler*innen mit Migrationshintergrund und signalisieren ihnen dadurch, dass sie nahe an ihrer Lebenswelt sind und das scheinbar gleichen Erfahrungen teilen. Dadurch können sie die eigene Vorbildrolle authentisch gestalten. Ähnlich hierzu unterstreicht Frau Kamper ihr Bemühen, sich Kindern aus vermeintlich problematischen Familienverhältnissen auch von einer sehr privaten Seite zu zeigen und ihnen aufgrund ihrer eigenen Biografie viel Verständnis für familiale Probleme entgegenzubringen. Herr Jansen hingegen versucht den Kindern bewusst zu zeigen, dass er deren Perspektiven nachvollziehen kann. Zu den Sozialkompetenzen von Lehrkräften zählt aus seiner Sicht die Fähigkeit, sich „in die Lage des Gegenübers hineinzuversetzen" (Z. 1958 f.). Seine berufliche Leitlinie ist, „die Welt mit Kinderaugen sehen" (Z. 1958). Dazu gehört für ihn, die Ursachen für auffälliges Verhalten zu ermitteln, wie er am Beispiel einer hörgeschädigten Schülerin illustriert. Prinzipiell wird über das gesamte Interviewmaterial deutlich, dass sich Frau Akay, Frau Antonova und Frau Kamper in besonderem Maße für die Schüler*innen verantwortlich fühlen, denen sie ähnliche biografische Erfahrungshintergründe zuschreiben, und entsprechend förderorientiert handeln.

Im Gegensatz dazu kann bei Herrn Jansen die besondere Selbstverpflichtung für verhaltensauffällige Schüler*innnen rekonstruiert werden. Die Verantwortungs-übernahme für gerade diese Schüler*innen stützt sich aber im Gegensatz zu Frau Akay, Frau Antonova und Frau Kamper nicht auf eine vermeintlich homologe Lebensgeschichte, sondern steht im Zusammenhang mit einer lernenden Schule und der Gestaltung der eigenen beruflichen Rolle.

4.1.6 Gefahren und Fallstricke der handlungsleitenden Orientierungen

In den Fallbeschreibungen von Frau Akay, Frau Antonova und Frau Kamper wurde bereits die Konstruktion eines konjunktiven Erfahrungsraumes kritisch beleuchtet. So führen die beiden Lehrerinnen mit Migrationshintergrund einen besonderen Zugang und eine große Nähe zu Schüler*innen mit Migrationshin-tergrund auf gemeinsame (Differenz-)Erfahrungen im Zuge der Migration bzw. auf die Zugehörigkeit zur selben national-ethnischen Gruppe sowie auf gleiche Sozialisationsbedingungen zurück. Entsprechende Sinn- und Bedeutungszuschrei-bungen, die in einem angenommenen konjunktiven Erfahrungsraum begründet sind, können auch bei Frau Kamper rekonstruiert werden. Sie stellt die beson-dere Vertrauensbasis zu sozial benachteiligten Schüler*innen über vermeintlich ähnliche schulbildungsbiografische Erfahrungen und einem gleichartigen familia-len Hintergrund her. Mit der Vorstellung eines konjunktiven Erfahrungsraumes geht jedoch die Gefahr einher, dass die eigenen biografischen Erfahrungen unre-flektiert auf die Schüler*innen übertragen werden und damit die Besonderheit des Falles aus dem Blick gerät. Dies kann zur Folge haben, dass auf die Bedürf-nisse der Schüler*innen abgestimmte Handlungsperspektiven nicht entworfen werden. Ein weiteres Risiko besteht darin, dass die Lehrkräfte möglicherweise nur die benachteiligten und bisher im Bildungssystem ausgegrenzten Schüler*innen bevorzugen, mit denen sie sich über vermeintlich ähnliche lebensgeschichtliche Erfahrungen verbunden fühlen. Eine solche ‚biografische Befangenheit' zeich-net sich bereits bei den befragten Lehrerinnen ab. Etwa fühlt sich Frau Akay insbesondere mit Schüler*innen verbunden, die eine ähnliche national-ethnische Zugehörigkeit aufweisen. Zu Schüler*innen mit Fluchterfahrung scheint sie bei-spielsweise in keiner weiteren Beziehung zu stehen. Zumindest thematisiert sie bis auf die fehlenden deutschen Sprachkenntnisse zu Beginn des Schuleintritts keine anderen mit der Flucht in Verbindung stehenden Herausforderungen wie z. B. psychische Belastungen und Traumatisierungen. Damit vergleichbar ist Frau Antonovas Sichtweise auf das neu eingewanderte polnische Mädchen. So bleibt die unterstellte Gemeinsamkeit auf die Fremdheitserfahrung im Zuge der Migration beschränkt, ungleiche familiale Ressourcen und Sozialisationsbedingungen zwischen ihr und der Schülerin sowie verschiedene Ausgangslagen in divergierenden Heimatländern lässt sie außer Acht. Darüber hinaus ist bedeutsam, dass sie zu den Kindern eine Affinität aufweist, die ähnlich leistungsorientiert sind wie sie selbst. Im Fall von Frau Kamper scheint der Fokus der pädagogischen Arbeit ebenfalls auf Schüler*innen zu liegen, die der eigenen Herkunft besonders ähnlich erscheinen. So beruht die habituelle Übereinstimmung auf scheinbar homologen Erfahrungen von Vernachlässigung durch die Eltern, restriktiven Lebensumständen und schulischen Brüchen. An der Unterstützung und Förderung von beispielsweise Schüler*innen mit Migrationshintergrund und Schüler*innen mit sonderpädagogischem Förderbedarf scheint sie hingegen unbeteiligt zu sein.

Die pädagogische Arbeit der drei Lehrerinnen scheint damit insgesamt besonders für die Schüler*innenklientel förderlich, die mehr Übereinstimmung mit den jeweiligen eigenen biografischen Erfahrungen und Haltungen aufweisen. Im Gegensatz zu den drei Lehrerinnen können bei Herrn Jansen keine konstatierten gemeinsamen lebensgeschichtlichen Erfahrungen zu Schüler*innen rekonstruiert werden. Jedoch steht auch bei ihm eine ganz bestimmte Schüler*innenklientel im Mittelpunkt seiner Ausführungen: Schüler*innen mit Verhaltensauffälligkeiten bzw. Schüler*innen mit sonderpädagogischem Förderbedarf. Der Bezug zu Schüler*innen, die bislang ebenfalls im Bildungssystem benachteiligt und ausgegrenzt werden, wie zum Beispiel Schüler*innen mit Migrationshintergrund, scheint zu fehlen, jedenfalls geht er im Interview auf diese Schüler*innengruppe nicht ein.

Neben diesen spezifischen ‚Blindstellen' kann darüber hinaus eine defizitorientierte Sichtweise auf den familialen Hintergrund bislang im Bildungssystem benachteiligter und ausgegrenzter Schüler*innen festgestellt werden. Frau Akay und Frau Kamper zufolge scheint vor allem ein niedriger sozio-ökonomischer Status ein Hindernis für gelingende Sozialisations- und (Schul-)Bildungsprozesse darzustellen. Etwa problematisieren die beiden Lehrerinnen, dass die große Bedürftigkeit in mehreren Lebensbereichen sowie der Mangel an angemessener elterlicher Unterstützung bei Schulangelegenheiten die pädagogische Arbeit erschwert und zu ungleichen Bildungschancen führt. Die defizitorientierte Perspektive kann hierbei den vielfältigen Bemühungen der befragten Lehrkräfte, den Bildungserfolg der Schüler*innen zu unterstützen, im Wege stehen. So zeichnen sich bei Frau Akay und Frau Kamper geringe Erwartungen an die Lernfähigkeit der Schüler*innen ab, die sich auch in einer entsprechenden Unterrichtsgestaltung mit einem eher (zu) geringen Anforderungsniveau niederschlagen (können). Aus diesem Blickwinkel besteht die Gefahr, dass Frau Akay und Frau Kamper primäre Herkunftseffekte verstärken. Vor dem Hintergrund, dass die Eltern als maßgebender Faktor für den erfolgreichen Verlauf der Bildungsbiografie der Kinder angesehen werden, erscheinen die Defizitzuschreibungen an die elterliche Bildung- und Erziehungsfähigkeit und die negativen Stereotype über den sozio-ökonomischen Status besonders brisant, da sie ein Hindernis für eine gelingende Zusammenarbeit zwischen Eltern und Lehrkräften bzw. Schule darstellen können. So lässt die von Frau Kamper geschilderte Auseinandersetzung mit einer Mutter darauf schließen, dass Frau Kampers wohlgemeinte Ratschläge bezüglich angemessener Kleidung seitens der Mutter als Bevormundung und Übergriff verstanden werden. Die problembezogene Kommunikation kann zur Folge haben, dass sich die Kooperation zwischen der Mutter und Frau Kamper perspektivisch schwierig gestaltet. In diesem Kontext ist auch auf die negativen Wertungen von Schüler*innen und Eltern und die Grenzziehung zwischen Lehrkräften und Eltern im Fall von Herrn Jansen hinzuweisen. Gleichwohl er eine möglichst konfliktfreie Zusammenarbeit mit den Eltern im Interesse einer optimalen Entwicklung der Kinder anstrebt, ist fraglich, inwiefern die Kommunikation mit den Eltern durch Respekt und Wertschätzung seinerseits gekennzeichnet ist. Generell scheinen die Eltern in keinem ebenbürtigen Verhältnis zu den befragten Lehrkräften zu stehen bzw. es scheint keine Kommunikation auf Augenhöhe stattzufinden. Naheliegend ist, dass Eltern sich infolgedessen von der Schule distanzieren.

4.2   Milieuspezifische Differenzierungen

Ähnlich wie in Kapitel 3 soll im Folgenden dem Einzelfall Rechnung getragen werden, sodass für jede der vier Lehrpersonen die milieuspezifischen Erfahrungshintergründe, die den handlungsleitenden Orientierungen zugrunde liegen, analysiert werden. So thematisieren die befragten Lehrkräfte zum Teil selbst während des Interviews die eigene Sozialisations- und Lebensgeschichte und schreiben ihr unterschiedliche Bedeutung für die pädagogische Arbeit zu. Zum Teil wurden die Lehrkräfte auch durch die Interviewerin zur Auseinandersetzung mit der Frage nach dem Einfluss biografischer Erfahrungen auf das berufliche Handeln angeregt. Da die Wahrnehmungs-, Denk- und Handlungsschemata vorreflexiv und den Lehrkräften in der Regel nicht bewusst zugänglich sind, konnten sie aus den Erzählungen und Beschreibungen nur indirekt erschlossen werden. Das heißt, die explizit genannten lebensgeschichtlichen Erfahrungen, die die befragten Lehrkräfte als bedeutsam für die pädagogische Arbeit markieren, geben zwar Aufschluss über den Erfahrungsraum der handlungsleitenden Orientierungen, nicht aber über die Entstehungsgeschichte der herausgearbeiteten

Orientierungsrahmen. Für die Analyse der Milieuspezifität der handlungsleitenden Orientierungen werden im Zuge dieses Interpretationsschrittes nicht nur die bereits dargestellten Passagen, sondern das gesamte Interview mit einbezogen, um soziale Zusammenhänge zwischen unterschiedlichen Orientierungsrahmen systematisch herausarbeiten zu können. Zur Schärfung der Analyse des Einzelfalls von Frau Akay und Frau Antonova wird in diesem Kapitel auf die bereits vorgestellte Milieustudie „Migration – Teilhabe – Milieus" von (Geiling, Gardemin, Meise, & König, 2011) Bezug genommen. Die milieuspezifische Differenzierung von Frau Kamper und Herrn Jansen erfolgt hingegen auf Grundlage des Milieukonzepts von Vester, von Oertzen, Geiling, Hermann und Müller (2001).

4.2.1 Frau Akay – türkische Bildungsaufsteigerin mit großer sozialer Sensibilität

Frau Akay bezeichnet sich selbst als „Gastarbeiterkind" (Z. 1023) und verweist auf ihre „türkische Herkunft" (Z. 935). Ferner sei sie in Deutschland geboren und in einem sozial benachteiligten Stadtteil aufgewachsen. Unter Berücksichtigung ihres Alters zum Interviewzeitpunkt muss die arbeitsmarktbezogene Einwanderung ihrer Eltern von der Türkei nach Deutschland demnach vor den 1980er Jahren stattgefunden haben. Im Anschluss an das Interview berichtet Frau Akay, dass sie in ihrer eigenen Schulzeit ungerecht behandelt wurde: Trotz guter Schulleistungen in der Grundschule erhielt sie eine Hauptschulempfehlung und wurde als leistungsstarke Schülerin von den Lehrkräften an der Hauptschule nicht dabei unterstützt, auf eine höhere Schulform zu wechseln. Frau Akay kritisiert, dass sich ihre Eltern damals nicht gegen die Schullaufbahnempfehlung und institutionellen ‚Haltekräfte' zur Wehr setzten. So beendete sie auch ihre Schulzeit mit dem Hauptschulabschluss und begann danach eine Ausbildung im medizinischen Bereich. Nach Abschluss der Ausbildung nahm sie an der Fachhochschule ein Studium der Heilpädagogik auf und arbeitete darauffolgend mehrere Jahre in der Kinder- und Jugendpsychiatrie, bevor sie sich erfolgreich auf die Stellenanzeige der Schule als Förderschullehrerin bewarb.

Die Ausführungen zum familialen Hintergrund und der Schulzeit dokumentieren zunächst, dass Frau Akay eine Reihe von Erfahrungen der Ethnisierung und Differenz gemacht hat. Beispielsweise spricht sie nicht von einem benachteiligten Stadtteil, sondern von einem „sozialen Brennpunkt" (Z. 916). In diesem Zusammenhang ist auch die Identitätskonstruktion als türkisches „Gastarbeiterkind" (Z. 1023) bedeutsam. Der Begriff ‚Gastarbeiter*in' bezeichnet die seit Mitte der 1950er Jahre gezielt im Ausland angeworbenen Arbeitskräfte, die zeitlich befristet den Arbeitskräftemangel in Deutschland kompensieren sollten. Den türkeistämmigen Gastarbeiter*innen wurden hierbei explizit un- und angelernte Positionen im deutschen Berufssystem zugewiesen, für die keine deutschen Arbeitskräfte zu finden waren. Das niedrige Einkommensniveau und die vielfachen Diskriminierungserfahrungen in Deutschland führten dazu, dass sich türkeistämmige Arbeitnehmer*innen von Beginn an in segregierten Stadtteilen niederließen bzw. in diese verwiesen wurden (Geiling, Gardemin, Meise, & König, 2011). Insgesamt zeigt sich, dass mit „der damit verbundenen sozialen Unterschichtung der ersten Generation der Türkeistämmigen in Deutschland [...] ein noch in den Folgegenerationen wirksamer Nachteil in der Konkurrenz um soziale Positionen und um das dafür notwendige Bildungskapital aus[geht]" (ebd., S. 272 f.). Der Befund zur systematischen Schlechterstellung türkeistämmiger Gastarbeiter*innen und deren Nachkommen spiegelt sich auch in den Aussagen von Frau Akay wider: Neben den benachteiligten Aufwachsensbedingungen im sozialen Brennpunkt erlebte sie vor allem eine Ungleichbehandlung während der Schulzeit, indem ihr als leistungsstarke Schülerin eine höhere Schulformempfehlung verwehrt und sie an der Hauptschule trotz guter Schulleistungen ‚gehalten' wurde. Die Kritik an die mangelnde Unterstützung durch die Eltern verweist auf deren Unsicherheit im Umgang mit pädagogischen Autoritäten. Zu Bedenken ist auch, dass geringe Deutschkenntnisse der Eltern bzw. fehlende Vertrautheit mit dem deutschen Bildungssystem ursächlich für deren Zurückhaltung gewesen sein könnten. Frau Akay scheint demnach aus einem sozial eher benachteiligten Herkunftsmilieu zu stammen.

Anhand der Schilderungen zum familialen Hintergrund sowie des schulischen und beruflichen Werdegangs wird darüber hinaus ersichtlich, dass Frau Akay für sich eine soziale Aufstiegsbiografie konstruiert, obgleich anhand der Aussage, sie sei ein ‚Gastarbeiterkind' und in einem ‚sozialen Brennpunkt' aufgewachsen, keine gesicherten Rückschlüsse auf die Beweggründe der Migration, der früheren Lebenssituation, dem Bildungsstand und den Berufen der Eltern gezogen werden können. Dennoch stellen ihre Schilderungen einen sukzessiven, vertikalen Aufstiegsprozess aus den unterschichteten sozialen Positionen ihrer Eltern dar, den sie scheinbar aus eigener Kraft und ohne erkennbare bzw. wahrgenommener familialer Unterstützung verwirklichte.

Neben den scheinbar eigenmotivierten Bildungsanstrengungen sowie den Umwegen bis zum akademisierten Beruf lassen sich einige Hinweise finden, die auf das Milieu der bildungsorientierten Aufsteiger*innen (ebd.) schließen lassen. Zum einen dokumentiert sich an Frau Akays Bildungsbiografie eine Orientierung an höherer Bildung: Nach dem Hauptschulbesuch folgte eine Ausbildung im medizinischen Bereich, anschließend studierte sie erfolgreich

Heilpädagogik an der Fachhochschule. Typischerweise sind bildungsorientierte Aufsteiger*innen zum Großteil in pädagogischen und sozialen beruflichen Handlungsfeldern beschäftigt. Mit der Berufsfindung ist zum anderen die große soziale Sensibilität als wesentlicher Zug der Bildungsorientierten verknüpft, die auf der eigenen sozialen Benachteiligungslage beruht. Zugleich finden die Erfahrungen der Ethnisierung und Differenz Eingang in das berufliche Selbstkonzept, wobei Angehörige dieses Milieus den eigenen Erfahrungshintergrund nutzen, um anderen Einwander*innen als Vorbild zu dienen (ebd.). Etwa eignet sich Frau Akay das Label ‚Migrationshintergrund' und ‚Aufwachsen im sozialen Brennpunkt' als Ressource für ihre pädagogische Arbeit an und markiert Vorteile sowohl für Kinder mit Migrationshintergrund als auch für Kinder ohne Migrationshintergrund sowie positive Effekte für Kolleg*innen ohne Migrationshintergrund. Schließlich sei noch auf die Grenzen des Aufstiegs hingewiesen. Den bildungsorientierten Aufsteiger*innen ist der Weg in Elitepositionen der Gesellschaft bzw. der Zugang zu gesellschaftlich führenden sozialen Milieus bislang noch versperrt und auch das akademische Feld hat sich ihnen nicht ohne Weiteres geöffnet (ebd.). Bei Frau Akay entsteht der Eindruck, dass sie für ihren sozialen Aufstieg stärker kämpfen musste und die Realisierung ihr ‚nur' durch einen zeitintensiveren Step-by-step-Prozess gelang. Ihr Bildungsaufstieg schien mit großer Mühe und zum Teil auch mit Rückschlägen (z. B. die nicht den guten Schulleistungen entsprechende Hauptschulempfehlung) verbunden zu sein.

4.2.2 Frau Antonova – Bildungswiederaufsteigerin aus der ehemaligen Sowjetunion mit starker Leistungsorientierung

Frau Antonova erzählt im Anschluss an das Interview, dass sie im Alter von zehn Jahren gemeinsam mit ihrer Mutter und ihrem älteren Bruder von der ehemaligen Sowjetunion nach Deutschland migriert sei. Die Einwanderung erfolgte demnach Mitte der 1990er Jahre. Ihr Vater blieb in Russland, da sich ihre Eltern kurz vor der Migration trennten. Darüber hinaus berichtet Frau Antonova, dass ihre Mutter in Russland studiert habe. Frau Antonova bezeichnet sich selbst indirekt als sogenannte (Spät-)Aussiedlerin bzw. scheint sich dieser Gruppe prinzipiell zugehörig zu fühlen. Im Hinblick auf ihre eigene Schulzeit nimmt Frau Antonova eine ungerechte Behandlung wahr, so bekam sie aufgrund der Schulnote ‚befriedigend' im Fachunterricht Deutsch statt einer Gymnasial- eine Realschulempfehlung. Die damals bindende Schullaufbahnempfehlung konnte aus ihrer Sicht nur durch das große Engagement der Mutter und das Wohlwollen eines Schulleiters am Gymnasium umgangen werden („da hat sich aber meine Mutter dann damals äh stark für eingesetzt ist dann ähm zum Gymnasium gegangen und hat mich dann-hat der Schulleiter hat das dann auch zugelassen und zwar sollte ich keine Gymnasiumempfehlung kriegen weil ich eine Drei in Deutsch ja und dann ähm (.) hat aber der Schulleiter des Gymnasiums gesagt das wäre kein Problem", Z. 25 ff.). Nach dem Abschluss der Schulzeit mit der Hochschulreife absolvierte Frau Antonova zunächst eine Ausbildung zur Erzieherin und studierte im Anschluss Lehramt.

Im Allgemeinen verweisen die Ausführungen zum biografischen Hintergrund auf ein eher schulbildungsnahes und privilegiertes Herkunftsmilieu. So betont Frau Antonova den akademischen Hintergrund der Mutter und beschreibt diese als engagiert und widerstandsfähig gegenüber pädagogischen Autoritäten. Das proaktive Handeln der Mutter kann als Kampf gedeutet werden, das in dem Herkunftsland erworbene (höhere) Bildungskapital gegen eine Entwertung im Zuge der Migration zu verteidigen. Die Auswanderung als alleinerziehende Mutter von zwei Kindern kann zudem als Hinweis auf einen selbstsicheren Umgang mit Herausforderungen interpretiert werden.

Wichtig in dem Zusammenhang der Analyse der Milieuspezifität erscheint, dass im deutschen Migrationsdiskurs den (Spät-)Aussiedler*innen als deutsche Minderheiten eine besondere Rolle zukommt. So sind (Spät-)Aussiedler*innen aus Ostmitteleuropa, Ost- und Südosteuropa sowie der ehemaligen Sowjetunion als im Zweiten Weltkrieg vertriebene deutsche ‚Volkzugehörige' den deutschen Staatsangehörigen gleichgestellt und haben einen rechtlichen Anspruch darauf, in Deutschland aufgenommen zu werden. In der Bundesrepublik bekommen sie in der Regel automatisch die sogenannte ‚Statusdeutscheneigenschaft'. Aufgrund der deutschen Herkunft und der speziellen Einwanderungsprozedur nach Deutschland, im Rahmen derer das Bekenntnis zum deutschen Volkstum verlangt wird, identifizieren sich viele (Spät-)Aussiedler*innen bereits vor ihrer Migration als Deutsche (Geiling, Gardemin, Meise, & König, 2011). Diese historischen, rechtlichen und politischen Aspekte erscheinen konstitutiv für Frau Antonovas Identitätskonstruktion. So ist zum einen Frau Antonovas Bestreben, sich anzupassen und als Einwanderin möglichst wenig aufzufallen, sehr ausgeprägt. In diesem Kontext könnte auch die situations- und kontextspezifische Relevanzsetzung des eigenen Migrationshintergrundes gedeutet werden: Grundsätzlich vermeidet Frau Antonova eine Adressierung als „Migrationsandere" (Mecheril, 2010, S. 17) – die Ausnahme besteht darin, wenn es aus ihrer Sicht dem schulischen Vorankommen der Kinder mit Migrationshintergrund dient. Zum anderen konnte ein assimilatorisches Integrationsverständnis herausgearbeitet werden. Hierbei präsentiert Frau Antonova im Modus einer ‚Etablierten-Außenseiter-Figuration' (Elias &

Scotson, 1993) ihre Einwanderungsgeschichte als idealtypische Integration. Zentrales Unterscheidungsmerkmal zwischen den ‚etablierten Integrierten' und den ‚abseits der Mehrheitsbevölkerung stehenden Integrationsunwilligen' stellt aus ihrem Blickwinkel die individuelle Anstrengung dar. Die von der Mehrheitsbevölkerung eingeforderte Anpassung und Integrationsleistung wird demnach von Frau Antonova fraglos akzeptiert und tradiert. Die Betonung der Anpassungs- und Leistungsbereitschaft der Mutter sowie die durchaus prätentiöse Darstellung der eigenen Person können ferner eine Strategie im Umgang mit Erfahrungen der Ethnisierung und Differenz darstellen bzw. als Ausdruck des Ringens um soziale Anerkennung verstanden werden (Geiling, Gardemin, Meise, & König, 2011, S. 167).

Die starke Orientierung an individueller Leistung und sowie die Anpassungsbereitschaft an bestehende Hierarchien sind überdies Anzeichen für das eher konservative Milieu der erfolgsorientierten Aufsteiger*innen (ebd.). Der Leistungsindividualismus stellt hierbei für die (Spät-)Aussiedler*innen eine angemessene Strategie dar, ihre soziale Position zu verbessern oder zu erhalten. Etwa verfügt Frau Antonovas Mutter offenbar trotz Abwertung des mitgebrachten Bildungskapitals infolge der Migration noch über ausreichend Ressourcen, um ihre Tochter vor der nicht den Schulleistungen entsprechenden Realschulempfehlung, die einem sozialen Abstieg gleicht, zu schützen. Die Mutter bewältigt den schnellen Wiederaufstieg hierbei anscheinend mit Disziplin und leistungsindividualistischen Einstellungen (ebd.). Ferner bildet die eigene Anpassung- und Leistungsbereitschaft, bzw. die der Mutter, den Mittelpunkt von Frau Antonovas gesellschaftspolitischem Anspruch und ist für sie der Schlüssel zur sozialen Integration. Die Leistungsorientierung findet darüber hinaus Ausdruck in der pädagogischen Arbeit. So hat Frau Antonova einen besonderen Sinn für leistungsstarke und dem Anstrengungs- und Leistungsprinzip folgenden Schüler*innen und gestaltet dementsprechend ihren Unterricht.

4.2.3 Frau Kamper – Bildungsaufsteigerin aus problematischen Familienverhältnissen mit ausgeprägter Sicherheitsorientierung

Im Kontext des beruflichen Selbstverständnisses wurde ausführlich erläutert, dass Frau Kamper ihre biografischen Erfahrungen selbstreflexiv in einem engen Zusammenhang mit ihrer Berufswahl als Grundschullehrerin sowie ihrer gezielten Entscheidung für eine sogenannte Brennpunktschule mit einer besonders unterstützungsbedürftigen Schüler*innenklientel stellt. Hierbei gewährt Frau Kamper einen tieferen Einblick in ihren familialen Hintergrund und die allgemeinen Lebensumstände ihrer Kindheit und Jugendphase. Etwa beschreibt sie, dass sie in bescheidenen, finanziell knappen Verhältnissen aufgewachsen sei. Ihre Herkunftsfamilie bezeichnet Frau Kamper selbst als „bildungsfern" (Z. 1294) und erläutert hierzu, dass ihre Mutter zu Beginn keine Berufsausbildung hatte, sondern der Schwerpunkt auf der Gründung einer eigenen Familie lag. Darüber hinaus betont Frau Kamper aber auch Bildungsbemühungen der Mutter. Hinzu tritt retrospektiv ihr Eindruck von einer deutlichen Überforderung der eigenen Eltern mit der Kindererziehung, so deutet Frau Kamper an, durch ihre Eltern als Kind emotional vernachlässigt geworden zu sein. Über ihre eigene Bildungsbiografie berichtet Frau Kamper überdies, dass ihre Schulzeit von häufigen Schulwechseln sowie ständig wechselnden schulleistungsbezogenen Höhe- und Tiefpunkten gekennzeichnet war. Bei den schulischen Krisen konnte sie anscheinend auf keine familiale Unterstützung zurückgreifen. Insgesamt präsentiert Frau Kamper eine beschwerte Kindheit und Jugend und stellt Belastungen der Aufwachsensbedingungen wie die sozioökonomische Schlechterstellung, die emotionale Vernachlässigung durch die Eltern sowie schulleistungsbezogene Auf- und Abwärtsbewegungen in den Vordergrund ihrer Darstellungen. Mit Kindern, denen sie ähnliche problematische Familienverhältnisse zuschreibt, identifiziert sie sich. Die vermeintlich homologen biografischen Erfahrungen hinsichtlich bescheidener, restriktiver Lebensumstände sowie mit der Kindererziehung überlasteter Eltern führen aus ihrer Perspektive zu einem besonderen Zugang zu diesen Schüler*innen. Die bewusste Entscheidung für ein Grundschullehramtsstudium sowie für eine sogenannte Brennpunktschule hängt bei Frau Kamper demnach stark von biografisch beeinflussten, ideellen Motiven ab.

Die Beschreibungen zum sozioökonomischen Hintergrund deuten insgesamt auf ein eher schulbildungsfernes und sozial benachteiligtes Herkunftsmilieu. Das Phänomen der elterlichen Überforderung bzw. der emotionalen Vernachlässigung wird prinzipiell in allen sozialen Milieus zu finden sein, jedoch weist die Eintrittswahrscheinlichkeit eine sozial ungleiche Verteilung auf. Darüber hinaus verfügen Angehörige sozial benachteiligter Milieus über weniger Ressourcen, um diese besonderen Belastungen zu kompensieren. Im Gegenteil: Vielmehr werden sie durch die finanzielle Knappheit sowie ungünstige Wohnbedingungen noch verstärkt (Drucks, Bauer, & Hastaoglu, 2011). Wie im Fall von Frau Kamper können die familialen Beeinträchtigungen die Entwicklung von Schulleistungen und den Verlauf von Schulkarrieren negativ beeinflussen.

Wesentliches Thema des Interviews ist der institutionelle Umgang mit einer aus Frau Kampers Sicht außergewöhnlich hilfsbedürftigen Schüler*innenschaft. Anhand der im gesamten Interview präsenten Auseinandersetzung mit den pädagogischen Spannungsfeldern Handlungsbedarf, Handlungsberechtigung und Handlungsdruck wird Frau Kampers starke Sicherheitsorientierung deutlich. So wünscht sie sich einen formalen Bezugsrahmen, der Zuständigkeiten für dieser Schüler*innen regelt und einfordert, mit dem Ziel, ‚aufopferungsvolle' Lehrkräfte zu entlasten. Dass geordnete Verhältnisse und Strukturen für Frau Kamper sehr wichtig sind, zeigt sich auch an der Differenzierung unterschiedlicher pädagogischer Berufsgruppen wie Förderschullehrkräfte und Schulsozialarbeiter*innen, denen sie spezifische, von ihrer Arbeit abgrenzbare Funktions- und Aufgabenbereiche zuschreibt. Unter dem Aspekt der Sicherheitsorientierung erscheint auch die Berufswahl milieuspezifisch begreiflich, denn der Lehrberuf bietet eine gehobene, aber abgesicherte berufliche Position.

Die grundlegende Erfahrung von bescheidenen und restriktiven Lebensumständen, die Bildungsbemühungen der Mutter sowie die ausgeprägte Orientierung an Sicherheit und festen Ordnungsstrukturen deuten insgesamt auf das Milieu der traditionellen kleinbürgerlichen Arbeitnehmer*innen. Grundsätzlich wird erkennbar, dass der intrinsisch motivierte Bildungsaufstieg große Mühe und Anstrengung erforderte, wobei Frau Kamper scheinbar auf keinerlei Vorbilder und Unterstützung in der Familie zurückgreifen konnte. In einer milieuspezifischen Untersuchung von Studierenden in den Sozialwissenschaften weisen Lange-Vester und Teiwes-Kügler (2006) nach, dass beim aufstiegsorientierten Typus aus der ständisch-kleinbürgerlichen Traditionslinie neben Aufstiegsambitionen auch Selbstzweifel und Unsicherheit auftreten. So kann Frau Kamper zwar auf einen beachtlichen Aufstieg durch Bildung zurückblicken, dies scheint aber nicht zu habitueller Selbstsicherheit geführt zu haben. Etwa lässt sich Frau Kamper im Kontext der Auseinandersetzung mit einer Mutter, die sich über den Eingriff in ihr Privatleben beschwert hat, in ihrer Zuständigkeit für die vermeintlichen familialen Probleme verunsichern. Grundsätzlich hat Frau Kamper durch den sozialen Bildungsaufstieg zwar ihre Position im sozialen Raum verändert, diese Wandlung scheint aber weniger die grundlegenden Orientierungen und Wertbezüge ihres Herkunftsmilieus zu betreffen.

4.2.4 Herr Jansen – habituell selbstsicherer Lehrer aus bessergestelltem Herkunftsmilieu mit grundlegender Orientierung an Partizipation

Auf Nachfrage der Interviewerin schildert Herr Jansen, dass es ihm im Vergleich zu den Schüler*innen, die er jetzt unterrichtet, in seiner eigenen Kindheit

und Jugendphase „sehr sehr gut" (Z. 2631) ging. So habe er „eine gute Erziehung genossen" (Z. 2654), auf die er zurückgreifen könne. Denn obwohl er
„vielleicht auch mal ein bisschen Scheiße gemacht habe" (Z. 2659 f.) und er
„damals zwischendurch vom rechten Weg vielleicht ein bisschen abgekommen"
(Z. 2666 f.) sei, kann er sich der guten Erziehung „immer noch bedienen und
die auch (.) irgendwie abrufen" (Z. 2671 f.). Im Anschluss an das Interview
führt Herr Jansen aus, was er mit „vielleicht auch mal ein bisschen Scheiße
gemacht [zu haben]" (Z. 269 f.) und „zwischendurch vom rechten Weg vielleicht
ein bisschen abgekommen [zu sein]" (Z. 2666 f.) meint. Etwa sei er während
seiner eigenen Schulzeit phasenweise nicht an Schule und Unterricht interessiert
gewesen und habe häufiger unentschuldigt in der Schule gefehlt. Das Desinter-
esse und die mangelnde schulische Motivation haben dazu geführt, dass seine
schulischen Leistungen stark nachließen und er in der Mittelstufe eine Klasse
wiederholen musste. In der Oberstufe kam es erneut zum Leistungsabfall und
Herr Jansen wechselte unter schulischem Druck das Gymnasium, auf dem er
letztlich die Hochschulreife erwarb. Sein unmittelbar anschließendes Lehramtsstudium und auch der Vorbereitungsdienst verliefen nach seinen Aussagen hingegen
reibungslos.

   Insgesamt scheint Herr Jansen aus einem eher schulbildungsnahen und privilegierten Herkunftsmilieu zu stammen. So zeugt die Darstellung der schulischen
Leistungseinbrüche und des Schulwechsels kurz vor dem Abitur von Gelassenheit
und Zuversicht im Umgang mit potenziell krisenhaften schulischen Situationen,
die wiederum auf familialen Ressourcen zu beruhen scheinen.

   Herr Jansens Berufseintritt fällt mit der Phase der praktischen Einführung
des Förderschwerpunktes Hören und Kommunikation in der Grundschule zusammen. Die neuen beruflichen Anforderungen handhabt Herr Jansen selbstsicher
und selbstbestimmt: Etwa interpretiert er das gemeinsame Unterrichten von
Schüler*innen mit sonderpädagogischem Förderbedarf und Schüler*innen ohne
sonderpädagogischen Förderbedarf als fortlaufenden Lern- und Entwicklungsprozess einer jeden Lehrperson. Hierbei eignet sich Herr Jansen systematisch
diagnostische Kompetenzen und Fachwissen zu Ursachen und Symptomen von
Verhaltensauffälligkeiten an und gestaltet aktiv die interne wie externe Zusammenarbeit mit Akteuren und Institutionen. Grundsätzlich orientiert Herr Jansen
sein pädagogisches Handeln an weitestgehender Unterstützung und Förderung
aller Schüler*innen. Diesen Anspruch vertritt er mitunter selbstbewusst gegenüber Eltern, Kolleg*innen und Schulleitung, wie anhand der Geschehnisse um
die vermeintlich psychisch kranke Schülerin deutlich wird. Derweil ist Herr
Jansen darum bemüht, dass möglichst alle schulischen Akteure einvernehmlich
Verantwortung auch für offensichtliche und auf unbestimmte Zeit schwierige

Schüler*innen übernehmen. Grenzen des gemeinsamen Lernens werden aus Sicht von Herrn Jansen durch die inadäquaten Voraussetzungen an allgemeinbildenden Schulen gesteckt. Am Beispiel eines scheinbar autistischen Schülers wird deutlich, dass Herr Jansen eine bestmögliche Unterstützung und Förderung aller Schüler*innen an dem Aspekt der Machbarkeit bzw. Durchführbarkeit orientiert. In diesem Zusammenhang ist auch das kritische Bewusstsein gegenüber den bildungspolitischen und rechtlichen Vorgaben bedeutsam. So werden von Herrn Jansen gesellschaftliche Anforderungen handlungspraktisch auf den Prüfstand gestellt.

Zusammengenommen weist die Selbstsicherheit, das eigenverantwortliche und prinzipiell solidarische pädagogische Handeln sowie die aktive Entwicklung von Professionalität auf das Milieu der modernen Arbeitnehmer*innen (Geiling, Gardemin, Meise, & König, 2011) hin. Etwa scheint Herr Jansen für sich Gestaltungsmöglichkeiten in einer lernenden Schule einzunehmen bzw. sein Schulumfeld eröffnet Gestaltungsspielraum für engagierte einzelne Lehrkräfte.

Fazit und Diskussion 5

Die vorliegende Arbeit hat sich mit den Fragen befasst, über welche habituellen Dispositionen die Lehrkräfte im Hinblick auf die Unterstützung sozial benachteiligter und bisher im Bildungssystem ausgegrenzter Schüler*innen verfügen und inwiefern diese handlungsleitenden Orientierungen milieuspezifisch eingebettet sind. Ziel der Arbeit war es, Passungskonstellationen zwischen Lehrkräften und Schüler*innen vertiefend zu analysieren und dabei nicht nur Formen der Differenzherstellung und Benachteiligung, sondern vor allem kompensatorische Bearbeitungsformen von Bildungsungleichheit in den Blick zu nehmen. Im Forschungsfokus standen somit bislang kaum untersuchte soziale Determinanten des Lehrer*innenhandelns im Kontext bereits vorhandener Ressourcen der pädagogischen Arbeit. Damit hat die Arbeit einen Beitrag zur Erforschung sozialer Ungleichheit im Bildungssystem sowie zur Identifikation von Möglichkeiten zur Verringerung von Bildungsnachteilen leisten wollen, die unmittelbar in den Wirkungsbereich der Lehrkräfte fallen.

In diesem Kapitel werden zunächst die zentralen Ergebnisse der empirischen Analysen zusammengefasst (Abschnitt 5.1). Anschließend werden auf Grundlage aller bisherigen Betrachtungen praktische Konsequenzen für die Bearbeitung von Bildungsungleichheit abgeleitet (Abschnitt 5.2). Letztendlich werden Grenzen der vorliegenden Untersuchung sowie Perspektiven für weitere Forschungsarbeiten aufgezeigt (Abschnitt 5.3).

5.1 Zusammenfassung der zentralen Ergebnisse

Durch die unternommenen Rekonstruktionen konnte die Vielfalt und Komplexität des pädagogischen Handelns im Themenfeld Bildungsungleichheit aufgezeigt

© Der/die Autor(en) 2021 203
S. Rutter, *Sozioanalyse in der pädagogischen Arbeit*, Bildung und Gesellschaft,
https://doi.org/10.1007/978-3-658-32065-2_5

werden. Die Untersuchungsergebnisse belegen, dass die Lehrkräfte in unterschiedlicher Weise für die Lernvoraussetzungen und Bedürfnisse der Schüler*innen
sensibel sind und sich in einem Spannungsfeld zwischen Reproduktion und Abbau
von sozialer Ungleichheit bewegen. Einerseits sind die Befunde der empirischen
Analysen anschlussfähig an das eingangs vorgestellte Forschungsfeld zur Verstrickung der Lehrkräfte in Reproduktionsprozesse sozialer Ungleichheit. So konnten
in allen vier Fallanalysen negative Stereotype und Defizitzuschreibungen an die
Schüler*innen und Eltern resp. eine problemorientierte Sichtweise auf den familialen Hintergrund sozial benachteiligter Schüler*innen herausgearbeitet werden.
Frau Akay und Frau Kamper problematisieren den großen Unterstützungsbedarf im Unterricht und in lebenspraktischen Angelegenheiten, das Fehlen von
Regeln und Strukturen sowie mangelnde Förderung im Elternhaus. Die geringen
sozioökonomischen Ressourcen stellen aus diesem Blickwinkel ein Hindernis für
gelingende Sozialisations- und (Schul-)Bildungsprozesse dar. Im Einklang mit
den Erkenntnissen von Völker und Hertel (2015), Jäger (2014) sowie Wiezorek
und Pardo-Puhlmann (2013) wurde in den Darstellungen deutlich, dass beide
Lehrerinnen den Eltern grundlegende Erziehungskompetenzen absprechen bzw.
diese zumindest infrage stellen. Des Weiteren zeichnet sich in den Fallanalysen
von Frau Akay und Frau Kamper bereits ab, dass mit der negativ verallgemei-
nernden Perspektive hinsichtlich des familialen Hintergrundes und somit auch der
sozialen Herkunft geringe Erwartungen an die Lernfähigkeit der Schüler*innen
einhergehen. Zwar kann durch diese Arbeit die tatsächliche Wirkung der pädagogischen Deutungsmuster etwa mit Blick auf die Schulempfehlungen nicht geklärt
werden, allerdings legt die Forschung zu Lehrer*innenurteilen, Underachievement
und Cooling-Out-Prozessen nahe, dass durch die Defizitzuschreibungen primäre
Herkunftseffekte verstärkt werden (vgl. Bos & Pietsch, 2007; Nölle, Hörstermann, Krolak-Schwerdt, & Gräsel, 2009; Uhlig, Solga, & Schupp, 2009; Anders,
McElvany, & Baumert, 2010; Sorhagen, 2013).

Andererseits konnten durch die Orientierung an bereits vorhandenen Ressourcen der pädagogischen Arbeit pädagogische Sicht- und Herangehensweisen der
Unterstützung sozial benachteiligter und bisher im Bildungssystem ausgegrenzter Schüler*innengruppen rekonstruiert werden. Fallweise distanzieren sich die
Lehrkräfte von einer eingeschränkten Wahrnehmung von herkunftsspezifischen
Differenzen und von als unveränderlich und entschieden gedeuteter ‚Problem-
fälle'. Etwa stellt Frau Kamper anhand einer vermeintlich ungepflegten Schülerin
die perspektivgebundene Konstruktion des Begriffs Problemschüler*in heraus. Sie
toleriert aufgrund eigener Erfahrung das äußere Erscheinungsbild der Schülerin
und wertet die „ungekämmt[en]" und „zerwühlten Haare" (Z. 334 f.) nicht als
problematisch, wohingegen ihre Kollegin die Schülerin als „wirklich verwahrlost"

(Z. 339) wahrnimmt. Herr Jansen bezieht ebenfalls kritisch Stellung zu der Kategorie ‚Problemschüler*in' und verweist insbesondere darauf, dass Schüler*innen mit ADHS nicht zwingend dazuzuzählen sind. Mit ‚täglich anecken' und aggressivem Verhalten nennt Herr Jansen zusätzliche notwendige Bedingungen für den Status Problemschüler*innen und markiert zugleich, dass diese Kriterien temporär, graduell oder auch gar nicht zutreffen können bzw. dass dies keine dauerhafte Eigenschaft darstellt, sondern im Laufe der Zeit veränderbar ist.

Ferner wurde nachgewiesen, dass die Lehrkräfte auf vielfältige Weise bemüht sind, der sozialen Benachteiligungslage entgegenzuwirken und den Bedürfnissen der Schüler*innen nachzukommen. So kann die von Frau Akay und Frau Kamper vorgenommene Klassifikation und Kategorisierung von bedürftigen Kindern auch in einen anderen Bezugsrahmen gesetzt werden. Dadurch ist die defizit- und problemorientierte Perspektive der Lehrkräfte bezüglich der Erziehungsfähigkeit der Eltern nicht weniger kritisch zu betrachten, jedoch kann davon ausgegangen werden, dass jede Sichtweise oder Handlung in einem bestimmten Rahmen bzw. Kontext sinnstiftend ist. Etwa bietet Frau Akay den Kindern aus ihrer Perspektive „Sicherheit und Orientierung" (Z. 481 f.) durch Rituale, Regeln und Tagesstrukturen in der Schule. Von beständigen und verlässlichen Strukturen in der Schule profitieren in der Regel jedoch nicht nur vermeintlich bedürftige, sondern alle Schüler*innen. Auch unterscheidet sie in dieser Weise bedürftige Kinder nicht von anderen. Frau Kamper orientiert ihr pädagogisches Handeln vor allem an dem Ausgleich wahrgenommener materieller Bedürftigkeit und kauft bzw. organisiert selbst Schulmaterialien für bedürftige Kinder. Durch diese Handlung werden zwar Benachteiligungsstrukturen nicht grundsätzlich verändert, jedoch erscheint das Vorgehen kurzfristig lösungsorientiert und ermöglicht eine planmäßige Fortsetzung des Unterrichts. Überdies ist Frau Kamper darauf bedacht, dass Kinder aufgrund des äußerlichen Auftretens nicht negativ im Klassenverband auffallen und berät demzufolge Eltern in alltagspraktischen Angelegenheiten wie Körperpflege und Kleidung. Zudem versuchen die Lehrkräfte eine durch Empathie, Nähe und Vertrauen gekennzeichnete Beziehung zu sozial benachteiligten Schüler*innen aufzubauen. Nach Ansicht von Frau Akay und Frau Antonova gelingt dies bei Schüler*innen mit Migrationshintergrund aufgrund des scheinbar gemeinsamen Erfahrungshintergrundes von allein. Eine ähnliche Orientierung weist Frau Kamper im Hinblick auf Schüler*innen in scheinbar schwierigen Lebenslagen auf. Infolge einer konstatierten gemeinsamen Problembetroffenheit und angenommener ähnlicher biografischer Erfahrungen gelingt es ihr zufolge, eine vertrauensvolle Beziehung zu diesen Schüler*innen aufbauen und die speziellen Problemlagen sensibler zu deuten und zu bearbeiten. Herr Jansen sorgt aus seiner Sicht generell für ein Arbeits- und Sozialklima, im Rahmen dessen die

Schüler*innen möglichst effizient lernen können. Die empathische Umgangsweise und die Wertschätzung jenseits von Schulleistungen ist hierbei eine zentrale Ressource, um primäre Herkunftseffekte zu verringern (vgl. Gronostaj, Kretschmann, Westphal, & Vock, 2015; Calmbach, Thomas, Borchard, & Flaig, 2012; Hattie, 2008; Drucks, Osipov, & Quenzel, 2010).

Als bedeutsamste Einflussfaktoren auf die Wahrnehmung der Schüler*innen- und Elternschaft, auf das berufliche Selbstverständnis sowie auf die Gestaltung der Unterrichts- und Interaktionsprozesse haben sich die wirtschaftlichen, sozialen und kulturellen Rahmenbedingungen im Einzugsbereich der Schule sowie die biografischen Erfahrungen der Lehrkräfte erwiesen. In Anknüpfung an die Befunde von Fölker, Hertel und Pfaff (2015a; 2015b) sowie Jäger (2014) konnte die vorliegende Untersuchung zunächst verdeutlichen, dass der sozialräumliche Kontext der Schule zentral für die Konstruktion der Schüler*innen- und Elternschaft und somit auch für das an den Klientelbildern orientierte pädagogische Handeln ist. Frau Akay und Frau Kamper, die beide an Schulen mit einer ethnisch und sozial segregierten Schüler*innenschaft arbeiten, entwerfen insgesamt eine auf mehreren Ebenen außergewöhnlich hilfsbedürftige Klientel. Aus Sicht der beiden Lehrerinnen benötigen die Schüler*innen sowohl im Unterricht als auch in lebenspraktischen Angelegenheiten auffallend viel pädagogische Unterstützung. So stehen bei Frau Akay und Frau Kamper Praktiken des Ausgleichs der angenommenen sozioökonomischen Benachteiligungslage im Mittelpunkt der pädagogischen Arbeit. Im Gegensatz dazu konstruiert Frau Antonova, die an einer Schule mit einer überwiegend sozial privilegierten Schüler*innenschaft unterrichtet, eine besonders schulleistungsstarke und schulbildungseifrige Klientel. Angesichts der enormen Lernfähigkeit und der intrinsischen Motivation gestaltet Frau Anotonova ihren Unterricht abwechslungsreich und gibt kontinuierlich neue Lernanstöße, sodass die Schüler*innen ihr Lernpotenzial optimal entfalten können. Herr Jansen, der an einer Schule mit einer soziokulturell heterogenen Schüler*innenschaft tätig ist, thematisiert kaum die schulischen Leistungen bzw. die Schüler*innenschaft als Ganzes, sondern behandelt vor allem die Frage, inwiefern Herausforderungen, die mit Verhaltensauffälligkeiten in Verbindung stehen, in der pädagogischen Arbeit zu bewältigen sind. So richtet sich seine pädagogische Arbeit maßgeblich an dem (Selbst-)Anspruch von weitestgehender Unterstützung aller Schüler*innen aus. Er steht nicht nur den leistungsschwächeren Schüler*innen und Schüler*innen mit sonderpädagogischem Förderbedarf bzw. Verhaltensauffälligkeiten bei, sondern fördert darüber hinaus gezielt leistungsstärkere Schüler*innen.

Des Weiteren demonstrierten die Untersuchungsergebnisse ähnlich wie die Analysen des Arbeitszusammenhanges von Bremer, Lange-Vester und Teiwes-Kügler (vgl. Lange-Vester, 2015; Bremer & Lange-Vester, 2014; Lange-Vester

& Teiwes-Kügler, 2014; Lange-Vester & Teiwes-Kügler, 2013), dass die handlungsleitenden Orientierungen der Lehrkräfte stark mit milieuspezifischen Habitusformen verwoben sind und damit auch über den Einzelfall hinaus relevant sind. Insgesamt zeigen die hier vorgestellten Fälle ein breites Milieuspektrum, wobei sich die Lehrkräfte vor allem auf einer horizontalen Ebene nach dem Grad ihrer Selbstbestimmtheit bzw. ihrer Hierarchiegebundenheit unterscheiden. Verkürzt kann zusammengefasst werden, dass Frau Akay, die dem Milieu der eher modernen bildungsorientierten Aufsteiger*innen (Geiling, Gardemin, Meise, & König, 2011) zugeordnet werden kann, hauptsächlich über Schüler*innen mit Migrationshintergrund spricht. Aufgrund ihres eigenen türkischen Migrationshintergrundes und Aufwachsens im sozialen Brennpunkt hat sich Frau Akay nicht im Zuge ihrer Bewerbung als Förderschullehrerin von einer Grundschule mit einem sehr hohen Anteil an Schüler*innen mit Migrationshintergrund sowie sozioökonomisch benachteiligten Schüler*innen abschrecken lassen. Im Gegenteil: Infolge ihrer biografischen Erfahrungen schreibt sie sich pragmatisches Handlungswissen und besondere Handlungskompetenzen im Umgang mit Schüler*innen mit Migrationshintergrund zu. Der pädagogischen Arbeit liegt eine große soziale Sensibilität zugrunde, die typisch für dieses Milieu ist (ebd.). Etwa nutzt Frau Akay ihren Erfahrungshintergrund, um den Schüler*innen mit Migrationshintergrund ein Vorbild zu sein. Frau Antonova, die dem eher konservativen Milieu der erfolgsorientierten Aufsteiger*innen (ebd.) angehört, befasst sich ebenfalls überwiegend mit dem Thema Migration. Die für dieses Milieu charakteristische leistungsindividualistische Grundhaltung (ebd.) durchzieht ihr Integrationsverständnis. Dabei stellt die Anpassungs- und Leistungsbereitschaft der eigenen Mutter im Zuge der Migration den Maßstab für alle Einwander*innen dar. Auch das pädagogische Handeln ist maßgeblich am Leistungsprinzip orientiert, so gestaltet Frau Antonova ihren Unterricht abwechslungsreich und kognitiv anregend. Hinzu kommt, dass sie aufgrund ihrer eigenen Einwanderungsgeschichte von spezifischem Wissen und besonderen Kompetenzen für den Umgang mit Schüler*innen mit Migrationshintergrund ausgeht. Frau Kamper, die aus dem Milieu der traditionellen kleinbürgerlichen Arbeitnehmer*innen (Vester, von Oertzen, Geiling, Hermann, & Müller, 2001) stammt, thematisiert vor allem die pädagogische Arbeit mit sozioökonomisch benachteiligten Schüler*innen. Anlässlich ihrer lebensgeschichtlichen Erfahrungen von bescheidenen, restriktiven Lebensumständen und emotionaler Vernachlässigung durch die Eltern hat sie sich gezielt für ein Grundschullehramtsstudium und eine Schule, an der sozial schlechtergestellte Schüler*innen überrepräsentiert sind, entschieden. Die starke Orientierung an Sicherheit und festen Ordnungsstrukturen, die bedeutsam für dieses Milieu sind (ebd.), findet ihren Niederschlag in der pädagogischen Arbeit.

Etwa wünscht sie sich verbindliche Regelungen hinsichtlich des Umgangs mit Schüler*innen aus prekären Lebensverhältnissen und problembelasteten Familien. Herr Jansen setzt sich vorrangig mit dem Themenfeld Integration von verhaltensauffälligen Schüler*innen auseinander. Sein eigenverantwortliches und prinzipiell solidarisches pädagogisches Handeln sowie die aktive Entwicklung von Professionalität sind kennzeichnend für das Milieu der modernen Arbeitnehmer*innen (ebd.). Den eigenen Grundsatz, Partizipation zu maximieren und Ausgrenzung zu minimieren, vertritt er dabei selbstsicher gegenüber Eltern, Kolleg*innen und Schulleitung.

Im Gegensatz zu den vorgestellten Untersuchungen von Bremer, Lange-Vester und Teiwes-Kügler verweisen die Habitus- und Milieuanalysen dieser Studie darüber hinaus in groben Zügen auf zwei Grundmuster der lehrkraftseitigen Unterstützung sozial benachteiligter Schüler*innen: ein anerzogenes, prinzipiengeleitetes Engagement wie im Fall von Herrn Jansen sowie ein aus scheinbar homologen biografischen Erfahrungen resultierendes Engagement wie in den Fällen von Frau Akay, Frau Antonova und Frau Kamper. Der Konstruktion eines konjunktiven Erfahrungsraumes kommt demnach eine hohe Bedeutung hinsichtlich des Verständnisses für die Bedürfnisse bestimmter Schüler*innengruppen, der Zuschreibung von besonderem Wissen und spezifischen Kompetenzen, der Erfahrung von Selbstwirksamkeit sowie der Bereitschaft, Verantwortung für die Entwicklung von Bildungschancen zu übernehmen, zu. Die Arbeit legt die Komplexität der handlungsleitenden Orientierungen der Lehrkräfte offen und berücksichtigt mit der Konstruktion eines konjunktiven Erfahrungsraumes eine Dimension, die bislang in diesem Kontext nicht beachtet wurde. Mit der Vorstellung konjunktiver Erfahrungen gehen jedoch auch Gefahren und Fallstricke für das pädagogische Handeln einher. Zum einen kann die unbedachte Übertragung des eigenen Erfahrungshintergrundes auf die Schüler*innen der Aufgeschlossenheit für fallspezifische Besonderheiten im Wege stehen. So bleibt in Bezug auf das neu eingewanderte polnische Mädchen die angenommene Gemeinsamkeit auf die Fremdheitserfahrung im Zuge der Migration beschränkt. Ungleiche familiale Ressourcen und Sozialisationsbedingungen sowie verschiedene Ausgangslagen in divergierenden Heimatländern bezieht Frau Antonova in ihre Überlegungen nicht ein. Zum anderen ist in allen drei Fällen eine Affinität zu den Schüler*innen zu erkennen, mit denen die Lehrerinnen sich über ihre lebensgeschichtlichen Erfahrungen verbunden fühlen. Diese Befunde kommen den Studien zu beruflichen Selbst- und Fremdkonzepten von Lehrkräften mit Migrationshintergrund gleich, die der Frage nachgehen, wie sich Lehrkräfte mit Migrationshintergrund hinsichtlich der bildungspolitischen Zuschreibung besonderer Kompetenzen für den Umgang mit Schüler*innen mit Migrationshintergrund positionieren und welches berufliches Selbstverständnis sie vor diesem Hintergrund entwerfen (vgl. Fabel-Lamla & Klomfaß, 2014; Rotter, 2014; Georgi, Ackermann, & Karakas, 2011). So resümieren Fabel-Lamla und Klomfaß (2014), dass eine habituelle Übereinstimmung zwischen Lehrkräften und Schüler*innen mit Migrationshintergrund in einzelnen Fällen zwar zu einer besonders vertrauensvollen Beziehung führen kann, dies aber kein angemessenes Fallverstehen und eine Zunahme des Bildungserfolgs von Schüler*innen mit Migrationshintergrund garantiert.

Insgesamt zeigen die Rekonstruktionen der vorliegenden Studie auf, dass die habitus- und milieuspezifischen Orientierungen der Lehrkräfte bezüglich der Unterstützung sozial benachteiligter und bisher im Bildungssystem ausgegrenzter Schüler differenzierter als vermutet erscheinen und mit der Konstruktion eines konjunktiven Erfahrungsraumes Facetten umfassen, die bislang in diesem Kontext nicht beachtet wurden. Zudem werden mit dieser Spielart des Homogamie-Effektes in pädagogischen Beziehungen (u. a. Bourdieu & Wacquant, 2006) der quantitativ ausgerichteten Forschung zum Rational-Choice-Ansatz starke Befunde entgegengesetzt. So kann mit der vorliegenden Arbeit empirisch belegt werden, dass der Blick auf und der Umgang mit Schüler*innen durchaus in einem engen Zusammenhang mit der sozialen Herkunft der Lehrkräfte steht und die pädagogische Arbeit vor allem für die Schüler*innenklientel förderlich zu sein scheint, die mehr Übereinstimmung mit den jeweiligen biografischen Erfahrungen und Haltungen der Lehrkräfte aufweisen.

5.2   Handlungsoptionen für die Bearbeitung von Bildungsungleichheit

Auf Grundlage des erkenntnistheoretischen Prinzips der Sozioanalyse von Pierre Bourdieu können anhand der Untersuchungsergebnisse Anhaltspunkte und Entwicklungsmöglichkeiten für eine rationale und (selbst-)reflexive pädagogische Arbeit hergeleitet werden. Generell geht es bei Bourdieus Konzept der Sozioanalyse darum, sich mit der eigenen sozialen Herkunft und somit mit den Gesetzmäßigkeiten und (verinnerlichten) Restriktionen der eigenen Wahrnehmungs-, Denk- und Handlungsmuster zu befassen (u. a. Bourdieu & Wacquant, 2006; Bourdieu, 2002; 1993). Im Kontext der pädagogischen Arbeit bedeutet Sozioanalyse, soziale Ungleichheit zum Ausgangpunkt für weitere Überlegungen zur individuellen Förderung benachteiligter Schüler*innen und zur Verringerung ungleicher Bildungschancen zu nehmen. Einfache Antworten auf die Frage, wie eine sozioanalytische pädagogische Arbeit konkret auszusehen hat, gibt es nicht – dafür ist Bourdieus Programm zu anspruchsvoll und komplex. Die folgenden Ausführungen sind demnach nicht als konkrete Handlungsempfehlungen zu verstehen, sondern stellen vielmehr einen Reflexionsrahmen und Anregungen für weitere Auseinandersetzungen dar.

Zunächst zeigen die Einzelfallanalysen, dass das Reflexions- und Wissensniveau von Lehrkräften über Reproduktionsmechanismen sozialer Ungleichheit im Bildungssystem und die eigene Verstrickung in solche Prozesse insgesamt angehoben werden sollte (vgl. Lange-Vester & Teiwes-Kügler, 2014). Übereinstimmend mit den Hinweisen von Rieger-Ladich (2011) und Ditton (2010a) kann in dieser Arbeit kein Bewusstsein der Lehrkräfte für ihre eigene Mitwirkung bei der Perpetuierung sozialer Ungleichheit rekonstruiert werden. Zwar nehmen alle vier Lehrkräfte grundsätzlich wahr, dass Chancengleichheit im Bildungssystem nur eingeschränkt gegeben ist, die Ursachen für die Bildungsnachteile einiger Schüler*innen verorten die befragten Lehrkräfte allerdings primär in der Familie. So spielen aus ihrer Sicht die Eltern eine tragende Rolle für den erfolgreichen Verlauf der Bildungsbiografie der Schüler*innen. Fallweise schätzen die Lehrkräfte auch institutionelle Rahmenbedingungen wie etwa die derzeitigen inadäquaten Voraussetzungen an allgemeinbildenden Schulen für gemeinsames Lernen (Herr Jansen) oder unzureichende Personalressourcen (Frau Kamper) als ursächlich für ungleiche Bildungschancen bzw. als Einflussgröße für Bildungsungleichheit ein. Die Betonung von externen kontextuellen Ursachen dient hierbei als Erklärung für Grenzen des eigenen pädagogischen Handelns. Die Fähigkeit und Bereitschaft der Lehrkräfte, die eigene pädagogische Praxis auch als symbolische Gewalt zu begreifen (vgl. Lange-Vester & Teiwes-Kügler, 2014) scheint eine grundlegende Voraussetzung dafür zu sein, die Verantwortung für die Entwicklung von Bildungschancen zu stärken.

Weiterhin gilt es seitens der Lehrkräfte, differente Lebenswelten, Alltagskulturen, Werte und Einstellungen und daraus resultierende ungleiche Lernvoraussetzungen, erfahrungsweltliche Bildungsinhalte und -strategien der Schüler*innen wahrzunehmen und anzuerkennen. Dahingehend plädieren Grundmann, Groh-Samberg, Bittlingmayer und Bauer (2003) für einen erweiterten Bildungsbegriff, der außerschulische Bildungsprozesse stärker fokussiert. Die Autoren argumentieren, dass das Wissen, die Fähigkeiten und Kompetenzen von Schüler*innen aus sozial benachteiligten Milieus nicht immer anschlussfähig an schulische, standardisierte Bildung sind und zum Teil außerwertgesetzt werden (ebd.). In die Diskussion um den Zusammenhang von Milieuzugehörigkeit und spezifischen Lern- und Bildungsformen ist auch die Forderung von Bremer (2007) nach einer „Enthierarchisierung von Kompetenzen" (ebd., 268 ff.) zugunsten einer

Stärkung und Wertschätzung von Interessen, Kenntnissen und Potenzialen speziell von Schüler*innen aus unterprivilegierten und aufstiegsorientierten Milieus einzuordnen. Etwa weisen Studien zu Bildungsaufstiegsprozessen auf die enormen Anpassungsleistungen der Aufsteiger*innen hin, die durch Lehrkräfte nicht unterstützt werden. Der soziale Aufstieg erfordert nicht nur in hohem Maße (Selbst-)Reflexion und Flexibilität, sondern auch eine ausgeprägte Trennungskompetenz. Zudem kann festgestellt werden, dass Aufsteiger*innen zahlreiche Hürden überwinden müssen: Die meisten können auf keine schulbildungsrelevante Hilfestellung zurückgreifen und müssen mitunter gegen Widerstand in der Familie bzw. im Herkunftsmilieu kämpfen (u. a. El-Mafaalani, 2012; von Rosenberg, 2011; King, 2009).

Auch wenn aus den unternommenen Rekonstruktionen hervorgeht, dass die Lehrkräfte nicht ausschließlich auf schulische Leistungen, sondern auf die Schüler*innen als ganze Person blicken und sensibel für ungleiche Ressourcen- bzw. Kapitalausstattungen sind, handelt es sich nicht um ein „generelles und genetisches Verständnis der Existenzbedingungen" (Bourdieu, 1987, S. 786). Im Allgemeinen basieren die dargelegten Kenntnisse über die soziale Situation der Schüler*innen und deren Auswirkungen auf den Schulkontext entweder auf eigenem Erfahrungswissen oder auf institutionalisierten Deutungsmustern. Bei ‚Verstehen' im Sinne von Bourdieu geht es aber gerade nicht darum, sich aufgrund eigener biografischer Erfahrungen in bestimmte Schüler*innen emotional hineinzuversetzen und sich mit ihnen identifizieren zu können, sondern um die Einsicht „in die untrennbar verwobenen psychischen und sozialen Prägungen, die mit der Position und dem biographischen Werdegang dieser Person im Sozialraum einhergehen" (ebd.). Im Hinblick auf die negativen Schulerfahrungen von Frau Akay (Hauptschulzuweisung und institutionellen ‚Haltekräfte' der Hauptschule), die als Musterbeispiel für die institutionelle Diskriminierung einer Schülerin mit Migrationshintergrund gedeutet werden können (vgl. Gomolla & Radtke, 2009), soll der Unterschied herausgestellt werden: So ist zu vermuten, dass Frau Akay Erfahrungen von Differenz und Ungleichheit gemacht hat bzw. macht. Die eigenen Erlebnisse und die eigene Problembetroffenheit entlasten aber sobald es um die pädagogische Arbeit geht scheinbar nicht von einer Auseinandersetzung mit diesen Erfahrungen (vgl. hierzu auch: Mecheril, 2008), denn Frau Akay schätzt die Bildungschancen bzw. die Bildungserfolgsaussichten ihrer Schüler*innen insgesamt als eher gering ein. Vor dem Hintergrund der eigenen Aufstiegsbiografie erscheint diese Sichtweise nicht erwartungsgemäß, sie kann aber anhand der institutionalisierten Deutungsmuster, die größtenteils mit negativen stereotypen Vorstellungen von Schüler*innen aus sozial benachteiligten Milieus verbunden sind, erklärt werden.

Damit wird zu der Notwendigkeit übergeleitet, die problemzentrierten
Schüler*innen- und Elternbilder zu reflektieren. Etwa haben die vorgestellten empirischen Studien mit praxeologischem Ansatz deutlich gemacht, dass
Normalitätsvorstellungen über angemessene Orientierungen und Praktiken der
Schüler*innen und Eltern (vgl. Khan, Sertl, Raggl, Stefan, & Unterköffler-Klatzer,
2012) sowie stigmatisierende Zuschreibungen entlang sozialer Differenzkategorien (vgl. Fölker & Hertel, 2015; Jäger, 2014; Wiezorek & Pardo-Puhlmann,
2013) ausschlaggebende Faktoren für die strukturelle Reproduktion von Bildungsungleichheit darstellen. Lehrkräfte stehen demnach vor der Anforderung,
zu hinterfragen, welche Differenzkategorien in welcher Weise innerhalb ihrer
pädagogischen Arbeit ungleichheitsrelevant werden. Zentral ist hierbei im Sinne
der Sozioanalyse, sich von den vermeintlichen Selbstverständlichkeiten, den
unhinterfragt gültigen Wissensbeständen und Begrifflichkeiten im Alltag und im
schulischen Feld zu distanzieren (vgl. Brake, 2015). Ansatzweise ist solch ein
Bruch mit Common Sense-Theorien bei Frau Kamper und Herrn Jansen rekonstruierbar, die sich zum Teil von pauschalisierenden Defizitzuschreibungen an die
Schüler*innen abgrenzen und eine differenzierte Sichtweise auf bestimmte Auffälligkeiten entfalten. Dies zeigt sich an den oben bereits genannten Bezugnahmen
auf die vermeintlich verwahrloste Schülerin (Frau Kamper) und den Schüler mit
ADHS (Herr Jansen).

Nicht zuletzt muss jedoch festgehalten werden, dass allein die lehrkraftseitigen
Bemühungen, sich von schulischen Normen und Konventionen und damit verbundenen Gewohnheiten und Routinen zu befreien, nicht genügen. Um alternative
Strukturen und Praktiken des Abbaus von Bildungsungleichheit zu entwickeln,
muss darüber hinaus die Schule als Institution selbstkritischer mit der Leistungs-
und Begabungsideologie und Mechanismen der institutionellen Diskriminierung
umgehen (vgl. Solga, 2005; Gomolla & Radtke, 2009).

5.3 Grenzen der Untersuchung und anschließende Forschungsperspektiven

Gleichwohl die vorliegende Studie die bisherige Forschung zu Passungskonstellationen zwischen Lehrkräften und Schüler*innen ungleicher sozialer Herkunft weiter ausdifferenzieren kann, haben sich im Analyseprozess zahlreiche neue Fragen
und Themenbereiche aufgetan, die Anlass für weitere Forschungsprojekte geben.
Etwa lassen sich anhand der herausgearbeiteten Befunde zwei Grundmuster der
lehrkraftseitigen Unterstützung sozial benachteiligter Schüler*innen festmachen,
die es tiefer zu ergründen gilt: ein anerzogenes, prinzipiengeleitetes Engagement

sowie ein aus scheinbar homologen biografischen Erfahrungen resultierendes Engagement. Anschließende Forschungsanstrengungen sollten die Konstruktion konjunktiver Erfahrungsräume, die bislang ausschließlich in den Studien zu beruflichen Selbst- und Fremdkonzepten von Lehrkräften mit Migrationshintergrund untersucht wurden (vgl. Fabel-Lamla & Klomfaß, 2014; Rotter, 2014; Georgi, Ackermann, & Karakas, 2011), einbeziehen und die handlungsleitenden milieuspezifischen Orientierungen von Lehrkräften mit und ohne Migrationshintergrund systematisch miteinander vergleichen. Es sollte in breiter angelegten qualitativen Untersuchungen ergänzend bedacht werden, dass sich unterschiedliche milieuspezifische Erfahrungen überlagern, sodass verschiedene Erfahrungsdimensionen zusammenkommen (vgl. hierzu auch: Nohl, 2010).

In dieser Arbeit wurde der Blick auf die Milieuspezifität gerichtet. Darüber hinaus wäre aufschlussreich, die soziogenetische Interpretation auf weitere Erfahrungsräume auszuweiten. Beispielsweise thematisiert Herr Jansen das ungleiche Geschlechterverhältnis der Grundschullehrkräfte und misst sich selbst aufgrund seines männlichen Geschlechts einen Vorteil für die pädagogische Arbeit bei:

> also ich sag immer mein-der Job ist für mich ein bisschen einfacher weil gerade die Jungen (.) das hört sich doof an aber ich glaube das ist wirklich so auch ein bisschen deswegen sagt man ja immer mehr Männer in die Grundschulen dass ich den Laden eher ruhig kriege (.) alleine nur weil ich ein Mann bin (Interview Herr Jansen, Z. 2361–2367)

Interessante Anknüpfungspunkte für entsprechende Folgeprojekte bietet mitunter die Studie zum beruflichen Habitus männlicher Grundschullehrer von Baar (2010), in der der Zusammenhang von Handlungsorientierungen und Männlichkeitskonstruktionen herausgearbeitet wird. Ferner können insbesondere bei Frau Berger Geschlechterstereotype (vgl. 2.5.2 Modifikation der Analysedimensionen) identifiziert werden. So beschreibt Frau Berger im Zusammenhang der Frage nach besonderer Sympathie für bestimmte Schüler*innen das positivere Sozialverhalten der Mädchen im Gegensatz zu den Jungen:

> oft sind es ja die Mädchen auch nicht immer um Gottes Willen aber oft sind es ja die Mädchen die dann auch so ähm vom Sozialen her so ein bisschen Schlichten und ähm nochmal so alles was hochkocht wieder so ein bisschen runter (.) bringen auch auf-in Schulhofsituationen und und und (.) und (.) ja die einfach im Sozialen auch besonders stark sind da gibt es auch Jungs also es sind jetzt nicht nur Mädchen aber ähm wenn ich jetzt an meine jetzige Klasse denke sind es viele Mädchen (.) und einige Jungs (Interview Frau Berger, Z. 706–715)

Zu geschlechtsstereotypen Vorstellungen sowie damit korrespondierenden pädagogischen und unterrichtlichen Praktiken liegen zahlreiche Untersuchungen vor (u. a. Budde, Scholand, & Faulstich-Wieland, 2008; Budde, 2006; Spitz, 2002). Inwiefern die geschlechtsbezogenen Orientierungen mit milieugeprägten Erfahrungen der Lehrkräfte zusammenhängen, ist hingegen bislang nicht erforscht.

Bei der Eingrenzung der dargestellten Fälle lag der Fokus des Weiteren auf berufseinsteigende Lehrkräfte. Lohnenswert wäre auch eine Gegenüberstellung habitueller Dispositionen von Lehrkräften in unterschiedlichen beruflichen Phasen, um die Wahrnehmung, Einschätzung und Bewältigung von Bildungsungleichheit weiter zu erforschen. Die vorliegende Arbeit kann lediglich über die Dispositionen Auskunft geben, die zum Zeitpunkt des Interviews kommunikativ hervorgebracht wurden. Ein längsschnittlicher Zugang eröffnet ferner die Möglichkeit, Dynamiken der Veränderungen von handlungsleitenden Orientierungen über einen längeren Zeitraum zu analysieren. Anschlussfähig sind hierbei Studien aus berufsbiografischer Perspektive, die die Bewältigung von Entwicklungsaufgaben, Anforderungen und Herausforderungen im Lehrberuf betrachten (u. a. Lamy, 2014; Košinár, 2014; Hericks, 2006). Etwa weist Maschke (2013) in einer Untersuchung von Bildungsverläufen angehender Lehrkräfte darauf hin, dass gerade unter Druck habituelle Wandlungsprozesse stattfinden können. Dabei unterscheidet Maschke defensive und offensive Bewältigungsstrategien von spannungsreichen Situationen, die auf familiale Erfahrungen, soziales Kapital und das Selbstkonzept zurückzuführen sind (ebd.). Erste Anzeichen für derartige (habituelle) Veränderungen von Deutungen und Handlungspraktiken finden sich zum Beispiel in den Interviews mit Frau Kamper und Herrn Jansen, wenn diese ihre individuelle Wahrnehmung und ihren Umgang mit angeblichen Problemschüler*innen im Verhältnis zu ihren Kolleg*innen und in Auseinandersetzung mit den jeweiligen Gegebenheiten vor Ort beschreiben. Demzufolge sollte außerdem ein besonderes Augenmerk auf der Einzelschule selbst liegen. Von Interesse ist vor allem die Identifikation von internen und externen Faktoren, die zu einem Wandel habitueller Dispositionen führen (können). Dazu zählt die Analyse einzelschulischer Umgangsweisen mit sozialer Bildungsungleichheit sowie interaktiver Aushandlungsprozesse hinsichtlich der Positionierung von Lehrkräften ungleicher sozialer Herkunft im Kollegium. In diesem Kontext sollte auch der In- und Außerwertsetzung habitueller Orientierungen von Lehrkräften mehr Aufmerksamkeit gewidmet werden. Untersuchungsleitend könnte für solche zukünftigen Studien die Frage sein, ob Lehrkräfte aus einem eher sozial benachteiligten Herkunftsmilieu, die sich dem Common Sense über institutionell geltende Vorstellungen,

Regeln und Strukturen widersetzen, eher Gefahr laufen, an den Rand oder sogar aus dem schulischen Feld gedrängt zu werden. Aussichtsreich erscheint ebenfalls ein Blick über den einzelschulischen Kontext hinaus auf weitere bildungsrelevante Akteure. So kann die Erforschung kommunaler Bildungslandschaften Auskunft darüber geben, inwiefern die Einzelschule in „langfristige, professionell gestaltete, auf gemeinsames, planvolles Handeln abzielende, kommunalpolitisch gewollte Netzwerke zum Thema Bildung" (Bleckmann & Durdel, 2009, S. 12) eingebunden ist. Die systematische Vernetzung und Abstimmung lokaler Bildungsakteure zielt darauf ab, die soziale Selektivität des Bildungssystems abzubauen. Die Frage, auf welche Weise dies in der Praxis gelingen kann, muss jedoch noch näher untersucht werden (vgl. hierzu auch: Duveneck, 2016).

Ferner ist anzumerken, dass durch die rekonstruktive Forschung ein Blick auf die Praxis versperrt bleibt. Mit dieser Arbeit kann nicht beantwortet werden, wie sich die negativen Stereotypisierungen tatsächlich auf die pädagogische Arbeit, bspw. hinsichtlich der Schullaufbahnempfehlungen, auswirken. So kommen über die Interviews ausschließlich die Selbstinterpretationen und Deutungen der befragten Lehrkräfte in den Blick, nicht aber Interaktionen und Praktiken. Dementsprechend wäre eine Kombination von Interviews mit ethnografischen Zugängen wie etwa teilnehmende Beobachtungen aufschlussreich, um zusätzlich die Wirksamkeit und Wirkungsrichtung der handlungsleitenden Orientierungen abzubilden und schulische Interaktionsprozesse zwischen verschiedenen Akteuren innerhalb und außerhalb des Unterrichts in den Blick zu nehmen.

Vielversprechend erscheint überdies die Anbindung an die pädagogische Professionsforschung. Aus den in dieser Arbeit generierten Befunden lassen sich insbesondere zwei Ansatzpunkte für weitere Untersuchungen ableiten:

(1) Erstens sollte die Genese (und wie oben bereits genannt: mögliche Veränderungen) habitueller Orientierungen von Lehrkräften als noch unerschlossenes Forschungsgebiet fokussiert werden. Unterdies verweisen Bressler und Rotter (2018) auf die doppelte theoretische Bedeutung des Habituskonzepts und plädieren für die Erweiterung der Forschung zum Habitus von Lehrkräften – nicht nur im Hinblick auf eine ganzheitliche Theoriebildung, sondern auch in Bezug auf die praktische Relevanz für die Lehrer*innenbildung. Den Autor*innen zufolge kann ein tiefergehendes Verständnis des Habitus als ‚Modus Operandi' Auskunft über Bedarfe der Professionalisierung des beruflichen Habitus geben; eine Beforschung des Habitus als ‚Opus Operatum' lässt hingegen Rückschlüsse über Grenzen und Möglichkeiten der Professionalisierung des beruflichen Habitus zu (ebd.). Mit diesen Überlegungen

zusammenhängend steht auch der Modellentwurf der Herausbildung habitueller Orientierungen von Lehrkräften. So schlägt Helsper (2018a; 2018b) die Unterscheidung zwischen (1) dem familiären, primären Habitus, (2) dem biografisch erworbenen, individuellen Habitus, (3) dem Schüler*innenhabitus und (4) dem Lehrer*innenhabitus vor. Helsper argumentiert, dass die impliziten Orientierungen und Praktiken, die während der eigenen Schulzeit erworben wurden, – auch in Korrespondenz zu dem familiären, primären Habitus und dem biografisch erworbenen, individuellen Habitus – in die Entwicklung eines eigenen Lehrer*innenhabitus eingehen.

(2) Zu der Ausdifferenzierung des Habitusbegriffs tritt zweitens die begrifflich-konzeptionelle Schärfung des Verhältnisses von Lehrer*innenhabitus und Professionalität hinzu. So gibt Helsper zu bedenken, dass mit dem Begriff des Lehrer*innenhabitus in einer ausschließlich empirischen Perspektive danach gefragt wird, welche unterschiedlichen Dispositionen rekonstruierbar sind. Mit dem Begriff der Professionalität wird hingegen ein normativer Horizont eröffnet, sodass die habituell verankerten Orientierungen und Praktiken daraufhin befragt werden können, inwiefern sie den Anforderungen an eine professionelle Handlungspraxis entsprechen (ebd.). Kramer und Pallesen (2018) entwickeln hierzu auf Grundlage des strukturtheoretischen Professionsansatzes (u. a. Helsper, 2011; Oevermann, 2002, 1996) eine Heuristik des professionellen Lehrer*innenhabitus. Unter der zentralen Handlungsanforderung ‚Anregung, Wahrnehmung und Begleitung von Bildungsprozessen über paradoxe Kriseninterventionen' zeichnet sich ein professioneller Habitus der Lehrkräfte vor allem über die Berücksichtigung der Widersprüchlichkeiten der beabsichtigten Autonomieförderung und deren gleichzeitiger heteronomen Beeinträchtigung durch das eigene Lehrer*innenhandeln aus. Zu der Handlungsanforderung ‚Gestaltung eines pädagogischen Arbeitsbündnisses' zählt im Sinne von Professionalität die situative Verortung der verschiedenen universalen und partikularen Facetten eines pädagogischen Arbeitsbündnisses im eigenen Handeln. Unabdingbare Anforderung für den Lehrberuf ist darüber hinaus die Fähigkeit zum Fallverstehen. Professionell wäre ein Lehrer*innenhabitus dann, wenn eine situative Einbettung des Einzelfalls in theoretische Kategorien bei gleichzeitiger Vermeidung von schematischen Abläufen gelingt. Alle bisher genannten Anforderungsbereiche setzen eine grundlegende Reflexionsbereitschaft und -fähigkeit voraus. Professionalität bedeutet in diesem Zusammenhang einen reflexiven Umgang mit Ungewissheit sowie der Unsicherheit der eigenen Wissensbasis und deren Relevanz für konkrete Fälle (ebd.).

Zum Schluss dieser Arbeit bleibt festzuhalten, dass die in den vorherigen Kapiteln berichteten Ergebnisse und die in diesem Kapitel skizzierten Handlungsoptionen, weiterführende Fragen und Themenbereiche wesentlich zu einer selbstkritischen Reflexion der pädagogischen Arbeit und somit zum produktiveren Umgang mit herkunftsbedingter Vielfalt beitragen können. Das Erkennen der „verborgenen Mechanismen der Macht" (Bourdieu, 1992) im schulischen Feld erlaubt es den Lehrkräften, die eigenen Potenziale zu stärken und Handlungsmöglichkeiten zur Unterstützung sozial benachteiligter Schüler*innen zu entwickeln.

Literaturverzeichnis

Agirdag, O., van Avermaet, P., & Van Houtte, M. (2013). School Segregation and Math Achievement: A Mixed-Method Study on the Role of Self-Fulfilling Prophecies. *Teachers College Record, 115(3)*, S. 1–50.

Akbaba, Y., Bräu, K., & Zimmer, M. (2013). Erwartungen und Zuschreibungen: eine Analyse und kritische Reflexion der bildungspolitischen Debatte zu Lehrer/innen mit MIgrationshintergrund. In K. Bräu, V. Georgi, Y. Karakasoglu, & C. Rotter, *Lehrerinnen und Lehrer mit Migrationshintergrund: zur Relevanz eines Merkmals in Theorie, Empirie und Praxis* (S. 37–57). Münster: Waxmann.

Amling, S., & Hoffmann, N. (2013). Die soziogenetische Typenbildung in der Diskussion. Zur Rekonstruktion der sozialen Genese von Milieus in der Dokumentarischen Metheode. *Zeitschrift für Qualitative Forschung (ZQF), 2/2013*, S. 179–198.

Anders, Y., McElvany, N., & Baumert, J. (2010). Die Einschätzung lernrelevanter Schülermerkmale zum Zeitpunkt des Übergangs von der Grundschule auf die weiterführende Schule. Wie differenziert urteilen Lehrkräfte. In K. Maaz, J. Baumert, C. Gresch, & N. McElvany, *Der Übergang von der Grundschule in die weiterführende Schule. Leistungsgerechtigkeit und regionale, soziale und ethnisch-kulturelle Disparitäten* (S. 313–330). Bonn: Bundesministerium für Bildung und Forschung, Referat Bildungsforschung.

Archambault, I., Pagani, L., & Fitzpatrick, C. (2013). Transactional associations between classroom engagement and relations with teachers from first through fourth grade. *Learning and Instruction, 23(1)*, S. 1–9.

Asbrand, B. (2011). Dokumentarische Methode. *Online-Fallarchiv Schulpädagogik*.

Asbrand, B., & Martens, M. (2018). *Dokumentarische Unterrichtsforschung*. Wiesbaden: Springer VS.

Autorengruppe-Bildungsberichterstattung. (2010). *Bildung in Deutschland 2010. Ein indikatorengestützter Bericht mit einer Analyse zu Perspektiven des Bildungswesens im demographischen Wandel*. Bielefeld: Bertelsmann.

Autorengruppe-Bildungsberichterstattung. (2012). *Bildung in Deutschland 2012. Ein indikatorengestützter Bericht mit einer Analyse zur kulturellen Bildung im Lebenslauf*. Bielefeld: Bertelsmann.

Baar, R. (2010). *Allein unter Frauen. Der berufliche Habitus männlicher Grundschullehrer*. Wiesbaden: Springer VS.

© Der/die Autor(en) 2021
S. Rutter, *Sozioanalyse in der pädagogischen Arbeit*, Bildung und Gesellschaft,
https://doi.org/10.1007/978-3-658-32065-2

Baker, J. (2006). Contributions of teacher-child relationships to positive school adjustment during elementary school. *Journal of School Psychology*, S. 211–229.

Barlösius, E. (2004). *Kämpfe um soziale Ungleichheit. Machttheoretische Perspektiven.* Wiesbaden: Springer VS.

Bauer, U. (2012). *Sozialisation und Ungleichheit. Eine Hinführung* (2 Ausg.). Wiesbaden: Springer VS.

Baumert, J., Klieme, E., Neubrand, M., Prenzel, M., Schiefele, U., Schneider, W., ... Weiß, M. (2001). *PISA 2000. Basiskompetenzen von Schülerinnen und Schülern im internationalen Vergleich.* Opladen: Leske + Budrich.

Baumert, J., Stanat, P., & Watermann, R. (2006). Schulstruktur und die Entstehung differenzieller Lern- und Entwicklungsmilieus. In J. Baumert, P. Stanat, & R. Watermann, *Herkunftsbedingte Disparitäten im Bildungswesen. Vertiefende Analysen im Rahmen von PISA 2000* (S. 95–188). Wiesbaden: Springer VS.

Baumert, J., Trautwein, U., & Artelt, C. (2003). Schulumwelten – institutionelle Bedingungen des Lehrens und Lernens. In J. Baumert, C. Artelt, E. Klieme, M. Neubrand, M. Prenzel, U. Schiefele, ... M. Weiß, *PISA 2000 – Ein differenzierter Blick auf die Länder der Bundesrepublik Deutschland* (S. 261–331). Wiesbaden: Springer VS.

Becker, D., & Birkelbach, K. (2013). Lehrer als Gatekeeper? Eine theoriegeleitete Annäherung an Determinanten und Folgen prognostischer Lehrerurteile. In R. Becker, & A. Schulze, *Bildungskontexte: Strukturelle Voraussetzungen und Ursachen ungleicher Bildungschancen* (S. 207–237). Wiesbaden: Springer VS.

Becker, R. (2000). Klassenlage und Bildungsentscheidungen. Eine empirische Anwendung der Wert-Erwartungstheorie. *Kölner Zeitschrift für Soziologie und Sozialpsychologie (KZfSS), 3/2000*, S. 450–474.

Becker, R. (2010). Soziale Ungleichheit von Bildungschancen und Chancengerechtigkeit – eine Reanalyse mit bildungspolitischen Implikationen. In R. Becker, & W. Lauterbach, *Bildung als Privileg. Erklärungen und Befunde zu den Ursachen der Bildungsungleichheit* (4 Ausg., S. 11–49). Wiesbaden: Springer VS.

Becker, R., & Lauterbach, W. (2010). Bildung als Privileg – Ursachen, Mechanismen, Prozesse und Wirkungen dauerhafter Bildungsungleichheiten. In R. Becker, & W. Lauterbach, *Bildung als Privileg. Erklärungen und Befunde zu den Ursachen der Bildungsungleichheit* (4 Ausg., S. 11–49). Wiesbaden: Springer VS.

Berkemeyer, N., Bos, W., Manitius, V., Hermstein, B., & Khalatbari, J. (2013). *Chancenspiegel 2013. Zur Chancengerechtigkeit und Leistungsfähigkeit der deutschen Schulsysteme mit einer Vertiefung zum Ganztag.* Gütersloh: Bertelsmann Stiftung.

Bernstein, B. (1996). *Pedagogy, symbolic control and identity.* London: Taylor and Fancis.

Betz, T. (2015). Ungleichheitsbezogene Bildungsforschung – Lehrkräfte im Fokus. *Zeitschrift für Soziologie der Erziehung und Sozialisation (ZSE), 4/2015*, S. 339–343.

Bittlingmayer, U., & Bauer, U. (2005). *Erwerb sozialer Kompetenzen für das Leben und Lernen in der Ganztagsschule, in außerschulischen Lebensbereichen und für die Lebensperspektive von Kindern und Jugendlichen. Expertise für das BLK-Verbundprojekt "Lernen für den GanzTag".*

Bleckmann, P., & Durdel, A. (2009). *Lokale Bildungslandschaften. Perspektiven für Ganztagsschulen und Kommunen.* Wiesbaden: Springer VS.

Bohnsack, R. (1989). *Generation, Milieu und Geschlecht. Ergebnisse aus Gruppendiskussionen mit Jugendlichen.* Wiesbaden: Springer VS.

Bohnsack, R. (2003). Orientierungsmuster. In R. Bohnsack, W. Marotzki, & M. Meuser, *Hauptbegriffe Qualitative Sozialforschung. Ein Wörterbuch* (S. 132–133). Wiesbaden: Springer VS.

Bohnsack, R. (2003). *Praxeologische Wissenssoziologie.* Opladen: UTB.

Bohnsack, R. (2012). Orientierungsschemata, Orientierungsrahmen und Habitus. Elementare Kategorien der Dokumentarischen Methode mit Beispielen aus der Bildungsmilieuforschung. In K. Schittenhelm, *Qualitative Bildungs- und Arbeitsmarktforschung. Grundlagen, Perspektiven, Methoden* (S. 119–153). Wiesbaden: Springer VS.

Bohnsack, R. (2013). Dokumentarische Methode und die Logik der Praxis. In A. Lenger, C. Schneickert, & F. Schumacher, *Pierre Bourdieus Konzeption des Habitus. Grundlagen, Zugänge, Forschungsperspektiven* (S. 175–200). Wiesbaden: Springer VS.

Bohnsack, R. (2014a). *Rekonstruktive Sozialforschung: Einführung in qualitative Methoden* (9 Ausg.). Opladen: UTB.

Bohnsack, R. (2014b). Habitus, Norm und Identität. In W. Helsper, R.-T. Kramer, & S. Thiersch, *Schülerhabitus. Theoretische und empirische Analysen zum Bourdieuschen Theorem der kulturellen Passung* (S. 33–55). Wiesbaden: Springer VS.

Bohnsack, R., & Pfaff, N. (2010). Die dokumentarische Methode: Interpretation von Gruppendiskussionen und Interviews. *Enzyklopädie Erziehungswissenschaft online*, S. 1–55.

Bohnsack, R., Nentwig-Gesemann, I., & Nohl, A.-M. (2013). *Die dokumentarische Methode und ihre Forschungspraxis. Grundlagen qualitativer Sozialforschung* (3 Ausg.). Wiesbaden: Springer VS.

Bos, W., & Pietsch, M. (2007). *KESS 4 – Kompetenzen und Einstellungen von Schülerinnen und Schülern am Ende der Jahrgangsstufe 4 in Hamburger Grundschulen.* Münster: Waxmann.

Bos, W., Müller, S., & Stubbe, T. (2010). Abgehängte Bildungsinstitutionen: Hauptschulen und Förderschulen. In G. Quenzel & K. Hurrelmann, *Bildungsverlierer. Neue Ungleichheiten* (S. 375–397). Wiesbaden: Springer VS.

Boudon, R. (1974). *Education, Opportunity and Social Inequality: Changing Prospects in Western Society.* New York: John Wiley & Sons.

Bourdieu, P. (1982). *Die feinen Unterschiede. Kritik der gesellschaftlichen Urteilskraft.* Frankfurt a. M.: Suhrkamp.

Bourdieu, P. (1983). Ökonomisches Kapital, kulturelles Kapital, soziales Kapital. In R. Kreckel, *Soziale Ungleichheiten, Soziale Welt Sonderband 2* (S. 183–198). Göttingen.

Bourdieu, P. (1985). *Sozialer Raum und "Klassen": Zwei Vorlesungen.* Frankfurt a. M.: Suhrkamp.

Bourdieu, P. (1987). *Sozialer Sinn. Kritik der theoretischen Vernunft.* Frankfurt a. M.: Suhrkamp.

Bourdieu, P. (1992). *Die verborgenen Mechanismen der Macht.* Hamburg: VSA.

Bourdieu, P. (1993). Narzißtische Reflexivität und wissenschaftliche Reflexivität. In M. Fuchs, & E. Berg, *Kultur, soziale Praxis, Text. Die Krise der ethnographischen Repräsentation* (S. 365–374). Frankfurt a. M.: Suhrkamp.

Bourdieu, P. (1997). *Das Elend der Welt. Zeugnisse und Diagnosen alltäglichen Leidens an der Gesellschaft.* Konstanz: UKV.

Bourdieu, P. (2001). *Meditationen. Zur Kritik der scholastischen Vernunft.* Frankfurt a. M.: Suhrkamp.

Bourdieu, P. (2001). *Wie die Kultur zum Bauern kommt. Über Bildung, Klassen und Erziehung.* Hamburg: VSA.

Bourdieu, P. (2002). *Ein soziologischer Selbstversuch.* Frankfurt a. M.: Suhrkamp.

Bourdieu, P. (2003). *Interventionen 1961–2001. Band 2: 1975–1990. Herrschende Ideologie & wissenschaftliche Autonomie, Laien und Professionelle der Politik, Erziehung & Bildung.* Hamburg: VSA.

Bourdieu, P., & Passeron, J.-C. (1971). *Die Illusion der Chancengleichheit. Untersuchungen zur Soziologie des Bildungswesens am Beispiel Frankreichs.* Stuttgart: Klett.

Bourdieu, P., & Passeron, J.-C. (1973). *Grundlagen einer Theorie der symbolischen Gewalt – Kulturelle Reproduktion und soziale Reproduktion.* Frankfurt a. M.: Suhrkamp.

Bourdieu, P., & Wacquant, L. (2006). *Reflexive Anthropologie.* Frankfurt a. M.: Suhrkamp.

Brake, A. (2015). Zur empirischen Rekonstruktion sozialer Praxis. Methodische Anforderungen und methodologische Reflexion aus der Perspektive Bourdieu'scher Praxistheorie. In F. Schäfer, A. Daniel, & F. Hillebrandt, *Methoden einer Soziologie der Praxis* (S. 59–90). Bielefeld: Transcript.

Brault, M.-C., Janosz, M., & Archambault, I. (2014). Effects of school composition and school climate on teacher expectations of students: A multilevel analysis. *Teaching and Teacher Education, 44,* S. 148–159.

Breen, R., & Goldthorpe, J. (1997). Explaining Educational Differentials: Towards a Formal Rational Action Theory. *Rationality and Society, 3/1997,* S. 275–305.

Bremer, H. (2004). *Von der Gruppendiskussion zur Gruppenwerkstatt. Ein Beitrag zur Methodenentwicklung in der typenbildenden Mentalitäts-, Habitus- und Milieuanalyse.* Münster: LIT.

Bremer, H. (2007). Schicht, Klasse, Milieu: Bezugskonzepte der Weiterbildungsforschung 1957–2007. *DIE Zeitschrift für Erwachsenenbildung, 4/2007,* S. 26–31.

Bremer, H. (2007). *Soziale Milieus, Habitus und Lernen: Zur sozialen Selektivität des Bildungswesens am Beispiel der Weiterbildung.* Weinheim: Juventa.

Bremer, H. (2012). Die Milieubezogenheit von Bildung. In U. Bauer, U. Bittlingmayer, & A. Scherr, *Handbuch Bildungs- und Erziehungssoziologie* (S. 829–846). Wiesbaden: Springer VS.

Bremer, H., & Lange-Vester, A. (2013). *Soziale Milieus und Wandel der Sozialstruktur. Die gesellschaftlichen Herausforderungen und die Strategien der sozialen Gruppen* (2 Ausg.). Wiesbaden: Springer VS.

Bremer, H., & Lange-Vester, A. (2014). Die Pluralität der Habitus- und Milieuformen bei Lernenden und Lehrenden. Theoretische und methodologische Überlegungen zum Verhältnis von Habitus und sozialem Raum. In W. Helsper, R.-T. Kramer, & S. Thiersch, *Schülerhabitus. Theoretische und empirische Analysen zum Bourdieuschen Theorem der kulturellen Passung* (S. 56–81). Wiesbaden: Springer VS.

Bremer, H., & Teiwes-Kügler, C. (2003). Die Gruppenwerkstatt. Ein mehrstufiges Verfahren zur vertiefenden Exploration von Mentalitäten und Milieus. In H. Geiling, *Probleme sozialer Integration. agis-Forschungen zum gesellschaftlichen Strukturwandel* (S. 207–236). Münster: LIT.

Bremer, H., & Teiwes-Kügler, C. (2013). Zur Theorie und Praxis der Habitus-Hermeneutik. In A. Brake, H. Bremer, & Lange-Vester, *Empirisch arbeiten mit Bourdieu. Theoretische und methodische Überlegungen, Konzeptionen und Erfahrungen* (S. 93–127). Weinheim: Beltz.

Bremer, H., & Teiwes-Kügler, C. (2014). Habitusanalyse als Habitus-Hermeneutik. *Zeitschrift für Qualitative Forschung (ZQF), 2/2014*, S. 199–219.

Bremm, N., Racherbäumer, K., & van Ackeren, I. (2017). Bildungsgerechtigkeit als Ausgangspunkt und Ziel ungleichheitsreflexiver Schulentwicklung in sozial deprivierten Kontexten. In B. Lütje-Klose, S. Miller, S. Schwab, & B. Streese, *Inklusion: Profile für die Schul- und Unterrichtsentwicklung in Deutschland, Österreich und der Schweiz* (S. 57–68). Münster: Waxmann.

Bressler, C., & Rotter, C. (2018). Die zwei Seiten des (Lehrpersonen-)Habitus – Praxeologisch-wissenssoziologische Überlegungen zur Erweiterung der Forschung zum Lehrpersonenhabitus. In T. Leonhard, J. Košinár, & C. Reintjes, *Praktiken und Orientierungen in der Lehrerbildung. Potentiale und Grenzen der Professionalisierung* (S. 53–63). Bad Heilbrunn: Klinkhardt.

Budde, J. (2006). Wie Lehrkräfte Geschlecht (mit-)machen – doing gender als schulischer Aushandlungsprozess. In S. Jösting, *Gender und Schule. Geschlechterverhältnisse in Theorie und schulischer Praxis* (S. 45–60). Oldenburg: Bis-Verlag.

Budde, J., Scholand, B., & Faulstich-Wieland, H. (2008). *Geschlechtergerechtigkeit in der Schule. Eine Studie zu Chancen, Blockaden und Perspektiven einer gender-sensiblen Schulkultur.* Weinheim: Juventa.

Burkart, G. (1994). *Die Entscheidung zur Elternschaft. Eine empirische Kritik von Individualisierungs- und Rational-Choice-Theorien.* Stuttgart: Enke.

Calmbach, M., Thomas, P., Borchard, I., & Flaig, B. (2012). *Wie ticken Jugendliche? Lebenswelten von Jugendlichen im Alter von 14 bis 17 Jahren in Deutschland.* Düsseldorf: Verlag Haus Altenberg.

Cortina, K. (2003). Der Schulartwechsel in der Sekundarstufe I: Pädagogische Maßnahme oder Indikator eines falschen Systems? *Zeitschrift für Pädagogik*, S. 127–141.

Demanet, J., & Van Houtte, M. (2012). Teachers' attitudes and students' opposition. School misconduct as a reaction to teachers' diminished effort and affect. *Teaching and Teacher Education, 28(6)*, S. 860–869.

Diefenbach, H. (2010). *Kinder und Jugendliche aus Migrantenfamilien im deutschen Bildungssystem* (3 Ausg.). Wiesbaden: Springer VS.

Dietrich, F., Heinrich, M., & Thieme, N. (2013). Bildungsgerechtigkeit jenseits von Chancengleichheit. In F. Dietrich, M. Heinrich, & N. Thieme, *Bildungsgerechtigkeit jenseits von Chancengleichheit. Theoretische und empirische Ergänzungen und Alternativen zu 'PISA'* (S. 11–32). Wiesbaden: Springer VS.

DiLalla, L., Marcus, J., & Wright-Philipps, M. (2004). Longitudinal effects of preschool behavioral styles on early adolescent school performance. *Journal of School Psychology, 42(5)*, S. 385–401.

Ditton, H. (2010a). Der Beitrag von Schule und Lehrern zur Reproduktion von Bildungsungleichheit. In R. Becker, & W. Lauterbach, *Bildungs als Privileg. Erklärungen und Befunde zu den Ursachen der Bildungsungleichheit* (4 Ausg., S. 243–271). Wiesbaden: Springer VS.

Ditton, H. (2010b). Schullaufbahnen und soziale Herkunft. Eine Frage von Leistung oder Diskriminierung? In S. Aufenanger, F. Hamburger, R. Tippelt, & L. Ludwig, *Bildung in der Demokratie: Beiträge zum 22. Kongress der Deutschen Gesellschaft für Erziehungswissenschaft. Schriftenreihe der Deutschen Gesellschaft für Erziehungswissenschaft (DGfE)* (S. 79–99). Opladen: Barbara Budrich.

Ditton, H., & Krüsken, J. (2009). Denn wer hat, dem wird gegeben werden? Eine Längsschnittstudie zur Entwicklung schulischer Leistungen und den Effekten der sozialen Herkunft in der Grundschulzeit. *Journal for educational research online 1*, S. 33–61.

Ditton, H., Krüsken, J., & Schauenberg, M. (2005). Bildungsungleichheit – der Beitrag von Familie und Schule. *Zeitschrift für Erziehungswissenschaft (ZfE), 2/2015*, S. 285–304.

Drucks, S., Bauer, U., & Hastaoglu, T. (2011). Wer ist bildungsarm? Zu einer Idealtypologie des funktionalen Analphabetismus. *REPORT – Zeitschrift für Weiterbildungsforschung, 3/2011*, S. 48–58.

Drucks, S., Osipov, I., & Quenzel, G. (2010). Anerkennungserfahrungen als Motivation zu lebenslangem Lernen: Einflüsse von Lehrern, Eltern und Peers auf die Lernmotivation Jugendlicher. *Diskurs Kindheits- und Jugendforschung, 5/2010*, S. 427–440.

Dumont, H., Maaz, K., Neumann, M., & Becker, M. (2014). Soziale Ungleichheiten beim Übergang von der Grundschule in die Sekundarstufe I. Theorie, Forschungsstand, Interventions- und Fördermöglichkeiten. *Zeitschrift für Erziehungswissenschaft (ZfE), Sonderheft*, S. 141–165.

Duveneck, A. (2016). *Bildungslandschaften verstehen. Zum Einfluss von Wettbewerbsbedingungen auf die Praxis.* Weinheim: Juventa.

Edelmann, D. (2006). Pädagogische Professionalität im transnationalen sozialen Raum. Eine Studie über Sichtweisen und Erfahrungen von Primarlehrpersonen in Bezug auf die kulturelle Heterogenität ihrer Schulklassen. In C. Allemann-Ghionda, & E. Terhart, *Kompetenzen und Kompetenzentwicklung von Lehrerinnen und Lehrern* (S. 235–249). Weinheim: Beltz.

Ehmke, T., & Jude, N. (2010). Soziale Herkunft und Kompetenzerwerb. In E. Klieme, C. Artelt, J. Hartig, N. Jude, O. Köller, M. Prenzel, … P. Stanat, *PISA 2009. Bilanz nach einem Jahrzehnt* (S. 231–254). Münster: Waxmann.

Elias, N., & Scotson, J. (1993). *Etablierte und Außenseiter.* Frankfurt a. M.: Suhrkamp.

El-Mafaalani, A. (2012). *BildungsaufsteigerInnen aus benachteiligten Milieus. Habitustransformation und soziale Mobilität bei Einheimischen und Türkeistämmigen.* Wiesbaden: Springer VS.

El-Mafaalani, A. (2014). Habitus-Struktur-Sensibilität – (Wie) kann ungleichheitssensible Schulpraxis gelingen? In T. Sander, *Habitussensibilität. Eine neue Anforderung an professionelles Handeln* (S. 229–246). Wiesbaden: Springer VS.

El-Mafaalani, A., & Wirtz, S. (2011). Wie viel Psychologie steckt im Habitusbegriff? Pierre Bourdieu und die "verstehende Psychologie". *Journal für Psychologie, 1/2011.*

Erikson, R., & Jonsson, J. (1996). *Can Educational Be Equalized? The Swedish Case in Comparative Perspective.* Boulder: Westview Press.

Erikson, R., Goldthorpe, J., & Portocarero, L. (1979). Intergenerational Class Mobility in Three Western European Societies: England, France and Sweden. *The British Journal of Sociology, 4/1979*, S. 415–441.

Esser, H. (1999). *Soziologie. Spezielle Grundlagen. Band 1: Situationslogik und Handeln.* Frankfurt a. M.: Campus.

Fölker, L., & Hertel, T. (2015). Differenz und Defizit. Rekonstruktionen zu pädagogischen Orientierungen und Praktiken der Klientelkonstruktion an zwei segregierten Großstadtschulen. In L. Fölker, T. Hertel, & N. Pfaff, *Brennpunkt(-)Schule. Zum Verhältnis von Schule, Bildung und urbaner Segregation* (S. 105–122). Opladen: Barbara Budrich.

Fölker, L., Hertel, T., & Pfaff, N. (2015a). *Brennpunkt(-)Schule. Zum Verhältnis von Schule, Bildung und urbaner Segregation.* Opladen: Barbara Budrich.

Fölker, L., Hertel, T., & Pfaff, N. (2015b). Aberkennung von Erziehungsfähigkeit. Klientelkonstruktionen als Ausdruck lokaler Bildungskulturen? In A. El-Mafaalani, S. Kurtenbach, & K. Strohmeier, *Auf die Adresse kommt es an ... Segregierte Stadtteile als Problem- und Möglichkeitsraum begreifen* (S. 188–206). Weinheim: Beltz.

Fabel-Lamla, M., & Klomfaß, S. (2014). Lehrkräfte mit Migrationshintergrund. Habitussensibilität als bildungspolitische Erwartung und professionelle Selbstkonzepte. In T. Sander, *Habitussensibilität. Eine neue Anforderung an professionelles Handeln* (S. 209–228). Wiesbaden: Springer VS.

Friebertshäuser, B., Rieger-Ladich, M., & Wigger, L. (2006). *Reflexive Erziehungswissenschaft.* Wiesbaden: Springer VS.

Garfinkel, H. (1967). *Studies in Ethnomethodology.* Englewood Cliffs: Polity.

Geißler, R. (2005). Die Metamorphose der Arbeitertochter zum Migrantensohn. Zum Wandel der Chancenstruktur im Bildungssystem nach Schicht, Geschlecht, Ethnie und deren Verknüpfungen. In P. Berger, & H. Kahlert, *Institutionalisierte Ungleichheiten. Wie das Bildungswesen Chancen blockiert* (S. 71–100). Weinheim: Juventa.

Geißler, R. (2014). *Die Sozialstruktur Deutschlands* (7 Ausg.). Wiesbaden: Springer VS.

Geiling, H., Gardemin, D., Meise, S., & König, A. (2011). *Migration – Teilhabe – Milieus.* Wiesbaden: Springer VS.

Gellert, U., & Hümmer, A.-M. (2008). Soziale Konstruktion von Leistung im Unterricht. *Zeitschrift für Erziehungswissenschaft ZfE), 2/2008,* S. 288–311.

Georgi, V., Ackermann, L., & Karakas, N. (2011). *Vielfalt im Lehrerzimmer: Selbstverständnis und schulische Integration von Lehrenden mit Migrationshintergrund in Deutschland.* Münster: Waxmann.

Ginnold, A. (2009). Übergänge von Schülerinnen und Schülern mit dem Förderschwerpunkt Lernen aus Sonder- und Integrationsschulen in Ausbildung und Erwerbsleben. *Zeitschrift für Inklusion, 1/2009.*

Goffman, E. (1952). On Cooling the Mark Out. Some Aspects of Adaptation to Failure. *Psychiatry, 15 Jg.,* S. 451–463.

Gomolla, M., & Radtke, F.-O. (2009). *Institutionelle Diskriminierung. Die Herstellung ethnischer Differenz in der Schule.* Wiesbaden: Springer VS.

Gronostaj, A., Kretschmann, J., Westphal, A., & Vock, M. (2015). Motivationale Kompetenzen und soziale Integration von Kindern mit sonderpädagogischem Förderbedarf in inklusiven Lernsettings. In N. Spörer, M. Vock, A. Schründer-Lenzen, & K. Maaz, *Inklusives Lernen und Lehren im Land Brandenburg. Abschlussbericht zur Begleitforschung im Land Brandenburg* (S. 109–136). Ludwigsfelde-Struveshof: Landesinstitut für Schule und Medien Berlin-Brandenburg (LISUM).

Grundmann, M., Dravenau, D., Bittlingmayer, U., & Edelstein, W. (2006). *Handlungsbefähigung und Milieu. Zur Analyse milieuspezifischer Alltagspraktiken und ihrer Ungleichheitsrelevanz.* Münster: LIT-Verlag.

Grundmann, M., Groh-Samberg, O., Bittlingmayer, U., & Bauer, U. (2003). Milieuspezifische Bildungsstrategien in Familie und Gleichaltrigengruppe. *Zeitschrift für Erziehungswissenschaft (ZfE), 1/2003*, S. 24–45.

Harazd, B., & van Ophuysen, S. (2008). Was bedingt die Wahl eines nicht empfohlenen höheren Bildungsgangs? *Zeitschrift für Erziehungswissenschaft 11(4)*, S. 626–647.

Hattie, J. (2008). *Visible Learning. A Synthesis of Over 800 Meta-Analyses Relating to Achievement*. London: Routledge.

Helsper, W. (2004). Pädagogisches Handeln in den Antinomien der Moderne. In H.-H. Krüger, & W. Helsper, *Einführung in Grundbegriffe und Grundfragen der Erziehungswissenschaft. Einführungskurs Erziehungswissenschaft I* (6 Ausg., S. 15–34). Wiesbaden: Springer VS.

Helsper, W. (2011). Lehrerprofessionalität – der strukturtheoretische Professionsansatz zum Lehrerberuf. In E. Terhart, H. Bennewitz, & M. Rothland, *Handbuch der Forschung zum Lehrerberuf* (S. 149–170). Münster: Waxmann.

Helsper, W. (2018a). Vom Schülerhabitus zum Lehrerhabitus – Konsequenzen für die Lehrerprofessionalität. In T. Leonhard, J. Košinár, & C. Reintjes, *Praktiken und Orientierungen in der Lehrerbildung. Potentiale und Grenzen der Professionalisierung* (S. 17–40). Bad Heilbrunn: Klinkhardt.

Helsper, W. (2018b). Lehrerhabitus. Lehrer zwischen Herkunft, Milieu und Profession. In A. Paseka, M. Keller-Schneider, & A. Combe, *Ungewissheit als Herausforderung für pädagogisches Handeln* (S. 105–140). Wiesbaden: Springer VS.

Helsper, W., Kramer, R.-T., Hummrich, M., & Busse, S. (2009). *Jugend zwischen Familie und Schule. Eine Studie zu pädagogischen Generationsbeziehungen*. Wiesbaden: Springer VS.

Hericks, U. (2006). *Professionalisierung als Entwicklungsaufgabe. Rekonstruktionen zur Berufseingangsphase von Lehrerinnen und Lehrern*. Wiesbaden: Springer VS.

Hillmert, S., & Jacob, M. (2005). Zweite Chance im Schulsystem? Zur sozialen Selektivität bei "späteren" Bildungsentscheidungen. In P. Berger, & H. Kahlert, *Institutionalisierte Ungleichheiten. Wie das Bildungswesen Chancen blockiert* (S. 155–178). Weinheim: Beltz.

Hollstein, B. (2008). Der Anteil der Lehrer an der Reproduktion sozialer Ungleichheit: Grundschulempfehlungen und soziale Selektion in verschiedenen Berliner Sozialräumen. In K.-S. Rehberg, *Deutsche Gesellschaft für Soziologie (DGS): Die Natur der Gesellschaft: Verhandlungen des 33. Kongresses der Deutschen Gesellschaft für Soziologie in Kassel 2006. Teilband 1 und 2* (S. 2605–2613). Frankfurt a. M.: Campus.

Hopf, C. (1978). Die Pseudo-Exploration – Überlegungen zur Technik qualitativer Interviews in der Sozialforschung. *Zeitschrift für Soziologie, 2/1978*, S. 97–115.

Hradil, S. (2012). Soziale Ungleichheit: Grundbegriffe. In S. Hradil, *Dossier Deutsche Verhältnisse. Eine Sozialkunde* (S. 143–145). Bonn: Bundeszentrale für politische Bildung.

Hußmann, A., Wendt, H., Bos, W., Bremerich-Vos, A., Kasper, D., Lankes, E.-M., … Valtin, R. (2017). *IGLU 2016. Lesekompetenzen von Grundschulkindern in Deutschland im internationalen Vergleich*. Münster: Waxmann.

Ingenkamp, K. (1971). *Die Fragwürdigkeit der Zensurengebung*. Weinheim: Beltz.

Isaac, K. (2011). Neues Standorttypenkonzept. Faire vergleiche bei Lernstandserhebungen. *Schule NRW, 6/2011*, S. 300–301.

Jünger, R. (2008). *Bildung für alle? Die schulischen Logiken von ressourcenprivilegierten und -nichtprivilegierten Kindern als Ursache der bestehenden Bildungsungleichheit.* Wiesbaden: Springer VS.

Jäger, M. (2014). Sprechweisen von Lehrpersonen in zwei unterschiedlichen Schulkontexten – ein Vergleich. *Erziehung und Unterricht, 4/2014*, S. 325–332.

Jäger, M., & Biffi, C. (2011). *Alltagskultur in der ersten Primarschulklasse. Ethnographische Befunde zum ersten Schultag in zwei sozialräumlich unterschiedlichen Kontexten. Abschlussbericht.* Zürich.

Kallmeyer, W., & Schütze, F. (1977). Zur Konstitution von Kommunikationsschemata der Sachverhaltsdarstellung. In D. Wegner, *Gesprächsanalysen* (S. 159–274). Hamburg: Buske Helmut.

Kalthoff, H. (2000). "Wunderbar, richtig". Zur Praxis mündlichen Bewertens im Unterricht. *Zeitschrift für Erziehungswissenschaft, Volume 3, Issue 3*, S. 429–446.

Kelle, U., & Kluge, S. (2010). *Vom Einzelfall zum Typus. Fallvergleich und Fallkonstrastierung in der qualitativen Sozialforschung* (2 Ausg.). Wiesbaden: Springer VS.

Khan, G., Sertl, M., Raggl, A., Stefan, F., & Unterköffler-Klatzer, D. (2012). *"Normalitätsvorstellungen" von Lehrer/innen. Endbericht des Forschungsprojektes Dezember 2010 – November 2012.*

King, V. (2009). "Weil ich mich sehr lange Zeit allein gefühlt hab' mit meiner Bildung ...". Bildungserfolg und soziale Ungleichheiten unter Berücksichtigung von class, gender, ethnicity. In J. Budde, *Bildung als sozialer Prozess. Heterogenitäten, Interaktionen, Ungleichheiten* (S. 53–72). Weinheim: Juventa.

Klein, E., & van Ackeren, I. (2014). *Woher und Wohin. Soziale Herkunft und Bildungserfolg. Zentrale Grundlagen und Befunde der Schulleistungsstudien. Eine Expertise im Auftrag der Wübben Stiftung.* Düsseldorf.

Kleine, L., Birnbaum, N., Zielonka, M., Doll, J., & Blossfeld, H.-P. (2010). Auswirkungen institutioneller Rahmenbedingungen auf das Bildungsstreben der Eltern und die Bedeutung der Lehrerempfehlung. *Journal for educational research online, 1/2010*, S. 72–93.

Klieme, E., Artelt, C., Hartig, J., Jude, N., Köller, O., Prenzel, M., ... Stanat, P. (2010). *PISA 2009. Bilanz nach einem Jahrzehnt.* Münster: Waxmann.

Košinár, J. (2014). *Professionalisierung in der Lehrerausbildung: Anforderungsbearbeitung und Kompetenzentwicklung im Referendariat.* Opladen: Barbara Budrich.

Krüger, H.-H., Köhler, S.-M., Zschach, M., & Pfaff, N. (2008). *Kinder und ihre Peers. Freundschaftsbeziehungen und schulische Bildungsbiographien.* Opladen: UTB.

Kramer, R.-T. (2011). *Abschied von Bourdieu? Perspektiven ungleichheitsbezogener Bildungsforschung.* Wiesbaden: Springer VS.

Kramer, R.-T. (2013). Abschied oder Rückruf von Bourdieu? Forschungsperspektiven zwischen Bildungsentscheidungen und Varianten der kulturellen Passung. In F. Dietrich, M. Heinrich, & N. Thieme, *Bildungsgerechtigkeit jenseits von Chancengleichheit. Theoretische und empirische Ergänzungen und Alternativen zu 'PISA'* (S. 115–135). Wiesbaden: Springer VS.

Kramer, R.-T. (2015). "Reproduktionsagenten" oder "Transformationsakteure"? Lehrkräfte im Blick der Bildungssoziologie von Pierre Bourdieu. *Zeitschrift für Soziologie der Erziehung und Sozialisation (ZSE), 4/2015*, S. 344–359.

Kramer, R.-T., & Helsper, W. (2010). Kulturelle Passung und Bildungsungleichheit – Potenziale einer an Bourdieu orientierten Analyse der Bildungsungleichheit. In H.-H. Krüger, U. Rabe-Kleberg, R.-T. Kramer, & J. Budde, *Bildungsungleichheit revisited. Bildung und soziale Ungleichheit vom Kindergarten bis zur Hochschule* (S. 103–126). Wiesbaden: Springer VS.

Kramer, R.-T., & Pallesen, H. (2018). Lehrerhandeln zwischen beruflichem und professionellem Habitus – Praxeologische Grundlegungen und heuristische Schärfungen. In T. Leonhard, J. Košinár, & C. Reintjes, *Praktiken und Orientierungen in der Lehrerbildung. Potentiale und Grenzen der Professionalisierung* (S. 41–52). Bad Heilbrunn: Klinkhardt.

Kramer, R.-T., Helsper, W., Thiersch, S., & Ziems, C. (2009). *Selektion und Schulkarriere. Kindliche Orientierungsrahmen beim Übergang in die Sekundarstufe I.* Wiesbaden: Springer VS.

Kramer, R.-T., Helsper, W., Thiersch, S., & Ziems, C. (2013). *Das 7. Schuljahr. Wandlungen des Bildungshabitus in der Schulkarriere?* Wiesbaden: Springer VS.

Krohne, J., Meier, U., & Tillmann, K.-J. (2004). Sitzenbleiben, Geschlecht und Migration – Klassenwiederholungen im Spiegel der PISA-Daten. *Zeitschrift für Pädagogik*, S. 373–391.

Kruse, J. (2011). *Reader "Einführung in die Qualitative Interviewforschung" (Version Oktober 2011).* Freiburg.

Kuhn, H., & Fischer, N. (2014). Soziale Beziehungen in der Ganztagsschule – Ausgewählte Ergeb- nisse der Studie zur Entwicklung von Ganztagsschulen (StEG). In C. Tillack, J. Fetzer, & N. Fischer, *Beziehungen in Schule und Unterricht. Teil 2. Soziokulturelle und schulische Einflüsse auf pädagogische Beziehungen* (S. 103–117). Immenhausen: Prolog Verlag.

Kultusministerkonferenz. (2011). *Inklusive Bildung von Kindern und Jugendlichen mit Behinderungen in Schulen. Beschluss der Kultusministerkonferenz vom 20.10.2011.* Berlin.

Kultusministerkonferenz. (2012). *Sonderpädagogische Förderung in Schulen 2001 bis 2010. Statistische Veröffentlichungen der Kultusministerkonferenz, Dokumentation 196 – Februar 2012.* Berlin.

Kultusministerkonferenz. (2015). *Übergang von der Grundschule in Schulen des Sekundarbereichs I und Förderung, Beobachtung und Orientierung in den Jahrgangsstufen 5 und 6 (sog. Orientierungsstufe). Informationsschrift des Sekretariats der Kultusministerkonferenz. Stand: 19.02.2015.*

Kultusministerkonferenz. (2016a). *Sonderpädagogische Förderung in Förderschulen (Sonderschulen) 2015/16.* Berlin.

Kultusministerkonferenz. (2016b). *Sonderpädagogische Förderung in Schulen 2005 bis 2014. Statistische Veröffentlichungen der Kultusministerkonferenz, Dokumentation Nr. 210 – Februar 2016.* Berlin.

Lüders, C., & Schlenzka, N. (2016). Schule ohne Diskriminierung: Zwischen Wunsch und Wirklichkeit. *Aus Politik und Zeitgeschichte (APuZ)*, 9/2016, S. 36–41.

Lamprecht, J. (2007). *Die Bewertung von Schülerleistungen. Eine kritische Reflexion auf der Basis der dokumentarischen Evaluationsforschung.* Berlin: Logos.

Lamy, C. (2014). *Die Bewältigung beruflicher Anforderungen durch Lehrpersonen im Berufseinstieg.* Wiesbaden: Springer VS.

Lange-Vester, A. (2015). Habitusmuster von Lehrpersonen – auf Distanz zur Kultur der unteren sozialen Klassen. *Zeitschrift für Soziologie der Erziehung und Sozialisation (ZSE), 4/2015,* S. 360–376.

Lange-Vester, A., & Teiwes-Kügler, C. (2006). Die symbolische Gewalt der legitimen Kultur. Zur Reproduktion ungleicher Bildungschancen in Studierendenmilieus. In G. Werner, *Soziale Ungleichheit im Bildungssystem. Eine empirisch-theoretische Bestandsaufnahme* (S. 55–92). Konstanz: UVK.

Lange-Vester, A., & Teiwes-Kügler, C. (2013). Habitusmuster und Handlungsstrategien von Lehrerinnen und Lehrern. Akteure und Komplizen im Feld der Bildung. In H.-G. Soeffner, *Transnationale Vergesellschaftungen. Verhandlungen des 35. Kongresses der Deutschen Gesellschaft für Soziologie in Frankfurt a. M. 2010.*

Lange-Vester, A., & Teiwes-Kügler, C. (2014). Habitussensibilität im schulischen Alltag als Beitrag zur Integration ungleicher sozialer Gruppen. In T. Sander, *Habitussensibilität. Eine neue Anforderung an professionelles Handeln* (S. 177–208). Wiesbaden: Springer VS.

Lehmann, R., Peek, R., Gänsfuß, R., & Husfeldt, V. (2011). *LAU 9. Aspekte der Lernausgangslage und der Lernentwicklung – Klassenstufe 9.* Münster: Waxmann.

Lotz, M., & Lipowsky, F. (2015). Die Hattie-Studie und ihre Bedeutung für den Unterricht. Ein Blick auf ausgewählte Aspekte der Lehrer-Schüler-Interaktion. In G. Mehlhorn, K. Schöppe, & F. Schulz, *Begabungen entwickeln und Kreativität fördern* (S. 97–136). München: Kopaed.

Maaz, K., Baeriswyl, F., & Trautwein, U. (2011). *Herkunft zensiert? Leistungsdiagnostik und soziale Ungleichheiten in der Schule. Eine Studie im Auftrag der Vodafone Stiftung Deutschland.* Düsseldorf.

Maaz, K., Baumert, J., & Trautwein, U. (2010). Genese sozialer Ungleichheit im institutionellen Kontext der Schule: Wo entsteht und vergrößert sich soziale Ungleichheit. In H.-H. Krüger, U. Rabe-Kleberg, R.-T. Kramer, & J. Budde, *Bildungsungleichheit revisited. Bildung und soziale Ungleichheit vom Kindergarten bis zur Hochschule* (S. 69–102). Wiesbaden: Springer VS.

Maaz, K., Baumert, J., Gresch, C., & McElvany, N. (2010). *Der Übergang von der Grundschule in die weiterführende Schule. Leistungsgerechtigkeit und regionale, soziale und ethnisch-kulturelle Disparitäten.* Berlin: Bundesministerium für Bildung und Forschung.

Mannheim, K. (1929). *Ideologie und Utopie (Schriften zur Philosophie und Soziologie, 3).* Bonn: Cohen.

Mannheim, K. (1964). *Wissenssoziologie.* Neuwied: Luchterhand.

Mannheim, K. (1980). *Strukturen des Denkens.* Frankfurt a. M.: Suhrkamp.

Maschke, S. (2013). *Habitus unter Spannung – Bildungsmomente im Übergang. Eine Interview- und Fotoanalyse mit Lehramtsstudierenden.* Weinheim: Juventa.

Matter, C., & Brosziewski, A. (2014). Routinierte Reflexion: Zur Individualisierung pädagogischer Reflexionsprobleme. *Zeitschrift für Soziologie der Erziehung und Sozialisation (ZSE), 1/2014,* S. 23–37.

Mayring, P. (2015). *Qualitative Inhaltsanalyse: Grundlagen und Techniken* (12 Ausg.). Weinheim: Beltz.

McGrath, K., & Van Bergen, P. (2015). Who, when, why and to what end? Students at risk of negative student-teacher relationships and their outcomes. *Educational Research Review*, S. 1–17.

Mecheril, P. (2008). "Kompetenzlosigkeitskompetenz". Pädagogisches Handeln unter Einwanderungsbedingungen. In G. Auernheimer, *Interkulturelle Kompetenz und pädagogische Professionalität* (S. 15–34). Wiesbaden: Springer VS.

Mecheril, P. (2010). *Migrationspädagogik*. Weinheim: Beltz.

Mehan, H. (2012). Understanding Inequality in Schools: The Contribution of Interpretative Studies. In U. Bauer, U. Bittlingmayer, & A. Scherr, *Handbuch Bildungs- und Erziehungssoziologie* (S. 261–281). Wiesbaden: Springer VS.

Meier, M. (2011). Die Praktiken des Schulerfolgs. In K. Zaborowski, M. Meier, & G. Breidenstein, *Leistungsbewertung und Unterricht. Ethnographische Studien zur Bewertungspraxis in Gymnasium und Sekundarschule* (S. 39–161). Wiesbaden: Springer VS.

Merten, M., Yildirim, D., & Keller, C. (2014). *Einstellungen zu Heterogenität und Unterrichtskriterien bei Lehramtsstudierenden: Eine quantitative Studie zu Stereotypen und Vorurteilen*. Essen.

Merton, R. (1948). The Self-Fulfilling Prophecy. *The Antioch Review, 8(2)*, S. 193–210.

Meuser, M. (2013). Repräsentation sozialer Strukturen im Wissen. In R. Bohnsack, I. Nentwig-Gesemann, & A.-M. Nohl, *Die dokumentarische Methode und ihre Forschungspraxis* (3 Ausg., S. 223–239). Wiesbaden: Springer VS.

MFKJKS. (2017). *Integrationsprofil Duisburg. Daten zu Zuwanderung und Integration. Ausgabe 2017*.

Mudiappa, M., & Artelt, C. (2014). *BiKS – Ergebnisse aus den Längsschnittstudien. Praxisrelevante Befunde aus dem Primar- und Sekundarschulbereich*. Schriften aus der Fakultät Humanwissenschaften der Otto-Friedrich-Universität Bamberg.

Nölle, I., Hörstermann, T., Krolak-Schwerdt, S., & Gräsel, C. (2009). Relevante diagnostische Informationen bei der Übergangsempfehlung – die Perspektive der Lehrkräfte. *Unterrichtswissenschaft, 4/2009*, S. 294–309.

Nohl, A.-M. (2010). *Konzepte interkultureller Pädagogik. Eine systematische Einführung* (2 Ausg.). Bad Heilbrunn: Klinkhardt.

Nohl, A.-M. (2017). *Interview und Dokumentarische Methode. Anleitungen für die Forschungspraxis* (5 Ausg.). Wiesbaden: Springer VS.

Oevermann, U. (1996). Theoretische Skizze einer revidierten Theorie professionalisierten Handelns. In A. Combe, & W. Helsper, *ädagogische Professionalität. Untersuchungen zum Typus pädagogischen Handelns* (S. 70–182). Frankfurt a. M.: Suhrkamp.

Oevermann, U. (2002). Professionalisierungsbedürftigkeit und Professionalisiertheit pädagogischen Handelns. In M. Kraul, W. Marotzki, & C. Schweppe, *Biografie und Profession* (S. 19–63). Bad Heilbrunn: Klinkhardt.

Paulus, W., & Blossfeld, H.-P. (2007). Schichtspezifische Präferenzen oder sozioökonomisches Entscheidungskalkül? Zur Rolle elterlicher Bildungsaspirationen im Entscheidungsprozess beim Übergang von der Grundschule in die Sekundarstufe. *Zeitschrift für Pädagogik, 4/2007*, S. 491–508.

Pfahl, L., & Powell, J. (2005). Die Exklusion von Schüler/innen mit sonderpädagogischem Förderbedarf. Ein Beitrag zur Debatte um nationale Bildungsstandards und um die

Schule für alle. *Gemeinsam leben, Zeitschrift für integrative Erziehung, 2/2005*, S. 68–78.

Pianta, R., & Allen, J. (2008). Building Capacity for Positive Youth Development in Secondary School Classrooms: Changing Teachers' Interactions With Students. In M. Shinn, & H. Yoshikawa, *Toward Positive Youth Development – Transforming Schools and Community Programs | Oxford Scholarship Online Find In Worldcat Toward Positive Youth Development: Transforming Schools and Community Programs* (S. 21–40). Oxford University Press.

Pietsch, M., & Stubbe, T. (2007). Inequality in the Transition from Primary to Secondary School: school choices and educational disparities in Germany. *European Educational Research Journal, 4/2007*, S. 424–444.

Przyborski, A. (1998). Es ist nicht mehr so wie es früher war. Adoleszenz und zeitgeschichtlicher Wandel. In K. Behnke, & J. Wolf, *Stasi auf dem Schulhof. Der Missbrauch von Kindern und Jugendlichen durch das Ministerium für Staatssicherheit* (S. 124–143). Berlin: Ullstein.

Przyborski, A., & Wohlrab-Sahr, M. (2014). *Qualitative Sozialforschung. Ein Arbeitsbuch* (4 Ausg.). München: Oldenbourg.

Racherbäumer, K., & van Ackeren, I. (2015). Was ist eine (gute) Schule in schwieriger Lage? Befunde einer Studie im kontrastiven Fallstudiendesign an Schulen in der Metropolregion Rhein-Ruhr. In L. Fölker, T. Hertel, & N. Pfaff, *Brennpunkt(-)Schule. Zum Verhältnis von Schule, Bildung und urbaner Segregation* (S. 189–208). Opladen: Barbara Budrich.

Rehbein, B. (2016). Bourdieu-Rezeption in der deutschsprachigen Soziologie. In S. Moebius, & A. Ploder, *Handbuch Geschichte der deutschsprachigen Soziologie. Band 1: Geschichte der Soziologie im deutschsprachigen Raum* (S. 1–11). Wiesbaden: Springer VS.

Ricking, H. (2005). Der "Overlap" von Lern- und Verhaltensstörungen. *Sonderpädagogik, 4/2005*, S. 235–248.

Rieger-Ladich, M. (2011). Rationale Pädagogik: Siegfried Bernfeld – Heinz Joachim Heydorn – Pierre Bourdieu. In H. Faulstich-Wieland, *Umgang mit Heterogenität und Differenz* (2 Ausg., S. 141–159). Baltmannsweiler: Schneider.

Roorda, D., Koomen, H., Spilt, J., & Oort, F. (2011). The Influence of Affective Teacher–Student Relationships on Students' School Engagement and Achievement: A Meta-Analytic Approach. *Review of Educational Research, 81(4)*, S. 493–529.

Rosenthal, R., & Jacobson, L. (1968). Pygmalion in the classroom. *The Urban Review, 3(1)*, S. 16–20.

Roth, T., & Siegert, M. (2015). Freiheit versus Gleichheit? Der Einfluss der Verbindlichkeit der Übergangsempfehlung auf die soziale Ungleichheit in der Sekundarstufe. *Zeitschrift für Soziologie, Jg. 44, Heft 2*, S. 118–136.

Rotter, C. (2014). *Zwischen Illusion und Schulalltag. Berufliche Fremd- und Selbstkonzepte von Lehrkräften mit Migrationshintergrund*. Wiesbaden: Springer VS.

Rutledge, S., Cohen-Vogel, L., Osborne-Lampkin, L., & Roberts, R. (2015). Understanding Effective High Schools: Evidence for Personalization for Academic and Social Emotional Learning. *American Educational Research Journal, 52(6)*, S. 1060–1092.

Sabol, T., & Pianta, R. (2012). Recent trends in research on teacher-child relationships. *Attachment and Human Development, 14(3)*, S. 213–231.

Sander, T. (2014). *Habitussensibilität. Eine neue Anforderung an professionelles Handeln.* Wiesbaden: Springer VS.

Schümer, G., Tillmann, K.-J., & Weiß, M. (2004). *Die Institution Schule und die Lebenswelt der Schüler. Vertiefende Analysen der PISA-2000-Daten zum Kontext von Schülerleistungen.* Wiesbaden: Springer VS.

Schütz, A. (1974). *Der sinnhafte Aufbau der sozialen Welt. Eine Einleitung in die verstehende Soziologie.* Frankfurt a. M.: Suhrkamp.

Schütze, F. (1987). *Das narrative Interview in Interaktionsfeldstudien. Studienbrief der Universität Hagen. Teil 1.* Hagen.

Scherr, A. (2014). Unwahrscheinliche Bildungsprozesse. Über die Grenzen reproduktionstheoretischer Erklärungsansätze und den Erkenntnisgewinn soziologischer Subjekttheorien in der ungleichheitsbezogenen Bildungsforschung. In U. Bauer, A. Bolder, H. Bremer, & R. Dobischat, *Bildungsexpansion zwischen Emanzipationsanspruch, staatlicher Reformpolitik und Hegemonie des Marktes: Widersprüche im Prozess der Re-Strukturierung der Klassengesellschaft* (S. 291–309). Wiesbaden: Springer VS.

Schmitt, L. (2010). *Bestellt und nicht abgeholt. Soziale Ungleichheit und Habitus-Struktur-Konflikte im Studium.* Wiesbaden: Springer VS.

Schott, C. (2012). *Berufliches Selbstkonzept. Eine vergleichende Untersuchung an Mittelschulen und Gymnasien.* Hamburg: Dr. Kovač.

Schuchart, C., & Dunkake, I. (2014). Schichtspezifische Stereotype unter angehenden Lehrkräften. *Zeitschrift für Soziologie der Erziehung und Sozialisation (ZSE), 1/2014,* S. 89–107.

Schumacher, E. (2002). Die soziale Ungleichheit der Lehrer/innen – oder: Gibt es eine Milieuspezifität pädagogischen Handelns? In J. Mägdefrau, & E. Schumacher, *Pädagogik und soziale Ungleichheit: Aktuelle Beiträge – Neue Herausforderungen* (S. 253–270). Bad Heilbrunn: Klinkhardt.

Schwingel, M. (2003). *Pierre Bourdieu zur Einführung.* Hamburg: Junius.

Smyth, J. (2014). Improving schools in poor areas: It's not about the organisation, structures and privatisation, stupid! *Improving Schools, 17(3),* S. 231–240.

Solga, H. (2005). Meritokratie – die moderne Legitimation ungleicher Bildungschancen. In P. Berger, & H. Kahlert, *Institutionalisierte Ungleichheiten. Wie das Bildungswesen Chancen blockiert* (S. 19–38). Weinheim: Juventa.

Solga, H., & Dombrowski, R. (2009). *Soziale Ungleichheiten in schulischer und außerschulischer Bildung. Stand der Forschung und Forschungsbedarf. Arbeitspapier der Hans-Böckler-Stiftung.* Düsseldorf.

Solga, H., Powell, J., & Berger, P. (2009). *Soziale Ungleichheit. Klassiche Texte zur Sozialstrukturanalyse.* Frankfurt a. M.: Campus.

Sorhagen, N. (2013). Early teacher expectations disproportionately affect poor children's high school performance. *Journal of Educational Psychology, 105(2),* S. 465–477.

Spitz, S. (2002). Soziale Ungleichheit zwischen den Geschlechtern. Fallvignetten zur Berufsfindung und Unterrichtsinteraktion einer Lehrerin. In J. Mägdefrau, & E. Schumacher, *Pädagogik und soziale Ungleichheit. Aktuelle Beiträge – neue Herausforderungen* (S. 271–293). Bad Heilbrunn: Klinkhardt.

Spitz, S. (2002). Soziale Ungleichheit zwischen den Geschlechtern. Fallvignetten zur Berufsfindung und Unterrichtsinteraktion einer Lehrerin. In J. Mägdefrau, & E.

Schumacher, *Pädagogik und soziale Ungleichheit. Aktuelle Beiträge – neue Herausforderungen* (S. 271–293). Bad Heilbrunn: Klinkhardt.

Stocké, V. (2012). Das Rational-Choice Paradigma in der Bildungssoziologie. In U. Bauer, U. Bittlingmayer, & A. Scherr, *Handbuch Bildungs- und Erziehungssoziologie* (S. 423–436). Wiesbaden: Springer VS.

Stubbe, T., Bos, W., & Schurig, M. (2017). Der Übergang von der Primar- in die Sekundarstufe. In A. Hußmann, H. Wendt, W. Bos, A. Bremerich-Vos, D. Kasper, E.-M. Lankes, … R. Valtin, *IGLU 2016. Lesekompetenzen von Grundschulkindern in Deutschland im internationalen Vergleich* (S. 235–250). Münster: Waxmann.

Tenenbaum, H., & Ruck, M. (2007). Are teachers' expectations different for racial minority than for European American students? A meta-analysis. *Journal of Educational Psychology, 99(2)*, S. 253–273.

Textor, A. (2015). *Einführung in die Inklusionspädagogik.* Bad Heilbrunn: Klinkhardt.

Tillmann, K.-J., & Meier, U. (2001). Schule, Familie und Freunde. Erfahrungen von Schülerinnen und Schülern in Deutschland. In J. Baumert, E. Klieme, M. Neubrand, M. Prenzel, U. Schiefele, W. Schneider, … M. Weiß, *PISA 2000: Basiskompetenzen von Schülerinnen und Schülern im internationalen Vergleich* (S. 468–509). Opladen: Leske + Budrich.

Uhlig, J., Solga, H., & Schupp, J. (2009). *Ungleiche Bildungschancen: Welche Rolle spielen Underachievement und Persönlichkeitsstruktur? Discussion paper.* Wissenschaftszentrum Berlin für Sozialforschung (WZB), Forschungsschwerpunkt Bildung, Arbeit und Lebenschancen, Abteilung Ausbildung und Arbeitsmarkt.

van Ackeren, I., Klemm, K., & Kühn, S. (2015). *Entstehung, Struktur und Steuerung des deutschen Schulsystems. Eine Einführung* (3 Ausg.). Wiesbaden: Springer VS.

Vester, M. (2015). Die Grundmuster der alltäglichen Lebensführung und der Alltagskultur der sozialen Milieus. In R. Freericks, & D. Brinkmann, *Handbuch Freizeitsoziologie* (S. 143–187). Wiesbaden: Springer VS.

Vester, M., von Oertzen, P., Geiling, H., Hermann, T., & Müller, D. (2001). *Soziale Milieus im gesellschaftlichen Strukturwandel. Zwischen Integration und Ausgrenzung.* Frankfurt a. M.: Suhrkamp.

Vieluf, U., Ivanov, S., & Nikolova, R. (2014). *KESS 12/13. Kompetenzen und Einstellungen von Schülerinnen und Schülern an Hamburger Schulen am Ende der gymnasialen Oberstufe.* Hamburg.

Vock, M., & Gronostaj, A. (2017). *Umgang mit Heterogenität in Schule und Unterricht.* Berlin: Netzwerk Bildung.

von Rosenberg, F. (2011). *Bildung und Habitustransformation. Empirische Rekonstruktionen und bildungstheoretische Reflexionen.* Bielefeld: Transcript.

Wacquant, L. (2009). Habitus als Thema und Analysewerkzeug. Betrachtungen zum Werdegang eines Berufsboxers. *Zeitschrift für Literatur- und Theatersoziologie (LiTheS), 4/2009*, S. 5–23.

Weber, M. (2005). "Ali Gymnasium" – Soziale Differenzen von SchülerInnen aus der Perspektive von Lehrkräften. In F. Hamburger, T. Badawia, & M. Hummrich, *Migration und Bildung. Über das Verhältnis von Anerkennung und Zumutung in der Einwanderungsgesellschaft* (S. 69–77). Wiesbaden: Springer VS.

Weißhuhn, G., & Große Rövekamp, J. (2004). *Bildung und Lebenslagen – Auswertungen und Analysen für den zweiten Armuts- und Reichtumsbericht der Bundesregierung.* Berlin.

Weishaupt, H., & Kemper, T. (2009). Zur nationalitätenspezifischen und regionalen Bildungsbenachteiligung ausländischer Schüler unter besonderer Berücksichtigung des Förderschulbesuchs. In I. Sylvester, I. Sieh, M. Menz, H.-W. Fuchs, & J. Behrendt, *Bildung – Recht – Chancen: Rahmenbedingungen, empirische Analysen und internationale Perspektiven zum Recht auf chancengleiche Bildung, Festschrift für Lutz R. Reuter* (S. 97–111). Münster: Waxmann.

Weitkämper, F. (2019). *Lehrkräfte und soziale Ungleichheit. Eine ethnographische Studie zum un/doing authority in Grundschulen.* Wiesbaden: Springer VS.

Wendt, H., Bos, W., Selter, C., Köller, O., Schwippert, K., & Kasper, D. (2016). *TIMSS 2015. Mathematische und naturwissenschaftliche Kompetenzen von Grundschulkindern in Deutschland im internationalen Vergleich.* Münster: Waxmann.

Wendt, H., Stubbe, T., & Schwippert, K. (2012). Soziale Herkunft und Lesekompetenzen von Schülerinnen und Schülern. In W. Bos, I. Tarelli, A. Bremerich-Vos, & K. Schwippert, *IGLU 2011. Lesekompetenzen von Grundschulkindern in Deutschland im internationalen Vergleich* (S. 175–190). Münster: Waxmann.

West, C., & Fenstermaker, S. (1995). Doing Difference. *Gender and Society, 1/1995,* S. 8–37.

Wiebke, G. (2002). Milieustammbaum der Facharbeit und der praktischen Intelligenz. In W. Vögele, H. Bremer, & M. Vester, *Soziale Milieus und Kirche* (S. 311–356). Würzburg: Ergon.

Wiezorek, C., & Pardo-Puhlmann, M. (2013). Armut, Bildungsferne, Erziehungsunfähigkeit. Zur Reproduktion sozialer Ungleichheit in pädagogischen Normalitätsvorstellungen. In F. Dietrich, M. Heinrich, & N. Thieme, *Bildungsgerechtigkeit jenseits von Chancengleichheit. Theoretische und empirische Ergänzungen und Alternativen zu 'PISA'* (S. 197–214). Wiesbaden: Springer VS.

Witzel, A. (2000). Das problemzentrierte Interview. *Forum Qualitative Sozialforschung 1/2000.*

Wocken, H. (2005). *Andere Länder, andere Schüler? Vergleichende Untersuchungen von Förderschülern in den Bundesländern Brandenburg, Hamburg und Niedersachsen.*

Zöller, I., & Roos, J. (2009). Einfluss individueller Merkmale und familiärer Faktoren auf den Schriftspracherwerb. In J. Roos, & H. Schöler, *Entwicklung des Schriftspracherwerbs in der Grundschule: Längsschnittanalyse zweier Kohorten über die Grundschulzeit* (S. 47–108). Wiesbaden: Springer VS.

Zaborowski, K. (2011). An den Grenzen des Leistungsprinzips. In K. Zaborowski, M. Meier, & G. Breidenstein, *Leistungsbewertung und Unterricht. Ethnographische Studien zur Bewertungspraxis in Gymnasium und Sekundarschule* (S. 163–320). Wiesbaden: Springer VS.

Zaborowski, K., Meier, M., & Breidenstein, G. (2011). *Leistungsbewertung und Unterricht. Ethnographische Studien zur Bewertungspraxis in Gymnasien und Sekundarschulen.* Wiesbaden: Springer VS.

Internetquellen

https://zlb.uni-due.de/das-zentrum/projekte/bildungsforschung-in-der-lehrerausbildung/
[letzter Zugriff am 27.10.2018].

https://www.uni-due.de/biwi/bauer/ag-sofo-skill.php [letzter Zugriff am 27.10.2018].

https://www.schulministerium.nrw.de/docs/bp/Ministerium/Service/SchuleSuchen/index.
html [letzter Zugriff am 03.11.2018].

https://www.schulministerium.nrw.de/BiPo/SchuleSuchen/online?action=319.832976276
7288 [letzter Zugriff am 03.11.2018].

https://www.hsu-hh.de/systpaed/wp-content/uploads/sites/755/2018/03/LitdokMeth18-03-
15.pdf [letzter Zugriff am 27.10.2018].

https://www.uni-due.de/izfb/forschungswerkstatt [letzter Zugriff am 27.10.2018].

https://www.uni-due.de/biwi/politische-bildung/forschungskolloquium.php [letzter Zugriff
am 27.10.2018].

The manufacturer's authorised representative in the EU is Springer
Nature Customer Service Centre GmbH, Europaplatz 3, 69115 Heidelberg,
Germany. If you have any concerns regarding our products, please
contact ProductSafety@springernature.com

Printed and bound by CPI Group (UK) Ltd, Croydon, CR0 4YY
28/04/2026
02098489-0003